丝路
百城传

丝路百城传

特立，不独行

"丝路百城传"丛书
刘传铭 主编

THE
BIOGRAPHY
of
HAMI

西出阳关第一城

简单 —————— 著

哈密传
Hami

CIPG 中国国际出版集团　新星出版社 NEW STAR PRESS

总　序

刘传铭

如果说丝绸之路研究让我们洞见了一部全新的世界史，一定会有人表示惊讶与质疑；

如果说城市的创造是迄今为止人类文明进程中最伟大的事情，则一定会得到人们普遍的支持与认同。

"丝路百城传记系列丛书"的策划正是发轫于这样一个历史观的文化叙述：

丝绸之路是一条无路之路；

丝绸之路是一条既古老又年轻，"不知其始为始，不知其终为终"的漫漫长路；

丝绸之路是一条历史时空里时隐时现，变动不居，连点成线，连线成网的超级公路；

丝绸之路是点实线虚，点变线变，点之兴衰即线之存亡的交通形态，那些关山阻隔，望洋兴叹的城市，便如一颗颗璀璨的明珠镶嵌在路；

丝绸之路是一个文化概念，叠加其上的影像曾被不同国家不同民族的人们呼作：铜铁之路、纸张之路、皮毛之路、奴隶之路、铁蹄之路、黄金之路、朝贡之路、宗教之路；

丝绸之路是中西文明交流与传播、邦国拓展、民族融合之路，也是西方探秘中国、解码东方之路，更是我们反躬自问"我是谁？我从哪里来？我向何处去？"的寻根之路、回家之路；

丝绸之路是今日中国走向世界的新起点、新思路，是"一带一路"中国倡议走向人类命运共同体的未来之路……

无可否认，一个世纪以来，丝路研究之话语为李希霍芬、斯文·赫定、斯坦因、伯希和、大谷光瑞、于格、橘瑞超、芮乐伟·韩森、彼得·弗兰科潘等东西方人所主导。然而半个世纪以来的大国崛起，正在使"夫唯不争"之中国快速走向文化振兴。我们要将《大唐西域记》《真腊风土记》的传统正经补史、继绝往圣、启迪民智、传播正信，同时也将丝绸之路城市传文学以实为说、以城为据、芳菲想象、拒绝平庸的创作视为新使命、新挑战。让"城市传"这样一个文学体裁开出新时代的鲜花。

凭谁问：昆仑巍峨、河源滔滔、玉山储秀、戍堡寂寞；

凭谁问：旌节刻恨、驼铃悠远、琵琶起舞、古调胡旋；

凭谁问：秦汉何在、唐宋可甄、东西接引、前路正新；

凭谁问：八剌沙衮今何在？罗马的钟声谁敲响；

凭谁问：撒马尔罕的金桃今何在？帕米尔上的通天塔何时建成、何时倾倒？

凭谁问：伊斯兰世界的科学造诣何时传到了巴黎和伦敦；

凭谁问：鉴真大师眼中奈良和京都的樱花几谢几开；

凭谁问：乌拉尔河上何时传来了伏尔加河的纤夫号子；

凭谁问：杭州湾的帆樯何时穿越马六甲风云……

诗人说：这条路是唐诗和宋词的吟唱，是太阳和月亮的战争；

军人说：这条路是旌旗卷翻的沙漠，是铁骑踏破的血原；

商人说：这条路是关塞洞开的集市，是金盏银樽的盛宴；

僧侣说：这条路是信仰鲜花盛开的祭坛，是生命涅槃的乡路……

一个个城市的前世今生，一个个城市的天际线风景，一个个城市的盛衰之变，一个个城市的躁动与激情，一个个城市的风物淳美与人文精彩，一个个城市的悲欢离合，一个个城市的内动力发掘与外开拓展望，一个个城市的往事与沉思，一个个城市的魅惑和绝世风华……

从长安到罗马（大陆卷）和从杭州湾到地中海（海洋卷）是卷帙浩繁的"丝路百城传记系列丛书"的框架结构。也是所有参与写作的中外作家和编辑们共同绘制的新丝路蓝图。《尚书·舜典》有"浚咨文明"之句，孔疏曰："经纬天地曰文，照临四方曰明。"《论语·雍也》曰："质胜文则野，文胜质则史，文质彬彬，然后君子。"又《易经·贲卦·彖辞》曰："刚柔交错，天文也；文明以止，人文也。观乎天文，以察时变；观乎人文，以化成天下。"故文化乃"人文化成"而以文教化"圣人之教也"。"周虽旧邦，其命维新"，丛书编纂与出版岂非正当其事，正当其时也！

读者朋友们，没有踏上丝路，你的家就是世界；踏上丝路，世界才是你的世界、你的家园……唯祈丛书阅读能助君踏上这样一个个奇妙无比的旅程。

丝绸之路从远古走向未来，我们的努力也将永无休止。

戊戌谷雨前五日于松江放思楼

前　言 / 1

第一章　镇西篇

老商号老生意 / 3

梦回大唐 / 10

一寺一庙 / 17

流放的文人 / 24

穿越时空的忆 / 32

烽火狼烟 / 39

松树塘万松歌 / 45

远去的征服者 / 53

怀念草原狼 / 58

被遗忘的公主 / 63

巴里坤的美食诱惑 / 70

存在于幻想中的湖 / 78

小曲子悠扬 / 84

失踪的宝藏 / 88

野玫瑰花丛中的鄂博 / 94

书墨飘香 / 99

寻　佛 / 104

刻画的瞬间 / 109

黑走马 / 114

门当户对 / 120

骆驼客 / 126

雪之舞 / 131

草原上的香浓味觉 / 138

第二章　伊吾篇

塄之韵 / 147

青铜记忆 / 151

望　山 / 155

镌刻的记忆 / 161

诗意的阿肯 / 167

夜空最美的那颗星 / 172

味蕾中的盐池 / 176

孤独的城 / 180

甜蜜的淖毛湖 / 184

那一柄致命的铜刀 / 189

一片悲情的坟茔 / 193

清泉圣节 / 200

野羊冢 / 205

伊吾狼的故事 / 209

有个地方叫作下马崖 / 213

伊吾木卡姆的故事 / 218

飘散的烽烟 / 222

伊吾保卫战 / 226

神奇的枣骝马 / 230

戈壁上的托克拉克 / 234

对冰川的仰视 / 239

硅化木 / 243

前山谜团 / 247

伊吾宝藏 / 258

巾帼馕 / 262

伊吾河 / 267

夜不闭户的思考 / 270

第三章　伊州篇

甜蜜瓜香 / 277

一卷来自哈密的《弥勒会见记》/ 282

哈密龙王庙与龙王庙长联 / 287

哈密的魔鬼之地 / 293

不能忘却的记忆 / 300

聆听小南湖佛语 / 304

玄奘三叹 / 309

一条涅槃的河 / 313

穿过拉甫乔克的风 / 316

白杨沟佛寺的感悟之旅 / 321

雪落古墓的遐思 / 325

金发女郎的三千年传说 / 329

瓜乡遗韵左公柳 / 343

古白杨下的回王背影 / 347

奇石之魅 / 352

坎儿井不是井 / 357

九龙树 / 362

南湖戈壁的发现之旅 / 368

庙尔沟的历史过往 / 378

锦绣哈密 / 384

哈密回王的那些日子那些事儿 / 389

三十年前哈密的五天五夜 / 409

触动灵魂的乐舞 / 414

哈密古枣的前世今生 / 420

哈密城市记忆 / 438

前　言

经常有外地人问我是哪里人？在听到哈密后，其中有人会追问哈密在什么地方？对于这样的疑问，几乎所有的哈密人都会有这样一句反问："您吃过哈密瓜吗？"之后，便一切释然。其实，哈密在什么地方很好作答，一路向西，闻到瓜香，便是哈密了。

说起哈密瓜自然会想到哈密，提到丝绸之路，哈密，也是个怎么也绕不过去的地方。如果说哈密瓜是哈密的一个味觉符号，那么还有很多特色符号对大多数人来说仍是新奇陌生的，可能某些元素会让人有似曾相识之感，但还有一些本地文化特色却是很多内地人绞尽脑汁也无法想象的。所以说古丝路给这座城市带来的不仅是曾经换物易货的经济繁华，还有被汉文化潜移浸染形成的特色繁荣。要感谢张骞凿空西域，因为是他，才让这条古丝路在哈密做了历史性的停顿，并让这条路从哈密延伸到了更远的远方。

这是一片古老的绿洲。从远古哈密翼龙在曾经的大海上空翱翔，到今天由各民族共同创造出的卓越绿洲文明；从抗击匈奴的汉唐旗帜猎猎而动，到如今一个现代化都市在荒漠中拔地而起，这都是在历史与时间见证下的轮回与变迁。几千年来，每一场风的刮起，都在空气中溢满着浓郁的香甜，这特有的味道，代表了哈密这片绿洲厚重的积淀，也代表着作为一片绿洲所呈现出的祥和与宁静。循着玄奘大师的坚实脚步从这里走过，站在丝绸古道上，心情自是无法平复。有时，穿越并非仅仅意味着是用双脚去行进，而是要用心去体味双眼所触及的一切，或是在路边卖瓜的一个小摊，或是一个被甜瓜蜜瓤凝固住微笑的孩子。

哈密，古称西漠（西膜）、古戎地、昆莫，汉称伊吾或伊吾卢，唐称伊州，元称哈密力，明以后称哈密。哈密是个多民族聚集地，历史悠久，文化多元，地大物丰，自古就是丝绸之路的咽喉。哈密，东与甘肃省酒泉市相邻，南与巴音郭楞蒙古自治州相连，西与吐鲁番市、昌吉回族自治州毗邻，北与蒙古国接壤，无论是自然资源还是矿产资源，都十分丰富。丝绸之路在进入西域后，经历了多次改道，但都没有脱离哈密的地域范围，就使得交融与碰撞这两个词成为多元文化汇聚于此地的关键词，也成就了哈密灿烂文化与悠久历史之间的完美契合。这片土地有着太多的故事和传说，在数千年历史与文化的沉浮中相传，并经久不息。古丝绸之路有多长，哈密的故事就有多长；古丝绸之路有多远，哈密瓜的瓜香就飘了多远。

进入哈密，就算没有艾捷克的旋律指引，内地人也能轻易将自己融入进另一种风情之中。如果不是亲眼所见，根本无法相信哈密一区两县竟是处于同一片时空当中，并且仅仅相隔了一座天山。而就是这个相隔，催生出了哈密三地迥异的万种风情，万般美景和万丈豪情，若一日游历于三地间，定会有恍惚感伴随在左右，甚至分不清自己到底身处何方？

伊州的周边景象应该符合内地人臆想中的新疆，因为唯有长河落日和大漠孤烟这样的词语才能激起他们对神秘新疆的无限向往，毕竟与自家房前屋后的景色有视觉上的强烈反差，人就是这样一种好奇的动物，总想去看不熟悉的景，想去接触陌生的人，且始终坚信自己身边没有风景，而这片戈壁荒漠中的种种便成了心中的惦念，总想来新疆走一遭，体会一下感官上的不同。但大多数内地人从心底会忽略新疆绿洲的存在,他们可能不了解新疆,其实,戈壁上的片片绿洲才是孕育本地文明的摇篮,并且绵延的历史和文化都是基于人的存在,而哈密的伊州,也是新疆广袤大地上的一片绿洲,于是,几千年来,无数人从伊州或驻足,或留下,或走过。

"金发女郎"在伊州五堡重见天日,似是在做一个三千多年前的清梦,梦在艾斯克霞尔古堡被发现时才被人们惊讶的目光所惊醒,从此,这个被称之为"金发女郎"的惊艳女人举世闻名,虽然她已成了一具沉睡在博物馆的千年干尸,但那头金发仍如瀑般散落在她谜一般身世的背后。周穆王来了,驾着他的八骏马车,带来了西周的赏赐和威严,西王母与之瑶池相会后,又依依送别在了西膜,这个西膜,就是今天的哈密伊州。班超来了,他投笔从戎,寻着西汉张骞的方向,也一脚踏入西域,班超在烽燧的狼烟中建功立业,大败匈奴之后,白杨河边就多了一座美丽的伊吾卢城,这座城后来也叫拉甫乔克。玄奘来了,一路风尘,怀着对佛的执着和虔诚,庙儿沟佛寺住持喜得连鞋都未穿就跑出来迎接。玄奘未曾想,西域之地竟也四面佛光。白杨沟大佛寺的宏大气势也让玄奘惊叹不已,并留下了他挥汗讲经时的身影。额贝杜拉创建了辉煌的哈密王朝,并始终与清中央政府的新疆方略保持坚定的一致,共同平息疆内叛乱。尽管恢宏的王府历经近三百年风雨飘摇,已成为一个复制的经典。如今,九世的回王们已安静沉睡在了那座雄伟的大墓中,除了院落中的百年古树陪伴,还有木卡姆的悠扬乐声。左宗棠来了,抬着那口沉重的棺木,这个被誉为五百年来对中国领土完整贡献最大的人在哈密屯田,保障了平乱部队的后勤补给,最终完成了誓死赶走新疆侵略者的大业,从而名垂千古。

曾经来到这片绿洲的,还有大学士纪晓岚和虎门销烟的林则徐,当然,历朝历代的名人雅士都曾在这里用双脚丈量过,他们留下诗句,留下故事,留下传说,留下足迹,但斯人已去,无论英雄还是平民,在伊州历史上能留下的,不只是一个个名字,还有一段段传奇往事和尘烟,重要的是，他们是踏上伊州这块土地的先行者，是他们，赋予了伊州华丽色彩上的传奇。

伊州的气候和土壤造就了哈密贡瓜和哈密大枣的蜜甜，但在夏季酷暑难耐时，伊州人会选择去往山北巴里坤避暑，且已成了一种习惯，翻越一座山就能把人们的穿着从短袖换成羽绒服，这不足为奇，"一日历四季，十里不同天"，这也是这段短短路程中的习以为常。从伊州去往巴里坤，在本地人看来，很近，驱车翻过天山庙不过一小时车程，但对于曾经的商队来说，却是遥不可及。驼掌的印记和驼铃的脆响重新勾画出了丝绸之路的方向，之后，巴里坤这个曾经叫做镇西的丝路重镇横空出世，并影响了哈密几百年的历史和文化，也为丝绸之路通往迪化和惠远的贸易往来形成了一个全新通道。

山南伊州是茫茫戈壁中的绿洲，而山北巴里坤却满眼都是原始松林和萋萋草原，这就是前面说的视觉反差，从灰黄色调突然进入到无边青绿，而且是猝不及防的进入，这视觉差异，必让人终生难忘。

草原景色只是巴里坤的美丽表象，久了，对它产生更多的却是另一种极尽诱惑驱动下的文化崇敬。不可否认，用思想去解读一个地域是一件很难的事情，因为每个人喜欢一个地方时更倾向于它直观的表象，正如去欣赏一个陌生的女人，我们首先会对她的容貌产生一个最初的主观印象，当真正想去了解她，接近她时，容貌大多会被忽略，而她的内在才是真正需要加分的重要条件。巴里坤亦是如此，对很多人来说这是一个漫长的吐纳过程，但在我心里，巴里坤小城的内涵胜于它的美丽，而我更加相信，这种吸引才会是恒久的。

巴里坤的每一座古城都是一个朝代的见证，每一个雕梁画栋的古宅院都是曾经辉煌的倒影，还有那宽厚到可以在上面赶马车的古城墙，它数百年来仍伫立在风中的草原上，<u>丝毫不理会城中高楼的拔地而起</u>。对于过客而言，无人愿意严肃地去面对一段历史或者文化，应随性去舒展巴里坤历史留给我们的沧桑与厚重，也无需刻意去体验这里的文化，只是在抬头时、眨眼间，或与本地人的随意交谈中，便能捕捉到那关于本地生态、建筑、服饰、以及歌舞等文化的缩影。我不喜欢听到有人把古文化冠之于"沉浮"二字，在这里，如果你要是提到"沉浮"，那么你一定是不了解巴里坤汉文化在新疆所特有的地位，也更不会明白中原文化与西域文化交融的那个点为什么会是在巴里坤。

巴里坤没有大的河流，却有一个叫大河的地方，巴里坤的庙宇虽没有内地知名庙宇那般的香火缭绕，却曾有着"庙宇甲全疆"的美誉。无论是丝绸之路的延伸，还是玉石之路的一个顿点，都是伴随着诸多清代文人和流放犯官的佳句一路走过，清代诗人史善长写过一首《到巴里坤》："到此疑无路，群山裹一城，光分太古雪，未及半天晴，鼓角重关壮，风雪百战平"……这一首，仅是其中一首，便已勾勒出了巴里坤的简笔轮廓。

在哈密山北的草原上，不得不提到一座鸣沙山，这座沙山是哈密三地的划界标志，往南是伊州，往西是巴里坤，而东去的方向就是伊吾了。伊吾这个名字本属于哈密，是汉唐时期哈密的古地名，汉称伊吾卢，隋、唐设伊吾郡，今天的伊吾只是后来转借此名而已。伊吾与巴里坤一样，同为古丝绸之路哈密地域内的重镇，东北部与蒙古国接壤，且境内景色宜人。

当年古丝路延伸进入哈密时有两条路汇聚于此，经商的驼队或从京城经内蒙古进入伊吾，或经河西走廊到达马鬃山戈壁后进入伊州，无论商队是从哪个方向而来，在到达伊吾边界时还会再做一个方向的选择，要么走山南戈壁，但气候高温干燥，且匪患不绝，要么走山北伊吾，虽环境宜人，但常有狼群出没。最终商队的选择完全取决于自身有无武装和给养的充足程度，大部分商队还是进入到了伊吾县境，由此作为短暂歇脚之地，然后前往巴里坤卸货，至少走这条路可以免去商队翻越天山之苦。

长满雪莲花的喀尔里克冰川孕育出了伟大的伊吾河水，它滋养了山下的草原和瓜田，浇灌着传奇般的千年胡杨，也见证了伊吾这座城的数百年过往。远古岩画向人们诉说着这里曾经的生活场景，北山羊铜镜讲述着草原青铜时代的故事，古墓葬群的发掘揭示出了不为人知的历史谜团，废弃的古城在今天仍矗立在丝路古道之上，似在凝视着那一个个远去的烽燧。

走在伊吾小城中，竟然看不到有红绿灯的街口，这座城就像一个安静的处子，婉约、静谧、含蓄。随意与街边的路人攀谈，他都能给你完整讲述出关于六十八年前那场惨烈的伊吾保卫战，面对七倍于己的敌人，二连官兵浴血奋战，历经四十天的坚守，粉碎了匪徒三天拿下伊吾城的妄言，最后，大获全胜。当然，除此之外，路人一定还会给你讲一个关于枣骝马的故事，就看你有没有时间倾听了。

哈密本地人会用这样的方式来形容伊州、巴里坤和伊吾之间的关系，说伊州是哈密这个家庭中的老大，是巴里坤和伊吾这两个小妹妹的大哥哥，这样的说法很贴切，一区两县都是这个大家族的三个孩子，他们的出生背景、成长环境和文化熏陶都基本一致，彼此间相互支撑、爱护和包容，共同维护大家庭的和睦与安宁。当丝路古道穿越过哈密，并在这三地间发生了多次转换，最终还是会朝着一个方向远去，这三个孩子到如今，仍是这条古丝路的见证者。

路，我们每天都在走，无论你穿的是平底鞋还是高跟鞋，皮鞋或是草鞋，鞋底上都会带走一条路上的微尘。之后转过街角，汇入到另一条路的喧嚣中，将脚底原本属于前一条路的灰尘抖落，同时，又会沾满这一条路的细丝风尘。我们以为自己这一生会走过很多条路，其实，我们只走过了一条，无论向左，无论向右，无论路边有无花木草香，无论路旁有无鸟语呢喃。

路，本没有分别，但人们会习惯将它们赋予一种符号，什么丝绸之路北道、新北道、大海道，不过是应了当时人们眼中的景和心中的情，总要走过，既然是必经，当然愿让美好相随，所以，所有的路终将会走进每个人的心里，而所有的心，也都会在哈密这个甜蜜的地方驻留。

丝绸古道的光芒放射出了这座曾被称为"西域襟喉"的古镇哈密几千年，从汉唐到宋元，再到明清，站在西域文化与内地文化发生交融碰撞的东天山脚下，用历史的角度去品味哈密，你是否能感受到李白那首《关山月》中所表达出的意境呢？

明月出天山，苍茫云海间。
长风几万里，吹度玉门关。
汉下白登道，胡窥青海湾。
由来征战地，不见有人还。
戍客望边色，思归多苦颜。
高楼当此夜，叹息未应闲。

The
biography
of
Hami

哈密 传

第一章
镇西篇

老商号老生意

当一种全新文化慢慢在向草原文化靠拢时，是猝不及防的，就如同早间下起的一场新雪，它瞬间覆盖住了昨夜飘下的陈雪，之后太阳的光芒将地面积雪完全融化，定是让人分不清草窝里的水是何时的雪所融而成。这不是文化的无端闯入，因为文化单一不利于推动社会的发展，而在内地文化与西域文化触碰之后，我们看到的却是历史上两种文化内涵中存在着的大气包容。

巴里坤，这个曾经叫作镇西的小城，原本不是一座城，在如今被水泥硬化的街区下，也有过黑色的土、绿色的草、斗妍的花，当无数牧人在这片土地策马驰骋时，他们怎么也想不到自己脚下的草原竟会凭空生出一座城来。

巴里坤这座城是戍边的兵马踩出来的，也是众多商贾驼队走出来的。当然，还要感谢另外一双双大脚，他们则是被朝廷流放的重犯和移民，正是这些人造就了这座城在历史上的厚重与辉煌，在他们为西域门户小镇带来丰富文化的同时，也使当地经济进入了一个前所未有的繁荣阶段。平乱的将士在这里筑城储粮，形成了城池的雏形；商人们的涌入促进了当地贸易的发展，奠定了镇西作为西域货物中转地的中心位置；被流放的罪臣又带来了新鲜的内地文化；移民们也来了，他们在此安家落户并扎下了根基，从而使巴里坤成了一座真正意义上完整的城。

城外依旧是草原，牧人们多年来始终延续着自己的生活：放牧自家的牛羊，酿制酸奶美酒，重复着婚丧嫁娶，全然不顾眼前出现的这座新城是否在影响着他们的生活。小城起初的安静与草原的宁静并没有什么区别，牧人们也不屑进城去走一遭，因为那时的城内只有几间土灰的平房和零星小贩的叫卖声。直到后来，每天不绝于耳的清脆驼铃声才让牧民意识到了身边的变化。慢慢地，城内的马路变宽了，房屋的门楼也开始雕龙画凤了，路两边的商铺也越来越多了，牧民们这才感觉到一种全新的生活正在渗透进他们的生活，也渗透进了草原的每一个角落。当走进巴里坤的这条因张骞、班超的名字而变得不再神秘的路时，一个全新的代名词诞生了，这就是"丝绸之路"。从此，内地的客商们便加快了进入西域的脚步，并将生意的触角伸到了西域的深处。这些客商们无一例外地在巴里坤做了一个停顿，而就是这个停顿，使巴里坤真正处于了一个商业文化的抉择交汇之地。

骆驼厚实的驼掌从汉朝起就坚实地踏出了，驼队的这一次远行，竟然摇摇晃晃地走过了几千年的光景，一直走到了爱新觉罗统治下的大清王朝。这么多年来，一路上什么都没有改变，悦耳的铃声一次次地将沿途的绿色甩在了身后的扬尘中。西域的路是商旅们充满幻想的路，凛冽的暴风雪，烈日下的干燥，还有在暗夜中隐匿的匪帮和恶狼，都没能挡住西域新兴的商机给人们带来的诱惑。没有人会停下脚步，骆驼更不会，也只有骆驼才能穿越这样的路径。就算是矫健的骏马，在此时也会变为累赘之物。可以说，没有骆驼就没有西域的繁华，没有骆驼也无法成就这条名扬天下的丝绸之路。真难以想象，主宰中原文化和西域文化交流的竟会是一峰峰温顺的骆驼。

就这样，各路驼队敲开了西域尘封的大门，他们首先到达的地方就是草原上的巴里坤城，驼客们从驼背上卸下沉重的货箱，然后再由别的驼队将这些货物拉到更远处的迪化和惠远。商人们带来很多让本地人稀罕的东西，例如，茶叶、布匹、字画，然后用这些东西换取草原上的羊毛和皮革。与此同时，中药在易货的缝隙中也出现在了异域。开放的经济是互惠的，没用多长时间，一个系统化的经济体系便在小城巴里坤形成了。当贸易发展到一定的热度时，也给西域带来了一些糟粕类的玩意儿，鸦片骤然出现了。

商人们大多来自山西、陕西和甘肃。商队中也不乏有目光长远之人，在数以万计的商人中，只有很少的一部分决定留在巴里坤。他们停住脚步，将根基扎在了这个草原小城，从而告别了颠沛流离的跋涉生活。谁会料到，这些人不仅改变了自己的命运，也提升了巴里坤的商业品位。一时间，巴里坤街两旁出现了大大小小的商铺，最后形成了以八大商号为主，数百家商铺为辅的巴里坤商业格局。

巴里坤城当时的热闹景象从一句顺口溜中便能窥之一斑，这句顺口溜也形象地刻画出了小城四条街的基本格局：银东街，金北街，古铜烂铁在西街，流民遭犯在南街。无形中，各条街所住人口的身份地位就被划分出来了。地位高的自是住在东街和北街，而住在南街和西街的多是一些流草平民。东街的刘姓商人开设的"万顺荣"商号曾是巴里坤城商户中实力最为雄厚的一家，而且经营范围很广，什么针头线脑、香蜡纸火、毛烟铁锅……无所不有。在这条街上，还有两家较大的商号，都是做油坊生意的。一家是倪姓的"永济堂"，另外一家是宋姓的"田德全"。但宋家所开"田德全"油坊的生意规模相比倪家要大得多，因为宋家的榨油质量要优于倪家"永济堂"油坊，所以"田德全"商号后来跻身于巴里坤的八大商号之一。毫不夸张地说，东街"田德全"和北街"兴盛昌"商号的油坊生意基本垄断了整个巴里坤城，居民们每炒三盘菜，就有两盘菜的用油来自这两家油坊。使得当时在巴里坤上空的湿润气息中，久久不能散去的是油菜籽被挤压后发出的淡淡清香，如果再掺和着别家店铺中溢出的浓烈美酒的香气，那么这才是真正的西域味道，而这味道就发自于巴里坤的这几条街。

相对于东街的北街来说，这条街才是名副其实的巴里坤聚财之地，共云集了几十家有着雄厚资本的店铺，在这个号称金北街的两旁，最出名的恐怕就算是山西客商蒋家的产业了，所开商号"仁和兴"更是远近闻名。至今，"仁和兴"的第五代传人还居住在巴里坤汉城的一条深巷中，只是到了这一代，蒋家已无人再经商了，"仁和兴"这块老金字招牌彻底地被封存在了人们的记忆里。当时，"仁和兴"的生意涉及农业、商业、手工业和畜牧业，其中以畜牧业最为红火，几千亩草场再加上几千头牲畜，凸现了"仁和兴"商号在巴里坤商界的特殊地位。

"仁和兴"的生意后来越做越大，光是蒋家宅院的占地面积就让其他商户唏嘘不已，加之蒋家人的目光长远，最后将"仁和兴"的分号辐射到了内蒙古和西域的很多地方，可谓是规模空前。值得一提的是，蒋家的第二代传人还做过巴里坤商会的总督，在北街的各大商号中，在巴里坤商会曾任会长一职的还有"兴盛昌"商号的骆家人。"兴盛昌"的兴起具有一定的传奇色彩。创始人骆慧儒本是个甘肃的农民，为了生计，在光绪年间他只身来到巴里坤垦荒，谁也不会想到日后他竟然雄霸了巴里坤的半条街，人品是骆慧儒由农转商并立足于巴里坤老商界的资本，他的乐善好施到现在都被当地的老人所称道。

在"兴盛昌"鼎盛的时期，骆氏家族仅在巴里坤就拥有房屋百余间和汉城北街多达24家的店铺，所做生意小到土杂经营，大到古玩字画，无所不及。"兴盛昌"还有一支大型商业运输驼队，每年往返于内地与西域之间，久了，当地人便送给他一个别称——骆半街。这可不是徒有虚名，当时，他的店铺确实占了整个北街的南半条街，由此可见一个穷苦农民成为一个成功商人的传奇经历。除了骆半街，在北街上还有一个王半街，此人就是"义兴晟"商号的东家王家善。此外，北街的另外三家大商号也是生意兴隆，一家是做畜产品收购的"裕祥厚"，另外两家是赵家兄弟所开的"魁顺祥"和"魁顺和"商号。

那时能代表巴里坤市井繁华的就是以这八大商号为主，其他多家小商号为辅的商业体系，金东街银北街是一个历史的缩影，被冠之以金银的代名词，也说明了这两条街曾经在巴里坤的地位口碑。同时，这里也是西域与内地经济交流的一面镜子，经济的背后折射出了汉文化对西域的影响。作为西域三大商埠之一的巴里坤，在历史上起到了举足轻重的作用，它联通着迪化和奇台等地的交通命脉，担负着军事要冲的地理位置。如果没有丝绸之路新北道咽喉处的巴里坤，也就没有中原文化在西域的交流和融合。

丝绸之路的贸易刚刚兴起时，巴里坤只是商人们歇脚的一个小驿站，多数商人在此地只是为了缓解路途的劳顿，或者是卸完驼队的货物后就返程了。但聪明的商人却在这里找到了商机，因为这儿的环境太适合做大自己的生意了。首先，那时的巴里坤有重兵把守，是一个太平之地；其次，这里云集着来自各地的移民，人员的流动性也促成了巴里坤商圈的发展。当然，自然环境的优美也起了一定的主导作用，周边的水丰草肥对于商业驼队来说起了很大的作用。所以，巴里坤有了后来的商业繁荣也是必然的。

有繁华就会有衰败，这是不可逆转的规律。到了民国初期，巴里坤城商业圈的衰退就已初见端倪了，这八大商号的在劫难逃是意料之外的，也是情理之中的。都说"富不过三代"，他们果真未逃出老祖宗留下的预言，相继倒在了这句警训之下。"兴盛昌"的庞大家业毁在了第三代传人的手里，因为这一代人头枕着祖辈留下的殷实基业，完全忘记了祖辈的创业艰辛，并且丧失了扩大生意规模的斗志，每天就是吃喝玩乐，最后竟然抽上了大烟。再大的家业也经不起这样的折腾，没过多长时间，"兴盛昌"商号的招牌就撤下了巴里坤商界的舞台，只给后人留下了一个宅院的空壳。

"仁和兴"商号遭到的灭顶之灾与"兴盛昌"商号基本类似，也是败在了它的第三代传人的吃喝嫖赌中，后人们这样的蚕食一直持续到了最后，直至拖垮了偌大的"仁和兴"。剩下的那六大商号，其破落原因虽与这两家不尽相同，但结局却是一样的，维持百年的众多老字号很快都在巴里坤城消失了，并且消失得很彻底。

大多数商号的后人已在如今的巴里坤追寻不到了，他们当中有的回到了内地，只有很少的一部分人留在了巴里坤，戏剧性地从终点又回到了祖辈创业的起点。

巴里坤诸多商号的没落，这些后人们看似是导致家族产业衰败的一个因素，但实际上，社会大环境的混乱才是最根本的原因，战乱的发生和土匪的猖獗使得商人们对西域失去了经商的信心。"兴盛昌"商号那支由几百峰骆驼组成的庞大驼队，在运送货物的途中遭到了土匪的劫杀，无一人生还，据说驼队中仅有一条狗幸免于难。这样的环境使巴里坤城的百余家商铺顷刻间关闭了大半，很多人变卖家产跑到了别处，他们因巴里坤的稳定而来，又因它的混乱而弃，也算是一种明智之举。大批的商业撤离使这个小城在很长的一段时间内一蹶不振，往日的喧嚣就这样烟消云散了，昔日的繁华一去不复返，空留茫茫草原上的孤城一座。

那时巴里坤繁华商业遭到毁灭性打击的原因还有另外一个，就是丝绸之路新北道的贸易地位在下降，失去了咽喉干道的优势。一般来说，繁忙的贸易都是随着干道而兴起，新路改道会迫使商人们重新选择经商的方向，那么必然会影响到从前的商业运作模式。甘新大道通行后，巴里坤失去了得天独厚的经济条件，付出的代价就是这座城池成了新路的牺牲品，新路的便利使得骆驼也淡出了传统商业运输的舞台，驼铃的清脆声距草原越来越远，巴里坤也被新兴商业摒弃到了一个死角，虽说这是必然的趋势,但也夹杂了些许悲凉。

巴里坤太小,小到它的肩只能担起四方城中的几条小街。然而这么小的地方却曾经积蓄了如此之大的能量,这能量的积聚来源于汉文化的渗透和历史的重载,尤其是描写商业的那一笔,宛如重墨挥就而成。客商们走来又走去,文人们走去又走来,驼队踽踽而过的印迹由深至浅,犯官移民们穿梭着粉墨登场,都贯穿在孤烟落日下传来的声声驼铃中。这种牵引无法抵挡,毕竟异域的风情诱惑锁住了遥遥商道。当沉寂再次袭来,被驼掌踏出的土路重新冒出新绿时,一切归零了,就像花瓣凋零般的自然随意,久远而又浓烈的商业气息也化作了草原中的一股烟尘,随着劲风的吹来又飘散了。

如今,站在巴里坤宽敞的大街上,想象着这里曾经繁华热闹的场面,却嗅不到一丝古油坊散发的清香。骆驼还在草原上悠然啃食着青草,它们已不再负重远行了,只有远方的客人骑在驼背上,将草原的影像定格在了方寸的瞬间。牧人们用了几代人的时间见证了巴里坤商业的兴衰,让他们欣慰的是巴里坤城内虽没有延续它的活力,但城外纯净的草原还在焕发着生机。无论世事如何变迁,无论巴里坤城以后的定位还会不会是商业中心,它已将辉煌还给了历史,留下的这份美丽和宁静才是永恒的。因为这里原本就是属于牧人们的青青草原,而八大商号的兴衰也只是草原牧人做过的一个带有悠长韵味的梦。

梦回大唐

前些年，我写过一篇关于小南湖佛塔的文章，一位朋友看到后便驱车去了那里，回来后我接到了他打来的电话："上当了，只是一座空无一物的佛塔而已，你却写得那样美，有点夸大其词了吧。"听后我笑了："你去佛塔只是为了看风景，所以会觉得扫兴，是因为毫无景致可言，而我看佛塔完全是从另一个角度去欣赏的，并且还看到了佛光普照。"朋友一头雾水地问我："哪里有佛？我看到的只是一个空空如也的佛陀座啊。"我告诉他："只要心中有佛，你自然能感应得到。"

去大河唐城也是如此，如果置身于历史和文化之外，那么你只能看到几个土灰色的土台，但如果在你的眼中那只是几个土台的话，那么就不免有些悲哀了。这种悲哀不是来自知识层面上的匮乏，而是在你面对大河唐城时心里的一种畏惧与怯懦。但如若你了解了这座城池的过去，土台豁然间会变为城郭，废墟也会变成美景。

唐城，顾名思义，就是一座修建于唐代的城，很奇怪这座古唐城是坐落在一个叫作大河的地方。初次来这里的人一定想看看这条河究竟有多大？河中是否浪遏滔天般的汹涌，可在费尽周折后才发现根本没有一条大的河流存在，在村庄边只有一条蜿蜒的小河流过，让我惊讶的是这条小河的名字就叫"大河"。我想，既然没有大河却起名叫大河的地方应该有它的隐意吧，如新疆的很多地名一样，叫翠岭的是戈壁荒山，叫大泉的却没有一滴水，这好像只能解释为当地人对一条大河的向往。或许这里在很久以前真的有一条大河奔腾流过，那么取名大河还能解释为是一种凭吊。

唐城千百年来就是这样一直伫立在这片草原。沧桑的姿态延续着唐朝遗风，显出了一种超然的宁静，仿佛是莫钦乌拉尔山下被定格的一个历史缩影。尤其是在夕阳西下登高远眺唐城时，会沉醉在一个千年未醒的梦里，梦中的安静让人有想回到唐朝的神往。在新疆，很少有地方能距离如此近地捕捉到来自盛唐的气息，而我则有幸站在这里，与古城传递着时空相隔的微弱感应。正在凝视间，脑中突然出现了一些连贯的画面：一队唐代的将士正围坐在唐城内的篝火旁，大口地饮着烈烈的酒。有人在谈论着那场刚刚结束的恶战，他们当中有人在哭，哭着的是在缅怀战死沙场的朋友；有人在笑，笑着的却是在庆幸自己仍然活着。战争就是这样的残酷，没有人会热衷于陌生人之间的厮杀，都是被动地去抵挡对方刺来的长矛利剑。但在那个时期，士兵是无从选择杀戮或和平的，也正因为那场战争，作为屯粮用途的一座新城诞生了，这就是大河唐城。我们无法想象这座城建造时的情景，更没有图纸去还原它曾有的姿态，所以只能面对着这片废墟浮想联翩了。

踏着一群唐朝士兵的足迹，我一人独自走过，慢慢地靠近这座城池。我轻松地跃过城墙外的护城河，这条当年对敌人来说难以逾越的深沟，此刻于我如履平地。感谢几十年前用土将其填平的当地人，若不是他们将壕沟的痕迹抹去，我岂能如此轻易地走近？不是他们用铁铲挖开了一侧的城墙，这曾经的军事禁地我怎能如此轻松地闯入？环顾内城，被昔日勇士们视为象征荣耀的城池已不复存在。战火没有摧毁大河唐城，千年的风吹雨淋也没有奈何得了大河唐城，然而，后人却用坎头曼又一次地攻陷并蚕食了这座城。

　　这座四方的城池在风雨中走过了千余年的光景，西北强劲的悍风侵蚀着它斑驳的躯体，最后只剩下了眼前这大大小小的土堆。远处静默的库舍图岭见证着大河唐城的破败历程，因为这座山曾经就是这座城的守护神。但有一天，势力日渐强大的吐蕃人举兵踩在了守护神的肩头，接着，守城将士与入侵者展开了殊死搏杀，最后因寡不敌众，唐城沦陷。更多的时候我宁愿相信守城的将士是全部战死在了沙场，也不愿相信残兵弃城而逃。我的想法似乎有些怪诞，否则怎会如此忍心接受他们的全军覆灭？我想，这就是大众意义上百姓对于英雄的概念吧。后来听说老百姓在城中的黑土下挖出了不计其数的森森朽骨，我这才从心里走出了庸俗含义下的英雄崇拜，再一次被唐城之战的惨烈的触动。都说是战争创造了历史，但为历史做铺衬的应该是这些年代久远的遗存，唐城也不例外。所以当我们面对古城时，表面上看到的土堆只是视觉的劳顿，或许一时认不清历史留给我们的模糊片段，但历史就是历史，需要我们客观地解读。

　　每次去参观一个历史文化遗迹时，让我最感兴趣的是那个地方出土过什么样的文物，可能是我的认识过于狭隘，但这正是吸引我前去的一种潜在诱惑。在唐城内出土过一尊小铜佛，使我想起了玄奘大师的漫漫西行路，无论大师是否真的到过这里，都丝毫未影响佛教文化在西域的传播，那尊小佛在无声地印证着历史，那尊佛也是屯粮军士寻求平安祈福的心理慰藉。

　　唐城是被一大片绿油油的庄稼包裹在其中的，风起时，麦浪起伏着如潮水般推向唐城，一动一静间竟是如此的协调随意，尤其是在细雨霏霏的夏日，颇有一种斜雨江南的韵味，想必当时作为屯粮的唐城选址于此也是基于大河气候的原因吧。大河原名甘露川，川就是沿河平原的意思，一般来说取名为川的地方都适合农耕，加之此地气候湿润、土地肥沃，为唐城的建造提供了有力的支持，不只是在唐代，这里早在东汉年间班超出使西域时就已有了屯田的历史。

西部的古城大多是被荒滩黄沙所包围，很少见如大河唐城这般有成片绿色相伴的，如梦幻中的楼兰。之所以会让人感觉神秘和畏惧，是缘于它周围环境的死寂，鲜有生命存在使空旷中弥漫着一种瘆人的恐怖，只能听到自己的呼吸在旷野中回荡。如果说楼兰是历史书中的一个省略号，那么大河唐城也不会逊色于它，算是一个文化歇脚的中继，一个泛黄的逗点吧。也许这就是机缘，唐城因绿色而生，绿色随唐城而绕，行走在其中应当是惬意的，只是心中的些许沉重藏匿在了庄稼地边缘的灰黄城墙中，暂时拖住了我轻松行走的双脚，我屡次想挣脱这份沉重，却怎么也做不到。

唐城的四周似乎笼罩着一层近似压抑的空气，并且久久驱之不散，这是劫后的悲凉？还是嗜血的悲壮？我不得而知，但这两种感觉在踏进古城的瞬间就始终缠绊着我纷乱的思绪。似悲凉，犹悲壮，有西风，有古道，只是少了一匹残阳下狂奔的瘦马。有菊花，有楼台，只是那柄杀敌的古剑又在何方？抚摸着厚实的城墙有些担忧，真的无法确定它在这里还能挺立多久，因为就在昨天中午，一个媒体的朋友告诉我，他在采访的途中目睹了市区一段古城墙被推倒的情景，之后他问了我一句话："拆掉这段城墙你有什么感觉？"我沉思了一下告诉他："心痛。"是啊，又怎能不心痛呢？一段宽厚到能在上面赶马车的古城墙在新疆能有几条呢？

一个王朝的没落并非是真的消失了，对于凭吊古城的人来说只是意味着一个时代的远去，或者是代表着一座城的死去，但时代的远去与城的生死又有什么分别呢？开始抹去的首先是朝代，后来消失的是城内的繁华与嘈杂，最后城就会赤裸裸地敞露在烈日暴雨之下，久了就只剩下一个历史的影子，一段书中的回忆了。可能在这乱云飞渡中，连一个名字的记号都没有来得及留下就损毁了。我无法判定一座损毁的城除去了历史的丰厚外，是否还具有初建时的美感，仅仅从出土的铜镜古佛来看无法说明这个问题，这需要一个角度，或从文化，或从哲学，或从艺术，或从美学等多个角度去慢慢地揣摩。

　　从中国文化的审美角度来看，残缺是一种美。有的人看唐城确实存在着这样的美感，因为历尽千载的残缺姿态才能品味出沧桑和厚重来。我也不例外，与他们一样也有着相通的感觉。但话又说回来，又有几个人能真正领悟到这种美的内涵呢？残缺是心理的遗憾，崇尚残缺其实就是在无法追求到完美时的一种无奈的另类表现方式，但能从无奈中看到大美也非同俗人的境界。佛说："这是一个婆娑的世界，有婆娑就会有缺憾。"既然多数人的人生过程都会有残缺，那么我们又何苦去苛求一座古城的完美呢？倘若古城真的过于完美了，那才会是真正的遗憾。想起了希腊美神阿芙萝黛缇，很多人对这个名字可能有些陌生，因为大家习惯于叫她在罗马帝国时的别名"维纳斯"。就在维纳斯的雕像重见天日的时候，她的形象就是以残缺示人的，于是便有好事者打造了无数双形态各异的手臂，想重塑美神的完整，但经过若干年的尝试后才发现根本就是徒劳，最后艺术家们还是认同了这残缺下的美。

　　既然这种美不是大众意义上所能理解的美，那么就应该算作是凄美了。因为没有人会在正常的思维下去认可一种残缺，所以说欣赏残缺之美是我们力求完美的相对选择。就像我身处的这座城，清静寥落，或许还能听到几声游客的叹息，当我们游走在古城的完美与缺憾间时，悠然的心态仿佛已是梦回大唐的途中，突然发现，原来这古城竟然是魂系着的。有多少文人墨客在面对大河唐城时蘸墨劲书，在他们的文字中浸染了对历史、对汉唐文化的追溯，其中不乏怀古的赞誉之情。但在那溢美丰润的笔尖下还是无意中流露出了一些伤感，如曹雪芹先生的红楼一梦，梦中若没有伤感的韵味也就无法成就凄美的传世红楼。彼红楼与此唐城并无关联，但在猝不及防的闪念间，让我感觉这分明是同一场梦中的残缺啊。此刻，没有梦的存在，我仍然清醒地站在城中，继续用目光注视着大河唐城，唐城在静立，而我在敬立。

猛然间我突发奇想，如果这时正好困意袭来，让我依靠在城中的古磨边小睡片刻，那么我会做一个回到大唐的梦吗？我不知道，但可以肯定的是就算大唐被我恰好梦到，我也不能梦出唐朝长风破浪的豪迈，毕竟在这古城之中感悟的缺憾太多，而充满活力的大唐时代已远去了一千多年，那么梦还是留给那些学者吧。我只是一个过客，唐城在历史长卷中也是一个过客。两个过客只能有瞬时的擦肩之缘，不能了解得太过深刻，否则就又是另外一种沉重了。有时，我在参观一处古迹时更多地会掺杂进一些近似主观的思想在里面，因为我怕历史的枯燥会灭杀了游览的心境，所以梦想才会一直陪伴于思考，就像我在唐城中，感觉用平视的目光会局限视野的宽广，于是想去寻找一只盘旋在头顶的山鹰。我在想山鹰会将我的躯体带上高空吗？我渴求并奢望着，我明白只有在鹰的高度才能使我看得更透彻些。但与其这样去寻找，不如让自己去化为一只高飞的鹰，自由地振翅掠过古城的上空，用敏锐的眼扫过这历史的尘埃，去寻觅曾经激荡在残墙内的马鸣厮杀声。

置身于大河唐城，如果眼睛专注于某一个点，就无法不出现遐想，更无法不去抒发感怀。此时，在烈日下需要一壶清香的绿茶吗？不，还是来一坛醇烈的酒吧，把酒倒进最大的粗瓷碗中，伴着羌笛哀怨委婉的乐声一饮而尽，将是怎样的一种豪迈？唐人的酒本身就是充满豪迈的，要不怎会有如此风流隽永的唐诗传诵至今，没有酒的唐朝不是唐朝，没有酒的大唐是遍寻不到诸多醉酒诗仙的。四季在交替，周围的一切都在变，而唐城仍旧在经历着它的第一次轮回，这个轮回中的唐城是带有深刻刺痛的重生，宛如一只浴火涅槃的凤凰。走出唐城，脑海中竟然浮现出了那从城中挖出的累累白骨，想必这些遗骸已被移到了一个大的墓穴当中，并且那个大墓还会有一个很大的黑色石碑。

可万万没有想到在我即将离开大河的时候，一位当地的农民告诉我，那些白骨在一个贫困的时期遭到了一群穷苦百姓的大肆盗掘，不为别的，只是因为在那个吃不饱的年代，一斤骨头可以在收购站换得几分小钱。听后我不由得瞪大了眼睛，甚至想用手去捂住双耳，那一刻，我唯一的选择就是快步离开。惊诧！无语！呜呼！哀哉！那个农民的话让我难以忘记，它像一块阴云覆盖在了每一个了解大河唐城人的心上，虽然过去的已经过去了，但我们决不能当作什么都没有发生过。静默吧，或者暂时去忘却那些愚昧举动吧。

当我们抛开各种文化的审美角度，再远离阐述完美和缺憾的任意观点时，无论你看到的是土堆还是瓦砾，无论这座破城能否让你用心去细细品味，其实只需记住一个细节就足够了，就是它来自遥远的大唐。大河唐城历经了汉唐与西域的文化碰撞，尽管它已经破败，却没有人敢小觑它，大河唐城是盛唐的一个梦，或者说它是盛世唐朝背后的一个与繁华无关的故事，城是过去的历史，历史是往昔的城，唐城没有传说，因为它属于大唐！

一寺一庙

对于我来说，寺庙只是寺庙，或者说那只是一座漂亮的建筑，几乎没有任何诱惑能驱使我走进庙门去跪拜烧香，但我却喜欢去参观建有庙宇的地方，这与是否信佛无关，只是一种偏好。我从不认为佛是万能的，无边的只能是佛理，大部分人拜佛求的是心里的些许慰藉，但有些事佛也无能为力。对于生活而言，我们都是过客，佛也是一个碎步而行的过客，就如我们身边走过的每一个陌生人，没有本质的区别，信佛与不信佛完全在于自己，虔诚代表的只是一种态度。那么之所以我喜欢走过一座座寺庙，是想用一个行者的目光去审视它们伫立尘世的庄严，也可以在佛理的辩证中悟得一些对生活的感怀。

记得有一次出游是去甘肃的一个山村，在村旁的土山上有一座很小的庙，庆幸的是那天正好赶上了当地的庙会。狭小的寺庙内外十分热闹，跪着烧香的人虔诚地望着佛塑，求签的则用心摇着"哗哗"作响的签筒，那气氛撩得人们都能感觉到佛的存在。寺里的僧人很少，在我的目光所及之处，只有一个僧人在忙碌着，僧人大概有40岁，他看到我四处张望却不烧香拜佛便走上前来与我搭话："施主是来求财的？还是来求平安的？"

望着他我有些惭愧,摇摇头说自己只是来游玩的。僧人笑笑说:"拜佛不拜佛不重要,只要心中有佛,相信佛一样能看到你心中的虔诚,自会庇佑你了。"

出了庙门,回想起僧人的这番话顿觉有理。佛在庙中只是一个塑像,一个跪拜者心里的寄托,而佛在心里却是另外的参悟,是一种境界,更是一种超脱了。佛家的事物总会使人浮想联翩,就像那只浴火的凤凰,在将自己投入火中的瞬间,满身的羽毛在燃烧,之后就能达到涅槃的境界。对于"涅槃"这个词的解释,长篇大论者有之,抽象臆语者也有之,但很少有人能做出深刻简言的诠释。曾经在一本书上我看到过这样一句话,令我记忆犹深。书上说:"断爱即涅槃!"广义的断爱是残忍的,断爱对于我们肉身凡人来说是何等的难啊,所以这世界僧人多而高僧少就是由于无法斩断这个"爱"吧。

在我去过的地方中,有一处曾是庙宇众多、僧侣云集的佛教圣地,这样的地方总会让人想到是在内地的哪座名山之上,却绝不会把思维转向西域大漠,因为很少有人会将佛教与新疆联系在一起,而这个地方恰恰就在新疆,一个百年前被称作镇西的小镇。小镇的历史丰厚,主要突出的就是西域的汉文化,这和它坐落的地理位置有着很大的关系,无论是进来的、出去的都会经过镇西这个地方。文化也是如此,在很长的时间内,它成了西域文化与汉文化交会的一个点,所以才会出现有百家寺庙曾林立于镇西城的壮观景象。有繁华鼎盛就会有衰败没落,这是辩证的规律,没有人能扭转,就连佛也无法抗拒如今的局面。现在,遍寻这个原叫镇西的巴里坤小城,也仅有两座寺庙存世了,它们一个叫地藏寺,一个叫仙姑庙。

佛教的衰退并未让它们感到孤独,一寺一庙就这样相伴于同一个大院中,除去略显沧桑的气息外,还有几棵古树相依着。曾经林立着百座寺庙的圣地就这样悄无声息地隐去了,没有人能拿出确凿的证据说明这一切的变迁,只有一些学者在不厌其烦地讲述着外来宗教与佛道间的拼杀。

在我面前的这一寺一庙，一间属于佛家，一间属于道家，它们在一个院落接受着信徒们的供奉，很少见有不同信仰的膜拜是在这样近的距离无间地进行。几百年来，这寺这庙竟然相安无事，倒是引来了外界的众多猜测，他们提出了那么多的为什么，都是在疑问佛寺与道庙怎会同处一院。同时他们却忽略了另外一个问题，就是此寺与此庙为什么就不可以同处一院？稍懂佛教历史的人都会明白，佛与道本是同宗。虽说佛是舶来的，道是本土的，但作为道教的创始鼻祖老子，却是佛教人物摩诃迦叶的转世，所以佛与道不单是渊源深厚，在一定意义上还在延续着一种默契的矛盾，而这种矛盾在现实生活中也会经常出现。所以说那些所谓的质疑，无非是想弄点玄妙出来。

佛教开始进入中国的时候应该是在汉武帝时期，那个时候道教在中国已经有一定的基础和规模了，可以说在当时，佛教是依附于道教发展的。后来僧道之间也进行过多次的交流和切磋，虽然期间曾发生过对立，但丝毫没有影响到三教合一的脚步。有僧人取道书之所长融入佛经，有道人去听高僧讲解佛经，以学习佛教的思想，最后，佛、道、儒三家已是基本相糅了。今天看巴里坤的佛道同院，并不是什么稀罕的事情，就像中国神话故事中同时出现如来佛祖和玉皇大帝一样，虽是神话，倒也能反映出当时的状况来。

巴里坤的这座佛寺供奉的不是佛，而是地藏菩萨，菩萨在佛教中的地位是仅次于佛的。四大菩萨中有智慧的文殊、行践的普贤、慈悲的观音和孝道的地藏，大乘佛教中代表着智、悲、行、愿的正是这四个人格化的菩萨，这其中地藏菩萨前世救母的故事很感人。在《地藏菩萨本愿经》中便有记载：有一婆罗门女，其母吃肉信邪，死后便堕入无间地狱，婆罗门女梦到自己的母亲在地狱中饱受磨难，实是不忍母亲的惨状，便倾尽家财于佛寺中，并在如来像前立下誓愿，愿尽未来劫，应有罪苦众生，广设方便，使母解脱。此婆罗门女便是极尽孝道的地藏菩萨之前身。

孝道中的"孝"字包含着孝顺孝敬之意,"道"则是必经之道。古时候就有警言曰:"万恶淫为首,百行孝当先。"孔孟之学推崇孝道,但这种孝道仅是对待父母师长的,比起佛教中的孝道却相对狭义。佛教中的广义孝道已升华为:上报四恩,下济三涂,念及三世父母,普及六道众生。倘若在佛教中推出一个孝道的代表,那么非这个为救母而累劫报亲恩的地藏菩萨不可了。是孝道驱使地藏宁可自己遭受无数劫难,也要让母亲超脱出地狱,地藏菩萨的前世正是应了《荣辱经》中的佛言:"善之极,莫大于孝;恶之极,莫大于不孝。"

在全国,很少有地方建有地藏寺,在我去过的寺院中,除了九华山建有地藏菩萨的道场外,还有新疆清泉寺的侧殿供奉有地藏菩萨,再就是巴里坤的这座地藏寺了。据说这座寺是嘉庆二年由来自甘肃的客商捐资修建的,当地人极为信奉地藏菩萨,可能是菩萨的孝道故事与巴里坤人产生了共鸣。巴里坤的人并不多,但也深受着五伦之孝的影响,在这里鲜有对父母师长不敬不孝的事情发生,我想这也是因为他们供奉地藏菩萨而优化了当地的民风吧。孝道是感性的,它不同于理性和灵性,而我看这座地藏寺时,也是感性的。抛却佛理不谈,仅仅是因为它被修缮得过于完美了,所以便使人生出很多的遗憾,不是所有簇新的东西都会吸引眼球,尤其是那些本该反映历史和文化的事物,过分的修饰反而会有一种弄巧成拙之嫌。倒是旁边的一副楹联吸引了我,上书:"天知地知你知我知谁为不知,善报恶报速报慢报何须有报"。读完楹联后突然心境大开,于任何事都能套用此联,不得不称奇啊。

仙姑庙修于地藏寺旁,这两座建筑几乎浑然一体,除了建筑风格的差异外,如不细看,定会认为这仙姑庙会是地藏寺的一部分。那么,这个被供奉着缭绕香火的仙姑又是何许人氏呢?是八仙中的何仙姑吗?感觉这样的解释有些牵强,因为庙中仙姑的形体与八仙中的何仙姑大不相同,但很是巧合,就是两位仙姑同为何姓。大多数供奉女性的庙宇都是与礼孝相关

飘雪中的地藏寺

冬日仙姑庙

的，这座庙也不例外，当地人对这座道庙心存敬畏，一直以这庙中的人物故事教育着子孙后代，从而加重了巴里坤尊老重长之风的浓厚。

仙姑本是一个普通百姓人家的女子，因自己的瞎婆婆外出迷了路，她便只身前去寻找。临行时她为了防止自己也迷路，就随身带了一大团毛线。到了陌生的地方她就边走边散线，最后毛线用尽依然未找到瞎婆婆，情急之下她将仅剩的线头系在了自己的肠子上，终于在肠子用完的时候，她找到了瞎婆婆。这是一个很感人的传说，却让这里的人们津津乐道，虽然故事有些善意的夸张，但我还是相信此女曾经真的存在过，只是寻母的方式不同罢了。

在这个院落，又一个孝道的人物出现了，能说这只是一种单纯的巧合吗？一个地藏菩萨已是让人深感孝道之意，现在再加上一个大孝的何仙姑，他们的相互依存更是加深了我们对"孝道"二字的理解。此时又不得不生出另一种猜想，除了用佛与道的历史来解释地藏寺和仙姑庙共处一院的缘由外，我们一直都在忽视着一个显而易见的解释，就是无论他们各属于哪一类教派，如今的境况都一直是在用"孝道"二字所串联着的啊，极尽孝道的菩萨与仙姑在同时弘扬着孝道的发扬，并且又直接体现出了广义孝道的传承。此时，已没有什么玄妙了，更是跳出了各自本位的拘泥，可以想象经过若干年的磨合，使得看起来本不是同宗的事物竟能达到如此的和谐统一，应该算是一种缘吧。

有时，我们会费尽心机去探究这些诸如佛道同院的疑问，于是，简单的事情就会复杂化。或许这只是一个特定时期的产物，但偶然也是必然，必然也掺杂着一定的偶然，所以说无论我们进入怎样的一种寄托模式，都不能只去看它存在的表象，内在的东西才是最具吸引、最值得思考的。正如那些喜欢游览寺庙却不拜佛的人，并不是他们没有信佛的虔诚，而是因为他们想追求的是一种印证佛理的参悟，跪拜只是一种形式，它不能成为衡量虔诚与否的重要依据，这从表面上看又回到了前面所说的矛盾中，我想，这只是一种态度，而且是一种一直在坚持的态度吧。

　　如今巴里坤这个地方依旧保持着孝道的传统，不能不说与一寺一庙的存在有着千丝万缕的联系。就在前几天，偶遇一老友，举杯间又谈起了这一寺一庙，他告诉我，在很久以前寺与庙之间是有一道墙相隔的，后来不知何故，那堵墙消失了，于是便形成了这样特有的融和。放下杯子，我想这也应该算是一种入乡随俗吧，入了巴里坤这座城，无论是何处的文化，无论是何方的神圣，都得由着当地百姓的性子来，都必须适应巴里坤所特有的汉文化。就连当时骑着"谛听"来西域落户的地藏菩萨也不曾料到今天他会与仙姑同院为伴，并与之共同梳理着巴里坤汉文化的丝丝发梢。

流放的文人

连汉将张骞都未想到他踏出的这条路后来竟成了历史上贯通欧亚经济和文化的命脉，这就是曾经活力四射的古道——丝绸之路。在这条路上，走过了一群群的商贾，至今在古道旁还隐约回响着清脆的驼铃声。但不同寻常的是，当另一个群体踏上这条路时，居然是在用戴罪之身赋予了这条路的深远。他们是一群罪人，确切地说是一群有罪的文人。曾经衣食无忧的他们怎么也没有料到自己会从繁华的都市走向荒凉的西部，无论他们是否真的有罪，这群人还是没有逃脱封建社会旧体制下文人的残酷命运，那时的制度也注定了这样的结果，所以在过去的几千年的时间里，官吏与文人之间存在着一种必然且微妙的联系，以至于这层关系延伸到了清末。

文人们在过去的朝代中饰演的可悲角色很多，从一个朝代的更迭到一股新生势力的雄起，他们前仆后继地在历史舞台上登场，却很少有人能预知自己的命运，只有少数文人雅士隐居于山林荒野，从而逃过了一次次的劫难。文人从政是旧时科举制度的必然，功名是他们寒窗苦读想达到的目标，所以每当金榜发布时，是有人哭来有人笑。这种体制下的旧文人是可悲的，于是便出现了鲁迅笔下孔乙己之类破落文人的代表。当然，有一部分文人在官场混得也是如鱼得水，也就是这些人，他们所面临危机的概率相比于其他人要高很多。

　　幸运的文人可以在盛世活得很自在，不幸的文人大都处于一个朝代的末期，或是生活在一个坑儒的时代。他们提着脑袋书写文字，不知哪一天就会触动龙颜，直落得个砍头或流放的下场。砍头是个痛快的归宿，至少可以免受日久的牢狱，然而流放却是让获罪之人饱受着精神凌迟之苦。翻阅了很多记载流放者生活的书，我发现了一个奇怪的问题，这些著书人都是在有意无意地偏袒着被流放的文人，这好像不只是同情这么简单。但无论怎样，他们确确实实是被流放到了偏远的地方，也的的确确在某一种压力下偷生着。

　　流放生活有所失亦有所得，失去的是他们毕生追求的功名，但这只是一个虚拟的身外物，死后身体依旧腐烂，不会多占一寸土地，与寻常百姓无异。而得到的却是与别人不同的经历，虽然没有人愿意会有被流放的经历，但对于精神来说，这种历练会让他们有一种超脱的充实，或许还能在那种环境下造就出一代文豪也不一定。一直都想得到一个答案，史上第一个被流放的文人姓甚名谁？在费尽周折后却无从查考，无论他是谁，都表明了一个时代和一种新的文化形式的开始，暂且来说说屈原吧。恰逢端午，我无意于刻意去怀念他，但他的流放经典之作《离骚》已从侧面回答了我的问题，可以说这部书是中国流放文化的开端，自然屈原也就成了流放文化的奠基人。对于遭此流放厄运的人来说，哀怨已是无济于事，不如将这份经历用文字去表现出来。如果能得到传承，那么就说明你的流放是对你人生另一面的完美诠释，好歹这也算是一个心理寄托，也不至于荒废了笔耕，后来的流人们对这种文化的认可一定也是源于对屈原老先生的思考吧。

　　当他们一步一步走上了流放之路时，我不知是应该感动于他们不屈的气节呢，还是因遭受笔尖之祸来叹息他们的命运？去西域的路很长，当时的内地人看西域是恐怖的。如果再亲眼目睹大漠的荒凉，那么一定会有绝望的想法充斥在大脑，很多流人们在途中就已死去了。当时能到达流放地的多为武夫和文人，这其中的原因不言而喻，武夫的体力足以支撑其渡过难关。而活下来的文人则是以景赋诗来排遣途中的焦躁烦闷，他们是在用精神来支撑着快要垮掉的身体，就这样踏上了古道，顺着一路向西的风走进了这块神秘的土地。

大清帝国的主要流放地是西域，清代的流人们甚至羡慕起之前朝代的流人了。因为在清朝之前，海南和岭南才是流放聚集地，那里的景色和气候相比西域是怡人的，就算流人们失去了自由，但身处美景之下也会给自己的精神带来一些抚慰。将西域作为主要流放地的做法，显示出了满人治国的高明之处。既对不忠者达到了惩治的目的，又将内地的主流文化不费吹灰之力传播到了西域，还融和了民族关系。当这些流人们上路时，过去的种种便被画上了一个重重的句号，对流人们来说，第一步的开始就基本意味着是永远的背井离乡了。很想知道他们在走出家门的那一刻在想些什么，他们在回望着生养自己的土地，面对着妻儿老小的目光时是否已有了悔意？我觉得这些流人们应该是从容上路的，因为他们在费尽心机考取功名的时候就已经很清楚宫廷争斗的残酷了，就是说他们是做好了一切思想准备才进入仕途的，而后官场的复杂就要看各自的运气了。

这些流放之人无一例外地涌向河西走廊，又在翻越天山后来到了镇西小城，在这个他们眼中充满异域风情的地方逗留休整。虽然监管限制了他们的自由，但无法约束的是他们的双眼。在西出阳关无故人的苍凉背景下，首次望见天山白雪、松涛草原，对已然疲惫的身体来说是一种难得的轻松，尤其是景色对精神的缓和。没有人能无视这样的美景，于是引得这些曾是文人的犯官诗兴大发，吟诵起了久违的诗词。突然想起了一句不知是谁说的话，大概的意思是这样的：流放，足以扼杀一个前途无量的官僚，却能够造就一个本无起色的诗人。也确实如此，一个本是文才飞扬的文人在进入了官场后，自是无暇弄墨，而流放生活的压抑又会促使他们重新拿起笔，来塑造一个精神上属于自己的空间。他们经历着蜕变，从文人到官吏，再从官吏到罪臣，之后重新回归文人的角色。这时的他们已是一个真正的文人了，抛却功利的写作是灵魂的升华，虽说这种升华是无奈和痛苦的，在这种状态下，他们可以大声地对着旷野说："你可以摧垮我的身体，但决不能左右我的精神。"这样的话若是在得势时来讲定会招来嘲笑，但已身为流人的他们，心胸在此时却是坦荡如川的。

于是，一首首的佳作便诞生在了镇西这座小城，大部分的流人很希望这里能成为流放的终点，因为镇西太美了，有时竟会让流人们觉得是行走在幻境中，但只有少数幸运的人在这里扎了根。其他的流人还要继续前行，只能作为过客被记载在史册中。因为当政者是不会这样轻易便宜了他们，他们的目的地或在百里外的迪化，或在千里之外的惠远河谷。每一个流放者的自由都是被监视的，哪怕是在镇西的短暂停留，他们的不满言论和诗作都会招来杀身之祸。所以在我们看到的这些流人佳作中，以景抒情的诗句居多，也是镇西的景色正好顺应了流亡文人的心境吧。

岭南文化离不开被两度流放的才子韩愈，对海南文化的影响要归功于苏东坡的流放，那么还有新疆的文化自然也就离不开这些流人们。当然，作为历史上三大流放地的西域，与岭南和海南的环境和文化是截然不同的。新疆的流放文化不是一个流人就能影响的，而是大多数流放文人积累造就的，或许是因为没有一个太过响亮的名字被流放新疆，也或许是因为西域文化与内地文化有太多的不同，很难在短时间内做到融合。巧的是，作为西域汉文化三大集中区域的镇西、迪化、惠远正是清代的三处主要流放地。最终，流放文化果然就在西域形成了一定的气候。放眼去看来到镇西的流人们，又有哪一个不曾是文人的精英？赵钧彤、王大枢、洪亮吉、颜检、韦佩金、史善长、杨炳堃、雷以诚等等文人无不影响着镇西汉文化的积淀。

他们中的很多人都是路过镇西的。史善长走来了,他是趁着江南的一场细雨踏上流放之路的,他淡定地将两袖清风挥洒在了山阴,坐失察而革职是很多被流放来西域的官吏中最常见的缘由,但他也是所有被流放的文人中非常幸运的一个。流放意味着什么?流放意味着此生将无法再回到故乡了,于是在他走出嘉峪关时,想起了唐代诗人王维《送别诗》中的句子:"劝君更尽一杯酒,西出阳关无故人。"在他将更浓绿的色彩甩之身后时,望着远处大漠荒烟,也不尽感怀:"一出此门去,便与中土殊。明知有还日,得及生也无。"史善长西域在戍仅仅三年,能说他不是幸运的吗?也就是这三年,他将自己看到的、听到的、感受到的全都用笔记录了下来,他进入西域一路从镇西到迪化,笔触之下,佳作连连。在镇西时,即兴之作更是脍炙人口,他的几首诗词让镇西人到现在都觉得荣光。诗人走进了镇西城,面对这个小镇不能不抒发自己的感情,毕竟路途的疲惫需要一个宣泄的出口,那么就用诗句吧,他吟道:"到此疑无路,群山裹一城。光分太古雪,未及半天晴。鼓角重关壮,风雪百战平。"这就是那首巴里坤人耳熟能详的《到巴里坤》。

洪亮吉也来了,这个用性情和气格写诗的文人总是那么的与众不同,以至于在当时被划入诗人的另类之列。虽说洪亮吉是个喜欢标新立异的才子,但最终还是因越职之罪遭到流刑,在充军的途中他与其他流人无异,都是经过了镇西城。在松树塘下他停住了脚步,并非是累了,而是满山的松翠缠绊了他的双眼,如此的异域美景正好迎合了洪老先生的个性,于是,一首大气回荡的《松树塘万松歌》便呼啸而出了:

千峰万峰同一峰,峰尽削立无蒙茸。千松万松同一松,干悉直上无回容。

一峰云青一峰白,青尚笼烟白凝雪。一松梢红一松墨,墨欲成霖迎赤日。

无峰无松松必奇，无松无云云必飞。峰势南北松东西，松影向背云高低。

　　有时一峰承一屋，屋下一松仍覆谷。天光云影四时绿，风声泉水一隅足。

　　我疑瀚海黄河地脉通，何以戈壁千里非青葱？

　　不尔地脉贡润合作天山松，松干怪底一一直透星辰宫。

　　好奇狂客忽至此，大笑一呼忘九死。看峰前行马蹄驶，欲到青松尽头止。

　　这首诗写得让洪亮吉自己都觉诡秘，因为他在写这首诗时，是在印证自己很久以前的一个梦。三十年前，洪亮吉曾做过一个梦，梦中就是到了这样一个松树满坡的高山，没想到三十年后，梦中之景竟然会真的在镇西松树塘不期而至。诗的前半部分写实，后半部分写意，拿捏得十分到位。如果说松树塘的景色只是与洪亮吉产生了共鸣，那么可能说明不了什么问题，但巧的是，同在嘉庆年间被流放的另一个文人韦佩金，竟然与洪亮吉巧合地站在同一个望山的角度，写出了与洪亮吉同名的诗歌，这不得不让看客们诧异不已，虽说两首诗的诗风不尽相同，但都是在看到如此的美景后发出的感慨，我相信这是真实的！

　　在众多流放西域的文人中，有一个人不能不提，并非此人在流放期间做出过多大的贡献，而是因为他在为官期间所遭受的争议颇多，并且是名门之后，他就是颜检先生。先是在任期间被指办案不力，还担有筑坝坍塌之责，然后又有对犯人量刑过宽的嫌疑，这些罪名在当时足以让他受死，还好他福大命大，只是被皇帝老儿流放西域。颜检在这里留下了怀古之情，也着实地看到了镇西汉文化发展的端倪，有诗为证：

　　背郭岭嵯峨，环城海不波，

> 镇西新府治，拱北旧沙陀。
> 事纪唐贞观，碑留汉永和，
> 裴公遗迹在，悔未一摩挲。

诗中提到了天山、白雪、湖泊及汉碑，他将镇西城的地理位置、历史文化和异域风情尽述笔下，不失为是佳作一篇。

还有王大枢、赵钧彤、李銮宣、杨炳堃、雷以诚、金德荣……他们相继来到镇西，一路走来一路作诗，苦中求乐。金德荣是他们当中在镇西被流放时间最长的南京诗人，他在镇西的几年里，当地寒冷冬季的冰灯引起了他的注意，在从前，这种民间的艺术很难登大雅之堂，在官家的眼里，这只是穷人们的自娱自乐，然而金德荣却十分喜爱，因为这毕竟是西域小镇，难得在此地能看到本属于东北的冰灯，感慨于此，便写下长诗《巴里坤冰灯歌》：

> 雪山高与天山接，上有万古不化雪。
> 朔风一夜结作冰，裁雪妙手搏为冰。
> 以矾入冰冰不化，以烛照冰光四射。
> 五里之内尽通明，半月能教天不夜。
> 元夕月轮照碧空，大千人入水精官。
> ……

任何一种艺术文化形式的交流都是有条件的，对于西域民间文化的交流此诗便可为证。

在众多流放来西域的才子们所写的诗歌中，描写镇西的诗句应该算是最动情的，因为他们在走过了漫长的灰色地带后突然跃入眼帘的是镇西的绿色，长久的视觉疲劳让心境豁然开朗，所以感慨自然不会少。重要的是他们的诗已在与西域文化相交融了，就是说这样的结果是当权者最愿意看到的，这也是流放所要达到的目的之一。所以在有意无意间两种文化的交流从格格不入到潜移默化，流人们的努力功不可没，这一路走来，所经之地都充盈着诗人们的吟诵之音。

就这样，一批批的文人背井离乡来到西域，无论他们来自何方，去往西域何处，无论前面已踽踽走过多少人，后面又将走来什么人，这绵延几千年的悲剧留下的已不仅仅是思考，而是作为文化的一脉在传承了。文化的进步是需要有人付出代价的，流人们首当其冲进入了这个推动文化发展的陌生角色，又很快适应下来。这些相继而来的流人们在西域留下了他们的诗句，却什么都没有带走，只有少数人幸运地踏上了返乡之路。在这难得轻闲的流放生活中，流人们大多选择了重塑自己的精神世界，于是就有了后来不绝于耳的上乘诗作。如果现在来梳理这些诗歌，就会发现他们的作品境界呈台阶状的走势，流放期间的作品远比他们前期的作品质量高很多，流放的经历也构成了作为一个成熟诗人必经的心路历程。

不单是在镇西能看到流人们的足迹与诗作，西域另外两个汉文化聚集地也深受着流人们的影响，惠远城和迪化城同样在这种流放文化背景下进行着碰撞与互补，是流放文化把西域两千年的汉文化重新进行了定位和修正，一种优秀文化应有很大的包容性，否则生命力就不会持久，这些来到西域的流人们证明了这一点，并赋予了西域文化新的内容。

于百年后，站在巴里坤的土地上回想起镇西城，不禁感觉到了洪亮吉、颜检等千百流人面对镇西时的触动，更多的是缅怀起了那巍巍天山下的苦旅诗行，我们完全可以将这些段落谱成一段大曲，在跳动的音符间怎能不把这一路的感慨化作歌声的悠扬？

穿越时空的忆

朋友是个擅长书法的人,在他家中的墙壁上挂满了自己的作品,每次去他家做客,总能隐约闻到一股淡淡的墨香。有一次去他的书房欣赏书法时,意外地在笔洗旁看到了一块饭盆大小的鹅卵石,这块椭圆的石头从外观看本无出奇之处,可仔细一看,竟然被它深深地吸引了。在石头表面,赫然有一只由黑色粗线条勾画出的大角盘羊,虽然只有寥寥几笔,却显得活灵活现,我立刻感觉到了它的不寻常,并意识到这可能是一幅来自远古的岩画,因为我在哈密的白山曾见过类似的岩画线条,而那至少有千余年的历史了。这时朋友冲我神秘地笑笑说:"是块宝贝吧,这是去巴里坤游玩时在山坡上捡到的。"

很羡慕朋友的运气,弯腰间竟能触碰到巴里坤草原留下的历史印迹,像是偶然穿越时空后与时间进行的一次对话,那冥冥中传送的信息也是我一直渴望了解的。如果只是把岩画当作历史遗留物,那么会有单薄之感,在我眼里,简单的笔画下所流露出的分明就是一种艺术的表现形式啊!那神秘的线条不仅仅是岁月渊源的证明,还是艺术对心灵的撞击和共鸣。走出朋友家,那只刻在石头上的大角盘羊一直浮现在脑海中,我甚至有一种冲动，抑或是一种渴望，想立刻去山南的草原走一遭，面对面感受一下坚硬岩石间溢出的历史信息。

这片草原简直太神奇了，已完全超脱了草原存在的本身含义，仿佛每一株草都生长在充斥着历史的沃野，被文化的积淀营养着草根的丝丝根须，当我前去寻找草原上的这些人类遗存时，已是飘雪的冬季了。

走过那一片积雪的村庄，路边拐角的烽火台蜕变成了一个黑色的土堆，无从考证这曾经是什么关、什么隘，只能看到土堆中斜刺穿出的红柳在冷风中飘摇。我不禁突然想起了阳关，也想起了那首《阳关三叠》："劝君更尽一杯酒，西出阳关无故人。"那阳关不也是在历史的追逐下风化成了这样一个土堆？留下的只是送别的诗句与惜别之情，只是现在我手中没有送别的酒，而我的故人依旧在。这里不是阳关，并且距离阳关有遥遥几百里，虽是不同的两个地方，但引起我缅怀的却是如此雷同的历史与风尘。

历史总在不经意间留下一些神秘的信息，如在巴里坤三山间的积雪下掩埋的那一幕幕瞬间，似流星般滑过千年的夜空，在视线中留下了闪亮的尾迹。当有一天人们拨开积雪，看到了刻在岩石上沉寂已久的美丽线条时才明白原来历史离我们曾经是那么的近，而我们从前却丝毫未察觉。

有一群人，我们不知道他们是谁，也不知道他们来自何方，不管他们是匈奴人、塞种人还是乌孙人，当他们行走到这里时却止住了脚步。可能是被这里的山水所吸引，或者说疲惫的他们已迈不动奔走的步伐，于是从那时起，他们就定居在这里，打猎、放牧、歌唱、繁衍生息。

今天，我站在这里，草原与高山已被积雪掩盖，看不到本属于满山的绿色，积雪正毫无顾忌地用自私的洁白涂抹着，所以从他们在这里生活开始，就已将这山、这草原奉若神灵。于是他们在一次次打猎放牧的闲隙时间里，在山上留下了生活的种种气息，直到后人们发现了这些由简单线条勾勒出的岩画时才忆起了这群人。

带有史前人类讯息的巴里坤岩画

历史的烟尘没有磨灭在岩石上刻下的坚实记忆，从前的隐匿只是在说明历史跳跃间的空白。如今，当数百幅古朴简练的岩画暴露在现代人的视野时，时间随之凝固了，人们的思维也随着画面在跳跃着，曾经逝去的时间似已将封闭的空间完全打开，任由我徜徉在岩石与历史之间。不敢去抚摸那些曾经属于坚硬岩石的刺痛文身，因为我怕触动了山神威严的敏锐，我的渺小只能解释于自己胆小脆弱的神经，以至于我多次收回了伸出的双手，把欲望深深地压抑到了雪层的最下方。那毕竟是时隔千年的又一次轮回，否则，今天我不会有这样的机会与它对望。

岩画的线条虽不是神来之笔，但流畅得令人赞叹。每一个场景都会使我的心头产生震颤，脚踏在没脚的积雪中，我在思考，我在凝视，我在徘徊。人老去了，记忆也会随着年龄的增长一点点地遁去，该遗忘的早已遗忘，该记起的也找不到痕迹。而巴里坤的山是有记忆的山，它所封存的记忆是恒久的，并用岩石记录着曾经发生在这里的一个个片段、一段段往事，还有一幕幕生动的生活画卷。在他们选择用岩石来记录这一切时，他们知道，只有岩石的坚硬才能将记忆延伸到更深处。所以，岩画的每一笔刻得都是那样的深、那样的重，以至于在我们目睹这些岩画时，仿佛是在穿越着时空隧道。目视着块块山岩，灵魂却早已出壳，正随着凛冽的北风前往那久远的年代，感受着短暂时间内的七次时空穿越。

时空穿越之画面一：他们是一群猎手，每天背着弓箭赤脚穿越在草原或者山间，去追赶一些可以让全家人果腹的猎物。妻子们则在家做饭带孩子，等待着丈夫的满载而归。草坡上奔跑着成群的野牛、野羊和野鹿，狩猎很辛苦，他们经常是奔走一天后一无所获，于是在歇脚的时候，就用箭头在岩石上刻下平时经常见到的动物和狩猎的场面。无论他们是闲来无事随手而刻，还是此举有着特殊的含义，至少他们已在试着去保存记忆了。或许那个时期文字还没有出现，但现在我们把岩画称之为艺术时，猎人们只是在用笔画来表达个人的思想，我想，更多的应该是一种交流的需要吧。也说不定这些岩画是作为猎人们泄愤的工具而存在，可以想象这样一个场面，在追赶一只野鹿一天后，却让野鹿逃脱了，于是猎人就在岩石上刻下一只鹿，以此来排解沮丧的心情。用简单的线条画出一个动物并不是一件很难很费时的事情，也可能在刻出一只大角盘羊后，他们会跪拜在这块岩石下，然后用那时的信仰方式来祈求第二天狩猎的好运。无论他们刻下这些动物的目的是什么，对于我们而言，都无法百分百去破解岩石上的神秘，推断只是推断，如果真的想得到一个完美的答案，也只有让当时的凿刻之人来回答了。

时空穿越之画面二：当奔波在草原的猎人为经常的空手而归苦恼时，家里的女人们想出了一个能从根本上解决生活来源的办法。她们把丈夫打回的活猎物圈养起来。后来，经过驯化的动物越来越多，家家户户的屋后都有了一个很大的木栏圈子，里面养有成群的牛羊，猎人们开始试着放下手中的弓箭，每天早晨把羊群赶到草原，去放养这些温顺的动物，夜幕降临时再回到自己的小屋。如此无忧的日子让这些曾以狩猎为生的猎人们变得富足起来，并且保证了稳定的家庭生活状态。从众多岩画中表现的牧羊场面来看，从原始的狩猎方式到驯化家养牲畜是一个劳作方式转变的过渡点，如果不是生活所迫，恐怕狩猎会一直进行下去，也就不会出现后来的游牧民族了。

时空穿越之画面三：岩画中有很多形态各异的马。草原是不能没有马的，同样，马儿也离不开草原。从游牧民族形成伊始到现在，马就从未脱离过草原人的生活。当野马被驯服并且成了放牧生活中不可或缺的一部分时，草原上沸腾了，牧人对于马的崇拜甚至超过了他们赖以生存的牛羊。没有马的牧族就像是失去了行走的双腿，当他们骑着马儿飞奔在草原，弥补的是作为人类所不足的自信与豪气。夕阳下，一匹马前蹄跃起在奋力嘶鸣，草原就出现了这样的和谐画面，没有一顶帐篷下没有马儿的低吟，没有一处草原没有马蹄震地的"嗒嗒"声，没有一个牧人不会为拥有一匹骏马而自豪。草原上，除了在天空上振翅的雄鹰，能代表草原豪迈的就是那一匹匹驰骋的骏马了，马成了草原人心中的图腾，也成了草原人的骄傲。

时空穿越之画面四：草原边的小道上，一辆大车在缓慢地行进，这是勤劳善良的先人们用他们的智慧打造出的运输工具。岩画之上是一辆名副其实的车，是一辆带有辐条车轮的大车，虽结构有些简单，但这足以能够证明牧民们的聪明智慧。每到秋季，牧民们便赶着大批的牲畜从夏季草场转到冬季牧场。春季的时候，再从冬牧场转回夏牧场，这种长途迁徙有时会跋涉数百公里，这个过程就是"转场"。起初的转场需要用骆驼将全部家当驮上，然后就进入了一个漫长的转场穿行期，转场的队伍浩浩荡荡，因为只有原始的交通工具。后来大车的出现使得转场变得简单了很多，毕竟一辆大车可以取代十几峰健壮的骆驼。于是，勤劳的牧民们经历了生活的又一次大变革，大车的出现减轻了牧人长途跋涉的辛劳，自然这辆大车也就会被记录在岩石上，让我们的目光回到那个千年前第一次使用大车的转场中。我在哈密的白山岩画区也看到过类似的大车，不可否认的是，这大车其实就是原始牧业向草原文明靠近的一个重要标志。

时空穿越之画面五：没有一个群体能逃脱得了战争。哪怕是在平静的草原上，也会因为草场的争夺或者外来者的入侵而发生你死我活的争斗。铁器的出现加速了争斗的惨烈程度，尤其是当长矛大刀饰演了战争杀戮的主角时，血腥就一直跟随着善良的牧民们。岩石上记录着战争的影子，我们甚至可以在笔画间看到沾血的长矛，听到厮杀的喊叫，闻到胜利者酒杯中的酒香。

时空穿越之画面六：我们一直都把看不懂的文字符号称之为"天书"。或许是因为不被认知，所以神秘的符号总会被思维拉进一个无限的想象空间，虽不能求证这些怪异的符号各自代表什么意思，但可以肯定的是，这些符号不是天然形成的，都是人为凿刻而成。是一个原始部族的图腾？还是在暗示或者隐喻着什么？没有人知道几千年前这里发生了什么，更没有人了解这符号背后隐藏的秘密，是代表着灾难、死亡、恐惧？还是希望、祈祷、祝福？当看到这些非逻辑的符号时，只是掀开了神秘天书的第一页，无论是学者还是游人，最后终会带着疑问下山，并且陷入了时空交错的电闪间。

时空穿越之画面七：一只虎，一只壮年的新疆虎出现了，它下山去觅食，用威风神情下的锐利眼神扫视着面前的一切，原本平静的草原霎时间喧闹起来。它面对着猎物，发出了震山一吼。在看到了多幅关于老虎的岩画后，我想起了几年前新疆一家企业发起了一个寻找新疆虎的活动，声称找到新疆虎的人会得到一笔丰厚的报酬。然而事实却证明了此举的商业用心，有人甚至开始怀疑新疆是否曾经真的存在老虎。这些持怀疑态度的人一定没有来过巴里坤，如果他们亲眼看到了多处岩石上的虎图，就能感受到威猛的新疆虎是真真切切存在过的。我相信曾经的这片山林草原是有兽王存在的，它隐藏在灌木丛中，凝视着远处卷起烟尘的野羊群，然后猛然跃起，向目光锁定的动物发起了致命的一击。值得一提的是，巴里坤这个地名就是"老虎爪"的意思。

所有的岩画均贯穿进了草原的历史，可以依照岩画将历史像穿珠一样地穿起来。我经历了这次穿越，这电闪瞬间的穿越展示于几千幅画面中，没有疲惫，只有风在我耳边流动。无法将巴里坤岩画与其他地区的岩画相比，因为它们同为历史留下的文化与记忆，无论当时凿刻之人目的如何，无论断代之久远，此时只有笔触的心情，而非画功精细的比拟。灰飞烟灭间，历史从脑中闪现而过，虽然我只是在这些记忆的边缘踽踽行走，但脚步却已略感沉重，巴里坤就像是一本书，当我们一页页地翻过时，没有任何的注脚，只能用感觉去体会这遥指千年的对视。

你仅仅是历史文化的沉淀吗？你就是这样回眸于深刻的印迹中吗？当你把历史定格在了千年的画面时，可曾想过我此刻的叹息？不知为什么会有如此复杂的心情，更不知道用自己的笔能否承担得了这份历史的凝重，我只想仰头喝进一大杯烈酒，在醉意中去神游了。如果说巴里坤岩画是一次现实对远古的穿越，那么对于这次穿越让我无法忘记的就是那只威风凛凛的虎，那时它明明白白地存在于这片土地，现在却不明不白地消失了。有时，人在改变环境的同时完全忽略了共同拥有这片蓝天下的其他生灵，不能不说这记忆是悲哀的。

起风了，细沙徐徐漫过岩画，仿佛要把这远古留下的痕迹抹去，但这已历经上千年风雨的岩画又怎么会惧怕这一场小小的风？风是向北的风，山是白色的山，记忆是蜿蜒的记忆，当历史与记忆徘徊在巴里坤草原之上，我期待着灵魂的下一次穿越。

烽火狼烟

那遥望着的似是一个被幻化的黑点，但当走近，黑点顿时被放大成了一个高耸的黄色土台，在形状被还原的同时，时间也猛然延伸了几个世纪，赫然间，烽燧就已映入了眼帘。

脚下的一马平川使远处的烽燧显得十分醒目，尤其是当踏雪而行，倘若没有了烽燧的直立存在，那么当行走在茫茫平坦的雪野中，一直在极力搜寻落点的眼睛却因无法找到落点而迷惘了，很快就能进入一种接近雪盲时的状态。无论是寻古还是访古，都是这样一路地走，一路望去，除了眼神的跳跃，那颗怀古凭吊的心也在跳跃。

触摸烽燧，会有感叹油然而生，干透的黄泥颗粒顺着指掌间在慢慢地滑落，融合进了烽燧根基处的一堆被风化的齑粉中。烽火狼烟虽已远去，但烽燧所承载的历史仍然坚挺着，不由得忆起了长城，也想起了墙垛内外的万马嘶鸣和狼烟骤起后的刀光剑影。烽燧穿起了一座座雄关，就这样向西延伸着，一直就到了异域风情的最浓最深处。现在，当极目远望，那戈壁和草原上矗立的座座烽燧，有谁能说这不是长城的延续呢？

曾经在甘肃境内见到过大大小小的烽燧，尤其是当望见雄伟的嘉峪关城楼时，大气的建筑风格仿佛是在傲视着西域来犯的匈奴，城楼两侧的汉代城墙连着烽燧，一头扎进了祁连山的连绵峻岭中。还有那引得无数文人墨客提笔赋诗的阳关，王维的一句"劝君更尽一杯酒，西出阳关无故人"，让多少人不禁怆然泪下。原以为长城就此止步于阳关，阳关便是长城的海角天涯了，却未料到在与祁连山遥望的天山脚下，竟然横跨了长城外的时空断层，接住了阳关尚未咏完的诗句。

循着古战场的脚印，从巴里坤城外一路数去，竟然多次忘记了数过的烽燧有多少，在经过了每一座烽燧后不仅看到了关外长城的清晰脉络，还真实地体验到了曾经火光冲天的鏖战场面。在烽燧之上，可能还会有意外的惊喜出现，斑驳的烽燧夯土孔洞中，有时竟可以拔出一枚枚生锈的铜制箭头。这些穿喉的利器终于在几百年，甚至上千年之后重新晾晒在阳光之下，失去的是夺命的杀气与尖利，但带给我们的却是狼烟下对万箭齐飞的遐思。

"白昼燔之望其烟曰燧，夜晚燃火相告曰烽"，这就是烽燧的定义。烽燧是随着战火烧进西域的，尤其是当时作为西域要冲的镇西城，凸显了它的战略意义。欲进西域必先取镇西，这是历代大将征战西域的首要任务。之后挥师再向纵深推进，当进攻逐渐转入防御阶段时，烽燧的作用便开始显得举足轻重。烽燧之间有的相隔几里地，有的距离则更长一些，这完全要依照当时的地理条件而定。一旦敌对兵马来袭，最前沿的烽燧便发出预警信号，白天点燃柴草施放浓烟，夜晚燃放掺有硫黄和硝石的干柴，紧接着，这警告信号便会在每个烽燧间依次传递，直至大营获悉敌情。

很多人对烽燧白天施放的浓烟有一个误区，会认为这烟是燃烧狼粪产生的，因为他们认为狼粪燃烧后产生的烟气很浓。我想，他们是被一个成语带进这个误区的，这个成语就是"狼烟四起"。其实这里的"狼烟"二字中的"狼"是作为一个形容词出现的，而非真的是指狼粪，之所以用"狼"字来修饰这腾空而起的烟，无非是想突出燃起的烟非常之浓。话又说回来，哪里又会有这么多的狼粪用来支撑如此庞大的预警体系呢？那么，没有狼的地方又该怎么办？事实也证明了一点，就是点燃一堆狼粪所释放的烟还不如一把半湿的干草来得呛浓。

如今，烽燧已随着时间的远去而淡出了战争的舞台，草原上只剩下了一个个被风化的黄褐色土台，有些已经分辨不出烽燧的大概轮廓了。不知饥饱的羊群在烽燧下悠闲地吃着杂草，牧羊老人则半倚着烽燧用力地抽着一锅锅旱烟。在老人眼里，无所谓这土堆高台曾经是做什么用的，因为对自己的生活没有过任何影响，毕竟时间相隔得太过久远。在爷爷的爷爷放牧时，这一排排的土台就已排列在草原上了。土堆的土质还算不错，可以用铁铲轻松地挖上几牛车，回家修缮一下漏雨的房顶，或是平整一下自家菜园的田垄。除非是学者和文化人来到此地，否则无人会来考证这高高土台的年代和历史。而对于牧人而言，这都与牧羊无关。

烽燧从商周时期就已存在了，到了汉朝才逐渐传入西域，那么烽燧是从何时开始出现在巴里坤的呢？当任尚和裴岑横刀立马在蒲类海边大破匈奴的时候，这里还没有烽燧。后来，大唐的左屯卫将军姜本行在取得了对高昌王的战争胜利后，第一座烽燧才真正出现在了草原上。直到清朝大将军岳钟琪平定了准噶尔叛乱，一条以巴里坤为起点的贯穿整个西域的烽燧报警体系才形成，从而使中央政府对西域实现了有序可控的烽燧制度。到现在，巴里坤县境内共有从唐代到清代遗留下的烽燧近三十座，每一座烽燧都有自己的名字，每一座烽燧也都有自己的一段传奇故事。

一直以严肃著称的烽燧预警方式本是不能儿戏的。可我每次来到巴里坤，见到这些战争留下的高耸烽燧时总会想起一个人来，此人便是周朝之幽王姬宫湦。敢于博美人一笑而烽火戏诸侯的历代君主，恐怕独此周幽王一人吧。如不是爱妃褒姒貌美如花，幽王也不会冒天下之大不韪，而招来杀身灭国的祸事。这褒姒的美貌在《东周列国志》中就有记载"目秀眉清，唇红齿白，头挽乌云，指排削玉"。这般的美貌着实使幽王昏了头，为了让这个从不以笑容示人的美人一舒笑颜,他不惜赏下千金寻求逗笑褒姒的方法,可没有一种奏效。后来身边的宠臣虢石父献出了一个荒谬之计:点燃烽火,让王妃看看各路诸侯兵马云集的壮观场面,相信一定会展露笑颜的。结果,烽烟燃起,各路诸侯以为西戎兵马进攻都城,便马不停蹄地前来解围,没想到当诸侯们赶到城下时却发现城内是歌舞升平。在众诸侯了解了内幕后愤而收兵,各自打道回府了。望着城下的千军万马,褒姒终于露出了微微一笑,幽王欣喜若狂,非但没有反省自己这个荒诞的行为,反而重赏了虢石父。

真正的悲剧才刚刚拉开序幕,时隔不久,西戎果然来犯,在报警的烽烟燃起之后,竟无一兵一马来救驾。诸侯们认定这又是一场荒唐的闹剧,都躺在床上看着连天的烽火而无动于衷。最终,城池陷落,周幽王惨遭乱箭射死。

据说美人褒姒在那场闹剧中虽是微微一笑,却是灿烂无比,幽王未料到西周就是毁在了这美丽的嫣然一笑中,可能周幽王至死都未瞑目,因为这代价付出得实在太大了。从此以后,历代的君侯们再也无人敢儿戏烽燧了。不过我总觉得那个为幽王献计点烽燧的虢石父是西戎的奸细,如果真是这样的话,那么这一计堪称经典的完美。

就在烽燧传递着军事信息的同时,不敢想象它竟然也在辅助进行着经济和文化的传播。自张骞一马踏出"丝绸之路"后,丝路新北道就在这些烽燧的庇佑下渐渐繁忙起来,商贾驼队的来来往往使得西域文化与中原文化的交流愈加紧密。烽燧上的士兵壮着商人们的胆,烽燧下的泉水润着人畜干裂的唇。于是,茶叶进来了,丝绸进来了。与此同时,文化也随着经济的繁荣逐渐渗透,流民进来了,犯官进来了,佛教也紧跟着进来了。这条路随着烽燧的排列方向向西舒展着它的包容,一时间,旌旗与丝绸一同在西域的草原风中飘摇。这种依存说不和谐倒也变得和谐了,那象征战火的烽燧一度成了丝绸之路的航标。

伫立在巴里坤的烽燧

紧接着，西域的乐器随着歌舞传入了中原大地。当然，作为西域特产的草原骏马和美玉也成了内地人眼中的稀罕物，互惠的贸易使丝路新北道现出了空前的繁荣，而烽燧在这个时候则有了它另外一个用途，在无战事发生时，它成了商人们修整和补充给养的驿站。因为长途贩运最需要的就是水，而每一座烽燧都是依水而建，或泉边，或溪边，或河边。所以说烽燧不但为丝绸之路提供了安全的环境，还保障了贸易商队的畅通无阻。

丝绸之路为西域带来的佛教文化在一定程度上也和烽燧有关联，在唐朝的时候，是禁止任何人通过边关的烽燧而进入西域的，玄奘大师深夜离开长安时，仅仅骑了一匹瘦马，在偷偷绕过玉门关后，在他的面前就是边关的烽燧了，没想到玄奘夜里在烽燧下取水时，险些被守兵乱箭射死。他的行为在当时是被视为偷渡，罪可当诛。玄奘在向守烽燧的校尉说明了来意之后，兵士们为他准备了充足的干粮和水，竟然将他放出了关外。假想一下，如果玄奘当时死于乱箭，或无法通关而被迫返回长安城，那么后来

43

作为西域主流文化的佛教历史将会被改写。假如真的是这样，柯尔克孜千佛洞不会存在，巴里坤及西域各地的众多庙宇不会存在，龟兹佛教大师鸠摩罗什不会存在，那玄奘大师所著的《大唐西域记》则更不会出现了。

烽燧在历史上饰演的角色是不容忽视的，在西域，看到烽燧就好像看到了一种精神在弘扬。无论再大的风都不能将它的脊梁吹弯，再大的雨都不能让它低下那仰起百年的头颅，尤其是挺立在大河的那一座烽燧，它望着天山是在沉思吗？为什么它百孔千疮的躯体竟摆出了一种沉思的姿态？顺着天山一路向西望去，烽燧的接力还在进行着，虽然经过了千百年的风吹雨淋，在夕阳下，它还是现出了一种别样的沉重和美感。

天山是草原的保护神，一如烽燧呵护着悠长的丝绸之路，与战争的烽火相比，此时的烽燧却是难得的安静祥和。能与古老烽燧对话的也唯有目睹历次征战和见证清脆驼铃声的天山雪峰。此刻，在宁静的草原上，烽燧寂寞了，再没有了烽火、号角与厮杀，一种沧桑中的悲凉萦绕在四周。

一个个游客在烽燧面前指指点点，猜测着它的过去，抚摸着它斑驳的躯体，还有几个人将耳朵贴在了它的身上，似乎想聆听在这里曾经燃起的烽烟的故事。

松树塘万松歌

很少见有两位诗人用相同的篇名去书写同一个地方，我想除了松树塘，再无其他地方能受到诗人们的如此垂青。这两位诗人就是清代被流放西域的犯官洪亮吉和韦佩金，他们各有一首流放途中的诗作，名字都叫作《松树塘万松歌》。

如果不是松树塘的景牵动了诗人的心，又怎能抒发出这样大气而动情的诗行？去过巴里坤的人都知道，诗人笔下的松树塘就在东天山北麓，与巴里坤草原息息相依着。

既然两位诗人都不约而同地为松树塘吟诗作赋，那么这就绝不是一种纯粹意义上的巧合了。起初在没去过松树塘之前，我就早已拜读过这两首诗作，久久地被诗中的荡气回肠吸引着，很难想象这两首诗竟然影响了我很长一个时期，直到目睹到了松树塘的万松林立，才慢慢体会到了诗人借景抒情的广阔胸襟。这景在洪亮吉与韦佩金的眼里已不仅仅是一片景了，而是带有一种复杂心情和特殊背景的烘托陪衬。若是这景用现代诗歌的形式来描绘，可能会有太多的浮躁贯穿其中。毕竟这是两种无法融合的心境，一种是关乎命运，另一种是营造华丽。我们先来看看这两位诗人当时所处的环境吧。

洪亮吉，江苏常州人，字稚存，号北江，乾隆五十五年考中进士，嘉庆时因上书指陈时弊被贬，后发配伊犁。

韦佩金，江苏江都人，字书成，号酉山，乾隆四十三年考中进士，嘉庆二年被罢官，从而遭戍伊犁。

翻阅史料，竟然看到了两人太多的共性与巧合，他们同为江苏人氏，同是乾隆年间的进士才子，同在嘉庆时期被贬，并且又共同遭到了发配伊犁的厄运。再往后说，这两个犯官在同一条路上走进西域，又同在松树塘发出了感慨的声调，既而写出了同一篇名的《松树塘万松歌》。不禁，我为他们有着如此相似的经历而惊呼了。我不得不把这两首诗放在这篇文章中，不仅是因为太喜欢，也是因为想与读者们一起分享它的意境和诗人当时触景生情的思想脉动。

《松树塘万松歌》洪亮吉

千峰万峰同一峰，峰尽削立无蒙茸。
千松万松同一松，干悉直上无回容。
一峰云青一峰白，青尚笼烟白凝雪。
一松梢红一松墨，墨欲成霖迎赤日。
无峰无松松必奇，无松无云云必飞。
峰势南北松东西，松影向背云高低。
有时一峰承一屋，屋下一松仍覆谷。
天光云影四时绿，风声泉水一隅足。
我疑瀚海黄河地脉通，何以戈壁千里非青葱？
不尔地脉贡润合作天山松，松干怪底一一直透星辰宫。
好奇狂客忽至此，大笑一呼忘九死。
看峰前行马蹄驶，欲到青松尽头止。

46

《松树塘万松歌》韦佩金

天山尾，万柳红；天山根，万本葱；天山之口万树松。

元气不斫五丁手，古春蟠结山当中。

中间凿空处，不见草与木。

天秘苍精泄元由，奇到峰尖刺天腹。

忽破天膜膏四流，神尧以前无此绿。

松耶峰耶两不降，松身高与峰头昂。

我来但有松挺立，积雪遍压无山光。

雪意欺松不教起，松势当空绝依倚。

气夺天山以上天，天俯接松意未已。

塞水浅深伏沙窝，山底乱流成塞河。

荒唐神物山之下，满山皱碧翻层波。

松面峰头倏向背，马力松风相进退。

万里南天树海人，直到天西泛松海。

离奇藉撑西北倾，山石粗耳松其精。

购者皮相松窃笑，卿相向我求长尘。

我抚松身得石理，结交结心有终始。

雪消雪满自年年，凿尽天山松不死。

洪亮吉与韦佩金二人都是在被贬发配的低落心情下来到松树塘的，在翻越天山后，眼前的奇景使得久久压抑的心情豁然开朗，写景不是目的，真正隐藏在诗行后面的是诗人大气磅礴的豪迈与浪漫狂狷的宣泄。在压抑与宣泄中，促成了这两首佳作的面世，当然，诗人还有另一种隐喻贯穿在这两首长诗中，就是以松喻己，哪怕自己现在沦为了一个流放途中的犯官，曾经如松般坚强高傲的品格是怎么也丢不掉的。一路走来，只有松树

巴里坤松林草原上的夏日飘雪

塘的苍松使他们重新找回了自信，于是，在去往伊犁的漫漫长路上，有精神在支撑双腿，也就不会再有什么缺憾了。

　　松树塘这个地方太小，小到竟然无法从地图上标注出它的方位。但从另一个角度来看，松树塘又太大，大到路过这里的人都不能无视于它广义下的内涵。假如没有了这两首长诗的大气烘托，那么这里只能是与别处天山景致相同的复制，从而失去了它固有的豪放与沉淀。美景佐以相对的诗歌，才能突出这种带有内涵的美，而这种美是接近于完整的大美。

　　有人认为，与内地的相似景致对比，松树塘的直观缺少了另外一样更能表达文化的东西，就是摩崖石刻。可能是因为松树塘地处偏远的西域，否则文人骚客们会接踵而至，定会在这满山松杉间的岩石上留下点点墨迹的。但松树塘就是松树塘，不能因为没有摩崖石刻就去削弱它的美，松树塘的美仍有太多其他名山大川所不可及的美韵，这毋庸置疑。来过这里的人无不陶醉在这山、这松、这涧水之中。松树塘背靠天山，面朝草原，蓝天之下，青草依依。山顶千年不化的冰川积雪在阳光下闪着刺目的光芒，谷地间松杉满坡，林涛莽莽。当风吹过，萦绕其中的"飒飒"声响似是弦外之音，颇有理想化的诗情画意之感。天山雪水养育了这方人，滋润了这片草原，赋予了满山的松翠，如不能亲身经历在这景中，那么对于喜景爱松的人来说应是遗憾的。

当清朝的另一个犯官文人也路过了松树塘时，我们的耳边又响起了佳句声声，这个人就是诗人史善长，他在看到松树塘的壮观山景后，即兴作诗一首，佳句云：

尘沙争奈鬓中斑，风送涛声洗客颜。
可惜全遮山面目，只知松树不知山。

山上的松树的确如诗人描述的那般茂密，站在诗人的视角来看松树塘，真的是只见松树而不见山了。红松与云杉的错落必然会延伸文人们的联想，所以就不奇怪在面对松树塘时，诗人们有着赋诗的冲动和上乘的意境了。

站在山下看松，并轻声吟着这些唯美的诗句，竟是一种快哉、悠哉、幸哉、美哉的感受。仰望着松树塘高处黑郁郁的原始松林，松尖阵阵似直插云霄，于是，又会想起洪亮吉的诗句：

我疑瀚海黄河地脉通，何以戈壁千里非青葱？
不尔地脉贡润合作天山松，松干怪底一一直透星辰宫。
好奇狂客忽至此，大笑一呼忘九死。
看峰前行马蹄驶，欲到青松尽头止。

如果说松树塘只是以它的景色示人，那么它的生命力会有多长呢？看景有时也会有视觉疲劳的时候，这就需要有厚重的东西来渗透进它松软的土壤中。于是，一个个历史人物走了进来，并留下了一个个传奇的故事。

班超弃笔于书案之上，那只原本握笔的手，却为了征战拿起了红缨随风的利矛，他穿着厚实的铠甲，骑马率兵踏进了这片原始松林。紧跟着，任尚来了，裴岑也来了，他们挥剑指向匈奴，鏖战在这与战火不符的美丽景色中。待到姜行本挥师松树塘时，又经过了一个历史的跨度，已是唐朝了。这时，烽火已从蒲类蔓延到了高昌城，松树塘俨然成了当时时局的焦点，攻城的战车和抛石机取材于松树塘的密林，将士胯下的战马来自于松树塘特产的良驹，军中的粮草收获于松树塘肥沃的土壤中，一支后勤装备如此有保障的军队又怎能有战败的理由。大胜高昌王早已是在胜算之中了，此战的胜利，胜就胜在姜行本独具慧眼扎营在了松树塘。此后，朝代的更迭并没有动摇松树塘的战略位置，直到岳钟琪带领清兵来到这里，又为松树塘增添了一段精彩的传奇故事。在若干年后的一天，松树塘的松林中突然发现了两块石碑，一块是汉代的任尚碑，一块是唐代的姜行本记功碑。虽然两块石碑均已残破，但足以见证那段记录辉煌的史实。

凝视间，思绪忽而在战场上急行，忽而又在诗歌中漫溯，好像在折了很大一个弯儿后才发现自己仍在原地站立，仿佛梦境的神往，但又演绎得如此醉心，这就是松树塘的魅力所在。来到松树塘，在仰望青松时，没有人会去想这满山的松杉是何时何人所栽，已不重要了，只是那扑面而来的气势就足以让人失语了，那些亡命天涯，在羁旅中苦行的诗人们，就是在这样的视角下，才抑制不住蘸墨的冲动，一笔笔地勾勒出了松树塘的轮廓，也写出了诗人们心中的苦闷。

与其说诗人是在写诗，倒不如说是在渲染一幅层次感极强的油画，能从诗中体会到松树塘大气直观的画面，也就能用诗句拼搭出一棵松，乃至万棵松。赏松要看松的万千姿态，当然也不能忽视松的色彩变幻，谁都不会想到松树塘的秋天是什么颜色，原本在别处四季常青的松树，竟然在松树塘的初秋来临时沾染上了西域胡杨的金黄，这会让一些来此写生的画家无从下手。因为他们怕画出了金黄的松涛后，会惹来大众对其用色的质疑，但还是要画，这色彩实在太诱人，若不将松树塘的漫山秋色跃于画板之上又岂能甘心？

在这如诗如画的陶醉中，经常能看到骑着骏马穿梭在林中的哈萨克姑娘，后面放马疾追的是马鞭响亮的哈萨克小伙子，松树塘边的追逐是快乐的，尤其是一对恋人情到深处，小伙儿弹琴，姑娘歌唱时，一种油然而生的幸福感会弥漫在松树塘的沟壑间，久久不散。

松树塘边有一条小河，水质清澈见底，入口便觉清凉甘甜，这是山顶积雪融化而成的。通常来到这里的人在扎下帐篷后就会到草原哈萨克族人家选一只肥硕的绵羊，并交给他们屠宰，羊皮、羊头和羊杂则送给杀羊人作为报酬，然后就开始攀爬松树塘所依靠的这座高山。当然，爬山的时候不要忘记带上一只小篮，因为在每一棵松树下，都会长有很多白色的野生蘑菇。将采摘下来的蘑菇在河水中洗净，然后放入煮着羊肉的大锅，很快，味道鲜美的清炖羊肉就出锅了，美食和美景从来都是分不开的，这也是常人无法抗拒的诱惑之一。

夜宿松树塘山坳的毡房中，即便是仲夏之夜，也只能拥着炉火入眠，松木在炉膛内烧得"噼啪"作响，人还是不由得在棉被中蜷缩成了一团，从山下吹来的风毫不客气地搅扰着睡客的美梦。早晨撩开毡房厚厚的门帘，顿时感觉梦未醒，昨日的满谷绿松一夜间换成了银装素裹的白茫，嘀，看到意外中的夏日雪是多么的幸运，那么对于见到此景的诗人来说又会有怎样一种情调在涌动？

松树塘没有传说，更没有附庸风雅的故事，但还是吸引了无数人走过，无论是赏景中感怀的文人，还是征尘中疲惫的兵士，在历史和文化的交臂间，我们可以淡化它感性的突兀，但无法遗忘的却是那万松根系的理性缠绕。试想一下，一个能与诗人产生共鸣的地方，不仅仅是景色怡人这么简单吧。

循着诗人和将士的足迹，想抚尽这山中的每一棵翠松，但走过一棵松，便会驻足观望一番。就这样，从清晨一直走到黄昏，都没有走出眼前的这垄山梁。

远去的征服者

很久没去天山庙了，因为公路改道，原本经哈巴公路可以一路踏进南山口，继而顺盘山道登上峰顶，就能鸟瞰到整个巴里坤草原了。可现在，新路的平坦绕开了老路的途径，那段峰顶的美丽景致已无法再看到，山上有一座残庙，记得在残庙旁立有一尊石像，其姿态高大威猛，傲视山下，似做随时冲锋状，这便是汉朝大将，被后人誉为"西域征服者"的班超塑像了。

我起初对班超的了解并不多，就像生活在此地的所有男人，无人不知班超的名字，大家不是因为历史的缘故才对他耳熟能详，而是因为一瓶叫作班超的白酒。班超酒是本地特产的酒，价格便宜且度数极高，深受本地嗜酒男人的喜爱，所以每当亲朋好友聚在一起时总会去买几瓶这种酒。喝班超酒很容易醉，在端起杯子时，只有酒味的辛辣，全然没有人去理会班超是何许人，与自己生活的地方有什么渊源，只知道这酒劲大，还不贵，适合豪饮。后来，班超老窖逐渐淡出了嗜酒人的视线，并完全在超市货架上消失的时候，我突然怀念起班超这个人来。

班超，一个出身于儒者之家的书生，其父班彪在当时被称为儒学大师。在这个传统的书香门第中,班超也算是饱读诗书,但在学问上却没有什么大成。班彪死后,家境每况愈下,其兄班固被招入京中,班超与母亲也跟随至都城洛阳,以为官府抄文书为生。班超每日伏案挥毫非常辛苦,又时常投笔自问:"大丈夫无他志略,犹当效傅介子、张骞立功异域,以取封侯,安能久事笔砚间乎?"此言一出,便遭到了周围人的耻笑,班超深感羞辱,反而更坚定了他成就大事的决心。终于有一天机会来了,班超如愿以偿地开始了他的戎马生涯,但那时他已不再年轻,虽到了不惑之年,但对于班超来说却也是一次新生。

想必大家都知道"投笔从戎"这个成语,就出自于班超的这个典故。但大家对班超的理解似乎偏于褒奖,认为班超胸有大志或是志向远大,但感觉若是按照大众的理解方式,班超的投笔从戎倒不如辛弃疾的投笔来得贴切。因为班超扔掉的笔是一支无法让他吃饱饭的笔,而辛弃疾的笔才是才华横溢的笔。辛弃疾在词赋方面颇有建树,为了抗金,他率几千人揭竿而起,就是在从戎后也没有放弃词赋的创作,这一点是班超所不能及的。

班超到底是个怎样的一个人呢?从另外一个角度看,班超是当时典型的破落文人代表,无真才实学,倒有满腹的牢骚,就连汉明帝委任他负责的文书工作都会频出差错,以致遭到贬职。如不是他的善辩,皇帝也不会委派他去西域。当然,在当时来说这也不是一件什么好事,哪个皇帝也不会让自己身边的亲信去西域冒险,但这一举措恰恰迎合了班超的心思。班超的性格压抑造成了他当时急功近利的性子,从他那句"大丈夫无他志略,犹当效傅介子、张骞立功异域,以取封侯"就不难看出他强烈的功利欲望,为了达到封侯的愿望,班超专门请来相师,当相师说他能封侯于千里之外时,他就将目标锁定在了千里之遥的西域,所以说他的投笔从戎所带有的目的性很强。但这又符合常人的思维,一个到了四十岁依然一事无成的人,又怎能甘心自己的后半生碌碌无为呢?当班超一身戎装来到西域时,他的职位是假司马,受命于窦固,这职位很低。但后来,班超在西域所作出的贡献又像极了大口喝班超酒时的浓烈。

这样评价班超并非在毁一代名将的声誉，现实中大多数人也是如此，所以根本不存在诋毁，而是在说无论我们生长在哪个历史时期，人性的弱点都是相通的，有时为了名利甚至可以改变自己的秉性。班超也是常人，自然逃不开功名的诱惑，他还是来了，已完全忘记了自己曾接受过的儒家教育，为了自己的理想和封侯大愿走来了。从走进西域开始，无论在思维上还是行为上，班超都在迅速发生着蜕变，从温文尔雅到征战沙场，对于班超来说，这是一个瞬间发生的逆变，从此判若两人。

虽然班超有从戎动机不纯的质疑，但他后来在西域作出的贡献却是无法否定的。从未打过仗的班超在伊吾这个军事要塞第一次见到了异族装扮的匈奴人。这一仗，班超打得异常英勇，他率军一直将匈奴军队驱赶到了蒲类海以北。班超这时突然发现了自己的价值所在，如不是亲历了这场战斗，他简直不敢相信自己满脑子的儒家学说后面会隐藏有天才的军事潜能。窦固也发现了班超所具有的潜质，于是便让他出使西域，以联合西域各国共同抗击匈奴势力。

此时的班超已是一个真正意义上的战士了，如果他现在还在京中，可能会将文书奏章抄到老死。书生与戎马本是两种截然不同的生活方式，原来的手无缚鸡之力的班超不见了，取而代之的是利剑在手的班超。我想，这种快速转变人生角色的能力，也与他人到中年后业无所成的心态有关吧？毕竟已是四十多岁的人了，留给他实现价值的时间也不是很多，急切之下的他似有一种"老牛明知夕阳短，不用扬鞭自奋蹄"的感悟。后来，他带领区区三十六人深入戈壁腹地，开始了他的冒险之旅。

如果把张骞出使西域誉为"凿空"的话，那么班超此行的意义则更为非凡。张骞苦寻大月氏不见，于是返回京中，唯一的收获是发现了西域大地的城邦林立。而班超的任务则是去"凿通"西域各国与大汉王朝的关系，以谋求军事上的合作。这一去，分明就是九死一生的征途，偌大的西域，几十个王国，就班超带来的这一小队人马，一旦发生抵抗，必将招致覆灭的境地。这是一场赌局，没有人知道赢家会是哪一方。总之，皇帝在赌，窦固在赌，班超也在赌，整个赌注都押在班超这一边，换作任何人都会感到有无尽的压力，但无论是凶是吉，方向是他自己选择的，只有硬着头皮向前走，已无退路可言了。

所以说人们做事都是要有理想和目标的，看准了目标后，剩下的就要看你怎么去努力了。班超深知这个道理，作为一个特殊时期的使者，第一步的坚实迈出至关重要，这第一步，班超乘着蒲类海大捷的胜兴，一脚就踏进了鄯善王国。与此同时，匈奴的使者从另一个方向也来了，大家都是一个目的，前来招降鄯善王。班超在看出了鄯善王的左右为难后当夜便率领将士们偷袭了匈奴使者的驻地，斩杀了匈奴使者的人马无数。当他提着匈奴使者的首级来见鄯善王时，不用过多描述此国王惊愕的神情，臣服于大汉王朝已是必然的结果了。收降鄯善王使班超在西域的声名大振，也在无形中奠定了他的封侯之路。

时隔不久，班超二次出使西域，依然还是这支只有三十六人的队伍。西域各国的王公大臣们早已耳闻了班超在鄯善国诛杀匈奴使者的所为，无不惊骇。很快，于阗与疏勒因惧怕班超的心狠手辣而归顺东汉。随后，西域其他各国也陆续被纳入了大汉版图，这就意味着班超"凿通"西域的使命基本完成了。班超在西域的日子，几乎没有遇到一件一帆风顺的事情，每天都在杀戮的战场上度过。与四十岁前的心态相比，班超此时会有一种别样的满足感，毕竟成就了一桩前所未有的大事，并且功高堪比张骞。但让班超没有想到的是，这片异域的土地日后竟成了他后半生的全部内容。

班超是幸运的，幸运到可以在有生之年活着走出西域大漠，却不知他那三十六个手下是否也有这样的好运，当年汉高祖刘邦的几十万大军在与北匈奴作战时，差点遭到全军覆灭的结局，更何况班超帐下只有寥寥几十名兵士。但幸运的班超还是赢了，这场赌局的结果出人意料，没有人能预料到这个结果，更多的人认为这是一个不可思议的奇迹。

班超凿通西域各国与大汉朝的关系，并由此重新打通丝绸之路，这一点功不可没。当然，班超的这件大功是他无意中成就的，就连他自己都未曾想到。在今天，只要谈起"丝绸之路"，首先被提起的人是张骞，然后就是班超了。如不是班超理顺了西域与内地的关系，使商贾队有了一个安全稳定的经商环境，他们怎敢冒险来到大漠，又怎敢将驼铃的清脆声传到欧洲呢？

四十岁对于班超来说是人生重要的分水岭，后来班超的思想日趋成熟，封侯的大愿随着年龄的增长在淡化，取而代之的是他作为男人的责任感和自豪感的萌发。如果经营不好西域，那么将无颜回去见江东父老，也无法去面对在他投笔自问时嘲讽他的那些人。于是，班超坚定地留在了西域。

班超渐渐在经历着衰老，虽说未到"尚能饭否"的地步，但他已不再年轻。班超在大漠生活了整整三十一年，回顾这些年来发生在他身上的若干事件，我不由得开始钦佩起这个人来。他的才干好像是从刚走进西域的那一刻猛然被激发出来的，或者说是他与西域有缘，否则他也不会在遥远的他乡建立如此卓越的功勋，更不会漂泊在外三十一年之久。人到老后总会有一种落叶归根的情结，毕竟人都是感性的，直到有一天，班超的思乡苦闷终于爆发了，他陈书朝廷："臣不敢望见酒泉郡，但愿生人玉门关。"看到这几句，我的双眼湿润了，仿佛听到了班超老泪纵横的哽咽声。

终于回家了，七十一岁的班超回到了久别的都城洛阳，被封为定远侯，邑千户。从戎出发时的意气风发与归来时的鸡皮鹤发，四十岁前的轻狂不羁与古稀之年的深沉稳健，在班超回首深思时，难道会没有万千的感慨涌上心头吗？秋到了，叶黄了，树枯了；功立了，侯封了，人老了。

又想起了天山庙的班超石像，只是不知再去是何时了。如果能有机会去，我一定带上一瓶陈年的班超老酒，坐在他的脚下痛饮一番，祭扫一下班超的过去，也沉淀一下自己浮躁的心。

怀念草原狼

　　女儿曾经问我："爸爸，这片草原上有狼吗？"我拉着她的手说："草原上很久以前有狼，但现在没有了。"她又接着问："它们都去哪里了呢？"我想了想说："都被人们赶走了。"女儿一脸困惑："为什么要把狼都赶走呢？是不是因为它们太坏，偷吃了别人家的羊？"我不知该怎么回答孩子的提问，便说："也许是吧。"我知道只有这样的回答才符合孩子心中的正确答案，因为像她这么大的孩子所接受的启蒙很可悲，狼在他们的思维中永远都是吃羊的大坏蛋。

　　如今的这片草原宁静而辽阔，我想，昔日的草原应该不是这样的吧。至少除了满地的牛羊外，天空有鹰在盘旋，草窝附近还有狼在徘徊。我也时常问起当地的牧民关于狼的行踪，牧民听后总会笑着摇摇头说："狼不敢再来草原了，也很久未看到狼的足迹，现在就连狼粪都拾不到了。"这番话从牧人的角度来看，似乎狼群的退却带来了环境的安宁祥和，但这话的背后，却隐藏着一种悲哀，悲哀针对的不仅仅是狼，还有我面前的这片草原。

　　草原上没有狼了，至少在我熟悉草原的这些年，曾经红刺果枝刺上挂落的狼毛早就被风卷走，飘飞得无影无踪。狼躲进了山里，就连牧羊犬都在雀跃着胜利，欢快地甩动着尾巴。狼不见了，狗性也在丧失，在牧人们不再依赖牧羊犬之后，它们慢慢沦落为孩子们的宠物。或是每天在为一根骨头棒子相互撕咬，或是在毡房外不知疲倦地追逐着一只只草原灰鼠，原本充满狼嗥的夜晚现在变得沉寂了许多。在这长久的寂静中，有一种缺失贯穿着草原的日出日落，而作为草原食物链顶端的狼，此时也许正在遥远的山间，注视着它们逃离后的草原变迁。

从前很多毡房内的炕上都铺有狼皮褥子，躺在上面感觉很暖和，这都是爷爷辈儿抵御狼群的战利品。草原狼那尖利的能穿透猎物身体的牙齿，此刻却成了牧人身上的饰物，并呈现出一种瘆人的惨白。人们用这些挂件炫耀着自己在草原上的霸道，并将一些狼牙送给亲朋好友作为礼物。如今的草原上，狼牙成了稀罕的物什，毕竟很难再有与草原狼不期而遇的事情发生了。我也有幸得到过一颗当地人馈赠的狼牙，用红绳穿起来挂在脖子上，据说是避邪的。可最后我不得不摘下脖子上的狼牙，放进写字台抽屉的最深处，因为有一次，我从这颗牙上嗅到了一丝杀戮的血腥。

很久以前，人们就有佩戴野兽獠牙的习惯，这种方式在有了人类以来就是男人们象征勇敢的标志，佩戴得越多，越会被同伴称羡。如果你的身上连一颗兽牙都没有，那么会被其他人视为是懦夫。其实，兽牙的装饰远没有用鸟类羽毛装饰得漂亮，但人们还是热衷于兽牙，而狼恰恰又是距离人类生活最近的猛兽，所以它自然而然地成了牺牲品。人类的屠杀行为也暴露出了自身对猛兽的畏惧，正因为害怕，所以有了杀戮和侵占，剥皮拔牙以做修饰物，用来压制一种来自内心的恐惧。对狼的恐惧是因为人类了解它的凶残，对狼的仇视源于它咬死了人类的家畜。

没有狼的草原已不是真正意义上的草原了，而离开草原的狼也失去了从前奔跑的自由，只能在山中的沟壑间跳跃。好像狼与草原从一开始就是相互依存的，虽说某些畅销书夸大了狼对草原生态的影响，但写得也不无道理。在狼消失的那段时间里，草原确实遭受了一次次阵痛，野兔和灰鼠开始横行在每一个角落，虽说天空仍旧有鹰在翱翔，但远远追赶不上这些小动物的繁殖速度，一时间，草原现出了百孔千疮的模样，那些貌似可爱的小家伙用它们的利爪掘通了草原下的土壤，并疯狂地啃食着略微发甜的草根。于是，沙子被翻出了地表，渐渐露出了沙漠的狰狞。没有人会将这种结果归罪于自己的屠狼行为，也没有人去想过狼与草原生态有多大关联。他们只知道狼是吃羊的，并且对自己的生活构成了很大的威胁，却不知狼喜爱的食物正是这些破坏草原植被的野兔和灰鼠。

所有的自私与自大都会得到报应，人类在大规模迁徙到草原后，就以为自己能够独享这片草原了。殊不知，在狼群消失后，似是在草原上留下了一句什么魔咒，使得以放牧为生的人们又被草场的退化逼出了草原。报应终于临头了，聪明的人们开始怀念起了曾经与之为敌的狼们。

想起老牧民讲他们的爷爷打狼的故事，方法可谓是赶尽杀绝。猎枪射杀孤狼，几十人围捕狼群，在狼经常经过的地方下铁夹子，就连孩子们也学会了寻找狼窝，去掏成窝的狼崽。曾经有一段时间，这片草原上有一种仇恨在无限膨胀，狼群在猎枪的逼迫下开始了反击。它们原来只是攻击离群的绵羊，后来竟然发展到闯入羊圈，并开始咬伤牧民，狼群还肆无忌惮地屡次冲散草原上的马群。牧民们被激怒了，一轮搏杀开始升级，后来当然是牧民们取得了压倒性的胜利，因为狼牙再锋利，也奈何不了子弹的穿空而过。在自然界，人类才是食物链的最高级。但这种主宰能力并非来自于人类本身的强大，而是由刀枪装扮的恐怖假牙。

人与狼之间形成了敌对关系，并且持续的时间相当的长。狼没有错，牧人也没有错，狼需要填饱肚子，牧人们要保护赖以生存的羊群，就这样都是在为食物而战，便一定会决出个你死我活来。人类对狼自始至终都存在着误解，这误解的根深蒂固就来自于我们自誉为博大精深的汉文化，我们对狼的理解远远不及草原上的其他民族，所以在汉文字中对狼便有了诸如"狼子野心""狼心狗肺""狼狈为奸"等等名声扫地的描绘。就连母亲吓唬孩子都会说"狼来了"之类的话，竟然还有唐诗云："流血涂野草，豺狼尽冠缨。"从人类的视角看狼，它是残忍的。但狼眼里的人类又是什么样子的呢？我想应该是更加残忍，并且还要再加上"愚蠢"二字。

与汉文化中狼的阴狠凶残相比，草原哈萨克族和蒙古族却是对狼无比尊崇，蒙古族人还升华了狼性，成了一种神圣的草原图腾在膜拜。之所以蒙古族人能够深度理解狼性，是因为他们在狼的身上看到了与本民族共有的精神存在。狼是他们的祖先，这是草原蒙古人认可的事情，有传说可以印证。说蒙古人本是天上的苍狼，后与白鹿相爱，生下了蒙古人的先祖巴塔赤罕，所以蒙古人才具有了狼的团结、狼的耐力和狼的顽强，就是这些狼的后代们，后来在成吉思汗的统领下成就了一段前所未有的辉煌。

哈萨克族人也有很多关于狼的美丽传说，狼的勇敢和智慧也深深地影响着这个民族。突然我有一个疑惑在闪现，既然草原人视狼为吉祥，那么狼又怎么会被赶出草原的呢？多想想，就牵扯出了一个关乎生存的问题。在人与狼的力量均衡时，彼此间的生存是没有威胁的。但当一方的数量猛增时，就会侵扰到对方的利益，于是，矛盾就出来了，然后是激化，最后便演绎成了彼此之间的仇视。当然，也有另外的状况能加速狼的消亡，就如20世纪50年代开始，在当时大环境下人类对狼的灭杀才是草原狼基本绝迹的致命外因所在。

草原上关于狼的故事很多，如果让老人们坐下来，就是接连讲上三天三夜也讲不完。听说在几十年前，有一个牧民在狼窝中抓了两只小狼崽，拿回家让孩子们玩耍。不料当晚，母狼就寻到了这户人家，在大门外哀号了整整一夜。当时附近毡房的邻居们都不敢出门，据说大家从未听到过如此凄惨的号叫声。第二天，邻居们劝这个牧民把小狼崽放回去，但遭到了拒绝。在那个吃不饱肚子的年代里，这两只小狼崽很快就成了牧民一家的牙祭。就在母狼寻到并叼走狼崽皮毛的第二天夜里，悲剧发生了，母狼只身闯入了这家人的毡房，如不是大家听到了呼救声闻讯赶来，恐怕这一家人都会死在母狼复仇的利齿之下。没有人看到这一幕不落泪的，最小的孩子被母狼咬断了喉管，大孩子的右脚被生生地咬掉，夫妻俩更是伤痕累累。在毡房外不远的草地上，母狼奄奄一息地躺在那里，大口地喘着夹带血沫的粗气，到天亮的时候僵直地死去了。直到现在，老人们提起这件事时都会说："不知道是该同情那家人，还是该去可怜那只复仇的母狼。"听完这个故事，我倒是被母狼的行为感动了，或许有些人在痛斥那只制造人类悲剧的狼，但酿成悲剧的起因不正是那个牧人吗？人失去亲人会悲痛，母狼又何尝不是呢？

并非是狼有意去与牧人作对，去咬死那些孩子们心中善良的绵羊，而是人在流浪中错误地选择了草原。草原不属于人类，它本就是草原狼的领地，贸然闯入当然会遭到反击，就像人类也会去驱赶自家院落中怀有敌意的陌生人。人天生具有一种得寸进尺、贪得无厌的无耻本质，他们在强行进入狼群的领地后，还要蛮横地屠杀作为草原主人的狼，最后再喧宾夺主地将狼赶出了草原。

如今人们心安理得地拥有了这片草原，过着所谓安宁富裕的生活，牧人们无论走到哪个角落，都不会再有危险发生，更不会从某个地方突然蹿出一只狼来。曾经健跑的草原马也松了一口气，惬意地吃着青草，身后不再有狼群的追逐了。但它们应该知道，自己腿部健壮有力的肌肉是狼赋予的，不知以后，骏马的狂奔速度会不会退化成一头驴子的脚力。还好现在有了更为快速的代步工具，否则草原马的悲哀真的也应算作是草原的悲哀了。

很久都未听到狼的长嗥了，有时还真的渴望听到。因为那是草原残存的记忆，也是夜色空旷中悲剧般的绝唱，草原未对我形成感性的认识，因为它一成不变。相反，草原上徐徐吹来的冷风却让我思考。那些草原上出生的年轻人不会见过狼，没有见过狼的草原人只能算是半个草原人。狼真的销声匿迹了，都说他们躲进了山里，草原不再完整，虽说仍旧青草依依。

被遗忘的公主

偶读《黄鹄歌》,方知是汉朝女子刘细君所作,诗中云:"吾家嫁我兮天一方,远托异国兮乌孙王。穹庐为室兮旃为墙,以肉为食兮酪为浆。居常土思兮心内伤,愿为黄鹄兮归故乡!"读罢,便觉有悲愁自诗行间溢出。不仅品出了其中的浓浓酸楚,还将思绪带入了那遥远的大汉王朝,我仿佛看到了这个身处西域大漠的女子抚琴望乡的悲歌场景。

能作出如此悲凉的诗词,想必也是难逃一种无奈吧,尤其是站在当时的历史角度去看这个叫作细君的女人,难免会有戚戚的同情感萌发。很少有人知道细君这个名字,更别说去深刻地了解她了,她被历史掩埋得太深,在拨去厚厚的尘沙后才能看到有关她的一点点记载。

细君不是个寻常的女子,贵为公主的她,开创了与西域部族和亲的先河,为大汉王朝作出了卓越贡献。但翻开史书,发现书中对她的记载很少,但只要有关她文字记载的,撰史者都给予了她很高的评价,尤其是提起"使命感"这个词时,像是在她娇柔的身躯外裹了一层凛然的外衣。

细君本是江都王刘建的女儿,其父刘建因谋反论罪,自缢于宫中,其母遭株连被斩。由于细君当时年幼,汉武帝便萌生了恻隐之心,将其招入宫内收养。细君自小聪慧过人，琴棋书画样样精通，在众多的王子公主中她深受王公贵族们的喜爱。但在细君十六岁那一年，一纸诏书改变了她一生的命运，汉武帝要她远嫁地处西域的乌孙国，与乌孙国王昆莫成婚。这突如其来的变故令细君不知所措。但王命不可违，加之细君深知自己是罪臣之女，并且汉武帝对自己有养育之恩，便产生了为父赎罪和报恩的念头。于是，细君毅然走出了长安城，在盛大队伍的欢送陪同下，开始了她漫漫的西行和亲之路。

　　汉武帝为什么要将细君公主远嫁西域乌孙呢？这里有一个大的历史背景做铺陈。当时西域匈奴势力强盛，且从汉高祖刘邦时起，汉廷与匈奴的战争就没停止过，刘邦十几万大军惨败在匈奴马下，对于大汉王朝来说是个莫大的耻辱。汉武帝继位后，一直就把西域匈奴视为眼中钉，怎奈匈奴势力过于强大而无法去报这一箭之仇。当时西域除了匈奴的势力外还有一个大国名乌孙，于是有大臣便向武帝献计，以和亲的方式笼络乌孙国，以图联手遏制匈奴。就这样，细君公主就成了这场军事谋略的牺牲品，并出现在这场和亲的美丽政治谎言中。

　　细君公主走出长安时，并没有出现通往西域的官路，道路的曲折程度可想而知，又恰逢赶在寒冬季节出行，对于这个柔弱的千金女子来说是无比艰难的。从国家利益和民族大义的角度来看，细君公主此行是负有历史使命的，但将这么沉的重担压在一个女子身上，也算是大汉朝统治者的一种处心积虑吧。

　　只要谈到历史上的和亲之举，很快就会有两个女人的名字浮现在我们的脑海中，一个是王昭君，另一个是文成公主，这两个女人之所以能够家喻户晓，并不是她们为朝廷所作的贡献比细君公主大，而是因为有太多的正史和野史对这二人重复记录并过度渲染。很纳闷为什么细君公主的出塞在正史中只有寥寥几笔，以至于很多人都不太了解这个公主的曾经，怎么说细君公主也是有史以来第一个走出深宫与外邦和亲的女人，但之后却被

美丽的巴里坤湿地

连绵的巴里坤草甸

打入历史的冷宫,渐渐成为被遗忘的角落,真是匪夷所思。无论怎样,我们仍需正视这段历史,去还原一个真实的细君公主。

细君公主出塞和亲是件很冒险的事情,因为西域的乌孙国并非很强大,虽然乌孙王向汉武帝献出宝马一匹以示友好,但他们也不是不惧怕匈奴势力的。一旦匈奴人半路劫杀细君公主,不但她的性命难保,恐怕也会使乌孙国就此惹祸上身陷入战火,所以说细君公主出塞带有一定的博弈,尤其是对于个人的安危,这一点细君在出发时就已经估算到了。除此之外,就是她的婚姻大事了,这又是一个冒险行为,虽说那时是以封建婚姻形式为主导,但也没有哪个女子愿意与异族人成婚,去投入一个陌生人的怀抱,更别说是远嫁塞外了。

细君公主还是走来了,一路平安到达了乌孙国,并在这里受到了最高的礼遇。此时国王昆莫的年纪已是接近年迈了,但他一点儿都不糊涂,用现在的话来说就是很明事理,昆莫对着花季般年龄的细君公主思量很久做出了一个决定,让自己的孙子岑陬迎娶细君公主,理由是自己的年龄与细君相差太大。这让细君公主很意外,因为年龄在那个时候的婚娶中根本不是问题,细君通过这件事看到了昆莫的善良。所以说昆莫在西域的威信很高,就在于此人知书达理,从不做不服众之事。

于是,细君嫁给了岑陬,而岑陬则在昆莫死后成了新的乌孙王。

细君远嫁乌孙从当时来看意义重大,尤其是在汉朝军队屡次被匈奴挫败的情况下,大汉与乌孙的结盟使得匈奴锐气大减,与匈奴的多次对抗中,乌孙配合汉军大败匈奴,自此,汉朝军队在西域这块广袤的土地上站稳了脚跟。战势的扭转与细君公主的出塞有着很大的关系,汉武帝用一个公主换回了更大的政治利益,不能不说是当时决策的英明,而作为均衡两股势力中间的细君公主,却做出了很大的牺牲。

并非是在为细君公主鸣不平,但每当人们提起后来的王昭君时,我不免会为细君公主的付出感到历史对她的不公。从这两位大汉公主出塞的历史背景看，细君公主是在战事不明朗的状况下去西域和亲的，并且危险重重，最后香消玉殒在了异国他乡。她和亲的意义是削弱了匈奴强盛的势力。而七十二年后昭君出塞时，天下已基本太平了，汉朝与匈奴之间正在相互示好，她的主动和亲只是为了巩固细君公主为大汉所做出的前期功绩。所以说昭君无论从哪方面相比，都不及细君。但后人们却把笔墨偏向了昭君，这的确是对史实中细君的无视。写昭君的诗词歌赋比比皆是，而翻遍史料，才发现只有王维和李颀两位诗人提及过细君公主，加起来也只有区区四句诗词，王维写道："苜蓿随天马，葡萄逐汉臣。"李颀赋诗曰："行人刁斗风沙暗，公主琵琶幽怨多。"

细君公主的身后寂寞让后人很不理解，如果非要追究个原因出来，恐怕只能从其父刘建身上找了，只因细君是罪臣之女的缘故，所以让史官们不敢下墨吗？还是别有隐情使执笔撰史者不能记录呢？

细君死了，死在了思乡的情结中。生活在西域的这些日子，细君几乎是在忧郁中度过的。西域没有朋友和儿时的玩伴，西域没有熟悉的家乡风景，西域没有悦耳的乡音，西域没有适合口味的饭食，离乡的苦闷始终在她的心头萦绕着，陪伴她的只有一把从江都带来的琵琶。琵琶的弦音本来就稍带哀怨，再加上一个以泪洗面的细君在用心弹拨，更感伤心动情。当细君望见一对天鹅在空中向着家乡的方向飞去时，触景生情写下了《黄鹄歌》，诗中无不寄托着细君渴望变成天鹅飞回家乡的情思。最终细君公主还是没能回到自己的故乡，在西域生活的五年中她生育了一个女儿，后来她便死在了异域的陌生山水间，从此哀怨终结。细君公主常抚琴高歌的河岸边依旧松柏翠绿，只是有一把琵琶正在河中随波漂远，水流的方向应该是去往长安的吧。

关于细君公主的死说法很多，但我只相信一个，就是细君无法适应异域的生活，思乡心切且忧郁成疾而死。而后，她永远留在了西域，被葬在了一片开满山花的绿野之中。

穿梭于巴里坤草原上的驼队

和亲的步伐并没有因为细君的死而停止，汉廷为了不失去乌孙这个盟友，确立了又一位即将远赴西域的公主。于是，解忧公主走来了，她也嫁给了乌孙王岑陬，成了细君公主的后继者。解忧公主担起了细君公主未完成的使命，为后来打击匈奴并使匈奴俯首称臣做出了非凡的贡献。

汉时是个出英雄的年代，一批批名将出自汉朝，使得这个时期被誉为豪情时代。男儿有豪情，像李广、卫青、霍去病、班超等等，哪一个不是豪情万丈的大英雄？但女儿身的细君公主和解忧公主又何尝不是呢？细君公主的悲凉和解忧公主的悲壮不也在为大汉王朝做着牺牲吗？她们也是英雄，只不过是与正面战场角度略有不同，她们为国家献出了生命和幸福，饱尝身在几千里之外的异域酸楚，用女性单薄的身体负起了沉重的使命，她们同样是让人们无比敬重的英雄。

我不知政治和亲是不是中国人发明的，综观欧洲近代史，其实也是一部和亲的历史，与中国历史有一些相似之处。但可以肯定细君是中国第一个走到塞外和亲的公主，和亲这种外交手段很是高明，后面历朝历代也是积极效仿，基本达到了预期的政治目的。可能从来没有人关注过这些与外族和亲的女人们过得怎么样，我想，她们当中很少有人过得幸福，虽说有好的生活条件，但远离故土的滋味却是无法抹去的，就像细君公主的思乡情切，想必其他公主们也会难逃这种情结吧。

每一段和亲的历史其实都是一部女人的辛酸史，但作为政治需要，她们也难违王命，只能用另一种方式报效着朝廷，用泪水和柔弱诉说着屈辱。没有哪个皇帝会把自己的亲生女儿作为政治筹码远嫁塞外，所以那些和亲的公主们最终会被朝廷遗忘，会被历史遗忘，会被大众遗忘。

我以为细君公主在几千年后的今天已没有多少人能记住她了，可在前些天，我在草原上偶然看到了这样的一幅场景，很是让我欣慰，一大群草原的牧人，他们身着汉朝的美丽服饰，赶着扎满鲜花的牛车，仿佛在重视当初迎嫁细君公主时的场面，人们欢歌笑语，场面很是好看。还好，草原人民没有忘记这段历史，更没有忘记这位远道而来的公主，因为我听到他们的口中在高呼着细君公主的名字。

巴里坤的美食诱惑

吃，对于中国人来讲恐怕是人生中每一天最重要的事儿了，吃什么？怎么吃？这两个问题每一个中国人都能纠结整整一辈子时间。中国饮食文化催生出无数菜系，除了一个"吃"字写法相同，好像剩下的多无相通，味道的酸甜麻辣和方位的东南西北各有各的特色，也各有各的想法，就连一个辣都能分出数个层级，想中和一种大众味道？这好像不太容易，但中国人有办法，两个字"随便"就解决了点菜时众口难调的尴尬。但在外国人看来，什么煎炸汆炒，什么丝丁条块，端上桌，不分地域，就只有一个名字，叫作"中国菜"。

哈密，是内地进入新疆必经的第一座城市，也是一个饮食结构和习惯非常特殊的地域，同样的食材在哈密不同民族的灶台上，都会产生不同的吃法和味道。同时，哈密也是一个对百川口味无限包容的地方，所以大街小巷中你总能轻易找到一个能符合你味蕾偏好的餐厅。

巴里坤是哈密的一个草原小县，到达哈密后翻越天山就进入到了这个空气中溢满麦香之地。明清时期的移民造就了巴里坤与众不同的历史和文化背景，尤其是饮食文化，在新疆可能除了木垒与之稍有相近外几乎是独一无二的，这源于清朝时"丝绸之路"的行走方向，也得益于内地汉文化对巴里坤的深远影响。所以，别处有的巴里坤也有，而别处没有的巴里坤还有。

巴里坤面食应该是最值得称道的，在这里，无论谁家的媳妇，走进厨房，都能做出十几种色香味俱全的本地特色面食。据说巴里坤的面食今天已达到百面百味的境界，花样繁多的面食实际上是在反映着当地移民背景的复杂性。翻开巴里坤历史会发现，自汉唐时期起，这里就已开始有了戍屯移民，清代大规模屯垦使山西、陕西和甘肃等地的民商大量涌入，于是，巴里坤进入到了一个移民高峰期。移民给巴里坤带来了不同的文化、民俗和生活方式，尤其是晋陕甘饮食文化中对面食的喜爱，竟然影响了巴里坤百余年的历史，以至于面食在巴里坤已成为当地饮食结构中无法被撼动的重要一环。有本地人调侃自家一天的菜单："早上一盘拉条子，中午一盘拉条子，晚上一盘拉条子。"

一袋普普通通的面粉，在巴里坤人的揉捏擀搓下，蒸煮炸烤中变幻出百余种诱人形态。这不只是移民带来的传统民间厨艺的延袭，更有与本地哈萨克饮食文化交融中的创新。如果将巴里坤的面食分类，那么仅从做法上就已将所有看客的食欲一网打尽。

从水煮的臊子面、粉汤饺子、冬至饭、艾面、碱面、扁豆面旗子、寸寸子、泡丈子、酸拌汤、面条子、拉条子、打卤面、揪片子、鸡舌头，到油炸的油果子、风车子、焦叶子、翻翻子、麻花子、葫芦四股子、油糕、葫芦油饼子、油条、烫面油饼子、韭菜盒子、糖盒子、葱花子脱皮袄，再到烤烧的锅盔、牛腰子、牛舌头、巧娃子、干粮子、烧葱花饼、烧蒸饼、油酥馍，最后再到笼蒸的大馍、蒸饼、无色花卷、席卷、大卷子、有色小花卷、油塔子、刀把子、锅饼、血馍、紫薯馍、沙枣馍、沙枣包、包子、饼饼子，当然还有杏皮子、鸡冠子、香头子、饺子、馄饨、拨鱼子、搓鱼子、切片子、炒面等等，特色面食之多是数不胜数，就是本地人也不见

申请吉尼斯世界纪录的巴里坤美食——蒸饼

得全部都吃过。巴里坤人还有一句话，叫作"宁可十日无米，不可一日无面"，由此可见巴里坤人对于面食的偏爱已经到了无以复加的程度，一天不吃就会感觉少了点什么。

"天爷天爷大大的下，蒸的馍馍车轱辘大。柜柜与箱箱盛不下，撂到房上把房压塌。"这是巴里坤流传已久的一首童谣，它讲述的是巴里坤人在端午节前后做蒸饼时的情景，也直观地反映出了巴里坤蒸饼之大，不但箱子装不下，就连房子也能压塌。当然，歌谣中的夸张成分可以忽略不计，但巴里坤蒸饼确实不小，一家人围坐桌前恐怕连一个都吃不掉。巴里坤也曾做过一个创纪录的蒸饼，重达五百斤，直径近三米。

如果是初来巴里坤，那么这种蒸饼是一定要品尝的，若能在店中目睹到蒸饼的制作过程，则更是一件幸事。个头儿大绝不是巴里坤蒸饼扬名的因素，能让吃过蒸饼的人始终惦记的是它的色彩与味道。这种说是馍又似饼，说是饼又叫馍的巴里坤蒸饼制作起来颇费时间，且火候也要拿捏准确。

大多数人对于蒸饼的期待是用刀将它切开时瞬间的视觉享受，一刀下去，里面漂亮的色彩就呈现了出来，红黄绿三色以白色做背景，有序无章地排列搭配，更像是一幅抽象派画作，赏心悦目的同时，还冒出丝丝香气，挑战着每个人的味蕾。巴里坤人吃蒸饼是有讲究的，一定要将包裹着的馍皮全部撕掉，否则会影响到咀嚼时的细腻口感。

巴里坤蒸饼可能在多年以前并非本地所特有，也许是清朝时甘肃凉州移民在巴里坤定居后带入的，类似的蒸饼在武威叫作"凉州大月饼"，是凉州人为庆中秋节而制作的面食。制作方法与巴里坤蒸饼基本一致，只是凉州大月饼看起来表面色彩比较张扬，而巴里坤蒸饼内敛且更注重内涵。包括巴里坤那首童谣，凉州也有，只是内容稍有不同："天爷天爷大大下，月饼蒸上车轮子大，小伙子吃上把房跳塌。"两首极其相近的童谣是否说明了两地饮食文化有着丝缕渊源？只是这大月饼来到巴里坤后被融入了更多的本地元素，不庆中秋而庆端午，口味也进行了大的转化，于是，今天便在巴里坤发扬光大了。

臊子面，是巴里坤人非常喜爱的一种面食，每到喜庆的日子，这碗面就会出现在家家户户的餐桌上，本是中国人口中的寻常味道，却在巴里坤人的口中品出了家的味道，也品出了妈妈的关爱和嘱托。

巴里坤人在过寿和结婚时必吃臊子面，因为包含有很多吉祥寓意在其中，仿佛是臊子面给巴里坤人带去了长寿与美满、幸福与安康。其实，巴里坤人之所以将臊子面视为寄托，是因为家人在一起吃面的氛围比较热闹和温馨，一人一个大碗，围坐桌前，边吃边唠着家常，其乐融融，家的感觉立刻迸发出来了。

巴里坤臊子面好不好吃，关键就在那一勺臊子里，再加上手工均匀擀出的劲道面条，那滋味，想不回碗都难。巴里坤人做臊子面十分用心，选材也非常讲究，必须是用新鲜的羊肉，而且不能全瘦，胡萝卜、白萝卜要选水分充足的，本地种植的土豆和西红柿也绝不能少，还有山里松林间的野蘑菇，将这些全部切丁，然后加入葱姜蒜丝，待油热之后来回煸炒，再放入其他调料，至于配菜选什么，完全要看自家的口味喜好，还可放豆腐丁，也可放木耳丝，最后的一撮香菜也是提味的关键。巴里坤人把制作臊子的过程称为"滚臊子"，滚臊子时不能加水，否则小火慢熬后，浓郁的香气就会被冲散。

如果说岐山臊子面被大家津津乐道了多年，那么巴里坤臊子面则更具有味觉特色，其味道的鲜香都是拜本地食材所赐，尤其是草原上的羊肉和松林中的野菇，都是其他地方所没有的。这些巴里坤的独特食材提升了味蕾的敏感，也使这里的臊子面更拥有了本地风味。无人去考证巴里坤与岐山这两地的臊子面是否同宗，各具特色只因饮食文化背景的差异，同不同宗，已无比较的意义。

在哈密，很多人还对一种巴里坤美食赞不绝口，这就是巴里坤土火锅。尤其冬日下雪天，巴里坤人都会在自家桌上摆放一只特制的小铜锅，其形状与老北京街头涮羊肉的铜锅基本相同，然后将烧红的炭放入底部火座中，再在上面插上一只火筒，待食材准备妥当，一家人或是几个朋友就可以在一起热热闹闹品尝美食了。此时必须要有些小酒，这样才是巴里坤土火锅的标准搭配。

在巴里坤，几乎每家做出的土火锅味道都不同，这就取决于底汤是用哪种食材来熬制，喜食羊肉的就用羊骨，喜食牛肉的就用牛骨，喜素的就用当地的野蘑菇。但无论是哪种食材，都必须要用文火先在铁锅中熬上几个小时，然后再倒入铜火锅中，此时，香气早已飘散屋外，直钻进隔壁邻居家中的窗缝之中。

判断是不是巴里坤土火锅的标准，首先，要看所用之锅是什么锅，非铜制器形的老式火锅就不正宗了，据说只有这种锅才能保持高汤汁的鲜美。其次，要看食材中有无夹沙和丸子，这才是锅中的主菜，还要尝夹沙丸子的口感是不是绵而不烂，香而不腻。若不是用传统方法制作，势必从口感上会大打折扣，对于这一点，哈密人一吃便知。最后，巴里坤土火锅与四川火锅和北京涮羊肉的吃法截然不同，巴里坤土火锅是直接将食材全部摆放在铜锅内，并排列异常整齐，荤素层次分明，待炭火将汤再次煮沸，锅中的夹沙、丸子、牛羊肉片和蔬菜差不多就熟了。

在这里，还有必要提一下夹沙的巴里坤做法，先将精肉剁成肉泥，混入少许淀粉，再将鸡蛋摊成薄饼，将肉泥包进蛋皮，过油炸熟后，用刀切成均匀的菱形块状即可，说起来感觉很简单，其实制作过程非常烦琐，想做好也真没那么容易。

至于土火锅具体是何时进入巴里坤人餐桌的，没有任何史料记载。但可以肯定的是，火锅兴盛于明清时代，且最先流行于军队之中，而清朝时的巴里坤正是清军驻扎屯田之地，且巴里坤大部分历史都与清代有关，所以这就不难解释了。其实无论是从民间移民还是清朝军队的传入，至少我们现在吃到的巴里坤土火锅已是经若干年改良后的本地特色美食了。或许在其中还能找到北京涮羊肉的影子，或许还能看到与四川火锅的相似基因。

巴里坤人的热情好客在新疆是出了名的，夏日去巴里坤避暑，当地朋友一定会拿出好酒好菜来招待，其中有一道是当地人接待朋友必点的传统招牌菜，这道菜就是封肉盖饼子，哈密人习惯称之为羊肉焖饼子。封肉盖饼子在新疆久负盛名，以至于提到巴里坤，必会有人说起这道菜。同样，每吃到这道菜，都会让人联想到巴里坤这个地方。

封肉盖饼子和羊肉焖饼子在巴里坤虽是同一道菜，但从字面上去理解却不尽相同。封肉盖饼子，顾名思义，就是用饼子将肉封盖住，主食材应该是羊肉。而羊肉焖饼子则感觉是以饼子为主，羊肉为辅。但无论怎么去理解，都挡不住人们对这道菜痴迷的热情，它的传播速度也很惊人，现在，巴里坤的封肉盖饼子在新疆各个城市都能找到，包括偏远县乡的街边也都能看到这道菜的招牌。

对于这样一道家喻户晓的巴里坤传统硬菜，有些新疆人就算是吃了一百次，也仍搞不清封肉盖饼子到底是巴里坤汉族的美食，还是维吾尔族或哈萨克族的菜品。实际上，这道菜充分反映出了巴里坤人的聪明之处，也是汉族饮食文化与哈萨克族饮食文化的一次碰撞。很久以前，巴里坤人就试图将汉族面食与当地哈萨克族的羊肉做法进行融合，在一次次尝试之后，终于找到了一个完美的切入点，将面饼平铺覆盖在锅里的羊肉之上，用开锅时羊肉汤的热气将面饼焖熟，这就是巴里坤封肉盖饼子的雏形。后来在巴里坤几代人的改良下，饼子越擀越薄，直至薄如白纸，羊肉也越煮越好，直到浓郁酥香。这样的做法还将饼香与肉香无缝结合在一起，味道达到了口感追求的极致。

在巴里坤民间，关于封肉盖饼子还流传着一个大才子纪晓岚的故事。当年纪晓岚被贬新疆，巴里坤地方长官听闻其路过，因敬重纪晓岚才华欲设宴款待，无奈纪晓岚乃戴罪之身，故不敢过于张扬，便在所焖羊肉之上密实地盖了一层饼子，其实饼下另藏乾坤，就是一块块肥美的羊肉。于是，封肉盖饼子这道菜就因纪晓岚而产生了。这个故事的可信度有多少？无从知晓，但关于这道菜，一定是有其独特的背景，或许比这个故事更动人，否则也不会有如此与众不同的做法出现，也不会有那么多人接受并认可这道巴里坤头牌美食。

巴里坤美食当然远远不止这些，还有诸如扒肉、羊肉烧条子、土鸡炖蘑菇、艾面等等数也数不清的传统佳肴，就连一个汤饭都能延伸出十几种不同的口味，于是不得不佩服巴里坤人在"吃"上所下的功夫了，这绝非十几年甚至几十年光景所能达到的境界，而是在厚重的历史和文化积累沉淀之后的厚积薄发。

除了品尝当地的特色美食，如果能亲历一次巴里坤的婚寿迎送，那么对巴里坤的理解就会更加深刻一层。巴里坤土席在这些重大日子里饰演着极其重要的角色,席中的每一个人都在用淳朴和善良诠释着邻里间的亲切,席中的每一道菜都被赋予了一个极其美好的寓意,席中每一个细节都是巴里坤传统文化留下的民俗印迹。八仙桌和八大碗会随时间而渐渐远去,但浓郁的乡情却是巴里坤人怎么也割舍不去的。

巴里坤的每一样食物都已深深融入到了每一个巴里坤人的血液之中,也成了远在外地的巴里坤人惦念家乡和亲人的一份寄托。诗人余光中表达出的乡愁是一张小小的邮票和窄窄的船票。同样是一份恋恋不舍,对于巴里坤游子来说,乡愁是一块焦香脆甜的油酥馍,也是一碗妈妈做的臊子面。

存在于幻想中的湖

看到街边有个店铺挂着幻想湖的招牌,就想此地是不是真的有一个幻想湖存在,如果有,那么这将是我听到的湖泊名字中最具遐想力的一个了。

幻想湖这名字起得的确令人浮想联翩,真的使我在看到这几个字时产生了想放纵自己思想的冲动,是因为这湖太美,使人不自觉地有了梦一般的幻想?还是坐在湖边,被碧波渲染着进入了一种幻想的境界?我不得而知,只想亲眼去看一看这个被称为幻想的湖。于是,我迫不及待地向城中的路人打听这个湖的位置,结果却很失望,因为所有人都在告诉我巴里坤并没有一个湖叫作幻想湖。

一个不存在的名字,一个幻想中的湖,这些更适合在童话故事中出现。如果故事情节里正下着绵绵细雨,湖中还有一对白色的天鹅在嬉戏,那么就更具有了幻想的诱因,想不把思绪放飞都很难。

可能那幻想湖只是店铺老板的一个创意吧,我想他一定很喜欢诗歌,否则也不会将名字起得如此充满诗意。

虽无法看见幻想湖的存在,但我还是听说了这里真的有一个很大的湖泊。湖的名字很普通,没有过去的名字听着大气,几百年前这湖叫蒲类海，现在则是以当地的地名来命名它，这就是巴里坤湖。我还是愿意叫它蒲类海，毕竟缺水的新疆需要一片海的滋润。

对海的向往每个人都曾有过，尤其是在孩提时代，不但渴望见到大海，还梦想着能从电影中的海滩上提着装满贝壳的小篮慢慢走过，新疆这个地方远离大海且气候干燥，所以这里没见过海的人会觉得看海是一件很奢侈的事儿。

远离大海的地方自会有理想的替代品出现，就像新疆这片土地上的一个个美丽的湖泊，是它们在点缀着西部的大美，同样的波涛翻滚，同样的极目无边，同样的波光蔚蓝，在新疆人的心里，这些湖已是海的代言了。

踏上寻湖之路，不远也不近，车上的收音机中恰好在朗诵着一首古诗词：

雪岭三峰矗，天光一镜寒。日高澄海市，波净豁云岚。
鹳鹤盘空起，鱼龙得气酣。尾闾何处泄，不必注东南。

这首诗的内容我十分熟悉，是清朝一位诗人的流配之作，只是不知它的诗名，也不知道诗人到底是借哪里的景在抒情。电台播音员在朗诵完毕后报出了这首诗的名字：《蒲类海》。听到这三个字后我心里不禁一震，原来诗人所描述的就是我正在寻访的巴里坤湖啊。于是，在寻湖的途中我又多了几分对蒲类海的敬慕。此行真的能遇见诗中的海市吗？敬慕之余我的大脑已在幻想了。

无人知晓最早从什么时间把这个湖称之为蒲类海的，但我想这一定与蒲类国有很深的渊源。我脚下的这座城池就曾经是西域三十六国之一的蒲类国，同名为蒲类，究竟是先有的国名还是先有的湖名？细想其实都无关紧要了，总之深深的湖底沉淀下来的除了丰厚的芒硝，还有一层层历史碎片在堆积着，在这湖边，如果仔细搜寻，一定能发现留有匈奴人放牧时的

候鸟飞过清澈的巴里坤湖

剽悍影像。

在一群鸥鸟的引领下,我终于来到了湖边,盛夏的空气中充满了本属于南方空气中那种令人窒息的潮湿,使我这个在大漠戈壁中长大的人总感觉有些不自在。

看到这样大的一片水,让我想起了一个在寺庙混饭吃的居士说过的一番话,他说我命中缺水,应该找一个名字中带有水字的女人成家,或者是住在一个有水的地方。这两样我都无法做到,因为我已成家,虽然妻子的名字中没有水,但我已经满足于这种幸福了。居士说要我选择一个有水的地方居住,这简直比一口喝下一瓢水更难做到。在新疆,估计每个人都想住在有河水或小溪流过的地方,可惜有水经过的环境也只有少数城市和少数人能享受到,毕竟这里是新疆。

可能是我命里真的缺水,因为我在看到巴里坤湖时有抑制不住的兴奋,于是来不及脱下刚买的新鞋,便撒腿奔向了这只古诗作中描绘的"白玉盘",感觉白天的湖水好像少了一份柔美,原来是没有了"关山月"的浪漫衬托。

直到湖水没过了我的脚踝,我才止住了脚步,并开始贪婪地呼吸着空气中弥漫的清凉。看过海的人可能会不屑于这样的一个湖,但在我眼里海与湖根本就是两个迥异的概念。海没有人文的东西可以追溯,而在大漠戈壁中,每个湖泊都是见证时代和民族变迁的一只蓝色眼睛。

望湖的眼神在游弋,游弋在了山色与波光中,目光的方向永远都是风吹来的方向,思想也会随着风的乍起而变得简单起来。密密麻麻的芦苇梢头起伏着,与湖中卷起的浪花同步,几只鸥鸟在湖面上掠过,随后又在半空画了一道很漂亮的弧线,扇着翅膀向湖中央飞去了。以为这群鸥鸟的飞翔不会扰到湖的清静,没想到却引起了芦苇荡深处的骚乱,几只体态肥硕的野鸭被惊得蹿入了空中,在它们飞起的那一刻,我听到了野鸭用力拍动翅膀时的"啪啪"声。

这湖太过安静,因为很少有人前来游玩,就算有人在慢慢靠近它,也都是在无声中注视。人与湖的默契中颇有一种"不敢高声语,恐惊湖中仙"的心灵领悟。只是湖中没有仙,若是有,湖边早就供满香火烛了。

湖水色彩的变幻持续了岂止千年,在大部分的时间里它是一个多情的湖,但有时它又现出了几分悲情,多情中有歌声和舞蹈在湖光山色间跃动,这是祥和中的升平。那么悲情则把生与死的血注入了湖中,贯穿着马鸣风萧的悲壮。尤其是当夕阳西下时,红色的霞光渲染在湖水上,仿佛古战场上的一幕幕在蒲类海这块魔镜中重现了。无论是哪个朝代,巴里坤湖总是作为战争的场地出现,匈奴人败退再卷土重来,各朝代的征西军也是如此,双方都在巴里坤湖边重复着胜与负的转变过程,一场纠缠了几千年的战争,从汉朝一直打到了清朝。如今,朝代更迭了多次,巴里坤湖还在山下保持着它几千年的姿态,从来就没有改变过。

在人的眼里,巴里坤湖已不再年轻,但在湖与湖的对望中,它经历的

巴里坤湖上的木栈道

　　几千年只是一瞬间的闪念，它仍是年轻的湖。巴里坤湖是以这样的一种姿态示人的，它摆脱了大多数湖泊的水平限制，带着几分斜度挂在山脚下，远看更像是古代少女梳妆用的铜镜。后山融化的雪水与黑沟的湍急河流共同造就了巴里坤湖的美丽，而我正在这湖边徜徉。

　　湖水的美丽带来了一个个动人的传说，那是牧人们在牧羊的间隙坐在湖边产生的幻想之作，并且在千百年来一直流传着，就连附近牧人家的孩童都能清楚地讲出几个关于巴里坤湖的传说故事。虽然故事内容略显单薄幼稚，但作为一个湖的存在，这是属于它自己的故事。

　　坐在湖边的草棠中，想象是不受拘束的，可以将遐想肆意发挥到极致。牧羊人赶着羊群从我身边走过，没有扬起一点尘土，我听到老人在唱着一首类似秦腔的小曲，但听不到歌词在唱些什么，歌声中的羊群顺从地围在他身边，慢慢地走远了。我望着湖面，心思一下沉入了小曲子的悠扬声调中。

　　巴里坤湖的夜色最容易触碰到心底的柔软处。当一轮明月升起，那波光粼粼的水面上荡起了银色的光灿，水中的那个月亮会与心绪交融，能在那一瞬间想起很多很多的事：童年的单纯，少年的不经事，还有那个曾经爱过的美丽姑娘。

很遗憾我没有看到一条跃出湖面的鱼，因为湖中根本就没有鱼的存在，是传说中的巫士用了咒语使鱼儿都沉睡在了湖底？还是那条触犯天条的潜龙吃光了湖中的所有鱼虾？什么都不是，传说也只是传说，这是巴里坤湖的一个遗憾，碱水湖没有鱼虾存活是再正常不过的事儿了。但这湖里却遍布有一种叫作千年虫的小生物，之所以有成群的飞鸟喜欢眷顾巴里坤湖，就是因为湖中有足够的千年虫能让它们填饱肚子。

一个没有鱼儿畅游的湖不能说是充满生机，虽然表面上的美丽与其他湖泊无异，在凝视间竟使我产生了想象，想象着有一天湖中会鱼虾成群，湖中潜龙能飞跃在天，还有湖水的清澈如旧。这些都只是追随着眼神在想象，那来自心底的幻想早在看到这个湖时就已经开始了。

想起了那家叫作幻想湖的店铺，名称创意的灵感是否就出自于这片巴里坤湖呢？那么在面对这美丽的湖泊时，大脑中的幻想又能飞多远呢？幻想大多是针对生活、事业与爱情的，如我们打小就在幻想中成长，没有幻想的童年很不可思议，也没有哪个孩子会对很多事物不产生幻想。大一些后，有的幻想破灭了，于是又会有新的幻想出来，有的幻想还在继续，最后就转化成了孜孜追求的理想。总之，我们只要是在活着，幻想会一直陪着我们老去。形象地说，人生就像是一个湖，湖中从最浅到最深处都充满着幻想，所以一个湖表现出的美丽都是因为幻想在迸发。

根本没有一个幻想湖的存在，也未看到海市，那幻想中的湖只是在面对巴里坤湖时的一个思维延伸，幻想湖与巴里坤湖本身就是梦想与现实中合理的并存，我相信这两个湖最终还会回归到从前那个美丽的名字——蒲类海。

回到小城时已是华灯初上，夜色中，我敲开了那家叫作幻想湖店铺的大门。

小曲子悠扬

丝绸之路存在的意义不只是在贯通中西的基础上实现贸易的兴起，还有各路文化由浅至深的交流，有些文化形式并非是刻意传播，更多是一种潜移默化。当多种文化汇聚在一处时，那文化的拥挤终会找一个出口来释放，而新文化形式的萌生则是这个疏导沟通的出口。就像在巴里坤这个地方，中原汉文化大潮袭来的时间是在它叫作镇西的时候。

我们把那时的镇西暂且称为一个时代吧！镇西时代是个包容的时代，它海纳着如军士、犯官、移民带来的种种新鲜文化事物。有段时间，这里发生过一种很有意思的文化变异，而这种变异居然是用嘴巴来完成的。

那时镇西城的街头涌来了包括陕西、山西、甘肃和青海的大股人流。他们哼着小曲儿，用原产地的音乐表现形式冲击着西域的音乐。最终，这些来自不同地域的不同剧种和不同唱腔在镇西占据了一席之地，并口口相传促成了一个时期内的流行趋势。最让人不可思议的是这些各地的小曲子进了镇西后竟然变了味儿，被杂糅成了一个具有南腔北调唱腔的新戏种。于是，镇西小曲子就在这样一个文化背景下诞生了。

那时无论是在闹市街边，还是在田间地头，小曲子都是平民们主要的娱乐方式。唱得好的人被称为"唱家子",伴奏好的被称为"弹家子"。这种自娱自乐的民间文化形式丰富了那时人们的生活,也渗透进了身在异域汉人的思想里。

对于不识乐谱的"唱家子"来说,如何传承小曲子要比学唱时困难得多,再加上已经经过变调的小曲子是一种全新的演绎方式,所以会造成对旧曲风的冲击。本来熟悉的东西突然变得陌生起来,陌生的事物又必须有一定的适应时间,只能靠口对口的教授,才能延续镇西新生小曲子的生命力。戏种的变异本是有着跨越多层文化的难度,没想到在这个镇西时代却是那样离奇和轻松的顺利。

我有幸在巴里坤举办的冰雪节上听到了正宗的镇西小曲子。说实话,这些小曲子的韵律我不是很喜欢,但当地的老人们对这种唱腔却抱着与我完全相反的另外一种态度。他们从开场到戏散,脸上都挂着喜笑颜开的表情,把每一段戏都听得津津有味,甚至在戏演完后也不肯离去。虽说小曲子不是我喜爱的,我还是愿意用耳朵去听这些曾经辉煌一时的文化,去聆听一种濒临消失的民间艺术。我想,之所以小曲子目前进入了一种传承尴尬的局面,可能也是因为不能再迎合大多数百姓的口味了。

我在镇西小曲子中听到了其他戏种中的委婉唱腔,但融入了西域人性格的豪迈气势。我也在伴奏的乐器中看到了根本不属于西域特色的板胡、二胡和三弦。新疆人对不同民族通婚生下的孩子叫"传子",这样的后代长得都十分漂亮。镇西小曲子也能称之为是"传子",因为它的博采众长,更因为它是有着自己特色的西域汉文化产物。

在地藏寺的大院里,有一个很大的戏台子,它正好对着寺庙的大殿。可以想象一下小曲子曾经火爆的场面。地藏寺应该是属于镇西时代最具有代表性的佛教圣地了,在人头攒动的庙会上,佛教信徒们居然能在寺院中听到如此大规模的小曲子集奏,可见小曲子在那个时期已被大众所接受。将戏台搭在最大寺庙的院中,对于佛教盛行的地方来说也算给了这个戏种一个非凡的地位。佛音和着地方戏的调子就这样在镇西城上空回响，并将镇西推向了西域汉文化的巅峰位置。

镇西小曲子的演变风格很复杂，陕西的眉户、甘肃的大鼓、青海的评弹、宁夏的花儿等等都成为镇西小曲汲取精华的母曲，那么是什么原因使这些戏种在镇西统一成了具有西域风格的新戏种呢？首先是移民潮的出现，没有移民也就不会有诸多戏种出现在同一个地方。其次是通婚潮，移民们在定居到镇西后，不同地域的通婚过程加速了镇西小曲子的形成。最后是繁衍潮，合并杂糅之后小曲子的传承，其实就是移民们繁衍后代的传承过程。老人唱，年轻人受熏陶，然后年轻人学会了，又在影响着自家的孩子。当这种民间的艺术遍播在大众中间的时候，镇西小曲子的规模和影响也就随之扩大了，并随着马帮驼队的前行带入了西域深处一个个汉文化的焦点地区。

镇西小曲子的风格独特，与新疆其他地区的小曲子相比，演绎起来更为生动诙谐，有时听着听着会忍俊不禁。无论是从唱词还是演员的表情上看，都符合那个时代人们的审美和理解方式。固定的几个曲目，随着自己性子任意填词，也是小曲子曾经经久不衰的原因之一。毕竟曲子中有百姓自己原创的东西，而且不需要太高的文化程度，人人都可以参与到为小曲子填词的乐趣中，并在小曲中翔实地反映出自己生活和劳作的细节，所以深受百姓的喜爱。

在巴里坤，偶然地看到了一本小册子，上面记录着很多来自镇西小曲子的曲目及乐谱，这是一位本土学者走乡串村搜集来的，有些也算是当地的名曲了，如《小放牛》《张良卖布》等等，这是很难得的记述，只是不知道在以后，小曲子会不会只是以这样的文本格式出现了。

至于镇西小曲子的衰败，有些人把原因归咎于"文化大革命"时期的"破四旧"行为。但细想想，就算"文化大革命"的思潮没有波及这里，小曲子也会走必然的下坡路。当时它的产生是在一个特定的历史条件下，文化生活的匮乏也注定了那时的小曲子会红极一时。到了20世纪七八十年代，各种文化形式发生了很大的改变，电影和电视媒体介入到百姓生活后，使形式单一保守的小曲子遭到排挤也是意料之中的事儿。

想起了维吾尔族的木卡姆文化，这种厚重的民族文化经过了太多年的变迁，如今处于濒临消亡的边缘，还有另外两部其他民族的文化史诗《江格尔》和《玛纳斯》，同样面临着相同的境地。听说有些地方开办了木卡姆学校，为的就是把民族文化传承下去，巴里坤也有了自己培训小曲子的学习班，我倒是觉得这样不仅拯救不了这些文化，反而会加速它的死亡。毕竟一种文化的盛起，并不是一个人或是一个小群体就能左右的，它需要大众的认可，如果连大众都已开始摒弃了，那么想起死回生将是一件很困难的事情，尤其是在现在这样多元文化的压制下。我这样不是说不该去保护这些即将成为文化遗产的东西，只要它还有一点儿群众基础，还有一点儿对群众的感召力，就可以去引导，但这只能延缓消亡的时间，大的趋势还是难逃自然死亡的法则。

现在走在街上，只要有老人扎堆聚集的地方，依然还能听到小曲子的旧音重现，那随意扯出的一嗓子，都能使我们仿佛回到了那个镇西时代。

掐指算来，从镇西小曲子的横空出世到现在，已有百余年的时间了，这期间，小曲子所经历的过程其实就是一个从鼎盛到衰败的过程，任何事物也逃不脱这样的命运。老唱家子们过世了，老弹家子们也远去了。谈到传承仍是青黄不接，就算有一些小群体能将小曲子继续唱下去，那么它还能走多远？又能唱得有多纯粹呢？

失踪的宝藏

清末民初的时候,镇西这地儿出了不少有钱人。那时的镇西城就像是商家的天堂,只要有点生意头脑的人在这里随便开个铺面,银子就会如流水般地滚来。在那条满是吆喝声的大街两旁店铺林立,生意兴隆,所以镇西城就落得了"西域三大商都"之一的美誉。

从镇西商业的起步到逐步走向兴旺,再到后来的节节衰败,历经了一个很长很复杂的过程。这期间发生过无数个故事,有艰苦创业的,有离奇发财的,有破落逃离的,还有带着悬念的。到现在,有些故事还是像传说一样吸引着众多人。

而这其中,没有比一笔宝藏的下落更具诱惑力了。它会使每个人都眼前一亮,毕竟这是渴望一夜暴富人的发财梦。在镇西,确实流传着有一批宝藏被埋在了城中某个角落的故事,它刺激着寻宝人亢奋的神经。但上百年过去了,没有人能找到这批价值连城的财宝。更为夸张的是,在街头居然有人向寻宝人兜售起了真假难辨的藏宝图。

这宝藏据说是一个叫阿根的商人留下的,之所以被埋藏起来,是因为当时的形势逼人,逃亡的紧迫也不允许他有时间带走这批财物。阿根本想有机会再回到镇西时取走这些东西，可土匪的追杀使他的命断在了山南，这就使宝藏更增加了一层神秘的面纱。

阿根本是个来自甘肃的驼客，最初做的是驼队中最下贱的工作。他随着驼队整年往返在镇西与京城之间，后来他攒了些钱就在镇西定居了下来，并进了当时最大的一间商号做伙计。由于他的踏实，再加上干活儿又能吃苦，很得老板的赏识。日子久了，老板也传授给他一些商场的经营之道，聪慧的阿根都一一记在心里。

没过几年，阿根凭借着在商号做伙计积累下的经验，另起炉灶，在这条街上开了一家很小的杂货店，门面虽小，但阿根的心里却打着自己的小算盘。

没有人知道阿根后来的家底有多厚，一直到他逃离镇西前，很多人仍然以为他只是这条街上最小一间店铺的老板；就连本地的商会都没有邀请他加入。当那批宝藏的消息浮出水面时，大家才对他的地下生意有了些了解。

原来，阿根在经营自家店铺几年后，他嫌杂货生意赚钱太慢，于是就把眼光投向了一种足已使他掉脑袋的暴利行业。这高风险与高利润并存的生意就是在黑市上倒卖军火。他的驼队不停地往返于镇西城与惠远城之间，把京城驼队中偷偷贩运夹带的枪支整理成箱，一小部分卖给当地的马帮，剩下的大部分卖到了遥远的惠远城。

阿根的军火生意做得是神不知鬼不觉，是因为他很少亲自出面去谈生意。所有抛头露面的事儿全由他店铺中的一个心腹伙计去做。这个伙计叫阿志，与阿根的年龄相仿，曾经与阿根在同一驼队中当驼客。阿根自立门户后就请来阿志帮他打理生意。两人都十分信任对方，所以无论是店铺生意还是地下生意都做得十分红火。

阿根并不想扩大自己的店铺生意，但又不能放弃这条街，因为这是他掩护自己军火生意的一个幌子。

巴里坤古城德胜门

提着脑袋赚的钱来得实在是太快了，不到十年的光景，阿根就已腰缠万贯。但他生性不喜欢张扬，再说这种生意也不能晾晒在阳光之下，所以他表面上仍是镇西街头不起眼的一个小人物。如果街上所有商号的老板出来斗富，相信阿根的财产应该是这里数一数二的。阿根的钱见不得光，他更不敢存在钱庄，于是他把所有的财宝都藏在了一个只有自己知道的地方。

阿根一直没有结婚，他是担心自己所做的这些不定哪天就会惹上大麻烦，而单身一人怎么说也容易摆脱，就等着钱赚到足够多的时候全身而退，带着阿志回到甘肃老家去享下半辈子的清福。

阿根的生意一直做得很顺，几乎没有遇到过什么坎儿。运枪途中也曾发生过几次有惊无险的事儿，都被阿志的英勇机智化解了，只是在阿志的身上留有几个子弹穿过的伤疤。那个兵荒马乱的年头，最好卖的就是枪支弹药了。驼队马帮需要枪来自卫，土匪需要枪来占山头，就连商家也会购买几支枪看家护院。

夜路走多了难免会遇见鬼。果不其然，在一批枪支从镇西运出的一个月后，负责押运驼队的阿志回来了，满身是血的他在午夜敲开了阿根的院门。阿根大吃一惊忙问缘由，阿志道出了驼队途经迪化时被一伙来历不明的土匪洗劫的遭遇。顿时阿根觉得天好像塌了似的，因为惠远城的买家已付了双倍定金，要求这批货必须在指定的时间内到达惠远。突如其来的变故使阿根一筹莫展，就算再组织一批货已没有足够的时间了。于是阿根骑着一匹快马连夜赶往惠远城，准备向买家说明情况并寻求谅解。

到达惠远后，阿根见到了那批货的买家。这是在当地很有名的一个匪帮，在他们听到货被抢劫的消息后暴跳如雷。从土匪头子恼羞成怒的言语中，阿根知道了这批军火的重要性。原来这些土匪从阿根手里买到货后，然后再以高价卖给另一个匪帮。这次惠远的土匪也收了另一方限时到达的定金，如果不能及时交货，必将引发两个匪帮间的冲突，这个责任阿根是负不起的。阿根在惠远城差点就回不来了，不是他答应了买家用最快速度以半价再组织一批货源，他是无法活着回到镇西城的。临走前，他记住了土匪头子给他扔下的一句话："若再有闪失，斩掉你的脑袋。"

回到镇西，他联系了多家有秘密生意往来的驼队为他从京城带货，还好，没用多长时间货就准备齐了。这次阿根对阿志是千叮咛万嘱咐，他让阿志带领驼队在夜间过迪化城，以确保这批货万无一失。

阿志走后，阿根是如坐针毡，整日打探着路上阿志的消息。可三个多月过去了，运货的驼队好像人间蒸发了，既没有阿志的一点音信，也没有收到惠远城买家的到货信息。这让阿根感到了莫名的恐惧，并生出了一丝不祥的预感。但他还是决定再等上一个月，如果消息还是处于一片真空，他就要离开镇西去逃亡了。

阿根做好了一切最坏的打算，他准备在这批货平安到达惠远后就洗手

冬日雪后德胜门

不再染指这种生意。在等待的这段时间里,他把自家的杂货店铺盘给了另外一个商号。

一天,阿根偶然在阿志的房间桌子上发现了一封信。信是阿志写给他的,信中说自己鞍前马后地追随了阿根这么多年,却没有得到应得的报酬。他承认上次那批货并非是被抢劫了,而是被他卖给了迪化的一个匪帮,所有一切只不过是给阿根导演了一出戏。信中还提到了这批发往惠远的货,他已联系好了买家,之后就远走高飞。

看完信后阿根大惊失色,就在他思量着如何以最快的速度逃出镇西城时,门外响起了一阵"嘚嘚"的马蹄声。透过窗子,阿根看到了一群持枪的人在指手画脚地叫嚷着什么。这时他猛地倒吸了一口凉气,因为阿根看到那个为首的人竟然就是惠远城的匪帮买家。已来不及收拾细软了,他快步从马棚牵出一匹马,翻身上了马背,从后门直奔镇西城外。出城后,阿根听到了来自身后的枪声，这场截杀将他一直追到了山南，最终阿根还是没能逃脱这场劫难，暴尸在了荒野之中。

阿根到死也不明白阿志为什么会背叛他，本想最后带着阿志一起回老家享福的，没料到作为朋友的阿志会给他带来杀身之祸。而阿志此次的带货逃离也得到了老天的报应，这次他是真的在迪化遇到了劫匪，而且是死在了众匪的乱枪之下。

阿根死了，身上只带着一些很少的零钱，关于那批财宝，阿根是一个子儿都没来得及拿走。当阿根的事儿在镇西城被曝光后，那批财宝成了众多势力找寻的目标，但最后谁也没能找到。

后来，城内出现了很多手拿藏宝图的外地人，他们甚至拆了阿根生前的老宅，但掘地三尺也没有挖出过一块银圆。

对于阿根宝藏的真实性，没有人会怀疑。毕竟这是一个做了十几年黑市军火生意的商人，而且平时深居简出，没有理由不相信他身后会有一大笔钱存世，况且他临逃跑时根本没有时间去取回自己的财物。诸多的推测使宝藏成了一个谜，这个谜存在于镇西城内每一个人的心里。

宝藏到底藏在了什么地方？只有死去的阿根知道，虽然没有一丝线索指向那批财宝，但可以肯定的是这批宝藏至今还在镇西城的某一个角落。

野玫瑰花丛中的鄂博

对于研究古遗址的学者来说，兰州湾子是他们无法破解的一个谜。而在这里世代居住的百姓眼中，兰州湾子是神秘且不可亵渎的，直面青山草原时的任何不敬都会带来神灵的报应。因为在湾子周围，一直聚集着史前人类的信息。抛却这些，兰州湾子只是他们心中一个舒适的家。

很纳闷，在巴里坤怎么会有人用"兰州"的名字来命名一个地方。还是要把视线切回到巴里坤仍叫镇西的时候，那时的镇西就是一个移民之城，有很多省份的人都来到这里定居，成为了移民。当然，中间也会有兰州人。据说清将岳钟琪在修满城时，曾经征用过两个兰州移民的土地。之后这二人在城外找到了一个环境优美的地方居住下来，这个地方后来因这二人而得名，从此就叫兰州湾子了。

兰州湾子太适合安家了，被青山、草地、山涧和湖泊围绕着，宁静而祥和，是理想的养生之地。还有那象征着爱情的玫瑰，在兰州湾子的野地里开放着，全然没有了城市玫瑰所透出的尊贵。为这山色村景平添了几分素雅之感，游走在湾子中的曲折小径中，令人迷醉的不只是浓浓的玫瑰香，还有淡淡的清静。

"鄂博"这个词在我看来是陌生的，它甚至更像是一个人的名字。在从当地人的口中知道了鄂博的意思后，我就感到身处兰州湾子就好像正站在一种远古人类的图腾崇拜里，然后就是肃穆冥想，最后竟是恐怖在蔓延了。

当地人口中说的"鄂博"其实就是一座用巨大鹅卵石搭建的石屋，但这石屋绝非平时看到的样子，而是远古人类活动的一座遗址。三千多年了，"鄂博"一直在野玫瑰丛的簇拥下保持着它的神秘。当它重见阳光时，不仅佐证了兰州湾子一段值得炫耀的历史，还扯出了一个令人感到惊悚的谜团。

既然是历史和文化留下的遗存，那么出土几件文物也不会觉得很惊奇。可将这石屋清理完毕后，除了一些陶器和青铜器外，考古人员却看到了这样一幅令人费解的场面，宽大的石屋中四处散落着一具具人体遗骸，阴森的空气中似乎弥漫着一种来自时空外的咒语。没有人知道这里曾经发生过什么，看着这个场面，只能用想象去还原当时的情景了。

不可思议的事儿还在后面。那十七具遗骸中的十五具是属于老年妇女和儿童的。其中一个的头骨竟遭受过重击。面对这情景时，真的搞不清这石屋到底是先民居住的地方，还是一座巨大的坟茔了。

眼前这一幕是留影在一场战争的最后画面，还是一次祭祀活动的悲剧？我觉得这些种种猜测并不成立，战争也是有规则的。在正常情况下，老人与孩子不会作为战争牺牲品出现。祭祀也不大可能，因为一次死去如此众多的人很让人费解，而且那个时候的祭天祭神，最好的祭品是牛和羊的头颅。就算把人当作祭品，哪怕用童男、童女也不至于把老人们也推向祭祀的前台，可为什么石屋中死去的人中大部分都是妇女和幼童呢？

疑问中，必须要先了解一下那段历史，否则连推测的理由都难以成立。

碳14测定石屋中的文物和人骨将时间往前追溯了近三千二百年，而对于三千二百年前兰州湾子的历史推断,在目前有一种说法,认为这里曾是蒲类国的王都疏榆谷。无论是从时间还是从环境上看都有这个可能,这个推断也有很充分的依据。

蒲类国是塞种人创建的,塞种人是一个古老的游牧民族。他们来到兰州湾子后,看到这里依山傍湖,再加之又是很好的牧场,所以在这里建都会是最好的选择。而"鄂博"的断代时间正好与蒲类国相重合,重合的地点又恰恰是在兰州湾子。那么,兰州湾子与蒲类国的渊源是否能引申到"鄂博"与蒲类国的塞种人有着千丝万缕的联系呢?在蒲类国的势力范围内,这座石屋并不孤独,在它的周围还有上百座古遗址和古墓葬相互陪伴着。

如果确定这里真的曾是蒲类国的王都,那么这石屋中的惨剧与这种推测有什么必然的关联呢?

王都是一个国家重要的权力中心。我认为在这样的地方发生如此血腥的事件有四种可能性存在。

其一是不可预见的自然灾害,譬如一场突如其来的洪水袭击了石屋。屋内的老人和孩子们来不及逃出便遇难了。但在石屋里却没有发现一丝洪水侵袭过的痕迹,只留下了有被大火烧过的迹象。如果他们是葬身火海的话,也没有相应的线索可以证明。自然灾害中,还有可能是瘟疫的流行造成了老弱人员的体质不能抵挡,死后为防止瘟疫的再次蔓延,他们被族人集中安放到石屋中,并将其封闭起来了。

其二,死去的人有可能是蒲类国内权力争夺下的牺牲品。这些老人和孩子是其中一个集权大人物的家眷,当权力纷争进行到白热化阶段,为了削弱这一人物的势力,彻底击溃他的信心,以达到置其于死地的目的,便会发生家眷被对手满门斩尽的惨剧,那个被钝器击中头部的人,应该是家眷们的护卫,这符合从前官场中争权夺利的残酷。

其三,就有点类似于现在的仇杀。感觉有些牵强,也不是没有这种可能性,但让凶手面对着这些老人和孩子,如果不是仇恨至极,又如何能下

神秘的大月氏王庭遗址

得了手呢？但部族间的仇杀却是不择手段的，实施报复的部落可能承受过更大的打击，所以用对方十七人的死亡来报了自己的仇恨。

其四，这"鄂博"根本就是一座坟茔，而并非居家所用的房屋，或许这些人不是死于同一事件中，但都被陆续合葬在这个大墓里。也不排除这是一个家族坟场的推测，如果这种可能成立，那么这么多人被合葬一室，也是有他们在特定历史条件下形成习俗的原因。只是那个头部遭受重击的人转移了考古人员的视线，才让我们会觉得有未知事件发生的神秘感。

在以上我的几种猜测中，只有第二种和第四种发生的可能性大一些，能让众多妇孺死在同一间石屋的原因，除了金钱和权力驱使下的行为，还能使人想到什么方面呢？历朝历代也确实发生过不少类似的事儿，受连带的只是无辜的妇孺。还有就是作为坟茔的第四种推测，也完全有可能，毕竟我们不太了解当时草原上的民俗状况，说不定在当时的丧葬仪式中，允许并流行着这种合葬形式的出现呢!

推测只是推测,用现代人的大脑去思考几千年前的事件,本就有些牵强。但这么多老妇和孩童受害,无论事件发生的起因是怎样的,还是会让人产生震惊的疑惑。

想起了兰州湾子中很多岩石上刻的画面和符号,其中大部分我们都无法去破译它们的内容,只能直观地去解释。说不定其中的一幅就是在叙说着"鄂博"中发生的所有细节,只是我们暂时无法读懂,所以只能在有限的文字记录中去思考了。

野玫瑰依然在湾子里怒放着它的五片花瓣。对于"鄂博",这花就是它的见证者,从石屋堆起的第一块卵石,到石屋住进的第一位居民,再到它变成了怡人山水下的一个坟茔。野玫瑰都在无声注视着它的变迁。那一株株玫瑰树从不开红色的花朵,只是因为那些死去的人中多数是老妇与孩童,所以它们在用淡黄的花色来悼念。许久了,"鄂博"始终都在玫瑰花丛的怀抱里静卧着。

兰州湾子很美,山美水美玫瑰更美。只是"鄂博"中死去的人让我无法再平静地畅游了。这是心里的一个阴影,在周围的美景中掺杂进了一种未知的沉重,会使人在看景时能想起"鄂博"那高高的石堆。在"鄂博"前停伫也会忘记眼前的美景。

这个谜团可能再也无法揭开真相了,一个尘封了三千年的谜,一段辉煌历史中的恼人事件,一个发生在美丽野玫瑰花丛中的悲剧。有时我在想,这个谜还是别揭开的好,因为我怕这谜底比我想象的还要血腥,我怕自己的心承受不住这些妇孺离去的痛。

几千年后的今天,创建蒲类国的塞种人远去了,但蒲类海仍在。那两个兰州移民也成了往事,把子孙留在了这里。无论再过多少年,神秘的"鄂博"会继续着它那个无人能解的谜团,美丽的兰州湾子也还在继续着它千年前的美丽。

书墨飘香

巴里坤这个地方总会给我带来惊奇，就像昨天有人和我聊起了这里曾经的松峰书院，一下就勾起了我的好奇。一个看似与从前科举制度毫无相干的遥远异域之地，竟出现过一座充满内地书墨气息的书院，这是我根本就无法想象的。巴里坤混杂百家的文化内涵创造了独特的异域书院，还将这一科举教育形体推送到了另外一种文化的迥异之中，使我想起了"穿透"这个词，并感受到了文化穿透的无所不在。

但凡一个地方的历史上有过书院存在，那么定会给这地儿增加不少浓郁的书香气，别人看这里的眼神都会改变。似乎书院提升了人们的审视角度，也提高了当地人的文化品位。哪怕这个书院是在某个不起眼的小角落，也会让人侧目。于是，站在巴里坤的街头，便隐约闻到了一丝淡淡的墨香。

松峰书院这个名字起得非常好，也符合西域东天山的山景风情。可能是当初的创办者十分喜爱天山峰顶的青松，才使这个名字有了一定的异域色彩与内地文化相融。想想从前那些日子的每一个清晨，松峰书院中都会传来琅琅读书声。这声音会伴着寺庙的晨钟，穿过山坡上的浓密翠松林，一直就飘到了满是牛羊的草原之上。

这是一座已经消失的书院，甚至连一片瓦都没有留下，唯一能让老人们忆起的就是书院中的那只焚纸炉，但后来也不知去向了。到现在只剩下了一个记忆中的名字，它毕竟存在过，虽从这个书院里没有走出过什么声名显赫的人物，但一路走来的人却无人敢小觑它。

想起了河南的嵩阳书院。当然，松峰书院与它根本没有什么可比性。嵩阳书院成就了太多文人的梦想，从那里出去的学子在学术造诣上走得都很远。而地处西域的这座松峰书院太小，它小到只能容身在一个小庙里。如果换种叫法，"私塾"这个名字倒是很适合它。

将书院建在景色清雅幽静的地方，这也体现出了旧时文人的清高姿态。而这清高则来源于佛教禅林的启发。嵩阳书院、岳麓书院、白鹿洞书院和应天书院，它们都处在景色怡人之中。在这样的环境下读书，至少心能静下来。松峰书院也是如此，它建在草原上，背靠着青山，在推开山门的时候，就能感觉到松涛阵阵扑面而来。

松峰书院与其他内地书院一样，都是产生于封建科举制度下的必然，并沿袭了上千年旧教育体制的模式，把一批批文人送上了权力的巅峰。这个诱惑是不小的，对于参加科举考试的文人们来说，苦读诗书后只有这一条路可以走。考中了就意味着将要混迹于官场之上了，所以书院的出现正好成为科举制度很重要的组成部分。到了清朝后期的时候，书院的影响力竟然波及了偏远的西域，那是一趟科举的末班车，而松峰书院正好搭上了。

书院对于西域来说是个舶来品，但进松峰书院的人却乐此不疲，一种文化氛围一旦形成，那么很难使它改变趋势，只有顺其自然地让它走向巅峰，然后再理性地看待它的回落，而那时的松峰书院也确实形成了自己的特色文化交流高潮。同时，大量内地移民的涌入也丰富了当地百姓的思想，于是，各路文化融合的时机成熟了，这里也小小地刮起了一阵参与清

巴里坤松峰书院

廷科举的弱风。

松峰书院本是设在文昌宫内的，宫里除了供奉着文昌帝君的塑像外，还有一种权力膜拜在无声进行着。这些来自平民和商人阶层的学子们在庙中的香火缭绕间吟诗作赋，颇有在享受一种隐居山林的清静感，未知的命运与仕途的诱惑交织着，他们嘴里读着味如嚼蜡的八股文，甚至冷落了高坐殿中的文昌帝君，只是我在想，他们读书时是否身穿着翩翩秀才的装束？

书院是作为一个新鲜事物出现在巴里坤的，虽然当时内地的很多书院都已面临着进退两难的境况，但它还是慢慢地被大众所接受，后来从松峰书院出来考取功名的就有几十人之多。如此好的成绩从另一个角度来看，不能将功劳全部都记在书院考生的寒窗苦读上，当有一个群体从巴里坤路过时，带来了至关重要的影响，这就是那些借科举当官，又被罢官流放西域的老秀才们。他们在书院中的指点使学子们接收到了内地最新的思想和潮流，没有他们路过巴里坤，这些考生的文章至多是一些井底之蛙的文字。还好，频繁的文化交流使这些考生汲取了精华所在，才有了松峰书院学生们的不俗成绩。

大凡设有书院的地方，人们的生活环境都是相对稳定的。文风盛起的条件就是要有绝对的安宁环境，巴里坤当时也确实是如此，商业的繁荣与周边景色的搭配，使这里更适合一种新文化形式的兴起。松峰书院的出现在当时是出尽了风头，那些平日里喜爱读书的人有了自己的聚集场所，更使他们的思想交流成了影响百姓大众的基础。最重要的是它带动了周边很多人加入到科举的幻境中，做起了仕途大梦。

清朝的书院不分地域，无论是内地的书院还是西域的，可以说都是悲哀的开始，悲情的延伸，再到悲剧的收场。因为这其中贯穿着过多的政治因素，这些清廷统治下的书院，如果从它的另一面来看，也是最让人鄙夷的。从没有一个朝代像清朝这样露骨地将书院视为官场的后院，无论是官办的还是民办的，都失去了书院刚刚出现时的纯粹。原本书院是一个自由讲学、研究学术的地方，可到了清朝时竟然完全成了科举的附庸，并在书院里挥洒尽了政治色彩。难怪胡适老先生会发出这样的感慨："书院之废，实是吾中国一大不幸事。"胡老先生为书院不能成为自由讨论学术的地方而悲叹。

可以想象这样一些场景，一个历经考场多年的秀才突然中举了，他满街疯跑着，用大哭大叫来舒缓着自己紧张已久的神经，这不是范进。还有一个人用了一辈子的时间都未考取半个功名，他整日在酒馆喝着闷酒，吃着整碟的茴香豆，这也不是孔乙己。那么他们是谁呢？有一个可能是嵩阳书院的，另一个也有可能是松峰书院的，他们代表了一个科举失意的群体，而这个群体很大，很大。

不能说追求仕途就是罪过，那也是属于理想的一个范畴。只是那时的文人早已认可和适应了科举这种被朝廷安排的命运博弈，只能走，也必须要走，他们没得选择。毕竟文人们也无法改变这滋生了千年的痼疾，但在封建科举制度下，毁了文人无可非议，只是毁了书院的清静却是历史都不可饶恕的。

虽说书院在某一朝代变为了选拔官员的温床，但也不能片面地去否定科举制度。它能生存一千三百年，就说明有它存活的理由。毕竟科举制度给大家提供了一个"平等竞争，择优选仕"的环境，让世袭的官场变得人人自危，使普通百姓人家也能出几个人物登上仕途。对任何人而言，这已是很大的公平了。

后来纯净的书院渐渐在走下坡路，直到真正成了被政治左右的玩偶。但松峰书院在异域大漠也起到了一些积极的作用，当时巴里坤习文之风四起，清清的墨香飘散在小城每一条街道的上空，从当时这里林立的近百座寺庙的楹联中就能窥探到有无数才情在四溢。就连到了现在，巴里坤善写文章的人还是很多，尤其是那些在田里劳作的婆姨们，她们放下农活儿回到家就会拿起笔，之后一篇篇美文就自笔尖下流出了。这样的灵性，不能不说是松峰书院时期的才气顺延，也不能否认松峰书院曾带给这里的文化气息至今还在产生着影响。

松峰书院最后也难逃被废的境地，它随着清末最后一股科举的烟尘无影无踪了。我想当时巴里坤的老秀才们是哭着面对松峰书院湮灭的，松峰书院代表了一个时代的剪影，然后在山间最密的那片松林旁迅速消失了。

一种文化形式的死去，一定有它的必然性，无论它曾经是多么的辉煌，都难逃衰败的法则。有时，文化并不是自己在迷失，而都是来自于世人的抛弃，被抛弃的大多数都是应该抛弃的。对于一种已经老去的文化形式，不用去过多深究它的时弊，只需记住在那张刚刚翻过去的书页中，一定会飘有书墨的淡淡清香。

寻　佛

有时候我也不知道自己在这条路上想要寻找些什么，那驼铃一路的脆声就响在我耳边。本想循着驼队的印迹追赶上这些丝路的过客，可风已将被厚实蹄掌踩过的沙地慢慢填充抹平了。可我还是要走，没有痕迹了，至少还有认知的方向。

想要在西域的一个小镇寻到佛留下的线索不难，但也很不容易，于是我走进了这里，一个曾经佛光普照的地方，这就是镇西了。

佛当真来过这里？在街头看不到丝毫的痕迹，可能佛已知我在寻它，便对我避而不见，因为它知道我不是一个佛教徒。

当近百家寺庙的晨钟暮鼓声一起响起，香火缭绕到无法用眼神来穿透。镇上的男女老少都在虔诚地诵经礼佛，谁还能认为这一幕真的是发生在西域？这情景更像是在内地的某个佛教名山，但这只是从前的影像了，所以在很久以前的那段日子里，来到镇西的人看到街旁众多寺庙林立，都会诧异地揉揉眼睛，以为自己是在一个回到家乡的梦里。

我在想，那时的佛教到底给西域带来了什么？难道只是一种新宗教意识的介入吗？真无法想象释迦牟尼的思想竟然如此轻松地就进入到了另一种风情之中，并用很短的时间深深扎进西域腹地，就像信手折下一枝柳条，然后随意插在丝绸大道旁，来年再看时，已经在吐绿成长了。更让人不可思议的是，这佛教的精髓居然是玄奘一个人用肩膀扛进来的，也可以说是用骆驼的四蹄从几千里之外拉来的。

当时的镇西是西域汉文化的首入地，就如一把凌空砍下的刀，镇西应该是这把刀的锐利刀锋了。当全新的思想随着贸易壁垒被打开，一路高歌挺进西域的时候，佛音才真正地处在了一个巅峰时刻。

弹丸小镇会有百家寺庙的存在，这会让人疑惑，但它又真真实实地存在过。只是到了现在，佛音已在渐渐远去，留在我们视线里的仅剩山坡下那座由道家仙姑庙陪伴的地藏大寺了。

寻佛在镇西周边的山水之间，并不是件轻松的事儿。有人告诉我：佛既是山，佛也是水。寻佛在人潮涌动的镇西街边，心若是能有豁达的包容，那么和你擦肩而过的每一个路人也会是佛。我是佛吗？其实只要心够静，能去除凡尘杂念，保持一颗平常心，佛又何尝不是我呢？寻佛就是在寻找一个能为心灵摆渡的人，但我们没有看到，这个摆渡人其实就是我们自己。

在很多人的眼里，寺庙才是他们的摆渡人。于是会买香烛去庙里求佛，祈求佛使其渡过难关，或是作为平安的愿望能实现。求佛的人多了，庙自然也就多了，镇西这地儿也是如此，短短百余年的时间造出了近百座庙宇，只能说当时的人们需要一种寄托，而这众多庙宇很自然地就充当了摆渡人的角色。

那么多的庙宇如今都去了哪里？难道是佛隐藏了身形，用凡人的肉眼无法看到吗？难道佛化做一株草，或是变化为了一棵树？举头三尺有神明，佛无处不在，也许它正在用无形的佛眼注视着我们曾经对佛的大不敬，有可能佛一直就在我们每个人的身边。

一直都很喜欢那个有关于佛理的小故事：有一个孩子在寺院里撒尿，

和尚看到后便大声斥责那孩子在佛面前的不敬。未想到孩子反问了和尚一句："师父,您给我找一个没有佛的地方,我去那里撒尿。"一句话竟把那和尚问住了。是啊,何处无佛呢?佛是无处不在的。以至于连西域的这个小镇都与佛结下了很深的缘。在阳光混杂着佛光的照耀下,那些曾经的日子里,镇西人每天走出家门后,就能望见满眼的佛了。

如果你是在二百年前出生的,那么你就能看到一个奇特的现象:镇西在广修庙宇的清朝时期,山南的哈密已经难以觅到佛教的踪迹了。虽说哈密早在唐朝时佛教就处于鼎盛的时期,但后来哈密的佛教慢慢地衰退破败,直到被新的伊斯兰文化完全取代。而山北的镇西却在山南佛教衰退的上千年后又开始步入了一个佛教的新辉煌期。虽说镇西在唐朝时也有佛教的传入,但影响不是很大。细想想,这个时间的跨度未免大了一些,两个地方仅隔一座天山,但文化在当时却存在着如此之大的差异,真是让人匪夷所思。

就是说镇西在历史上曾经有过两次与佛的亲密接触,第一次是和哈密同在唐朝接受过佛的洗礼,但都在一个时期归于沉寂。第二次则是在清朝,镇西的造庙运动进行得很神速,而那时的哈密,佛教已逐渐没落。镇西这次为什么没有与哈密保持同步呢?原因只有一个,就是清朝时进西域的路线改道走镇西了。犯官、兵士和移民的进入使得佛教又一次被带了回来。如果说第一次佛教在西域的没落是必然的结果,那么镇西的第二次佛教败退就是人们的毁佛行为了。

如今走在街上,那大部分的佛寺都已荡然无存,甚至连废墟瓦砾都没有留下。随行的人不停地用手指着街旁的座座高楼,说这幢楼的位置曾经是什么寺,那幢楼是把什么寺推倒建起来的。听得让人切齿,无法排遣这种深切痛惋。

毁佛焚寺也有它的特定历史原因:一部分是坍塌在了历次的战火中;一部分是毁于那场波及新疆的文化浩劫;还有一部分是被那个"见佛杀

佛"的马仲英推倒的。曾经红极一时的佛教，就在这样的历史背景下变得萧条，地藏大寺能够保存至今，也算是一个奇迹了。

其实对于一个已没有了信徒的地方，寺庙会成为空空如也的摆设。既然庙空了，那么留佛也无用。在那些所谓佛徒云集的佛教圣地，每一张虔诚的面孔下大多会被私欲填充。求财的、求官的、求太平的，有哪一个愿望不是为了自己？鲜见有为他人祈福的，能说明他们是真正的佛徒吗？回过头看镇西当时佛教的繁荣，那些由商人出钱建造的寺庙中，又有几人是在用佛心面对佛心？所以抛却历史的原因不谈，有些曾跪拜在佛殿里的信徒们，一转身就会变为毁佛之人，若我是佛，在看到这些伪信徒们的自私后，迟早也会离开的。

我是一个逢寺庙必进的人，也很喜欢佛寺的建筑风格。每去一处，我并不拜佛许愿，而是用眼睛欣赏着大殿内外的色彩和有关于佛的一件件器物。对我来说，这都是佛的艺术。所以现今的镇西，我一点儿也不为佛教的离去而惋惜些什么，只是可惜了那一座座消失的庙宇。

才知道用眼睛是寻不到佛的，因为自己的悟性未达到一个真正佛徒的境界，用渐悟的心再次扫过古镇的高楼根基时，会发现佛一直在用自己的肩膀支持着这万钧的重量，这就是佛之真，佛之善，佛之美，佛之忍，佛之爱。原来，远远跑来寻佛其实只是在寻找"真善美忍爱"这五个字啊，任意参透其一，便是佛的有缘人。

在巴里坤，未看到曾经的众庙林立，感到是错过了与佛的机缘，以为那机缘只属于那原来叫作镇西的时代。虽说那时只有一面之缘，但渐悟在两个时代之间，有缘是无缘，无缘也是有缘。

顿悟之中，我仿佛见到了佛，并在臆想中与之对话了。

我问佛："你还在镇西吗？"

佛回答说："我一直都在。"

我又问："我在寻你，却连庙宇都未寻到。"

佛说："那漂亮的庙宇和镀金的佛像根本就是俗人强加给我的表象，不需要香火，不需要跪拜，真正虔诚的向佛之人我自会看得到。"

我急切地问："你现在在哪里？"

佛笑了："我已在你的心里了！"

刻画的瞬间

岁月就像一把刻刀，它不仅把刻痕留在了老人的额头上，还用锋利的刀刃深深地陷进历史的每一个瞬间当中。谁都逃不脱被时间雕琢的命运，无论是人，还是一块石头。

历史进程中的几千年如同大浪淘沙，一部分轻飘的东西在浮沉中失落了，一部分沉重的东西却留存了下来。留下来的都是被这把刻刀用力镌刻进历史厚厚书页中的，那一道道刻痕下，始终见证着一段历史或一个王朝的背影。它们所历经的不只是风雨，还有沧桑中的凝重感。

西域之地，民族繁杂，多种文化相交碰撞于此。对于任意一种文化形式，无论是哪个朝代战争在西域强加的，还是移民无意中传播进来的，都曾在西域产生过非凡的影响。这就在不经意间留下了一道道刻痕，而历史就是操刀手。

我喜欢碑刻，并非只因它是历史的遗留物，还是来自于一种浓郁文化色彩和碑中记事简练的吸引。在我家中就挂着一幅汉代曹全碑的碑拓，妻子经常伏在案边临摹上面那些秀丽的隶书字体。我不大懂书法，但碑文上的书法却让我颇感兴趣，所以我经常会装模作样地陪妻一同去欣赏。

很早以前去过一次西安，特意去看了那座碑林，并留下了很深的印象。同去的朋友是个极喜欢收藏碑拓的人，在他的家中几乎收藏了碑林中所有古碑的碑拓。朋友给我讲解了许多关于碑刻中的书法和所记述的事件，我才知道了这一类的碑主要是用来记事的，现在则成了书法爱好者临摹的字帖。从那以后，无论走到哪个文化韵味深厚的地方，我都在寻找历史遗留在当地的碑刻。

在新疆，也四处散落着很多历朝历代的碑记，让我没有想到的是，仅在巴里坤这个弹丸小城，就有两块汉碑存世。虽说巴里坤的汉文化色彩很浓重，当属西域汉文化的源头，但我还是在听到这两块巴里坤汉碑的消息后大吃了一惊。毕竟在新疆总共才发现了四块同朝代的碑刻，而这里就有两块，沉沉的分量使小城增加了历史的沧桑感，无形中也衬托出了巴里坤深厚的汉文化积淀。

在各朝代遗留下的碑刻中，唯汉碑是我最喜欢的。可能是因为隶书的原因吧，汉代碑刻大都使用隶书字体来书写，而隶书的遒劲也正好适合表现在坚硬的石料上。与汉碑相比，唐碑中的行、楷、草等字体就不及汉碑的隶书书法显得古朴悠远了。

我在巴里坤的一座大庙中看到了其中的一块汉碑，它静静地躺在角落，与我一起沉思着它的过去。那老旧斑驳的样子根本用不着去怀疑它的真实性。一条来自来于遥远大汉王朝的信息此刻竟然就在我的脚边，我逐渐肃然。碑文上残存的字体依然能辨出是用隶书凿刻而成，只是年代的久远使那些字变得有些模糊不清。没有人知道这块碑到底在记述着什么，毕竟它在松树塘的密林中被西风吹了上千年。还好，碑上的年代和名字仍在，可以推测一下它的来历。

站在碑旁，依稀可以看到上面书写着"惟汉永元五年"和"平任尚"几个字，还有碑文中那个清晰的"海"字。不用说，这个海一定就是指巴里坤湖的前身蒲类海了。在这个湖边，鲜血曾数次染红碧波荡漾的湖面，并倒映出了大汉军队与匈奴鏖战的影像。

碑中"平任尚"三个字把我的想象带到了汉朝大军的旌旗下，让我记起了远征西域的任尚。那时的任尚是以司马之职参加了耿夔的军队，从而大破北单于在金微山。《后汉书》也记载了这场发生在永元三年（91年）的西域战争，书中对任尚也有客观翔实的描述。其后任尚在此地又立了一功，就是在永元五年（93年）擒获并斩杀了叛逃的於除鞬。想想此碑也是在永元五年立起，那么就不难推测这个碑是为了纪念任尚的功绩所立了。

任尚在历史上是个人物，也是征西大军中的一个勇士。尤其是在那个与匈奴作战的年代，功绩是衡量能力的唯一标准。而任尚做到了别人无法超越的勇猛，因为他的骁勇善战，功绩自然也就不俗。后来，也就在此记功碑立起的八年后，任尚被提拔为西域都护，名气与班超基本持平。现在人们把此碑叫作任尚碑，又叫汉平夷碑。

一直很纳闷一件事儿，就是我看到的这座任尚碑的碑体根本谈不上美观。与西安碑林中的其他汉碑比较起来，感觉在制作时有些匆忙了。不知在刻碑之时究竟发生了什么紧急的事件，就连碑的外形都没有打磨出正规的长方体，以至于整体看起来显得那么的不规则。当时是由于匈奴的突然来犯？还是任尚临时接到朝廷之命离开了竖碑之地？我们不得而知，这如此匆匆收尾的任尚碑只能留给后人们去猜想了。

我一直在努力寻找着巴里坤的另外一块汉碑。但问过很多本地人，他们都不知道那块碑的去向。我很想看到这块已在巴里坤人眼中消失已久的碑刻，因为我听说了关于它的很多故事。在任尚碑立起的四十年后，巴里坤草原上又竖起了第二块石碑，这块碑叫裴岑碑。

我没有看到这块碑，但从一个文管工作人员口中还是了解到了一些情况。此碑较任尚碑的碑文更加完整，所有文字清晰精美，不只是有历史参考价值，爱好书法的人也视它为瑰宝。可惜我无缘亲眼看到它，它在这片草原经历过太多的坎坷，已被自治区博物馆收藏了。若想得到碑的全文很容易，在民间，有太多的拓本可以借来一看。

裴岑何许人也？此人在西域的知名度明显不高，人们却缘何在草原上为他立了一块碑？翻开历史，居然与任尚有着一缕小小的联系。原来就在任尚大破北单于后，由于没有肃清残敌，一部分匈奴人便拥护起呼衍王为首领，屡次与汉廷作对。于是裴岑奉皇命从敦煌前来西域剿杀呼衍王。从裴岑碑的碑文中就可以一目了然于这一事件："惟汉永和二年八月，敦煌太守云中裴岑将郡兵三千人，诛呼衍王等，斩馘部众，克敌全师，除西域之灾，蠲四郡之害，边境艾安，振威到此，立海祠以表万世。"

看罢，立刻明白了裴岑碑立于草原之上的原因，可谓奇功一件，当然是要刻碑立传了。碑是刻了，而且是极其考究，但史官们在编写《后汉书》时却对此事闭口不谈，也不知是何缘故。等到清朝平远将军岳钟琪来到巴里坤，见到此碑后都敬仰不已，令人搬入将军府加以保护。后来，不知什么原因又将碑移至了关帝庙前。

关于裴岑碑民间传说甚多，可能就是因为把它放置到了关帝庙门前，所以老百姓们把这块碑赋予了太多的神话色彩，并起名为"镇海碑"，为的是能镇住蒲类海中传说的那条冷龙。

百姓们将镇海碑的灵性传得神乎其神。据说只要是出远门需要乘船的人，如果带上一幅此碑的碑拓，那么水面上一定会风平浪静，就可以平安乘船上岸。反之，就会波浪滔天，有覆船的危险。无论是真是假，百姓们都是宁可信其有，也不信其无。于是家家户户都争相拓印碑文，或自家留着备用，或送外地的亲戚朋友，一时间，关帝庙前好不热闹。

有人担心镇海碑被拓得太多而失去了灵性，便仿制了一座木碑供大家拓印。木碑做得十分精美，简直可以乱真，就连木碑上飘逸的字体都临摹得惟妙惟肖，估计那木碑也是在原碑的拓本基础上制成的。

这块木制赝品镇海碑的逼真程度让清朝大学士纪晓岚都忍不住撰文调侃，文中云："乾隆庚寅，游击刘存存摹刻一木本，洒火药于上，烧为斑驳，绝似古碑。二本并传于世，赏鉴家率以旧石本为新，新石本为旧。与之辩,傲然弗信也。以同时之物,有目睹之人,而真伪颠倒尚如此,况于千百年外哉!"

碑的真伪连鉴赏家都难以分辨,可见这赝品仿制之精细。也难怪在我寻碑时无人知道其下落,原来是我用错了名称,如果我当时向人打听镇海碑的下落,相信很多人都会告诉我。

战争可以创造新的文明,但也会毁掉一些旧的东西。等到那个臭名昭著的马仲英时代到来时,这块裴岑碑也因他的屠刀举起而破损了。这个见佛都敢杀的恶棍是西域历史上的耻辱,如果没有他,巴里坤这地儿会有更多完整的遗存保留至今。

无论是任尚碑还是裴岑碑,都是为记功所立,鲜见历史中的碑刻有记过的。我想起了武则天的无字天碑,如果真如历史学家的推测,武则天立无字碑是不想为自己歌功颂德,所有的是非曲直任由后人评说,那么这位一代女皇是真的有过人之处,值得仰慕,也值得钦佩。

记功在碑上也没有错,但刻碑之人也有不要脸的。原本巴里坤山南的哈密涣彩沟还有一座汉碑,据说是班超的记功碑,后来唐朝姜行本来到西域征战,此人为表自己的功绩高于班超,竟将班超碑的碑记抹平,在原碑上书刻出自己的事迹,可谓是自大狂妄。天山之大,采碑石很容易,何苦去毁他人荣誉来标榜自己的伟大呢?倒不如另外采石立碑,以免被后人指为无耻。此事在《旧唐书》中有记载,绝非杜撰。

历史这把刻刀一直在不停地书写着应该记录下的一切,巴里坤除了这两块汉碑之外,还有不少唐碑和清碑存世。那些纸制的历史很难保存千年之久,但撰写在石头上的刻痕却是怎么也擦不掉的。

如果有机会,我一定要去自治区博物馆参观,去观摩放置在那里的裴岑碑。想看的时候如果看不到,那将会是一件十分遗憾的事儿。因为裴岑碑与其他所有汉碑一样令我充满期待。每座碑都是装订历史这本巨著的锐利书钉,也是一个个带有深深历史印记的美丽瞬间。

黑走马

第一次听到"黑走马"这几个字，便联想到了一匹来自草原的骏马。它长有亮黑色的皮毛，浑身是健硕的肌肉。在暮色夕阳中行走着，它昂头漫步的姿态优美极了。四蹄在飘逸地舞动，长长的马鬃则有节奏地随风甩动，仿佛在为歌舞配合着蟒皮手鼓的节拍。

这样的一匹马对于草原哈萨克族男儿来说，是一种不可阻挡的诱惑。没有人不想骑上一匹黑走马驰骋在草原上，若真的拥有了它，一定是无上的荣耀了。黑走马不只是一匹马，如果没有其他的象征之意，那么草原上也就不会因它而欢歌热舞一片了。确切地说，黑走马也是一种图腾。

去年有一天，我在街上遇见一位巴里坤的乡土作家，寒暄过程中聊起了黑走马。他问我："想来草原看黑走马表演吗？"本就对它十分感兴趣的我欣然应允。他又兴奋地告诉我："这可是千人黑走马表演，很难得一见。"当时我就在想，一千匹黑走马在一起表演，应该是十分壮观的场面吧！

与他约定的那天，我竟然在草原上找不到他，因为人实在太多了，而且多数是身着节日盛装的哈萨克族人。但奇怪的是，我并没有看到一匹黑色的骏马。纳闷间，朋友从身后拍了拍我的肩，我问他："你说的那一千匹黑走马在哪里？"只见他用很奇怪的眼神望着我说："谁告诉你有一千匹黑走马来着？我是让你来看哈萨克族人的黑走马舞蹈。"

听后我恍然大悟，原来此黑走马并非是我想象中的黑色骏马，而是哈萨克族人的一种舞蹈表演形式啊！这实是让我诧异。但同时我也突然想起，曾经看过一种哈萨克舞蹈叫作"卡拉角勒哈"，很可能就是这个黑走马的哈萨克语音译。细问，果真如此。但这种舞蹈一般都是单人或双人在跳，今天草原上这千人一起舞动的黑走马的确是罕见的。

草原人自有草原人的狂欢方式。当古老的冬不拉琴弦在拨响，动听的草原之声传入双耳时，我看到了一幕令人异常兴奋的壮观场面：先是青年男女将黑走马的序曲舞了起来，然后孩子们加入了，紧接着，哈萨克族老人们也开始忘我地旋转起了身体。这让我想起了一个出自草原的谚语："歌和马是哈萨克族人的两对翅膀。"面对如此火热的氛围，这条谚语已是哈萨克族人生活的真实写照了。

没有人会不激动于眼前如潮水般涌动的欢腾，望着他们尽情地舞蹈，我的心也已沉醉在了明快的舞步中。草原是静谧的，少见有这样狂欢的场面，只有每逢盛大的节日才会有浓厚民族气息的集会，可那天并不是什么节日，我想，欢乐是不需要理由的吧。

我作为一个观众站在场边，看着他们轻松愉快地表演，甚至有一种冲动，想跑进人群与他们一起分享舞动时的愉悦。虽然早已被众人绕得眼花缭乱，但有一对哈萨克族青年男女吸引住了我，他们面对面相互摆动着双臂，女孩的脸庞泛出了两块红晕，似乎他们是在借用舞蹈表达爱情。只见哈萨克族小伙单膝跪地，双手卡在腰间，用双肩前后抖动着，姑娘配合着他抖动的方向忽而前仰后合，忽而露出羞涩的一笑。

这分明就是一对恋人在互诉衷肠啊！

那边有几个哈萨克族小伙儿围成了一个圈，大家的舞姿略有不同，但能看出这都是在模仿骏马走路和奔跑时的姿态。诙谐的动作加上夸张的表情，很能感染四周的气氛。不一会儿，这个圈越来越大，加入的人也越来越多，时不时爆出一阵阵欢笑声。

当全场的表演达到高潮时，旁边已没有了围观者，全部都融进了黑走马的音乐和舞蹈中。会跳的、不会跳的，只要是刚才还在观看的人们，都被这不拘一格的舞蹈风格所触动，不自觉地跟随着冬不拉的节奏跳了起来。环顾左右，只有我一个人还在旁边傻傻地站着。

猛然，我被拉进了场中，当我回过神来，看到了一个60多岁的哈萨克族大婶正在示意我加入这场狂欢。她满脸真诚的笑容如同亲人般的温暖，一向大方的我居然变得羞涩起来。我无法舒展自己的双臂，是因为从没见过这么盛大的场景，无法放开拘谨，是因为情绪调动得太过缓慢。

这位哈萨克族老人似乎看出了我的紧张，她拉起我的手，之后我就被带入到了她的舞蹈节奏中。起初，我还有一丝忸怩，但慢慢地，我竟然发现自己已不再羞涩，完全是在投入地舞蹈，心中的杂念也随之消失了。有那么一瞬间，我以为自己就是一个勇敢的哈萨克族人，此刻就坐在奔跑的黑走马马背上，一路狂奔向草原深处，想停也停不下来了。

世间会有如此美妙的感觉，这是我不曾想到的。在这场席卷草原的黑走马旋风中，欢乐留下了，被带走的则是生活的压力与烦闷。当自己化作一滴水，瞬时滴入这个欢乐海洋的同时，首先会忘记族别，然后是年龄，乃至自己的名字。

冬不拉依旧在弹奏，中间伴着被称为心灵之笛的"斯布斯额"在吹响。人们丝毫不想停下舞步，狂欢在这时升华到了另外一个高度，我还听到了那不知疲倦的手鼓节奏，更像是马蹄的"嘚嘚"声。

欢乐的时间总是过得很快，也不知过了多久，当我还沉浸在草原黑走马的乐舞中意犹未尽的时候，所有的乐器突然戛然而止。草原又恢复了往日的宁静，黑走马舞蹈中的人们仍站在原地，迟迟不肯离去，都在盼望

诙谐生动的巴里坤少数民族舞蹈

着冬不拉琴声再次响起。

　　黑走马舞蹈的确是令人着迷,跳过一次之后,就再也不能忘掉了。究竟是谁创造了这么富有魅力的表演形式?我这个毫不相干的人都能尽情融进哈萨克族人的狂欢中,把作为一个观众的情绪渲染到了极点,而后变成了场中的一个演员。如果不是这个舞蹈有着太大的感召力,也不可能形成如此大气壮观的千人舞动。

　　我还在人群中,不想挪开自己的脚步。很多人相互交谈着,他们的脸上漾满了喜悦,都在谈论着刚刚结束的那场狂欢。这时,朋友与一个哈萨克族人走了过来。当走近时,我发现那个哈萨克族人正是把我拉进场中旋转的老人。

　　朋友问我:"感觉怎么样?"我不知该用怎样的语言来形容这种感受,想了半天只说了四个字:"兴奋、震撼。"朋友哈哈大笑起来:"看到你一个人在那里傻站着,我就让古丽丹大婶把你拉进表演场中了。"望着旁边冲我微笑的这位慈祥老人,我走上前紧紧拥抱住了她,并在她耳边说:"这是一种前所未有的快乐,谢谢您。"古丽丹大婶拍着我的背说:"没有人会不喜欢我们哈萨克的舞蹈,也没有人会不爱草原上的黑走马。"

老人很热情,她邀请我们去她的毡房做客,并神秘地告诉我,她的马群中就有一匹漂亮的黑走马。

走进古丽丹老人的毡房,浓浓的奶茶香气早已溢满了房间的每一个角落。老人的儿子提前骑马回来准备了这些,桌上还有一些熟羊肉和自家炸的油馓子。盘腿围坐在桌旁,喝着热腾腾的奶茶,古丽丹大婶讲了一个让我很感兴趣的故事。

在很久以前的草原上,一个哈萨克族小伙子在放牧时发现了一群野马,领头的那匹通体长有黑色的毛皮,走路的姿势十分优雅,且剽悍善跑。小伙子十分喜爱这匹黑马,便想用套马杆抓住它,可费尽力气都无法靠近这匹黑马,就这样一直周旋到了日落时分,哈萨克族小伙儿最终套住了它,并艰难地驯服了这匹黑马。当他骑着这匹马回到家时,四邻的牧民十分羡慕,都很想听听他驯服黑马的过程。于是他连说带比画,甚至马上马下地用肢体语言再现了当时驯服黑马的场景。从此,大家记住了小伙子矫健诙谐的动作,并逐渐演化成了黑走马舞蹈。从那以后,只要是有哈萨克族人生活的地方,就会有黑走马的舞蹈跳起。

古丽丹老人用纯朴的民间故事解答了我对黑走马的疑问。这时我想起老人说自家也有一匹漂亮的黑走马,便提出想看一看。没想到老人的儿子告诉我:黑走马已被爸爸骑走,去参加草原上的赛马大会了。

很遗憾没能看到这匹黑走马,但我相信这匹马一定能在赛马大会上拿回冠军的。

老人的儿子拿出了冬不拉,用汉语唱起了黑走马的歌曲,悠扬的旋律中我听到他在唱:

骑上这种马的时候想到哪儿都可以去，

　　哪里有风哪里就有我和黑马的身影，

　　只要我有梦想，

　　骑上我的黑走马就可以到达，

　　只要我有梦想，

　　骑上我的黑走马我就可以到达……

　　天色不早了，在歌声中我起身向老人道谢并告辞。回去的路上我在想，今晚我会失眠于草原的夜色，也无法摆脱黑走马舞蹈带给我的诱惑，更不能忘记冬不拉琴声的拨响。就算会睡着，也一定能梦到古丽丹老人的马群中，那一匹健硕油亮的黑走马。

门当户对

不知是历史创造了文化，还是文化创造了历史，一直就这样纠缠着，就如野史与正史间的博弈到现在都没有停止过。文化是抽象的，以至于抽象到什么都可以被冠之以"文化"二字。现在的学术讨论也是五花八门，当有一天我发现连旧时的妓女也被某些专家们谓之为"文化"时，心里不免震颤了一下，他们公然叫嚣着是妓女成就了大唐文化的鼎盛，甚至搬出了《诸子百家》与《二十四史》为佐证。但文化就是文化，是不能被儿戏的，无论是茶文化还是酒文化，还是巴里坤的汉文化，都推动了一个时期、一个地域的发展。文化始终是奠定历史的根基，没有文化的历史是虚幻的，就像飘起的青烟，可以看到，却抓不到。

在写这一节时，我本想寻一个独特的角度去描述，但始终都找不到这个合适的角度。因为关于汉文化古建筑这个话题太过严肃，也太过枯燥，以至于我不敢随意去调侃。我更不想把西域的汉文化追溯到周朝的穆天子西巡，与西王母在瑶池对歌吟唱，因为那只是一个神话传说，连野史也不算。而巴里坤作为西域汉文化的起点和辐射全疆的一个重要区域，它承载得太多，那些见证中原和西域两种文化交融的古宅院群便可见一斑。巴里

存在于巴里坤的清代古民宅

坤那恢宏高大的城楼和厚实的古城墙,在我的眼里似是古宅院的陪衬了。

几乎每个人一提起古宅院,就会想起老舍笔下的四合院,而忽略了这个曾经叫作镇西的巴里坤小镇,若是与江南的古宅院相比,这里虽没有古老的石桥,也没有丝竹之声,但巴里坤却以另一种姿态笑傲在丝绸古道上。当我去到很多有文化底蕴的城市,对于当地的名胜古迹我都寥有兴致去参观,反倒是养成了一个爱钻胡同的毛病,因为去参观名胜总有一种哗众取宠的感觉,然而在胡同里,我才能真正感受到来自民间的真实文化色彩。

我是外婆带大的,外婆家就住在一个幽深的胡同中间。记忆中那是一个朱红色的大门,门上有两只铜扣门环,轻轻拍打门环,发出的竟是一种既清脆又略带沉闷的声响。虽然外婆家不算是老宅院,但相比于后面盖起的平房来说也算是有年头的了。经常能听到外婆与别的老人谈起"门当户对"这个词，我虽然明白这是在谈婚嫁事宜，但我始终都搞不清楚这与门当户对四个字有什么联系。再一次听到"门当户对"这个词，已是我上大学的时候，一个戴深度近视镜的历史系老教授煞有介事地将这四个字铺开，慢慢地讲解开来。那时，我才明白婚嫁与门当户对究竟是怎么回事。

从前我在这个概念上一直有一个误区，认为"门当"一定是在门的上面。因我第一次见到哈密王陵后面的满蒙建筑的大门时，抬头看到门的上方有两根垂直于门楣并突出门楣一尺左右的圆木，那时我以为这就是"门当"了，后来听到老教授的讲解才使我真正走出了这个误区。原来，"门当"与"户对"本是古建筑中大门的一个组成部分，我看到的那两根圆木其实叫"户对"。而"门当"则是古宅门外的一对石鼓，百姓们一直认为石鼓能避邪，所以在大多数古宅院的门口，都会放有一对门当。因为有"户对"的宅院必定会有"门当"，所以我明白了外婆为什么把男女婚嫁的衡量条件称之为"门当户对"了。

巴里坤的小巷很多，如果第一次去而且没有熟人陪伴，很有可能会迷路，但在巴里坤的胡同小巷里，使我迷失的不是脚步，而是西域文化。这对于正行走在小巷的我来说有一种无以言表的兴奋，兴奋于我所见到的、听到的和感受到的有关古宅院的一切一切。没有一种历史和文化的遗存能与古宅院相媲美，因为我们所看到的是一种生活，一种历经数百年几代人的生活，没有人能知道在这些院落中曾经发生过什么，但当我面对这些建筑时，却品味出了历史的沧桑与凝重。

谈到巴里坤的古宅，不能不说起一个人，走在街上随意地找个路人问问王善桂家怎么走，那人肯定能把你带到南街的王家大宅。王宅是一座富有传奇色彩的宅院，上可追溯到岳飞后人岳钟琪在巴里坤建造绿营兵城时期，那时这个宅院的主人是跟随着岳将军来到这里的。可以说，如果没有准噶尔贵族的叛乱，我们也看不到这座大宅院，更谈不上巴里坤的这段让人津津乐道的历史了。岳钟琪稍后再议，我们先来看看这位王将军的宅院吧。

　　我们仅从一棵树就能判断历史的久长，一棵榆树也见证了这座宅院的风雨，200年对于5000年的历史来说不算长，但这棵200年的古榆却陪伴了王家12代人的朝夕，如今，"榆树巷"这个名字也是因这棵树而得名。在当时建造这座宅院时，它的面积让我很吃惊，竟然有十几亩地，这已不是一个清四品官员的待遇了，因为在岳将军走后，他是唯一的地方大员，加之地处边塞，自是无人追究。记得在北京参观一处古宅时，那也是一个清朝四品大员的府第，单从门楼外的四对"门当"就可以看出宅院主人地位的显赫。在那时，官做得越大，"门当"就越多，这就是身份和地位的象征，那些"门当"都是摆给外人看的，就像是一种炫耀。回想起北京那个四品官的宅院占地，不过几亩地的样子，因为我没用多长时间就已看完了宅院的每一个角落，然而王宅大院却有十几亩占地，这令我匪夷所思，但我也没有亲眼见到，十几亩这个数字只是听王家的老人这么说，至于宅院现在的面积为什么只有原来的十分之一，可能也是和家族的衰落有关吧。无论怎样，这座大院已成为了一段历史，并供游客参观了。

　　王宅的建筑古朴典雅，门楼精雕细琢的龙凤呈祥图案虽失去了往日的色彩，但仍清晰可辨，木架结构的房屋居然不用一根钉子，这也凸显了当时建造工艺的精湛，屋内的陈设更有百年的风韵，当满眼被那些牌匾、古书、家具占据时，我甚至以为自己回到了几百年前的生活，我没有时空穿梭机，但这座宅院却让我有了一种时空交错的眩晕，这种感觉是难忘的。与王家古宅齐名的还有很多大宅院，但都不及王家宅院保存得那般完整，这是一种气息，一种经过几百年都无法飘散的气息，至今，仍萦绕在巴里坤每一条大街小巷的上空。

　　我甚至有一种冲动，如果王家老人允许的话，我想在这古宅之中睡上一夜，不为别的，只想让自己的梦与那久远的传奇故事融合起来，去见证屯兵时的刀光剑影。我想，如果我真的留宿在了古宅中，一定不会像吴冠中先生身处鲁迅故居那样夜不能寐,而我会睡得很熟,说不定还能重温儿时在外婆家的回忆。

散步在小巷,每个巷口拐角处都会有石磨或者石鼓摆放在那里,巷内土路曲折,家家的门楼都不相同,门楼高大雕琢精细的必是有钱的商人或官宦人家,门楼矮小的则是普通住户。最值得一提的是,还有几户人家大门非常之宽,宽到足可以赶进一辆马车,这样的大门会让人感觉是有钱有势力的人家,其实不然,这是在旧时驼队中地位最卑贱的一类人,是骆驼客的家,之所以宽,是为了让骆驼出入方便,但这样的人家才是我真正想要去的地方。是驼客给巴里坤带来了如此厚重的文化与繁荣,没有他们的存在,就没有曾经享誉西域的镇西城。

一个驼客,如果一辈子只是驼客的话,那么他的家境是贫寒的,除非他半路转行去经商。我所面对的这户人家曾经就是驼客的住所,只有着低矮的门楼,灰黄的土坯墙,门前没有石鼓。与这户人家相隔几个门的是另一大户人家的大宅,这是一个鲜明的对比。如果在那个时期,一个驼客的儿子爱上了一位大家闺秀,那么必定会演绎出一段小说里常见的爱情悲剧。为什么呢?因为在那个时候,门当户对是封建思想介入男女婚姻的必然产物。试想,一个门口连"门当"都没有的人家,是会受到富家老爷鄙视的,更别说让两家去谈婚论嫁了。

可我在这里就偏偏听到了这样一个故事:一个驼客的儿子爱上了一个大户人家的小姐。因为门不当户不对,所以遭到了两家人的极力反对,无奈中两人计划逃离镇西城,结果被女方家人追回并绑在了大宅院中。当驼客的儿子被打得遍体鳞伤时,他仍然坚持自己就是死也要娶这个小姐,最后富家老爷被驼客的儿子感动了,最终成就了一段美满的婚姻。当然,这不是悲剧,是一个以皆大欢喜而收尾的故事。后来我在余秋雨的《风雨天一阁》中看到过一个故事,宁波知府的侄女钱绣艺嫁给了书香府第的范家公子为媳妇。因为钱绣艺喜爱读书,而范家有着宁波第一藏书的天一阁,这婚姻算是门当户对了吧？但可悲的是钱小姐到死都没有登上天一阁，没有读过阁中的一本书，这算是在门当户对幌子下的一个悲剧了。余先生看到的是人文主义在封建思潮下的压制，而我从这个故事中却看到了封建婚姻的残喘。如今的婚姻虽没有了门户之分，但它依然残喘于少数人的观念里，再看到敦实的"门当"和镂花的"户对"装饰的古门楼时，不知是它修饰得漂亮呢？还是思想解放得彻底？

穿行在那片带有历史味蕾的院落群，几乎每家的门口都摆放着一对石鼓"门当"，但抬头看时，大多已不见"户对"了。可能是因为院落的维护与修缮所致，不免有些遗憾。想起前几天与朋友在一起吃饭聊天时谈到的一个问题，他说一个领导想要重建一座曾经很出名的庙宇，因为那座老庙已经历了几百年的风雨只剩下了几扇断壁，恢复文化这是好事当然会得到支持，但在新的庙宇落成之后，那领导便指挥铲车将老庙宇的断壁残垣推平了。朋友在谈到这里时很是激动，到底是在保护文化还是在毁文化？就不能在建成新的庙宇之后再把老的加以保护吗？难道我们就不会被后人责骂吗？我明白朋友为什么会发出这样的疑问，因为他是一个文人，是一个对文化极其崇敬的文人，所以对他来说这是悲哀的。有时我也有这样的想法，我宁可去看一片历史的废墟也不愿看到那种复制历史的东西，毕竟它代表不了历史，就如同南极的冰川在融化，我们的文化消亡在加速，因某种愚昧的行为而加速。

有时我在想，在巴里坤古民宅出现之前，那里的百姓是在一种什么样的居住条件下生活的？本来我想去考证，但终因我不想去做学术研究而放弃了。从前的文化也是文化，但那是历史的文化，从这些古宅院出现在镇西伊始，它带来的是一种新的文化形态，是两种文化的交融与杂糅，所以说这种文化有它的特定性与必然性，既已开始，就让它继续下去，我们不去否认不该去否认的，也不能去忽略真实存在的，那么就用另一种思维去挖掘、去保护吧。

骆驼客

我是一个骆驼客,我压根儿就没有想到我会成为一个漂泊四方的骆驼客。那时,我是跟随着西行的商队进入西域的,出发那天,我正好16岁。如果不是因为家里的变故,我依然还住在乡下的那个土屋,正在用力地挥动着锄头种地呢。

我父亲是个农民,母亲是大户人家的佣人,日子本来过得还不错,至少没有像村里其他人家那样经常饿肚子。后来我们那里开始闹匪患,村里人能跑的都跑了,不能跑的是因为没有地方可以投奔。土匪们几乎每隔一段时间就会来洗劫一次村子,父亲是个刚性的汉子,因为不满于土匪的暴行,举起扁担将一个土匪的脑壳打开了花。随后我的家便遭遇了一次劫难,父母惨死在土匪的刀下,而我因被父亲提前塞进了草垛才幸免于难。这次变故让我有些惧怕所在的这个村子,于是当商队从村子经过时,我毫不犹豫地加入了这支队伍。

我不知道什么是"丝绸之路",因为我没有文化,但我有浑身的力气,在我加入驼队时候就已感觉到自己可能再也不会回来了。因为我想漂泊,想过一种走南闯北的生活。所以当我牵过那头前腿跪地的双峰骆驼时，还是不由得回望了一下家里的破落小院，我记得那是一个冬季，天空还飘着零星的雪花。

我们将要穿越戈壁，翻过天山，到达镇西，虽然我不知道镇西在哪里，但这个名字所带有的异域色彩却一直牵引着我。从那时起，我就一直把镇西当作我将要前往的圣地。

我不明白驼队为什么会选在冬季西行，身上厚厚的皮袄依然挡不住刺骨的寒风，我抱紧了骆驼，想去吸收它厚实驼峰下的热量，我甚至后悔为什么要加入驼队，去做这个商队中地位最卑贱的驼客。

商队共有200多峰骆驼，除了我们五个驼客外，还有掌柜的和账房先生。有时，我甚至在怀疑我们能否驾驭得了这支庞大的驼队，尤其是到了狂风大作的时候，冷风夹杂着小碎石打到脸上，是一种刺痛。我牵着骆驼抵挡着风的侵袭，当无数次被风吹倒后，我的手只能死死地抓住骆驼那粗壮的腿，心里默默地祈求着老天爷的庇佑，盼望着风快点停下来。

如果说风给商队的行进带来了很大的困难，那么，下雪更是一件可怕的事。驼队里大家都不敢提"雪"这个字，因为老驼客们最忌讳的就是胡说八道。我曾领教过老驼客那厚实的巴掌抽在脸上的感觉，不敢提雪是因为怕下雪。在这样的冬天，下雪是大家既欢喜又惊恐的事情，当水囊里的水用尽的时候，他们跪在地上虔诚地祈雪；当雪下了一天都不停的时候，老驼客们恐惧的眼睛都在扫视着对方，他们无法预知未知，他们不想把命丧在途中。在他们的家里，父母双亲、老婆孩子都在等着他们平安回家，并等着他们带回大把的银圆。

风过去了，真的下雪了，我是第一次看到这样大的雪，这在家乡是很罕见的。掌柜大声叫喊着："不能停，继续走！"因为耽误了行程就意味着会遭到掌柜鞭子的伺候。雪灌进我厚厚的毡靴，融化后又在靴子内结成冰的时候，我甚至想逃跑。但我感觉腿已不再是自己的了，只能机械地迈动步子。当雪下到看不清前面一米距离的时候，老驼客们不敢再牵着骆驼继续走了，因为一旦迷失了方向，将是一件很可怕的事情。老驼客们踩着厚厚的积雪向我跑过来，示意让我把自己牵的那几十峰骆驼原地卧下，这对于我来说是一件很难的事，毕竟我做驼客时间不长，我足足在雪地里奔跑了近两个时辰，才使骆驼们全部卧在雪地中，我们将货物从驼背上全部卸下来。然后，我学着老驼客的样子拨开积雪，扫出一人多长的干地，再从行包中把褥子抽出来铺在地上，紧靠着骆驼坐了下来，那一刻，我感到了死亡的威胁。

烈酒对于驼客来说是不能少的东西，尤其是在这样的夜，没有酒的雪夜是寂寥的。驼客们喝酒不需要有菜，他们把小酒囊放到骆驼的腹部，就开始熟练地卷着从镇西带来的莫合烟，不到一个时辰，酒就温了。再生起一堆火，慢慢地品味着烈酒入肠的苦涩。之后开始谈论着自己的婆娘、孩子，还有镇西。因为我是新来的，只能在一边看管骆驼，远远地闻着辛辣的酒香与莫合烟的干呛。

突然，从雪中传来了熟悉的秦腔，并伴随着枣木梆子的击打节奏，那声音高亢激昂，我听出唱秦腔的是商队中最老的那个驼客。我喜欢秦腔，家里的老人在我小时候经常带我去看戏，有些唱段我也很熟悉，但在这样的氛围下听秦腔却是第一次。我有些激动，甚至想起了家，随后我也加入了老驼客的歌唱中。那天，雪下了多久，我们就唱了多久。

雪停了，是在东方发亮的那一瞬间停的，阳光透过云隙刺在雪地上，晃得我睁不开眼睛。老驼客走过来，递给我了一个馍馍，并拍着我的头说："好娃儿，你很坚强。"在我接过馍馍的时候，眼泪忍不住掉了下来。曾经以为无法与这些老驼客们去沟通，却没想到这一晚的秦腔拉近了我们的距离。

在清点完骆驼和货物的时候，大家在毡靴里重新垫了暖暖的乌拉草，我们又出发了。这天是我加入驼队的第三天，扭身望着驼队，感觉像是一条扭动着身体的长蛇，而我正伴着清脆的驼铃声一路向西，路途是孤寂的，但我们有秦腔陪伴。

听老驼客说镇西是个很繁荣的地方，那里的商业很发达，商贾云集，街上商铺林立，所有的驼队都在镇西卸货，然后再由别的驼队拉到更远的地方。我很想快点到达那里，因为那里的神秘可以满足我的好奇心。

每个骆驼身上都挂满了上百斤重的大大小小的货包，多是一些用柳条编的大肚子小口的筐子，筐子是长方形的，没有棱角，四边呈圆形。据说这种筐子用柳条编好以后，里面还要放进牛皮纸，要在牲畜的血水里浸泡很久才可以用。我不知道里面都装有什么，但我能摸出里面有的是丝绸布匹，有的是面粉盐巴，有的是花瓶酒醋，我还能从有些柳条筐外面闻到淡淡的花椒和茶叶的香气。

驼队从绿洲走到戈壁，再从戈壁走到绿洲。一路上我看到了很多骆驼的骨骸，我知道这些残骸都是因为骆驼遇到狼群，或者骆驼生病而被掌柜抛弃的。我甚至想到了自己，如果有一天我无法再牵骆驼了，是不是也会被抛弃在戈壁荒滩？我不敢再想下去了，因为我感受到了生存的压力和驼队的残酷。

经过了几天的行进，每个人都处于一种疲惫的边缘。老驼客说，过了星星峡就意味着快到镇西了，可就在这个有着美丽名字的星星峡，却又一次让我感受到了死亡的临近。驼客们每次到这里都会紧张，骆驼也是如此，浑身打着战小心翼翼地通过山谷。这天夜里，我们遭到了狼群的袭击，这是我无法意料的，却是老驼客们意料之中的。那晚我们围成一个圈，用利刃与狼群对峙着，如果不是老驼客们反应得快，我已经被恶狼果腹了。当我从睡梦中醒来的时候，狼群已经冲散了驼队，还好，恶狼们饱餐完骆驼肉后，只是用蓝色的狼眼与我们凶狠地对望。驼客们用最古老的火攻办法抵御着狼的袭击，在狼与人之间的十几米空地上，生有一堆用红柳根燃起的大火，最终在天亮的时候，饿狼散去了，有惊无险的一夜让我明白了作为一个驼客的艰辛。早上清点骆驼时，发现有三峰骆驼倒在了我们宿营的地方，而它们的内脏基本被狼群掏空了。

穿过天山口门子后大家松了一口气，驼客们庆幸口门子没有下雪，若是下雪，必定会封住我们通往镇西的路。还有一件让商队更为庆幸的事，就是这一路没有遇到强盗，从前在这条商道上，土匪比商队还要多。那天的天气格外得好，我在天山的夕阳下看着驼队整齐地前行，感觉那是一幅完美的图片。

慢慢地我望见了镇西的城楼，然后又看到了众多的寺庙，还有街头的人声鼎沸，商号兴隆，那一派繁荣景象是我在家乡不能看到的。记得那天，我在客栈足足睡了一整天，这就是我的第一次驼客生涯，就是这次行程，使我喜欢上了镇西这个地方。

之后我继续过着驼客的生活，无数次地往返于归化与镇西之间，后来我攒了一些钱，娶了婆娘，生了四个孩子，于是在镇西城内盖了几间房子，平静地生活下来。在我家里的墙上，一直挂着一副缰绳，那是我驼客生活的见证，我会将它带进我的坟墓。

但我死后，我的愿望没有实现，因为我在冥冥中看到了自己的儿子从墙上摘下了那副缰绳，套在一峰健壮的白色骆驼上，借着月光出发了。

雪之舞

我喜欢下雪,也写过不少关于雪的文章,但我却不敢提笔去书写巴里坤的雪。我怕因为自己的拙笔朽作会杀尽巴里坤雪的灵气与意境,所以只能去仰望那漫天的飞雪而迟迟不敢动笔。搬个板凳坐在院中,点起一根烟,和着似飞蛾如柳絮般的雪花,久久冥想着。有时,我甚至感觉那不是一场雪,而是灵魂与文化交织的一次舞动,这夹杂着无数有关传奇与畅想的雪,虽没有万里雪飘的气势,但每一次飘下也都是在跨越着千年,与其说美丽的雪景是一幅画,不如说是撼动心灵的一场飘雪之舞。

都说东北的雪多,在我看来,新疆的雪才是最多的,尤其是在巴里坤,哪怕是在盛夏的日子,也会因为一块云的偶尔路过而雪絮飘飘了。没有一个地方的雪下得如此突然,这种毫无预兆对于巴里坤人来说已是习以为常,刚刚还是绿草萋萋的原野,不一会儿的工夫就被满目的白色所覆盖。

走在异乡,每当有雪下起,很自然地我会想到巴里坤这个小城,想起那历经数百年城墙上的积雪。而每次想起巴里坤的雪,我又会想到大院里堆起的码放整齐的柴垛,屋内温暖的火炉,还有炉膛里飘出的红薯香气。

我从前并不喝酒，但每年的第一场雪却让我羡慕起了老人们围坐炉火旁，温着当地产的醇香白酒，撕着自家腌制的酸白菜时的情景，感觉那何止是温馨啊，简直就是雪给当地人带来的融洽与欢愉。任窗外有多么寒冷，任雪深一尺，都丝毫没有影响屋内老人的兴致，呷着小酒，暖意融融。

享受下雪时的寒冷是一件十分惬意的事儿。雪也陡然增添了这座历史名城的厚重与沧桑，是雪在经历小城的悠远历史，还是小城文化赋予了雪的凝重飘逸？这一切似乎已显得不太重要，因为雪已贯穿了巴里坤几千年的时空，融进了这里古朴的民风民俗中。有多少人惊叹过巴里坤的雪，有多少文人雅士在为巴里坤的雪吟诗作赋。岑参曾写佳句："忽如一夜春风来，千树万树梨花开。"后来在巴里坤又书写过一首《天山雪送萧治归京》，直到现在，在我脑中都会浮现出这样一幅画面，一身唐朝儒生装扮的岑参站在飘雪的草原轻吟着这首诗："天山有雪常不开，千峰万岭雪崔嵬。北风夜卷赤亭口，一夜天山雪更厚。能兼汉月照银山，复逐胡风过铁关……"诗人的笔下，他书写的是一首雄浑跌宕的边塞大曲，但在我的心里，找到的却是诗人的情怀与刚朔。站在飘雪的天空下，很容易想起柳宗元的《江雪》，虽说只是一首押仄韵的五言绝句，但还是有一点遗憾在里面，如果当时他不是谪居永州，而是来到巴里坤，就算这里没有孤舟蓑笠翁般道家情调的休闲方式，那么也会有更佳的咏雪诗句喷涌而出，我相信在这里，诗人会为这里的雪而惊诧的。

道光年间还有一个叫张葆斋的生员，在他望见巴里坤的松青雪白时，强烈的视觉冲击使他诗性大发，即兴作出了《天山松雪》，每当我读起这首诗时，感觉他的笔下仿佛不是一首诗，而是在用文字作画。诗云："松雪相依耸峻岭，松青雪白两新鲜。雪飞岭山添松态，松长山头映雪妍。雪压青松松愈秀，松含白雪雪悠然。天山松雪何时谢，雪积千秋松万年。"此诗堪为奇诗，八句中共有九个"雪"字，可见巴里坤的雪在诗人心中的分量是怎样的。这不为过，东天山的雪本身就是贯穿巴里坤文化的一条主

一场猝不及防的七月雪

线,并且始终延续着,因为这里的雪从来就没有间歇过。

巴里坤的雪是存在于意境中的雪,是发自个人情怀中的冥想悸动,细观一场雪的飘落,好似是在欣赏一位女子的翩翩起舞。舞的灵魂混杂于雪的轻柔,于是,雪韵勾画出了舞韵,舞趣映演出了雪趣,还有那雪意,都是舞蹈于手足间诠释的灵动。有时我在想,如果把这场雪之舞配以古琴的吟柔,那么就一定能在扑面而来的雪中入静了。雪在这里形成了一种文化图腾,没有雪就没有这片辽阔的草原,没有雪也就没有满山肥硕的绵羊,没有雪更没有这里勤劳朴实的人们。都说在巴里坤连做饭的娘们儿、种田的婆姨都能书写出一手好文章,这在别的地方是很罕见的,我想这灵感应该是来自飞雪漫天的遐想,也来源于雪的熏陶。

雪见证了巴里坤的文明史,可以说巴里坤从古至今只下过一场雪。到现在,这场雪仍然在继续着它的传说。雪最初的飘落是从新石器时代开始的,之后,雪花飘向了各个封建王朝,又飘过了丝绸之路,成就了古丝绸之路北道第一重镇的巴里坤。后来还是源于这场雪，巴里坤云集了大批的商贾驼队，从而形成了一个有着上百间商号的繁华城市，使得巴里坤赢得了"三大商都""八大名城"的美誉。这场下了数千年的雪，对于任何一个来此游玩的人来说都是极尽诱惑力的，因为这天空漫洒的不只是单纯的结晶体，随之一同飘下的还有对整个时空的随想。

然而，对于宁远大将军岳钟琪来说，巴里坤的雪却给他带来了一场劫难，那场突如其来的暴风雪使他贻误战机，险些招致杀身之祸。后来当他抚琴于将军大帐中，望着草原上北风吹起的积雪不禁感怀："朔风吹帐卷弓刀，大雪铃辕夜寂寥。万里旌旗开玉寒，三年戎马锡金貂。弓蛇毕竟成疑影，斗米何曾惯折腰。未向林泉消积习，山灵入梦远相招。"可以想象当时他吟诗时弹奏的古琴声，虽不是如泣如诉，但一定也是幽怨迷离的。

在这座小城，举止行为粗俗的人是不敢站在雪地上的，因为在老百姓的眼里，雪能折射出灵魂的细微之处，更能映衬出一个人骨子里的假恶丑、真善美。雪已被当地人神化了，所以对雪的亵渎就是对神的不敬。这里的雪数千年来始终在造福着人们，无论是从前的游牧生活，还是如今放牧与农耕相结合的劳作方式，雪都体现了它的博大与无私。这里的每一棵草、每一株庄稼的根系都是因吮吸奶水般甘甜的融雪而成长。就是这样的雪，在天寒地冻间还造就了一朵神奇的雪莲花，多少年来，这花成了新疆地域的代名词，这花千百年来也影响着巴里坤人质朴与善良的特质。

有时偶尔会想起儿时初次对雪感兴趣时的情景，很纳闷为什么会有如此美丽的花朵从天而降，于是便去询问父亲关于雪的故事。原以为父亲会讲一些我听不懂的深奥科学知识，却未想到他说了这样一句话："雪是老天爷的女儿，冬天的时候她会下凡来帮助农民取得来年的好收成。"接着我又问："那么雪的女儿又是谁呢？"父亲沉思片刻告诉我："雪莲花。"那时我虽还未见过雪莲，但能从幼稚的思维中想象到雪莲的美丽，我也知道这美丽的雪莲花就生长在我家对面的雪山上。后来我终于在街上看到了雪莲花，那情景很让人揪心：一大堆的雪莲被装在一辆脏臭的马车上，而马车的主人正在廉价兜售着这些雪的女儿们。看时，那本是雪白的花瓣已在慢慢泛出蔫黄了，最让我不能容忍的是它在冰雪中生长的圣洁已被无情地玷污，此刻它正静静地躺在充满羞辱的马车上，难道这就是我梦绕魂牵的雪莲花吗？从那以后，一种别样的沉重一直伴随着我。直到有一天我亲眼看到了雪山上正在绽放的雪莲时，心情才慢慢舒缓下来，没有人不会为这样的盛开而动容。于是我惊讶于它的神圣，甚至不敢用手去触碰它的花瓣，因为我怕因为自己的唐突会惊扰一个童话中熟睡的仙子。自从目睹了雪莲的绽放，在我的意识里，再没有另一种花朵的美丽能媲美于雪莲花的安静矜持了。下山后，我的心里一直有一种渴望，幻想着自己有一天能亲手为爱人种出一朵雪莲花。

现在想起父亲把雪莲喻为雪的女儿实是贴切，也唯有东天山的雪才能孕育出如此纯洁素美的童话精灵。在大多数人用大众意义上的玫瑰来象征爱情的时候，巴里坤人已在用另一类的花语向恋人表述衷肠了，或许雪莲花没有艳丽多彩的花瓣，但它的纯白足以将爱情诠释得透彻含蓄，天山雪莲就是以这样的姿态无声地怒放在雪线之上。那句黄巢咏菊的诗"花开后百花杀"在我看来似乎有些牵强，若此句用在傲雪的雪莲身上，应是恰如其分的描述了。

每到雪舞纷飞的时节，我总会在深夜里倚桌听雪，这似乎成了一个习惯。雪下的时候是无声的，但如果有风刮过就另当别论了，风穿过雪幕时耳朵是最好的聆听方式。但若是无风呢？那就用心来听吧，心可以从雪花坠地的瞬间听到丝绸古道上的驼铃脆响。心也可以听到来自远方镇西城各家商号的吆喝声，心还可以听到冰山雪莲在绽放花苞时的孤傲微声，这些都是用耳朵所不能及的，因为只有心才能穿梭在时空中，并且随时可以伴雪跳动。

大雪铺满草原的夜色显得格外的亮，寂静中偶尔会有一架马车经过，

秋雪初至时觅食的野鹿群

  积雪被马车轧得"吱吱"作响，并伴着赶车人手中皮鞭的炸响而渐渐远去。等到第二天清晨推开院门，雪地上竟然看不到车辙的痕迹，似乎那马车从未经过这片雪原，或者说是感觉自己的耳朵出现了幻听。其实，那深深的车辙印迹只是藏匿在了又一层新雪之下，只是我们的视觉出现了一丝偏离。

  巴里坤的雪是具有双重性格的雪。它有时狂暴肆虐，有时却阴柔缠绵，雪在舞，舞动的是雪，望着雪的飘落，很自然会荡起一种心随雪动的感觉。不久前我曾看过一个舞蹈《那场雪》，当一个少年身着白衣手持红伞出场的时候，随着音乐的慢慢响起，舞者用心诠释着他每个动作的轻柔，好似在传递着一份纯洁的爱情，或者说是在追寻一段记忆中银白色的故事。舞台上并没有雪花在飘落，但我从他每一个展臂转身间体悟到了雪花在飘散。当舞者将自己完全融进那片雪，忘我地翩翩起舞时我被感动了，因为这舞蹈跳得太纯净，太完美，没有风花雪月，只有一种雪与灵魂相通的感应。

既是雪在舞动，自然就少不了跳跃的节奏。于是我哼着一首歌，配合着这场雪之舞，将灵魂与肉体暂时分开，静静去体味那徐徐飘落的雪花。当我在那一片片薄薄的雪花之上竟然看到了一个个历史片段时，不禁愕然了，简直不敢相信那厚重得让人不敢儿戏的历史，居然被铭刻在一场雪当中。有时我在想，这漫天飞絮中每一片雪的距离到底有多远？如果用长度单位来衡量感觉是肤浅的，但要是用时间单位来代替呢？那一定能彰显出巴里坤雪的别样之处。那么不妨来定义一下吧，一年？百年？太短，还是定义千年吧。

草原上的香浓味觉

父亲喜食羊肉，对于他的每一餐来说，一顿没有羊肉他就会感觉食不尽兴。无论是清炖羊肉、红烧羊肉、羊肉包子还是羊肉饺子，都很对他的胃口，久了，他竟然能品出所吃羊肉的产地。父亲对羊肉的偏好源于他自小生活在内地的一个回民聚集地，所以清真的饭菜便成了他的饮食习惯。后来父亲支边来到新疆，这里的美食让他赞不绝口，尤其是产自巴里坤草原的羊肉更使他过足了食瘾。每次吃完巴里坤的羊肉后，父亲总会说这样一句话："如果不是来到新疆，我怎能吃到如此的美味啊。"

在新疆人家的饭桌上，羊肉是最常见的肉食了，尤其是有客人远道而来时，主人家必定会做上一大桌新疆菜让客人品尝。就算是带着客人去饭店点餐，也一定会有手抓肉、薄饼羊肉、馕包肉等大盘的新疆特色系列菜。外地人总会惊叹新疆装菜的盘子是如此的巨大，也惊讶于新疆人嗜吃羊肉的胃口，等到将白酒倒入大大的玻璃杯时，外地客人早已被这豪爽的气势压倒，还未举杯便先醉了。很多客人来到哈密都会提出要吃一顿巴里坤的羊肉。可近几年，满市场的羊肉店却找不到几家真正卖巴里坤羊肉的，因为本地的羊肉名气太大，大部分的羊肉都远销到了内地，本地人反而吃不到了。

都说天下的美食必定出自于美景之地，我看这话一点儿也不夸张。脆滑可口的黑木耳产自东北浓密厚绿的山林中；苏东坡笔下"未识阳澄愧对目，不食螃蟹辜负腹"的大闸蟹出自碧波浩渺的阳澄湖；入口细腻的黄花鱼来自风景怡人的海滨大连；对于羊肉来说，味道最好的羊肉自然非巴里坤草原莫属。在巴里坤，这个小城就是被青山草原围绕着的。无论是山间还是平地，厚厚的草甸相间着不知名的野花，好似一块充满异域风情的绿毯，巴里坤草原上的草嫩绿多汁，总是引得羊儿食性大开，不吃得肚子滚圆它们是不会回到羊圈的。

羊是一种不知饥饱的动物，只要是被赶上草场，它们就会无休止地吃下去。如果是在清晨出去放羊，牧民会早早地把羊赶回家，因为沾了露水的青草会胀破羊的肚皮。据说，没有经验的牧童经常会在清晨放牧时撑死自家的绵羊。

巴里坤草原实属一块宝地，水丰草肥且地理位置特殊。很久以前大批的哈萨克族人到此安家定居，正因为如此，这个地方也成了历朝历代兵家的必争之地。草原人家大多以放牧为生，在这样的草场上放养的绵羊其肉质自然也就不一般，入口的感觉十分鲜嫩，与外地的羊肉相比，巴里坤的羊肉没有膻气且味道香美，吃起来会使人上瘾。如果是巴里坤人去了内地，他们一定不会习惯于内地的饮食习惯，因为那里没有草原，更没有香喷喷的草原羊肉，所以，羊肉便成了远在他乡的一种挂念，也拧成了一个怎么也解不开的思乡情结。

可以说巴里坤的羊在宰杀前是全世界最幸福的羊了，因为它们可以整日在草原上自由自在地踱步，悠然地吃着草原赐予它们的顶级鲜草。而不像那些圈养的羊，只能在脏臭的环境下咀嚼着无味的饲料，难怪爱吃羊肉的人都说，这里的羊吃的是中草药，喝的是矿泉水，无论是口感还是营养价值，巴里坤的羊肉都是别处羊肉无可比拟的。羊是当地哈萨克族人的命根子,他们的生活来源就是依靠着草原上放养的羊群。羊多的人家在傍晚赶羊群回家时是不清点数目的,只需爬上一棵树,用两只手比画成一个圈,用眼睛将羊群套进这个圈里便知数量的多少了。

如今的哈萨克族人已基本告别了飘零的游牧生活,但仍传承了草原人热情豪爽的性格,随意走进一间毡房,主人都会把你视作贵宾。先是煮上一壶香气四溢的奶茶,然后再端出一大盘手抓羊羔肉。当然,草原哈萨克族人自酿的马奶酒是必不可少的,他们的热情会和着歌声让久居城市的你突发感动。因为在这里,没有邻里之间的冷漠,只有朋友间的那种久别重逢的酣畅,这就是草原人的待客之道。坐在挂满绚丽手工毛毯的毡房中,伴着主人弹奏冬不拉的悠扬琴声,用锋利的小刀将羊羔肉一片片地削下,然后蘸着盐巴放入口中,那味道是形容不出的喷香。这是与城市迥然不同的食物,如果你吃过一次之后,一定会把自己融入草原生活当中,惬意地开始羡慕草原人了。

在这只有盐巴的羊肉滋味中,会不停地进出几丝牧人的漂泊,他们曾经骑马走过了无数的草场,经历了多年的风雨岁月,他们住破过很多栖身的温暖毡房,也砍豁过多把哈萨克弯刀。怎能不把这民族风味的手抓肉当作是游牧文化的见证呢?毕竟它千百年来一直伴随着牧人的成长,也丰富着草原游牧生活的单调。

大多数能保存下来的东西最终都形成了特有的文化,这简单的饭食也不例外。牧人们的生活永远不会丢掉四样东西——冬不拉、马奶酒、手抓肉和刀,尤其是在静夜下的草原,这几样东西更带给了劳累一天的牧人们不可或缺的快乐。可以想象一下毡房外月光倾洒的草地,几个勇敢的哈萨克族人在喝着大碗的马奶酒,孩子们在马群边嬉戏,妻子端上来大盆的手抓肉,旁边的老人则用冬不拉哼唱着属于哈萨克民族的小调。

很奇怪这手抓肉不放任何作料,仅仅用清水煮过,再蘸一点点盐巴就能称之为美食。一个哈萨克族人告诉我:手抓肉是不需要其他作料来提味的，因为别的作料会破坏肉的自然香味。但我想，这应该是一种饮食习惯的沿袭，而非作料会影响肉味的鲜美。因为当地哈萨克族人的祖先过的是一种流浪的游牧生活，辗转的日子也不允许他们带有太多的作料，而盐巴是牧人们主要的调味必需品，所以这样的吃法最终从无奈演化为了习惯，也就一代代地传了下来。值得一提的是，无论草原哈萨克族人的生活方式随着时间怎样改变，这手抓肉的吃法与做法却丝毫未变，不可否认手抓肉蘸盐巴的确有着与众不同的味道，但这口感也渗透着草原游牧生活的历史。

哈萨克人的饮食习惯离不开他们的历史，那么我们就不能忽略历史而只知美食。历史上的哈萨克人本不是以游牧为生，是由于早期的哈萨克族人为脱离乌兹别克汗国的统治而被迫迁移，才使得这个民族开始了游牧生活的流离。从哈萨克族这个族名的字面意思就能追溯出它的历史，哈萨克就是避难者的意思。长时间的游牧使聪明的哈萨克人创造出了草原文化和有着自己民族习惯的饮食结构，也因为它民族聚集的独特性，使手抓肉在他们生活中产生着四射的魅力，毕竟这是长期草原生活经验的积累而形成的特色风味，手抓肉就是在那种环境下应运而生的。

地方的某些特色产物代表了一个地域的文化缩影，一餐毡房内的手抓肉也在拉近着汉文化与草原文化的距离。如今，这特色的饭食已不再属于某一民族了，而成了代表巴里坤乃至代表整个新疆的招牌饮食文化。新疆人偏好羊肉就像南方人喜食稻米，这样的习惯并非养成的，而是生活环境造成的，从游牧到定居的过程也使得当地人单一的饮食发生了一些变化，依然是以羊肉为主，不同的是演变出了多种羊肉的做法，最后逐渐形成了新疆本地的一个菜系。

除了手抓肉外，还不能不提一下巴里坤清真餐厅的清炖羊肉，这道菜也堪称一绝。前段时间我去了一趟巴里坤，正值全国最大的冰雪节开幕，游览完偌大的冰雪园已是饥肠辘辘了，朋友说既然来了就一定要尝尝巴里坤最好的美食，否则会带着遗憾回去的，我应允了。随后我们走进一家哈萨克族人开的清真餐厅，这家餐厅的店面看起来不大，但十分干净，据说这里的清炖羊肉是巴里坤最好吃的，就连外国游客也经常光顾这家小店。进入包厢半小时后，除了服务生在不停地倒茶外，那盆传说中的美食就是上不来，我问其原因，朋友笑了。他说吃这一口就是要有耐心，羊肉正在炉灶上小火慢熬呢，要是火大了羊肉的香味就进不到汤里了。又过了近一个小时，漫长的等待终于结束了。一大盆约两公斤的清炖羊肉上了桌，瞬时，鼻间充满了奇香，感觉这清炖羊肉的气味与平时吃的不大一样，除了羊肉被煮烂飘出的肉香外，还有一种异香正在挑逗着我的味蕾。当时我第一反应就是厨师在汤里加了什么特色的作料。朋友似乎猜到了我的疑问，指着那盆肉说，吃块肉喝口汤就会明白了。我迫不及待地连汤带肉给自己盛了满满一碗，拿起筷子便开始了这顿巴里坤草原羊肉的味觉大餐。

夹起一块肉放入口中，还未来得及细细品尝，就已是清香满腮了，感觉肉丝细而不腻，煞是好吃。让我感到意外的还不是这羊肉，而是那盆漂满油花的肉汤，汤的鲜味出乎我的意料，这种鲜有别于鱼虾的鲜，以至于我竟然品尝到了雨后山林的清新气息。原来，在清炖羊肉的盆底放有一些野生的干蘑菇，汤的鲜味就来自于这些天山赐予当地人口福的珍品。野蘑菇是让当地人引以为豪的特产之一，因为在新疆，没有一个地方的野生蘑菇能比得上东天山松林下的蘑菇。一到雨后，漫山遍野便瞬间长出了这些白色的美味精灵，采蘑菇能采得让人兴奋不已，因为用不了多长时间就能将随身携带的筐啊篓啊的装满。采蘑菇也是讲究技巧的，山里的老人教年轻人时总会告诉他们，发现蘑菇后不要用手直接拔，应先拨开蘑菇根部的土，然后用两只手插入土中慢慢托起，否则会弄碎蘑菇的。也不知道最初是谁突发灵感，用巴里坤的羊肉配以香鲜的野蘑菇一起下锅炖煮，几乎没有人能保证自己在闻到这样的食物香气时不流口水。

美味的食物在餐桌上总是第一个被消灭，就像我面前的这盆清炖羊肉，这个时候没有人是矜持的，在座的所有人都屈从于它散发出的诱惑，在狼吞虎咽间已是肚满盆空了。出了饭店的玻璃门，我依然还在回味着这餐很少能吃到的美食，这时我的脑中突然迸出了一个想法，要向厨师讨教一下这道菜的烹制方法。于是我返身又回到了餐厅，好在当时的客人不多，厨师也有时间和我聊他的拿手好菜。我将他叙述的每一个步骤都记录在了本子上，以便回家照着做，也倒腾出一餐这样好吃的东西来。末了厨师告诉我，在做清炖羊肉时别忘了加入本地产的蘑菇干，否则会没有滋味的。我问他，这蘑菇干哪里有卖？厨师笑着说，现在这个季节很难买到，就算能买到也要去山上的哈萨克族人家去收，每公斤不会低于200元。我惊讶这当地盛产的东西竟会这般的昂贵。朋友告诉我，不是所有的蘑菇干都可以做清炖羊肉的，在山上的几十种蘑菇中，只有一种蘑菇的味道最鲜，用它制成的干货才适合做清炖羊肉。在谢过了厨师后我们便告别了，之后逛遍了整个县城，都没有看到卖这种蘑菇干的，真是遗憾。

回到家一星期后，我买了很大一块羊肋骨，拿出小本子便开始制作清炖羊肉。先是将肉切成小块，放入锅中用小火慢煮，然后加入生姜、葱段、干红椒和白胡椒粒，再将替代巴里坤蘑菇干的香菇倒入锅内，待到羊肉快熟的时候，把切好的洋葱、胡萝卜块与羊肉同煮。慢火十几分钟后，清炖羊肉终于做成了。从色泽上看与那天在巴里坤吃的基本类似，但吃了之后感觉味道竟是差之千里，作料一样都未少放，却少了哈萨克族清炖羊肉的肉香细腻，也少了汤里那令人回味的野蘑菇鲜味。似乎除了在巴里坤，任何地方都无法再吃到这样特色美味的清炖羊肉了。

如今，城市生活的忙乱已让我们无暇去追寻那种原汁的味道，满街新疆风味餐厅中融合了各类菜系特点的羊肉做法，已没有了初次品食的感觉。当思乡的明月光芒湮没在了大街林立的建筑中，那具有西域草原浓香的羊肉渐渐淡出人们敏锐的鼻息时，伴随心中失落的不仅仅是美食，还有与之共存的文化。如果实在馋得受不了，只能驱车百里到草原哈萨克族人家去坐坐。如此辛苦有时只是为了回味，或者说是去解开一种情结，那么这就不是真正意义上的解馋概念了，手抓肉代表了一个民族，也代表了一种文化，肉香中也飘荡着骏马羊群曾经行走的方向。

The biography of Hami

哈密传

第二章

伊吾篇

埙之韵

读贾平凹先生的小说《废都》，有两个人物让我记忆犹新，一个是倚着西京城墙根吹埙的周敏，还有一个是喜听哀乐的庄之蝶。每次回味书中情节，都会感到莫名的凄凉。自此，我对贾平凹小说的内涵有了另一层理解，如不是因为这本书，我也根本不知埙为何物。后来，结识了一个做音乐的朋友，曾送我一只红土陶埙，是他自己烧制的。朋友对埙有着一种异乎寻常的痴迷，每烧一窑，绝大多数会因试音不准而被砸掉，仅有一只可以拿来吹奏，运气好时，能有两只。后来，那只埙在一次意外中摔碎了，而那个朋友，也渐渐失了联系。

在所有古乐器当中，能演奏出历史风尘的，除了古琴古筝，就是这毫无华丽外表的埙了。

埙是中国最古老的乐器，要早于编钟，而且在那时，埙还未流落民间，只是宫廷之乐器。《资治通鉴》中有记载："闰月，甲午，上幸南阳，召校官弟子作雅乐，奏《鹿鸣》，帝自奏埙和之，以娱嘉宾。"大意为：后闰十月甲午，明帝到南阳，召集地方学校的学生演奏庙堂正乐，当演奏《诗经·鹿鸣》时，明帝亲自吹起陶埙应和，以娱乐嘉宾。

喜欢埙，不只因它来自于泥土，走过了商周，更因为它穿越了秦时明月，舞动了汉唐遗风，虽不会吹奏，但也丝毫未影响到我对埙的喜爱。每当埙声响起，那呜呜咽咽的深沉就会把我带入到一个时代。而那个时代，远在时空那一边的公元前。后来在伊吾，我看到了一只来自久远年代的埙，它仅有四孔，拜其尔古墓群就是发现这只埙的地方。"拜其尔"是维吾尔语，意为两条河流交汇之地。

埙的出现让参与考古的人员备感诧异，同样诧异的还有我。本是当时的异域之地，如何会有一只埙出现？更何况拜其尔古墓群的年代有春秋战国之遥，没有任何的文字记载，也没有丝毫有价值的线索。但有一种假设推论无法被否定，那就是在丝绸之路出现之前，内地与西域间的交流就已开始了，至少是在文化艺术的层面，要比史书记载得还要早。我想，这交流不应属于官方，民间音乐的互动与杂糅，可能是这只古埙出现在西域的原因。

在伊吾出土的这只四音孔陶埙，呈橄榄形，四个音孔一字排列在一端，有吹孔和挂绳孔。依我对这种乐器的肤浅了解，如确定是历史遗留，则音孔越少，表明年代就越久远，最早出土的埙是七千年前先人的遗物，只有吹孔而无音孔。后来，就出现了一孔的埙。再后来，两孔、三孔的都有发现。到现在，九孔陶埙的问世已把这种古老乐器的音质发扬到了极致。所以，若以音孔的数量来判断埙的年代，那么拜其尔古墓群出土的这只陶埙在埙的发展历程中应占中期靠前的位置。

如果说这只埙是不同地域、不同民族间交流的产物，那么在当时，唯有游牧民族方可自由行走在两地之间，而草原文化的精髓之处就在于它无所不能的包容，就连如此颇具儒家礼教文化之器也渗透其中，不免为这只埙来到伊吾而赞叹。或许这埙是本地牧民易货而来，或许是异族通婚时的嫁妆，再或是一场马背厮杀中的战利品。当然，这只是推测，至于埙最早的发源地在哪儿和它如何流落到西域的种种细节对我来说已不重要，这都是历史学家的事儿，但过程一定是非常复杂，也非常枯燥。值得一提的是，没有贾平凹将埙这种乐器从历史的废墟中清理出来，那么今天识埙的人仍是寥寥。如不是，恐怕到现在，也无人能完整地听到用埙演奏的一首首曲子，它至多只能作为一个不起眼的文物被摆放在角落，定格在沾满飞尘的史料中。

这是与现代都市文化形成强烈反差的一件乐器，仿佛与现代生活格格不入，如在穿梭喧嚣中第一次听到苍凉的埙声渐起，你一定会认为这声音令人汗毛耸立，根本不符合今天大众对音乐的理解。但颇为神奇的是，多听几遍后，闭上眼，脑中浮现出的竟是沧桑古城的幽怨和飘零，若埙的存在没有久远的历史背景，那么埙就不是埙了。埙带给我们无尽的想象，尤其是这只来自伊吾的埙，不同的是，它的历史背景却是东天山北坡的大草原。试想一下当时的先民，他们背倚喀尔里克山，坐在草原的毡房内，端起马奶酒，伴着悠远的埙声一饮而尽，且歌且舞间，又是怎样的一种豪迈？

埙看似是一种过于孤独的器物，好像鲜有其他乐器能与之合鸣，但我还是在历史的细节中找到了一丝线索。《诗经》云："伯氏吹埙，仲氏吹篪。"还有古诗云："天之诱民，如埙如篪。"这些诗句的表达显而易见，埙与篪在合奏时配合之默契就如伯仲间的兄弟之情，都是上天安排的奇搭绝配，浑然天成，缺一不可。于是就有了"埙篪之交"之说，寓意为朋友之间胜似兄弟，友谊高尚纯洁，牢不可破。

对于埙的音色，唐代郑希稷在《埙赋》中说："至哉！埙之自然，以雅不潜，居中不偏，故质厚之德，圣人贵焉。"赋中所写，埙所发出的自然而和谐的乐音，能代表典雅高贵的情绪和雍容的气度。后来我又在《旧唐书·音乐志》中看到了这样的描述："埙，立秋之音，万物曛黄也，埏土为之……"据说埙篪合奏之音是柔美而不乏高亢，深沉而不乏明亮，莫非这就是传说中的立秋之音？只是很可惜，埙篪合奏从未听到过，但很是向往。

"立秋之音"这四字很能激发想象，也容易把我们的思绪带到一个充满美感的秋日当中，尤其是在小城伊吾，若把这千年古埙重新吹奏，那么有着奇声绕耳的立秋之音难道就是金秋胡杨被风吹动时发出的撩叶之音？或是淖毛湖熟透的甜瓜脱离茎蒂时发出的冷静厚沉之音？再或是草原夕阳下一群骏马发出的马蹄"嘚嘚"之音？心有多大，思维就会有多宽，立秋之音没有正解，如果你觉得某段埙声正好顺应了你的心境，那么无论你怎样去理解，只要能与你的心灵带来共鸣，那么都是属于你的立秋之音。

对于埙和它所发出的韵律，在现代社会始终是一个矛盾的统一体，时而能感觉到它的高贵，时而又觉得它普通如泥坯。高贵还有一层潜台词，就是曲高和寡，就算到了今天，埙也不会作为城市人学习乐器的首选，毕竟在如今的环境下，所有带有历史厚重的东西基本已渐失在霓虹灯的闪烁中，很少有人会为了传承一种文化或是为一件即将失传的乐器而去学习。只是如泥坯般的普通也有普通的优势，因为便宜，因为易得，所以人人都可以拥有它，起码摆在书架上也是一种装饰。

想起当兵第二年，一个宁夏兵复员时送我一盘盒带，就是贾平凹的埙乐《废都》，当时连一遍都未听完就放到了柜子里，只感觉这乐器太过悲凄，也过于哀婉，确实不是怎么好听。可现在再想找出那盘盒带，已是不知所踪，真是非常遗憾。当初没有认同感，完全是对埙的不了解。现实中很多东西都是这样，不喜欢时丢弃，想起来再找时，就再也找不到了。

埙，穿越了时空，超越了时间。埙之韵，洞穿了灵魂，还原了最初的淳朴，瞬间，直刺入历史节奏的最深处！埙声下，伊吾，也在其中！

青铜记忆

青铜时代到底是一个怎样的时代？如果不以历史做背景进行枯燥的学术阐述，那么这个时代在作家和艺术家的眼里就是一个纯粹的哲学命题，抑或是一种对现实社会批判的隐喻。很多作家都以《青铜时代》为题做过文章，其中王小波的《青铜时代》颇具争议，郭沫若老先生也同题写过论文集，但未曾拜读过。如果让我对此主题的作品做一个客观评述，我则更倾向于偏爱悲壮的法国近代雕塑家罗丹，它的《青铜时代》是一件伟大的作品，至今都无人能超越，雕塑中体现的裸体男人，看似与青铜时代毫无关联，其实是在以人的身体做象征，背后真正的隐喻才是罗丹独特的哲学思想。

提起青铜时代，大多数人就会联想到那些价值连城的青铜重器，而忽略了那个时代所具有的重要历史意义。当石器时代终结，青铜时代开启，人类文明就此诞生，从此进入了青铜冶铸的鼎盛时期，而青铜时代又是铁器时代的基础。当我们回过头再看历史进程的发展会发现，青铜时代扮演的角色正是起着承上启下的作用，它是一个时代的终结，也是一个时代的起始。

西域也有青铜时代，换句话说，西域也曾处在繁盛的大青铜时代当中，不同的是，这里是属于游牧民族的草原青铜时代。既然代表了人类文明的开始，那么小城伊吾又岂能被排除在外？于是，就在那个春秋战国时期的拜其尔古墓群里，在那只久远的古埚旁边，一件罕见的青铜器横空出世了，它的重见天日让周围的所有器物黯然失色。这是一只罕见的青铜北山羊，铸造精细到如同是被注入了灵魂，无论是谁见到都会被它吸引，甚至会有想把它抱在怀里的冲动。

北山羊是北方草原特有的野生物种，体形魁梧，且攀爬跳跃能力极强，头顶长有一对如弯刀状的巨角，栖息于海拔3500—6000米的高原裸岩和山腰碎石嶙峋的地带，如果你有幸在伊吾见到北山羊，那么一定会被它的灵活所震撼，也会为它在悬崖陡坡上的轻巧腾跃而捏一把汗，就连号称"雪线之王"的雪豹都奈何不了它。

青铜北山羊的面世无疑向世人传递了这样一些信息：早在三四千年前，伊吾就已有了人类居住，游牧文化粗具雏形，并且是以一种富足的生活形态出现。无论这只青铜北山羊是当地铸造还是外来的物件，都说明那时的伊吾是北山羊的栖息地，也从一个侧面揭示了当地先民的审美观念和对高品质生活的追求进入了一个空前的阶段，将青铜北山羊和陶埚作为随葬品，也凸显出了墓主人地位的高贵，虽未考证出其主人的确切信息，但应该是部族首领无疑了。

这只青铜北山羊从形态上看堪称精美，栩栩如生，也具有强烈的视觉冲击力。尤其是头顶那两只又长又弯的大角，显得神气十足，它的前腿站在拱起的青铜板上，前身昂起，一种威风凛凛的架势，似随时准备攀爬眼前的这座高山。还有它额下的那一绺山羊胡须，飘逸逼真，如果有一阵风吹来，说不定会随风而动也不一定。一只制作工艺如此精细的青铜北山羊，虽是史前的饰品，但在现在看来，其文化价值已超过了饰物的范畴，作为工艺极品它当之无愧。

这件青铜器显示出了当时高超的制作水平，也将它自身独有的草原文化背景下的另一种美感烘托了出来。从美学的角度看青铜时代，大部分物件都有一种狞厉之美，因为它传达着统治者的意志，那么站在同样的角度看这只青铜北山羊，除了活泼可爱和生动传神的灵动之美外，甚至还能看到它的憨态可掬，这是件很有意思的事儿，它完全颠覆了通常概念中商周青铜器的严肃与厚重。这是因为青铜器发展到了商周，就逐渐脱离了民众的生活形态和意识，越发官方化，也越发显得庄严典雅了。总感觉这就是一只正在草原上仰望雪峰时的北山羊，就在历史的瞬间被定格在青铜时代中，被永久地保存了下来。它充满了写实的风格，并在单纯中演绎着史前青铜时代的故事。

可能除了考古学家，没有人愿意看到青铜时代的发展是这样进行的。商周青铜器所丢弃的正是史前青铜器独有的活泼生动的韵味，我不敢说这究竟是当时审美情趣的进步还是倒退。总之，青铜器物在那个时代的发展，实际上仅是代表了一种官方的审美态度。无奈中，那时的民众也放弃了原有的青铜铸造风格，开始随着时代的潮流远离生活气息，变得抽象起来。李泽厚先生曾在《美的历程》一书中说道："这里还没有沉重、恐怖、神秘和紧张，而是生动、活泼、纯朴和天真，是一派生气勃勃、健康成长的童年气派。"放在这里非常契合。

毫无疑问，青铜北山羊只是一件美丽的饰物，因为看不到它作为实用器具的丝毫特点，主人在生前一定是对它爱不释手，否则也不会让它随主人的逝去而陪葬，也许当时它就摆放在毡房中间的小桌上，也许还会有一个专属于它的精致木匣。或许还有一种可能，它并非属于某家族的私人物品，而是作为整个部落的图腾存在，在每一次祭祀仪式上，它都会被供出，以祈祷来年风调雨顺，草丰羊肥。

不敢想象如果拜其尔古墓群不是史前的青铜留存，又会怎样？那么我们把思维延伸一下，若发掘出的是商周青铜重器，而非这只精巧的北山羊，那么我相信所有的见证人可能会更加的兴奋，毕竟能收获到器形更大的物件。但如此，我们会失去一个重要时代的佐证，也失去了与那个时代擦肩而过的机会。很庆幸，拜其尔是史前的，青铜北山羊在新疆也是独一无二的。

草原青铜时代是草原文明萌发的节点，于是就有了对应那个时代的种种发现。在新疆，除了伊吾拜其尔外，还有木垒平顶山、巴里坤兰州湾子和伊犁尼勒克琼科克等青铜时代遗址，出土的青铜器有刀、镰、锛、凿、矛、镜、马具以及各种装饰品。仅这些，就已清晰勾勒出了西域草原青铜时代的草图，四地同处天山北坡，又同在草原之上，各段历史的背景又大致相同，那么是不是就可以说在伊吾，除了丝绸之路的经过，玉石之路的打通，还有青铜之路的艰难诞生？

拜其尔古墓群的发现还有一个让我费解之处，就是墓中除了有陶器，也有青铜器，还有铁器，那么当初把它定位于青铜时代的依据又在哪里？一墓横跨三个时代，很是罕见，可能是我对考古断代不甚了解，也可能会被业内人士笑话，但我更愿意相信此属为青铜时代是个事实，因为那只青铜北山羊，更因为它出土在伊吾。

青铜远去，记忆犹存，北山羊仍在，只是它从未走远。

望　山

推开窗，就能看到那座山峰，因为太过熟悉，也就习惯了眺望，而且这习惯性的眺望已持续了三十来年。自记事时起，我就在这个城市，只是不知那座山峰有着一个属于自己的名字，只记得那时峰顶的积雪要比现在厚实闪亮得多。

后来，有人告诉我，那座山叫喀尔里克山，雪冠皑皑之处叫托木尔提峰。

几年后我才明白，这名字不仅仅代表着一个符号，一个地域，而是天山从高耸走向平地前的最后一次奋力拔高，似是带有挣脱宿命的色彩。这座山峰，就是东天山的最高峰了。它在很长的一段时间里，为哈密这片绿洲孕育了一种文明，造就了一方文化，并创造了一段历史，于生活在山下的人们来说，它就是一尊造物的神。

喜欢山峰的理由并不是因为它是否直插云端，也不是因山间是否风景绮丽，更不因山中有无奇珍异兽。这些都是太过表面化的东西，不能长久，充其量只能满足眼睛暂时的渴望。稍往深里说，要看它有没有一种精神和内涵在其中，与当地人有没有产生共鸣，这样才能使人悟到一种永恒。

　　如果从汉唐时期西域的游牧民族说起，喀尔里克山的托木尔提峰就作为一个时期的精神图腾被景仰。那时山下的人们依靠着肥美的水草，放养着成群的牛羊，过着悠闲惬意的游牧生活。每当他们抬头望山时，目光一定是敬畏的，在他们眼里，是喀尔里克山给予了自己羊群、毡房和马车，赐予了自己美丽勤劳的妻子和聪明勇敢的孩子。他们甚至认为，就连草原上的每一棵草，都是这座山赐予的。所以他们每天对山顶礼膜拜着，就像面对着一个空灵中能主宰万物的神。

　　当匈奴部落用马蹄将这里划为领地时，喀尔里克山从此就告别了平静。当时谁也无法想到，一场战争竟经历了汉唐两个朝代，这是喀尔里克山用几百年的时间无声见证的。或许匈奴人也畏惧这座山峰的威严，怕血腥的杀戮触怒了神灵，于是匈奴人后撤到蒲类海，终于还了喀尔里克山原有的宁静和祥和。值得一提的是，当时这座山不叫喀尔里克，它曾有一个让现代人都会觉得充满诗意的名字：折罗漫山。

　　朝代的更迭就像京剧中的生旦净末丑，轮番粉墨登场，当喀尔里克这个名字再次被大家熟知的时候，已是一等扎萨克额贝杜拉统治下的哈密王朝了。此时的喀尔里克已失去了游牧民族时期神圣的图腾地位，转身成了哈密王公贵族嬉戏游玩的后花园，从此，巍峨的喀尔里克山下就有一座王室的避暑行宫，无论怎样，也算是歌舞升平了。

　　喀尔里克山太过普通，以至于如今除了本地人之外，很少有人能正确地叫出它的名字，也鲜有人知道这座山峰竟是东天山的标志山峰，但它的存在意义非凡，在我眼里，喀尔里克山带给我的想象如同乞力马扎罗山带给世人无限的遐想一样，博大中把神秘隐藏在了峰顶的万年冰川之下，当然，这些都伴随着雪线之上雪莲绽放时散发的沁人清香。

　　有人曾问我，有没有走近过这座山峰，我无不遗憾地摇摇头。说实话，试图走近却没有能力走近它，也是有心无力，更未想过去攀爬到它的

夏日的乃楞格尔草原

顶端，因为我们没有勇气去把自己心中的神踩在脚下。有时，远观才是一份尊崇，才能保持住它给我们带来的对未知的好奇。

我们常把行事不张扬的人谓之为低调，那么把"低调"一词赋予到一座山峰身上其实是一种含蓄的张扬。喀尔里克山的形态失去了通常认识上的突兀感，而是以低调的平顶示人，正是这种包容的形态，才孕育出了几百条冰川在它安静的怀抱中，在时间与阳光的催生下，冰川慢慢融化成水滴、溪流，最终形成了河流，之后顺河谷一路向南奔腾而下，才有了哈密绿洲的勃勃生机，才造就了西域特有的绿洲文明。

"伊吾西北月氏东，一岭摩天气象雄"；"天山五月雪犹寒，峰峦气势画中看"，这是仅有的几句描写喀尔里克山的诗句。一般来说，文人见山都是要抒情赋诗的，尤其是描写天山的古诗句，数不胜数。但奇怪的是，很少见有诗人为喀尔里克山吟诗作赋的，可能是诗人们见多了名山大川，不屑于为它着笔费墨。我想，这种不屑可能只是缘于不了解，或是喀尔里克山恰好不在文人们旅行或流放的视野中，否则就不会对它的存在视而不见，若真是如此，也是再正常不过了。然而事实却是，清朝被流放的大批文人和犯官应该在走进星星峡后不久，就能抬头望见古道右侧的喀尔里克山，然而就这样被随意地掠过了。如果他们稍作驻足，思考一下大路左侧郁郁葱葱的绿洲和繁华的景象是如何而来，那么诗人们一定会为喀尔里克山而感动，说不定就佳句如泉喷涌而出了。

古诗词只能勾画出喀尔里克外观的美，身临其境或许是对它最好的诠释。一位刚从喀尔里克徒步归来的驴友很是兴奋地对我讲起了他的经历，他说此行有一险两喜，毕生难忘。

一险是道路过于崎岖，进山后不久就没有了路。多数地方陡峭得无法通过，稍有不慎就会滑落山崖，只能骑着毛驴缓缓前行。因不是专业的登山队，最后只能半途返回了。

两喜之一是见到了梦境中渴望见到的雪莲花。不是一朵，而是上百朵雪莲花开放在雪中的岩缝里，让在场的所有人都兴奋不已。没有人用采摘的方式来表达对雪莲的喜欢，都只是趴在地上用鼻子凑近贪婪地闻着。朋友说，你想象不到那股香气有多难忘，一瞬间就从鼻尖沁入心间，回来后都不忍去嗅别的花香了。还有一喜算是惊喜了，下山时竟然在一块岩石下发现了一只小狼崽，好像是刚出生不久，浑身毛茸茸的，很是可爱。为了防止母狼的突然归来带来危险，大家匆忙用相机拍了几张照片就快速下山了。

很羡慕朋友的这次喀尔里克之行，听着他眉飞色舞的讲述，我突然感到很满足，仿佛是自己亲历了似的。几天后我听另一位朋友讲起这座山，这位朋友说，喀尔里克还是处女峰，至今还没有人能真正成功登顶。不知怎的，听罢，倒觉得宽慰许多。

没有一种文化的存在不是在依山傍水中产生的。哈密所特有的绿洲文化亦是如此，山与水本不具备文化的特性，但却是创造文化的必然条件。试想一下，如果没有喀尔里克山，古丝绸之路就不会在此延伸；如果没有峰顶厚实的冰川，也就没有了绿洲在戈壁荒滩的存在形式；如果没有一个对山仰望的高度，文化又如何以多角度大视野的精深进行传承。

当哈密十二木卡姆从绿洲文化中喷薄而出的时候，伊吾木卡姆也随之唱响，艾捷克那悠扬的琴声就将维吾尔族音乐的灵魂尽致地挥发出来，乐者陶醉，舞者悠然。这凝结着民族智慧的文化形式在很短的时间里就传遍了天山南北。在内地汉文化大举进入西域时，喀尔里克山又是首当其冲，以包容的姿态进行了接纳、碰撞和融合。此时的哈密已结束了以农牧为背景的单一文化形态，取而代之的是喀尔里克山下一片文化大繁荣的景象。巍峨的喀尔里克山又一次见证了这一过程，谁能否认哈密绿洲各民族的智慧离不开喀尔里克雪峰的滋润？这一切应该感谢这座山峰，相信喀尔里克也在为之骄傲着，因为山下，各民族的兄弟姐妹都是喀尔里克的孩子。

对于山峰，我们永远只能保持一种仰望的姿态，无论它的高度是否凌云，无论它是否贫瘠地裸露出了山岩，它始终都是作为一座山在矗立着。这世上本就没有丑陋的山峰，如果你觉得有，只能说明你没有具备一双善于发现美的眼睛。换句话说，是你没有找到一座山或是一条河存在的人生价值，或者说你的包容还不够，需要提高自身的修为。

许多人会把喀尔里克山形容为一位正在哺乳的母亲，然而我更愿意用"父爱如山"这四个字来形容它。在我心里，它是一个男人，一个尽责教育着自己孩子的父亲，它教会了孩子们面对坚强，教会了孩子们如何生存，教会了孩子们如何拥有一颗包容与博大的心。慢慢地，这些孩子已出落成了智慧勇敢的小伙和善良温婉的大姑娘，他们就在这片绿洲上骑马挥鞭驰骋着、歌着、舞着。

已然习惯了每天清晨推窗望山，哪怕有雾在升腾，也不会阻隔我的双眼。很庆幸那位朋友在喀尔里克山看到了成片的雪莲花和那只可爱的小狼崽，至少能说明喀尔里克山至今仍是一片纯净之地。狂妄的人们不要试图去接近或征服它，用人类的自大心态去满足自己的征服欲望。只是我有一丝忧虑，喀尔里克峰顶曾经遍布冰川，如今只剩下了区区几十条，冰川的锐减与人类的活动有着必然的联系。也许用不了多久，绿洲的水资源会因喀尔里克山的老去而枯竭，如果我们不能善待周边的生态，哈密也许会成为又一个楼兰。

镌刻的记忆

当我独自闯入伊吾的岩画记忆中，感觉到的不仅是时间的交错、空间的恍惚，还有面对史前文化的一种莫名焦躁，搞不清心绪为何会如此复杂，也无法说清这到底是兴奋，还是恐惧。总之，已不是第一次了，以为再次见到岩画时我会非常淡定，但没有。来到伊吾，面对超乎想象的几千年前的场景，还有那些远古人类的记忆线条，除了静默，就是看到了仿佛游离于静默之外的灵魂。

没有文字，你什么都无法看到，也什么都不会知道，那些远古本地先民仅留下了这些不多的信息让你思考。还好，时空对我们不是太吝啬，也未完全封闭，还是打开了一扇小窗来满足我们的好奇的窥视，起码从这些简单线条勾勒出的一幅幅岩刻画面中，能让我们去猜测他们是谁，为什么会来到这里，以何种方式生存繁衍，又靠哪一类思维方式进行着交流等等。探秘是人类对未知的无限向往，这世界没有永远的谜，只有缺乏想象的心和追求真相的勇气。

我小看了伊吾，起初以为这里的岩画只有寥寥几处，未料到那些来自远古的信息几乎覆盖了伊吾的每一个角落。于是，我开始仰望这个能给我带来快感的地方，仰望这里的山，这里的水，仰望这里的历史和这里的文化。

若想瞻仰伊吾所有的岩画，就要亲身体会到寻求的艰难，那么你必须要走遍伊吾的每一道山梁，才能望见散落其中的隐秘。除非你有超强的记忆力，或是用镜头记录下那些途经的邂逅，否则就无法进行完整的拼凑，也无法去品味那一个个刻画的瞬间。之后，再用思路当丝线，将它们一个个地串起。这时，一个曾在伊吾失落的文明就会呈现在眼前，你只有被强烈地震撼着，别无他念。访古对于现代人来说就不应该过于轻松，筋疲力尽后哪怕只是一点点的收获都会有欣慰和满足，就如同太容易得到的东西也就不会太珍惜，来之不易的收获才是加倍呵护的至宝。

形形色色的动物被描刻在黑褐色的裸岩上，各种场景在岩石上演绎，就像发生在昨天，正向今天的我们讲述着曾经的故事。就这样，一个个生动的画面经历着数千年的雨蚀风化，较浅的印迹早已被飞沙抚平，能留下的都是切入岩石表面的深刻。

如果你是画面中那个隐藏了许久的猎人，面对突然闯入视线的北山羊，搭弓射箭考验你的冷静，能否将北山羊带回家，成为一家老小果腹的食物，就要看你的捕猎技术了。所以，射出的每一箭都必须要沉着，在猎人的背后，是家人期待的目光。如果你是画面中那个欢乐的牧童，正在草原上放牧那只父亲捕获的北山羊，被驯服的温顺山羊顶着大角，啃食着青草，可能在那时，唱歌和跳舞是快乐唯一的表现方式。望着这一幕，竟能在人羊同乐中隐约听到短笛清脆的悠扬。

岩画是被保存下来的有关于原住民生活的点滴，除此之外，它也与最古老的宗教雏形有一定的关联。有一种说法叫"精神探寻"，就是在没有文字记载的时期，先民们慢慢具有了一种超脱现实的意识，想去寻找一种可能守护自己一生的动物形象，然后将它刻在岩石上。如此是因为动物有着人类没有的特质，如能在天空飞翔的鸟，能在水里游泳的鱼，还有能轻

伊吾的史前岩画

松捕获猎物的猛兽所拥有的速度和尖牙。这就是远古的崇拜，其实这也是我们现在所说的灵魂寄托，或是想去找到一个属于自己的庇护神，"精神探寻"到现在还以另外一种形式存在着，只不过比远古时期文明科学了许多。如果先民们都各自去选择能守护自己的动物形象，那么就不难解释为什么伊吾岩画中会出现如此众多的动物影像了。

曾经以为这些岩画都是随手而为，后来还是推翻了这个设想。或许会有先民闲暇时在岩石上刻画一些随意的图案，但更大的可能却是一种部落长老的意志，为了纪念一次围猎的成功或是记住那些种类繁多的猎物，首领会让部落中善画之人将种种记录在岩石上。当然，还没有文字，就以直观的图画方式去记录了，尤其在伊吾这个地方，岩画规模和数量颇多，绘画手法又极其近似。所以说，这已不属于个人行为，而是当地原住民的史记，也是一种艺术的表现形式。用如此简单的工具去勾勒如此简单的线条，表现出的却是栩栩如生的动物和生动逼真的场面，这样古朴纯真的艺术风格不是艺术又是什么？

鲁迅在《且介亭杂文》中说："原始人的遗迹，许多艺术史家说，这是'为艺术而艺术'，原始人画着玩玩。但这解释未免过于'摩登'，因为原始人没有19世纪的文艺家有闲，他画一只野牛，是有缘故的。为的是关于野牛，或许是猎取野牛、禁咒野牛的事。"我认可鲁迅先生这个观点，任何事物的存在都是真理性的存在，都有它存在的意义和理由。在伊吾骆驼石海拔1560米处的一块岩石上，凿刻着一个拿着弓箭的猎人，还有三只北山羊和三只雪豹。这绝不是先民们无事画着玩的，明明就是一个故事发生的场景，本是独居的雪豹，却有三只同时出现，这不容易看到，它们正如狮群般协作围捕那三只北山羊，就在快要得手的那一刻，猎人突然出现了，雪豹们夺路而逃，自己的猎物却被猎人轻松俘获，雪豹们感到很沮丧。

在伊吾乌勒盖的一块岩石上，刻画着一个骑马牧羊人、五只山羊和一条狼。显而易见，这幅岩画很直观地告诉我们，一个牧人骑着马赶着羊群去草场放牧，然而他不知道，在旁边的草丛里埋伏着一只饥饿的狼，狼正在寻找伏击羊群的机会。每次看到这幅岩画我都在想，如果那时有了连环画这种方式，我们是否就能看到后面的结果？到底是牧人赶走了灰狼，还是灰狼叼走了肥羊？

　　类似情景的岩画在伊吾周边还有不少，其中以狩猎和放牧的描述居多，这无疑是在告诉我们，那时的伊吾原住民生活在草原或旁边的高山上，食物来源主要以打猎为主，狩猎的方式开始是单打独斗，后来，由于势单力薄，收获不大，于是慢慢领悟到了多人围猎带来的益处。所获得的食物有北山羊、盘羊、花鹿和野骆驼等等，与他们同处这片土地食物链顶端的还有雪豹和灰狼。随着时间的推移，狩猎这种方式已不能满足日益增长的部落人口，他们开始思考如何获得更稳定的生活来源。此时，圈养放牧的时代就在思考中来临，他们将一些活着的猎物养到木圈里，也试着驯化一些动物用来繁殖后代，以期得到更多的食物。于是，游牧方式开始改变先民的生活条件，同时，他们也用自己的智慧得到了各种充足的乳制品。

　　在伊吾岩画中，有一幅很让专家学者们感到困惑。那是一个车轮，旁边还有一个弯形的印迹。它所表现的可能是太阳与月亮的变形画面，那时的先民们似乎已懂得万物生存离不开日月，所以将日月刻于石上，类似于一种崇拜。也有另外一种可能，如果真的图解为日月，那么这幅岩画就应是先民们辛苦劳作的隐喻，白天晚上都在忙碌，只为了能让家人吃饱肚子。有时，我们不仅能从伊吾岩画中看到凝固的历史瞬间，还能追寻到很多鲜为人知的信息，每一幅画面都不同，就决定了理解的角度也会不同，不用去刻意寻求正解，所有对它的解释都不能算错，只要你用心去品读，用感知去碰撞，那么无须穿越，就能与数千年前的先民去对话，去交流，去深入一个个未知，去揭开一个个谜团，这是幸事，不是每一个人都有机

165

缘体会得到。

溯望历史的图典，哪怕解读得怪诞，也是对历史表达出的崇敬。人活一世，草木一秋，久远的空间和时间都能留下让现代人惊叹的记忆，那么我们活着，就不能仅仅是为了活着，需要让后人感受到我们今天的存在。不能因资源耗尽而受到后人的责骂，也不能因蓝天不再而遭到后人的谴责，哪怕斑驳，也要有璀璨，存在就要体现出存在的一丝价值。

在新疆很多地方都看到过岩画的飘摇。只是有一点担心，这些历史的印迹和回忆迟早有一天会消失得彻彻底底，最后会平静到似乎从来没有发生过，就算我们不去破坏，但山石会崩塌，风沙也无情，就像人会老去，岩画也在经历着风毁雨催的磨难，我们不希望看到比文字历史还长还久远的石刻史记烟消云散，那将是人类最大的损失，也将是历史记忆所遭受到的最沉重、最难以负受的痛。

诗意的阿肯

记得小时候，第一次看到阿肯弹唱，便对它产生了浓厚的兴趣，那时有一个愿望，就是想去做一个睿智的阿肯，虽不是哈萨克，但也经常想象自己手弹冬不拉，坐在青草围起的舞台上，让掌声和欢呼声充满我的耳根。我知道这个愿望有太多的虚荣成分在其中，但在一个孩子眼里，能有什么比展示自己的才艺并得到认可更为快乐的事儿呢？

草原哈萨克的每一个族人都是阿肯，正因上天眷顾这个民族，所以才会让他们的生活饱含诗意。阿肯是歌者，也是诗人，或是二者的统一，但作为一个智慧的阿肯，一定首先是个诗人。不敢想草原上若是没有了阿肯，那灵动与生机又该如何迸发？只有在阿肯如诗般的歌声里，草原才有了作为草原独有的韵味。而这韵味，仅是用一把冬不拉弹奏出的，不免敬仰。"阿肯"是哈萨克语，意思是民间游吟诗人。

每次去伊吾草原，我都尽量挑选有节日的日子，也只有在这样的日子，阿肯们才会拿出心爱的冬不拉，尽情演唱到天黑，如果没有人叫停，他们会继续唱到天亮。不要去问阿肯们是否会疲倦，他们相信只要有歌声在，青春就会永远在，只要冬不拉在手，歌儿唱上几天几夜都不会累。哈萨克族还有一句古老的谚语："歌声与骏马是哈萨克的一双翅膀。"可见这两样东西在哈萨克族人的心里已超越了生命存在的形式，平时骑着骏马在草原上驰骋，下了马就弹奏起冬不拉，这样的生活又怎能不是城市人眼里的桃花源？

喜欢阿肯弹唱这种方式，因为它有别于其他民族对演唱的理解，完全是在即兴发挥，同时，还要随时应对对方突然提出的难题，并用歌声来回答。哈萨克小伙子和姑娘可以用它互诉衷肠，就像刘三姐与阿牛对歌时的深情。也可以用它来回答另一位阿肯的刁难，那机智完全让早先红遍中国的张帝甘拜下风。阿肯弹唱不仅是在弹唱，更多的是用对唱的方式进行交流，不但诙谐幽默，而且妙语连珠。如果让我参与其中，别说即兴创作，更别说反应能力，能做到对答如流都是一件非常困难的事儿。

若能听懂哈萨克族的语言，就会感到阿肯弹唱与古代诗人的画诗意境异曲同工，其中的每一句歌词都是一行诗句，将所有歌词串起来就是一首长诗，优美中不乏动听，诗情中透出画意，即兴创作的唱词能达到诗歌的动人语境，恐怕除了哈萨克族人，很少有人能做得到。这不仅需要有驾驭乐器的能力，也要有动听的歌喉，但如果只具备这些条件，那么充其量只能算是个歌手，作为一个优秀的阿肯，应具有诗人的深厚意蕴和敏捷的才思。当然，丰富的情感自然也是不可或缺的。歌中有诗，诗中是歌，这是境界，是阿肯弹唱的至佳境界。

阿肯弹唱中最精彩的部分就是两个阿肯处于相持状态时的较量，对唱是一定要分出高下的。于是，有一方便摆出各种难以应付的问题，唱给措手不及的对方，如果对方也是才气逼人，那么就会从容接招，但回答必须符合逻辑，且语句优雅。这时，斗的是勇，比的是谋，若是两个旗鼓相当的阿肯狭路相逢，那么好戏才是刚刚开始，不大战个几百回合，根本无法证明自己是草原上最好的阿肯。阿肯对唱从来没有并列第一，落败的一方必须坦然接受观众的评判，并向胜者赠送礼物。在伊吾曾有过一次轰动草

伊吾草原上的哈萨克阿肯弹唱

盛大节日中正在演奏的女阿肯

原的对唱结果，那个落败的阿肯对获胜一方心悦诚服，居然将自己最心爱的骏马赠给了获胜者，最后两人成了好朋友，这应是一段佳话了。

在新疆，每一个地方都有许多动人的传说，与童话一样，几乎每个故事的开头一定有这么几个字："在很久很久以前"，结尾也会常常写有这样一句话："从此，他们在一起过上了幸福的生活。"阿肯弹唱的传说也不例外。

哈萨克族民间就流传有这样一段故事：在很久以前，草原上有一个美丽的哈萨克姑娘，她唱起歌来非常动听，声音如同夜莺一般，在她的心里，一直深爱着一个善良勇敢的哈萨克小伙子。有一天，姑娘正在草原上唱歌，一个部落的头人路过时被她的歌声所吸引。于是，第二天，便派人准备抢走这个姑娘。姑娘十分着急，心爱的小伙子又不在身边，没办法，她哭着弹起了冬不拉，唱起了悲伤的歌。这时，天空突然出现了一匹骏马，它驮起姑娘腾空而起，只是那把冬不拉从半空中掉落了。没想到的是，冬不拉一瞬间变成了成千上万把，散落在了草原的每一个角落。令姑娘更为吃惊的是，那匹骏马竟然是她心爱的小伙子，原来，就在姑娘绝望地哭着唱起歌的时候，远在草原另一边的哈萨克小伙子在那一刻似乎与歌声产生了心灵感应，它开始拼命地奔跑，想去解救自己深爱的姑娘。但距离相隔太远，草原之神看到了这一幕，便将小伙子变成了一匹飞马，姑娘得救了，从此，两个人过上了幸福的生活。为了怀念这一对有情人，大家从草原上捡起了那些掉落的冬不拉，每逢晴朗的日子，他们就会放声歌唱，也不知过了多少年，慢慢形成了草原哈萨克族的阿肯弹唱。

一位哈萨克族诗人说："没有诗歌的民族，生活中就没有欢乐。一个没有诗人的民族，就像没有蕴藏黄金的大山。"毫无疑问，诗人是在用这段话来赞扬哈萨克族是属于诗歌的民族，是一个快乐的民族，同时，也是一个富有内涵的民族。一个阿肯弹唱就能将哈萨克民族的智慧与幽默展现出来，这不意外，此时再有一段黑走马舞蹈翩翩而起，在优美的舞姿和动感的节奏中，又能看到这个民族所具有的勇敢和善良，一歌一舞间，虽不能说已完全了解了哈萨克，但也算是对这个民族的理解渐入佳境吧。

我曾在伊吾草原认识过一个哈萨克小伙子，他也是一个阿肯，去他家里做客，最开心的莫过于喝着喷香的奶茶听他唱歌。他最喜欢的一首歌是自己创作的，名字好像是"心爱的人你在哪里"，每次去，他都会唱上好几遍。去年夏天再次看望他时，他却没有再唱起这首歌，而是弹着冬不拉唱了一下午阿肯弹唱的经典曲目。我问他为何不再唱那首歌了？他笑着但不做答。晚饭时，他的旁边多了一个漂亮的哈萨克女孩。顿时，我明白了，唱了那么多年心爱的人你在哪里，现在找到了，那首歌也终于可以谢幕了。那晚毡房外的草地上，两壶马奶酒，两把冬不拉，一对热恋的男女，一首首对唱的情歌，而我，只有醉卧草原的份儿了。

一个优秀的民族必定有它值得骄傲之处，一切都是天生的，所有的优势后天无法弥补，勤能补拙不过是一个善意的谎言。阿肯是天生的阿肯，诗人是天生的诗人，歌者也是天生的歌者，就像草原上最善跑的骏马，它的能力只继承于父母灵魂的基因。

有些遗憾，今生注定我已无法去做一个阿肯，因为血脉中没有流淌着哈萨克的血液。如果有来生，就让我做一个优秀的阿肯吧，让我有一把属于自己的冬不拉，让我在草原上纵情歌唱。如果来生可以选择，我一定会选择做一个骑着骏马在草原上奔腾的哈萨克族人。

夜空最美的那颗星

在伊吾，每到空气通透的夜，就能看到绝美的夜空和真正意义上的天幕，这恐怕是多数人奢望中的梦想。大城市周边的高楼会阻挡住看向远方的视线，弥漫的雾霾也会阻止人们呼吸的顺畅，抬起头，只能看到头顶一小片模糊的天。想想，是何等的悲哀！喧嚣的都市不是放松心情的地方，有时，我们去野外看星星，并非是进入了一个多么高的境界，也非幼稚地想去找回儿时的纯真。其实，走出城市只是一个摆脱压抑的幌子，生存的压力时刻困扰在心里，如若不寻个出口，又如何能让自己快乐地活着？

作为人，活着不易，从生至死，就是一个在为前世赎罪的过程，享乐虽说是死人的专属，但苦中作乐也算是一份释然的超脱。我们永远生活在矛盾中，遇事不能想得太多，否则就是庸人自扰了。微博上经常有人私信我："如何才能将心放宽，减缓生活和工作带来的压力？"虽不是心理学家，但也会给提问者一些建议："出家就别想了，现在当和尚都要专业本科文凭，不如找一个晴朗的夜，带上帐篷去看一夜的星星吧。"

其实，我也不知这建议是不是对所有的人都有效，但起码对于我来说，可以完全缓解心情的烦闷和情绪的焦躁。如果让我选择一个看星星的地方，我更愿意开着车去小城伊吾，因为那里天籁寂静，也因在那里，抬头便能望见整个苍穹。

伊吾是一个荣耀之地，它的荣耀多半来自于天上的星星，有人用那些"山城""水城"等等的别名来形容伊吾，但总感觉不是很贴切，虽然这里的山水诗情画意，但也只能代表伊吾与别处共同的一个面，如果是用"星城"二字，倒是蛮适合，毕竟是星星使伊吾扬名海内外。从那一年成了日全食最佳观测点，到建成世界最大的太阳历天文广场，再到国际组织将一颗新发现的小行星命名为"伊吾星"，这一切都清晰地记录下了它的荣耀历程，在新疆，也属绝无仅有。

那是一个让所有伊吾人激动的时刻，整个新疆也为之振奋。当国际天文学联合会正式将那颗编号为第 80801 的小行星命名为"伊吾星"时，所有天文爱好者都沸腾了，毕竟这是唯一一个以新疆县城的名字来命名的行星，并且此地竟是全国最小的袖珍县城。理由很充分，是为了纪念那次举世瞩目的日全食，天文奇观发生的时间为 2008 年 8 月 1 日，而那颗小行星的永久编号恰好是 80801，得此荣誉除了必然之外，还有一定的幸运在里面。

从此，我开始刻意在夜空寻找伊吾星，虽然知道它的大概方位，但无法辨别，就算用望远镜看到，也不能断定，毕竟我不是专业天文工作者，甚至连业余都算不上。有一段时间，用望远镜去搜寻伊吾星竟成了每晚必做的功课。某些时候，人的行为会十分古怪，就连自己可能都无法理解，有些事明知做不到，却依旧去努力，明知努力到最后不会有结果，但还要坚持执着。后来，我在网络上看到了关于这颗行星的权威描述："伊吾"星与地球距离很远，比肉眼能看到的最暗的恒星还要暗一些，需要在天气特别好的情况下，用专业天文望远镜观看。原来，我根本看不到伊吾星。

从知道伊吾星的那一刻起，幻想就未停止过，那是一颗怎样的星球？温度如何？有没有大气层？有没有水的存在？是由什么物质构成的？虽然以人类目前的科技和能力无法窥探它的真容，但也不能去否定任意一种推测下的可能，或许那里如伊吾般美丽，或许那是一颗由黄金构成的行星，再或许，那里会有生命存在。尽可能把它想象得美好，除了强烈好奇心的驱使，还有一个原因，就是它因伊吾而得名，是属于自己家乡的一颗星。

如果理性地去看，它也有可能是丑陋的，在表面璀璨如钻石般的光芒里，说不定充斥着大小沟壑，飞扬着漫天尘土。以貌取人是人类认知的弱点，他们喜欢表面光鲜的事物，却看不清其内在的美，所谓蛇蝎美人的寓意大概就能说明这个问题。我们没有资格去评判一颗星星的丑与美，凭什么适合人类居住的星球就是美丽的？现实告诉我们，再美丽的星球也会毁于人类自以为是的无知。对伊吾星丑陋的推断虽不可接受，但无论怎样，都不能阻止当地人对它的向往。夜空中有太多的未知，所以才有了超越思维广度的想象，这种想象也算是一种仰望下的追求吧。

巴金先生望着星天，有所感触，仿佛回到了母亲的怀里。我们站在夜空下看星星，在压力与情绪得以舒缓之外，能有所感悟才会是最大的收获。如果有一天，你发现有一颗星星的光突然暗淡下来，那么不要以为它会即将死去，这只是暂时的沉寂，用不了多久，光芒依旧。如果有一颗本是灰暗的星却猛然发出刺目的光，那么别为它欢呼，请相信它早已陨落，那夺目的光不过是在瞬间耗尽所有能量时的焚身爆裂，只因距离太过遥远，那光线才刚刚抵达地球上你的视线。这世界没有永恒，星星也会死去，也如烟火，夜空中那些闪动着的所有，有真实，也有虚幻，就要看你用什么样的心境去体味了。

每一颗星星都有自己的名字，每一个名字背后都会有一个故事，每一个故事都会有动人的情节，每一个情节都发生在不同的场景，只要过程，不要结果，管它春夏秋冬，管它五味杂陈，这其实就是人生。那些有名字的和那些还没有名字的，无论是星还是人，都客观存在着，能精彩就尽量去精彩，能闪烁就尽情去闪烁，上天造就了你，是让你来点缀这个世界，而非碌碌的陪衬。

不要一个人坐在伊吾的小山顶看星星，慢慢的，你会有莫名的感伤，美丽的星空是给所爱的人准备的，适合两个人相拥着去享受这浪漫，如果此时有一颗流星正好划过，不要试图去许什么心愿，一切都是枉然，所有的愿景都是通过努力才能实现，许愿是孩子们才去做的事儿。婚姻也是如此，只需用星夜般的博大去宽容，用发现的眼光找寻对方的优点，就能让你受用一生，幸福，仅此而已，就这么简单。

有人说："星星的美就在于，夜空就像充满悲剧的黑，而星星是唯一的喜剧。"这是一段透出凄美的极致语言，让我想起了那颗邃远的伊吾星，不免惆怅。没有永远的悲剧，也没有始终的喜剧，无论悲喜，我们都在经历，无论聚离，我们都在其中，不来不去。

伊吾的夏夜繁星点点，这样的夜，很纯，很透，很静，很美。

味蕾中的盐池

有人说要了解一个地方，最快的办法是用味蕾。就如我们提起特色小吃就会想到成都，说起诱人的拌面烤肉，自然就是新疆的味道，那么对于伊吾，它的味觉印迹最深刻的莫过于盐池羊肉了。

无人能拒绝美食的诱惑，这是人类欲望中最难以克制的一种，否则也就不会有如此之多言不由衷的胖子了。这是本能，尤其在面对新疆羊肉时抗拒是无谓的，投降于冒着热气的异香那是大概率的事儿。新疆人对羊肉的偏好高于其他肉类，羊肉在新疆的做法也随着各民族风俗习惯的不同各显迥异，煮、烤、焖、蒸等烹饪手法多种多样，但无论食材调料如何变化，只要主料还是本地羊肉，上桌后，大快朵颐便是一个吃货最幸福的时刻了。

味道这玩意儿就怕比较，因为我们的味蕾永远不会背叛自己的感觉，在饮食习惯大致相同的情况下做出对食物口味的判断，大多无错。未来过新疆，且吃惯内地羊肉的人，对羊肉中的腥膻已习以为常，甚至认为是羊肉必腥膻，这其实是一个误区，羊肉肉质的优劣完全要看其产地的自然环境。相比较而言，内蒙古的羊肉味道要优于内地羊肉，而新疆羊肉的鲜香无膻更是各地羊肉中的极致味道。很多人都发现了这样一个现象，新疆的牧场基本都在天山北坡，与南坡相比，北坡雨水丰沛，森林密布，也是草原最为集中的地方。更为重要的是，天山北坡空气清新，无任何污染，草质也谓之一流，如此环境下放养出的牛羊，自然是肉质鲜美，堪称一绝。

新疆羊肉也有三六九等之分，其中以伊吾的盐池羊肉、巴里坤羊肉、阿勒泰羊肉和伊犁羊肉味道最佳。当然，这与它们所属的同为草原的共性有关。拿伊吾来说，这里草场植被繁茂，气温偏寒，更有野菊花、山慈姑、锁阳和党参等20多种野生中草药在草原分布，再加之冰川融水的甘冽滋润，就不难解释伊吾盐池羊肉为何肉质滑嫩可口了。千万别认为说伊吾草原上的绵羊吃的是中草药是句夸张的调侃，事实确实如此，绝无口传加工成分在其中。

我对羊肉也有几分偏好，几天不吃便觉少了点什么。家门口有几家卖羊肉的摊铺，其中一家就是盐池羊肉店，每次过去必定称上两斤排骨回家红烧，要么割些后腿肉包饺子，这两种做法因为有了太多的辅料，也未感觉出盐池羊肉的鲜美。直到有一天，一个哈萨克朋友来家里做客才知道，真正能体现盐池羊肉鲜香的做法一是熬汤，二是做手抓羊肉，再就是做抓饭。当然，用盐池羊肉做出的焖饼子味道也是一绝。总之，无论何种做法，都不能用太多浓烈的辅料和作料，否则就会压住羊肉自身的香嫩，就是暴殄天物了。

以后，再做羊肉时，因听取了这个朋友的意见，才真正品出了盐池羊肉来自味蕾的纯正味道。

后来，有几个朋友从内地过来，我问他们想吃什么，他们说自然是想品尝新疆的美味，但又不爱吃羊肉。这就让我犯了难，没有羊肉又怎能称得上是新疆的味道？问其为何不喜吃羊肉时，他们几乎说出了同一个原因：羊肉的膻气太重。这下我明白了，想努力说服他们并不是所有羊肉都是如此，但还是忍住了，我当时的决定就是要做一锅盐池羊肉汤让他们彻底扭转对羊肉的看法。

若要一个人闭住叽叽喳喳的嘴巴，最好的办法就是给他最好的食物。当一碗碗飘着香气的肉汤摆在桌上，他们已被这四溢的肉香勾住了味蕾，只是喝了一小口，便啧啧称赞起来。再往后，竟无人说话了，都埋着头细细品味着。望着他们一个个满足的吃相，我突然想到了那饱受争议的探险家斯文·赫定。那年他来到哈密时，在哈密王府受到了高规格的接待，当一盘手抓羊肉摆在探险家面前，他动筷刚尝了一块时便赞不绝口，这盘羊肉，就是出自伊吾的盐池。

饭饱之后，其中一个朋友问我是用何种方法去除羊肉膻气的，我说汤里只放了盐和葱花，别无他物。惊奇的他似乎不太相信。我告诉他，你吃的是伊吾的盐池羊肉，本身就无腥膻气，你们不爱吃羊肉只因你们未吃到新疆的羊肉，这味道绝不是内地羊肉可以比较的。听罢，朋友便现出了对盐池这地儿的好奇，第二天，本要去往喀什的行程就突然因为这锅肉汤而改道伊吾了。

任何事物的口碑都不会是一朝一夕形成的，盐池羊肉自有它的历史味觉，伊吾这地儿在乾隆年间曾是哈密王的领地，说得再准确点儿，这里是王公贵族消夏避暑的后花园，也是王爷们餐桌上的御用牧场，那时几乎所有的盐池羊肉都进了王府的厨房，对于民间的百姓，能吃上一块盐池羊肉是一件相当奢侈的事儿。

哈密王每年要从伊吾征收几千只羊作为宴请贵宾所用，几千只这个数字若放到现在不值一提，但在那个时代却是惊人的，近似于全部。

很多人还有一个误区，认为水草丰美之地的羊肉味道最好，其实不然，若想要弄清哪里的羊肉是佳品，那么非盐碱地所产的羊肉莫属，这就是盐池羊肉一个最不能忽略的细节。很多人不能理解，盐碱之地本就水草稀疏，又如何能让大群的羊吃饱喝足？盐池的羊就是在这样恶劣的环境下生存着，玄机的关键就在于它们每天都在不知疲倦地寻找着青草，渴了就喝略带咸味的盐湖水。于是,运动竟也成了羊肉味道与众不同的一部分。还有那盐湖水,有着多种微量元素,我想,这应该是伊吾本地羊肉无膻气的原因吧?在这样的条件下放养的羊,无论肉质还是身价,相比草原羊,都是有过之而无不及的。

怎么也忘不了第一次吃盐湖羊肉时的情景,那是在一个哈萨克民族传统的节日上,由于当天的采访任务过重,还没到中午,就已饥肠辘辘了。这时,风中飘过的一缕肉香突然绕过鼻尖,顿时溢满在空气中。循香而去,在那顶雪白毡房的背后,一口大锅中的羊肉已在热气腾腾中翻滚了,锅的下方,松木枝噼里啪啦烧得正旺。这时,毡房中走出一个美丽的哈萨克族姑娘,看到我后便热情地将我让进了毡房,与正在唱歌的老人和孩子们围坐在一起,那一刻,我竟然忘记了自己只是一个路过的陌生人。

当一大盘肥瘦相间让人垂涎欲滴的手抓肉上桌时,我已是迫不及待了,老人递给我一块并示意我不要客气。拿在手里还未入口,那扑鼻的香气就已深深刺激了我的味蕾。在哈萨克族人家做客,是不可以狼吞虎咽吃东西的,更不能发出声音。于是,平日里的吃相便收敛了许多,撕下一小块仔细品味,肉质细腻,顿感嫩滑。新疆各地的羊肉我吃过不少,但从未有过如此印象深刻的味觉印迹,一连吃了两大块,在听完老人的阿肯弹唱后,我向主人表示感谢并告别,匆匆踏上归途,让我难忘的不仅是盐池羊肉的美味,还有哈萨克民族的善良与好客。

如果说新疆的味道是羊肉的味道,那么可以延伸一下思路,应该说新疆最美的味道就是伊吾盐池羊肉的味道。在伊吾的巴扎上,你经常能听到这样的吆喝:"羊娃子肉,没结过婚的羊娃子,男人吃了有力量,女人吃了更漂亮。"如果你上前询问羊肉的产地,摊主人会用生疏的汉话自豪地告诉你:"盐池的羊,甜得很!"或许你听得一头雾水,在少数民族诙谐的语言里,其实这个"甜",所包含的意思就是味道的极致!

孤独的城

翻过眼前不高的土坡，视线中就会出现一座城，没有人知道它来自哪个时空，也无人知晓这座城中曾发生过什么。它就在下马崖静静地伫立，除了风声，别无陪伴，如果它会说话，也一定是老得说不动话了。这是一座来自远方，孤独的空城。

对于一座古城来说，如今的繁华与它无关，它只记得曾经的马鸣风萧。那么对于我来说，古老的城池只属于历史，虽只能看到它的今生，却无法了解它的前世，这就是诱惑所在，一切充满着好奇的未知和无边的想象。

古城与人一样，它的始建、辉煌和废弃就像人类在经历少年、成年和老年这个过程，其实并不想用"废弃"这个词儿，毕竟结局会透出些许悲凉，但它确确实实地遭到了当时驻军和居民的放弃，否则就不会现出如今的满目疮痍，所以说它应是孤独的。试想一下，如果这座城的活力能延续到今天，又将会是怎样的一种气象？面对破败的城池，谜团一个接着一个出现，城究竟为何时所建？城中的居民从哪里来？最后又去往何处？所有的问题都充满着疑惑，无论是对提问的人还是弃城出走的人，都能感知到一种无奈在蔓延，没有人知道为什么，只能去冥想，去猜测了。

充满争议说明有人在关注，就像眼前这座城，诸多谜团中其实人们最为关心的话题就是它的年代的归属，如果连断代都无法肯定，那么有关古城的所有民间传说都只能认定为是臆测。大多数人会认为它来自于清代，仅仅是因为在城中曾发现过几枚清代铜钱。事实上，这一点点线索不足以支撑作为其断代的依据，只能说明在清朝时它已存在，或者说城中最后一批军民生活在清朝，那么再往前去推断，就会渐渐失去方向感，无从考证了。

据考古调查，新疆伊吾县下马崖乡西南3公里有一座古城。该城平面呈正方形，边长101—103米，高约4米，城墙为两次筑成，下部墙基，高约2.5米，厚约4米；上部筑女儿墙，高约1.35米，厚0.5米，每隔3米有一个城垛。南北各开一门，门宽5米。城墙四角分筑角楼。城内尚存部分房屋遗迹，布局以南北城门为轴心，东西两侧有房屋，房屋多为长方形，有回廊相连。出土物很少，偶见清代钱币。古城东北1.5公里处有烽燧遗址。

翻阅史料，又发现了有关下马崖古城的一些推断，而我则更倾向于此城为唐代军城之说。

唐代地志多次提到哈密北山有座墨离城，《新唐书·地理志四》中瓜州晋昌郡记载："有府一，曰大黄，西北千里有墨离军。"《元和郡县图志》卷四也记载："墨离军，瓜州西北一千里。管兵五千人，马四百匹。"此瓜州就是如今的甘肃省安西县，那么距瓜州西北的1000里又在何处？毫无疑问，就是伊州管辖之地，也就是现在的新疆哈密。那么又有一个问题出现了，从瓜州到伊州的距离仅为900里，那么千里之说能否站得住脚？其中相差的100里又作何解释？巧合的是，如今哈密境内的下马崖距离瓜州正好1000里，只是哈密在山南，下马崖在山北，这就非常容易理解了，就是说瓜州到墨离城有1000里的距离，比瓜州到伊州还要远100里，只是行走的路线不同罢了。

　　史书所记载的墨离军城养马四百匹，那么参照哈密的地理环境，以天山为界，山南是戈壁，只有山北是草原，可以作为畜牧之最佳场所，而下马崖正好符合条件。所以说下马崖应该就是墨离军城所在地，如果这座古城遗址不是墨离，那么墨离又会在哪儿？除非城池已随风化为烟尘，但谁也无法漠视史书的指向。

　　值得一提的是，很久以前有一个叫作尉纥骦的北方草原部落，北魏称"木来"，唐代称"墨离"，元代称"篾克邻"，明代称"麦克零"。柔然可汗曾在此地建城，名曰"木来城"或"尉纥骦城"，历代沿用，直至明清。由此可见，由"木来"转音到"墨离"，也是有可能的，这也间接为下马崖古城就是唐城这个观点提供了又一有力证据。

　　如果此古城真为唐代墨离城，那么城中居民又去往何处了？在史料中只看到了一句话的表述："一部分墨离人迁往了额济纳河流域。"至于为何要迁移，未见明确的论调。新疆很多古城的废弃都源于水资源的枯竭，如楼兰古城。但墨离城绝非因为水的竭尽而没落。从古至今，下马崖都是一片绿洲，适合屯田放牧。也正因为如此，下马崖就成了历代兵家必争之地，霍去病"涉钧耆，济居延，遂臻小月氏，攻祁连山"就在此地。那么遗弃城池可能有若干种可能，丝绸之路的临时改道使墨离城丧失了战略意义，也可能是因战事的转变动摇了它的军事地位，还有一种可能就是战败后的逃离，加之下马崖又与蒙古部接壤，所以墨离人迁徙到额济纳河的可信度就非常的高，由此，我相信了墨离城的存在，也逐渐清晰了下马崖古城就是一千多年前唐代墨离城。

　　起初我有一个疑问，当初为何要在此地建城？后来在弄清了下马崖的地理位置后就不难解释了，下马崖地处蒙古草原、河西走廊和天山南北的一个重要节点上，建城除了能打通交通要道外，还能保护来往驼队的贸易安全。当然，为军队建立后勤给养的中继保障站才是当时真正的军事目的。在当时这样的一个要冲位置，又怎能不被各路兵马所争夺？

突然想起巴里坤的大河唐城，同样都处于天山北坡，周边环境又极其相似，建城的目的同为开垦储备军粮，又都处于同一历史背景下，那么是不是可以说，这是同一时期同时建造于两地的两座城池？不同的是，墨离唐城相比大河唐城的规模要稍逊一些。当然，绝不能忽略重要的一点，就是两座唐城的距离仅仅相距百余公里，若再拓展放宽一下思维，这其中又会有多少故事？又演绎过多少传奇？

猜测只是猜测，但也不是毫无道理。有可能会被历史学者们笑话，但没有人会因此对访古失去兴趣，热衷于访古的人都是带着好奇而至，因为在凝视中总会有新的疑问产生，也总会有新的发现，这完全能够满足一种探奇的心理。兴奋于时空的穿越感，毕竟已跨越千年，站在四方的城内，感受到的是远去的征战，嗅到的是古唐遗风，听到的是商队清脆的驼铃，触摸到的是历史留下的回转沧桑。

虽然墨离人在战火纷飞的年代远走他乡了，但墨离仍在，尽管已是斑驳不堪。只是不知墨离人的后代会不会偶尔想起这座城池，或许其中充满了仇恨，或许依然留恋，无论怎样，如果有机会，他们是否应该回来看看，看看曾经的过去，看看祖辈们在千年前生活过的地方，看看在烟尘中诉说着的那段属于他们的历史和那座在风雨中依旧挺立着的属于墨离人的唐城。

城是孤独的城，孤独就在于不被理解，更在于无人能读懂。不想这座城有过怎样的悲壮，也不希望有过流血的传奇，安静地伫立或许是它最佳的姿态，继续保持这个姿态，因为这才是和平安详的体现。墨离，我来过；墨离，从未远去！

甜蜜的淖毛湖

伊吾这地儿太小，小到只是芝麻针鼻似的夸张；伊吾这地儿又太大，大到无法仅用一种文化去包容它；伊吾这地儿太简单，简单到找不到任何一丝恼人的繁缛；伊吾这地儿又太过香甜，这味道不只写在小城人的脸上，还渗透进那一眼望不到边的哈密瓜田里。

我从不认为内地的甜瓜就是哈密瓜，而卖瓜的小贩却一直以哈密瓜的噱头在做买卖。瓜自然不会香，也不会如蜜糖般的甜，当上得久了，内地人就会认为如今的哈密瓜早已退化为了黄瓜口味。墙倒众人推，这是一个危险的信号，尽管他们可能从未真正吃过一只正宗的哈密瓜。哈密瓜仅属于哈密，哈密本地所产才能叫作哈密瓜，我对那些总抱着质疑态度，叫嚷着哈密瓜原产地不在本地的人一直都不屑一顾，只要这瓜名前面还被冠着"哈密"二字，就是最好的解释，无须辩驳。当然，伊吾就在哈密，这瓜自然也包括生长在伊吾淖毛湖的哈密瓜。

虽在这座城市长大，却一直分不清淖毛湖的瓜与一山之隔的哈密所产有何区别，外形同样的漂亮，色泽同样的诱人，味道同样的香甜，又同属一地，感觉没有什么差异。后来我才知道，区别还是有的，淖毛湖的哈密瓜相比要晚熟一个月。于是，又有好事者想在这两个兄弟之间做个比较，哪个更甜？哪个更正宗？其实就像双胞胎的降生，要说先落地的那个是哥哥，大家都认同。其实，后出生的那个才是最先受孕的，如果非要扯着这个话题不放，就是无聊至极了。本地哈密瓜也是如此，没有哪一个更正宗，既然都是哈密瓜，生长于一块土壤，又是一脉相承，又都是一山之水的浇灌，那么你该如何去判定哪一个更香？哪一个更甜？

喜欢吃哈密瓜，但这种精灵般的水果季节性太强，有时还没有尽情享用过瘾，瓜秧就已蔫萎了，想保存几个过中秋再吃，但往往都是徒劳，要么变软流汤，不能食用，要么瓤如棉絮，失了水分。寻常百姓家可没有王宫那般的储存优势，可以历时半年将哈密瓜进献给皇上，而且瓜汁依旧饱满，口味始终如初。所以一般来说，七月瓜熟蒂落，八月基本上就难觅瓜踪，再想吃就要等到来年的这个时候了。不了解哈密的人如果在九月来到这里，可能会觉得十分遗憾，但若有人告诉你，伊吾淖毛湖的哈密瓜正好就在这个时节上市，那么你定会欣喜，就算再等个几天，也是件非常值得期待的事儿。

淖毛湖曾是一个流放犯人的地方，那个与哈密王的王后产生恋情的库尔班乌斯达就被放逐到此地，写出了《伊吾木卡姆》的不朽绝唱。没有人会把这样一个荒凉之地与美誉佳赞的哈密瓜联系到一起，毕竟这是在有限的常识中无法接受的事实，很多人都认为哈密瓜一定是在土壤肥沃，雨水充沛的环境下才能变得甘甜，但想象只能作为想象，只有亲身去体会一颗瓜种从发芽到成熟的过程，你才会知道在戈壁荒滩的苦难煎熬下催生出的甜蜜，与人在逆境中爆发出的潜力略有雷同，这好像是一种不可思议，但更多的是一种对人生的思考与感悟。

春天，行走在淖毛湖瓜田的土垄上，吹着凉爽的风，看着瓜苗破土而出，静谧中，似乎能听到泥土绽放的声音，这是瓜农一年的希望。夏天到了，在满目通绿密匝的藤蔓下孕育出了一个个稚嫩的生命，如不仔细望去，根本无法寻到那些藏匿其中的青涩瓜蛋儿,这是希望的延续。秋天是收获的季节,从一个个哈密瓜开始努力想摆脱瓜秧的束缚,到用与墨绿色混搭夺目的金黄跳跃在人们的视线,是在宣示着成熟,也是在诠释着希望。冬季,厚厚的积雪覆盖住充满灵气的瓜田,瓜农们又开始忙碌着挑选瓜种,期待着来年的收成。四季轮回中,只有九月的淖毛湖,空气中弥漫着瓜香,当金黄的色调点缀着瓜农脸上的笑容,那么你定会无法分辨,那甜蜜到底是属于哈密瓜,还是属于辛苦耕耘一年的瓜农?这大自然丰厚的赐予应去感谢喀尔里克冰川的滋润,还有脚下这片灰色的沙土地和头顶炫目的阳光。

忘不了一种哈密瓜的味道,它有一个令人浮想联翩的名字——香妃蜜。香妃,神秘而美丽的维吾尔女子,因"体存异香,不假熏沐"而得名,那么将哈密瓜的一个品种取名为香妃蜜,可能是望文生义,也有可能是想衬托出此瓜的可餐秀色,更因这种甜瓜入口有一股绵长的柔香气息,瓜如其名,非常贴切。第一次品尝香妃蜜,感觉不仅香气袭人,咬一口,如同是尝到了一勺醇美的蜜糖,回味久久不散。如今,香妃蜜已名扬内地,并得到了一个"香妃蒙面远嫁"的美誉,倘若香妃仍在人间,也会为此欣慰,毕竟是淖毛湖这片土地又让人们想起了她,说不定她也想穿越于此,来尝尝这种与己同名的绝美佳味。

关于哈密瓜的声名,纪大学士就曾写道:"西域之果,葡萄莫盛于吐鲁番,瓜莫盛于哈密。"这纪晓岚是何等挑剔之人,能让其念念不忘并能发出感慨的东西想必是少之又少,然而一个小小的哈密瓜就能得到他的如此赞誉,不免稀奇。从句中我仿佛能看到纪晓岚在吃到哈密瓜时的惊异神情,其后便是满面尽露的满足感了!还有一首古诗,不得不提,就是光绪年间翰林院编修宋伯鲁的《食哈密瓜》:

龙碛漠漠风抟沙,胡驼万里朝京华,
金箱丝绳慎包匭,使臣入献伊州瓜,

伊吾淖毛湖哈密瓜丰收的场景

摘瓜姑娘脸上洋溢着丰收的喜悦

上林珍果靡不有,得之绝域何其遐,

金盘进御天颜喜,龙章凤藻为褒嘉。

    此诗所表达的信息量之大,就不一一赘述解释了。

    来淖毛湖品瓜,如果你不了解哈密瓜的营养价值,那么去田里随便找一个瓜农,就能如数家珍般和你唠上一下午的嗑儿。他会从防癌保健开始,然后说到消暑除躁,最后一直聊到维生素和膳食纤维,就好像每一个瓜农在此刻都会变成一个营养学家,听后你只有想立刻去吃一个哈密瓜的冲动。瓜农没有做任何夸张的描述,在《本草纲目》中就有记载:哈密瓜具有"止渴、除烦热、利小便、治口鼻疮"之功效。

    坐在淖毛湖的田间地头,无须假装斯文,从地里随手摘上一个哈密瓜,然后一拳砸开,扔掉掏出的瓜瓤,与朋友边聊边啃。如果此时手头正好有一个刚出炉的烤馕,那就是最好的美食搭配了,一口馕,一口瓜,除了满口留香之外,还能看到伊吾人的淳朴与自然。此种吃法仅哈密独有,在新疆别处,馕饼就着西瓜吃的方法比较多,但因为他们不会有如此正宗的哈密瓜,所以也就无福享受了。有时,内地人也有内地人的可爱之处,他们会把苹果和黄瓜拌在一起,加上一些糖,据说就是哈密瓜的味道了。也不知是不是真的,但在哈密,根本用不着这样的创意,如今的储藏水平提高了,想吃哈密瓜随时都能吃得到。

    都说淖毛湖有三宝——胡杨、玛瑙、哈密瓜。在我看来,胡杨树是金凤凰,玛瑙与哈密瓜是不折不扣的金疙瘩。从前,总是教外地朋友如何从外形上识别是否买到的是真正的哈密瓜。如今,那一套早已过时,外观已不能作为判断的标准,毕竟哈密瓜的品种是越来越多。如果在你的城市你无法去辨别真假,那么在闲暇时,不如来伊吾转转,除了看景散散心,再顺便品尝一下这里的哈密瓜。味觉是有记忆的,等再回去时,就知道什么口味的瓜才是正宗的哈密瓜了!

那一柄致命的铜刀

一个偶然的机会,我在伊吾县博物馆的五号展柜看到了一件很奇特的文物,这是一段残骨,确切地说是一段属于人类的脊椎骨。当时我在想,文物云集的博物馆缘何会有一块骨头陈列其中?但当我仔细看去,不禁倒吸了一口凉气,在那块脊椎骨之上赫然斜插着一柄尖锐的铜刀,并贯穿整个脊腔。顿时,脑海中立刻闪现出了一场激烈的厮杀。

一个古墓,几块残骨,一柄铜刀,这些究竟透露出了怎样的信息在其中?恐怕就连资深考古学家都无法将整个事件还原,但可以肯定的是,这座古墓至少可以追溯到三千年以前,那时的伊吾,只是草原青铜时代的一个点,而正是西域青铜之路上的这个点,对此后整个伊吾文化的发展产生了积极乃至深远的意义。

那么他是谁?为何会遭受如此致命的一击?那个手持铜刀的人又是谁?是何原因让他痛下杀手?眼前的残骨让我没有看到凶手的一丝犹豫,或是怜悯,否则又怎会力穿脊椎?这得需要有多大的仇恨?墓中无任何证据能说明这一切,只有那柄虽积满铜锈,但依旧能感受到锋利的铜刀,在默默提醒着曾经的血腥往事。

这样的铜刀，自商周起出现，一直到战国时期都十分盛行，毕竟告别了石器时代的粗钝，进入到了一个颠覆性的时代，铜刀当时作为最为先进的冷兵器代表，在战场上发挥着所向披靡的作用。龙山文化和齐家文化时期，铜刀的打造已慢慢进入了巅峰时期。在哈密地区的历次考古中，也有多件铜刀出土，当然，也包括伊吾。只是虽同为铜刀，但其形状和长短却有不同，有环首铜刀，有素柄铜刀，也有鄂尔多斯风格的鹿首铜刀，长的有八九十厘米，短的只有三四十厘米，伊吾这把深刺坚骨的铜刀属于青铜短刀，无论怎样，都不能否认铜刀在青铜时代的军事地位，当初它是为杀戮而生。

草原青铜时代也是一个伟大的时代，而伊吾当时正好处于草原青铜时代的早期，但可惜的是，青铜技术并未在西域得到发展壮大，存世的重器基本没有，都是些如伊吾北山羊铜塑这般小巧且精细的物件，青铜短刀也算是其中一个特色。

既然五号展柜中的那段嵌刀残骨成了一个历史之谜，那么我们不妨用想象来做一个大胆推测，推测无关历史，只为找出一个能让大众接受的理由，或是只为依此讲个故事。

首先，要先弄清楚被杀之人的身份，这对于事件本身很重要。三千多年前的伊吾是一片茂盛多雨的大草原，那么来此定居的先民应该是一个游牧部落中的一员，或是牧民，或是部落中的权贵。其次，当时到底发生了什么？情杀？仇杀？还是部族间领地之争的牺牲品？最后，是谁埋葬了他？为何不将利器拔出后再行安葬？难道是为了刻意让他带着仇恨而去？

猜测一：可能他曾是两部族间战争的一方勇士，由于伊吾是个非常适合放牧的理想牧场，草原各部族便将这里作为必争之地，当最先来到此地的部族实力稍弱时，又面临着外来部族的侵略，奋力反击那是必然，毕竟这事关整个部族男女老幼的生死存亡，失去了领地，就意味着失去了所有生活来源，坐以待毙当然不是最好的选择。此外，侵略一方又急于占领这片草原，于是，两部族首领便率领各自帐下勇士在草原上对峙，并发动了一场战争，我们无法想象战争的细节，但只要是战争，就会伴随着死亡，为各自利益而战，不拼个你死我活又岂会善罢甘休？战争的结局大多类似，胜王败寇是永恒的法则。这个被铜刀刺中脊椎而亡的勇士，就是这场争夺战的牺牲品，至于他属于哪一方？不言而喻，如果是落败一方，又怎会将他单独埋葬在此地？

猜测二：或许他曾经是一个部落的王者，内部的权力之争导致死亡也不是不可能，毕竟纵观中国历史，王廷之中会有太多的钩心斗角，君臣间，父子间，兄弟间，无不演绎出多幕宫廷权力角斗大戏，仿佛在权力面前，什么亲情、友情、爱情，都不过是过眼浮云，那么其被刺或是被篡位者所杀，也有一定道理。倘若真是如此，那么这会是早于中国文字记载的宫廷之变。千万不要认为几千年前的草原部落不会如后来那般的复杂，其实都一样，人性自从有了易物这一形式以来，就产生了贪财之念。自从有了地位差别以后，就形成了贪权之念。草原部落也是如此，有人的地方就会有欲望，现在如此，几千年前，又有何异？

猜测三：再假设他只是一个普通得不能再普通的牧民，与世无争，每天只是畜牧劳作，辛苦养家，如果这样一个人遭此横祸，那么会引发更多的想象。或死于夜半来家中盗窃牛羊的贼人刀下，或毙命于来自情敌的狠手，再或是因触犯了部族教规而受到王权威严下的杀身之难。这一点非常有可能，否则就不会让他带刀下葬，以此警示他人，并带着所谓惩处罪恶的证据去天国，还有示众的味道在其中。除此之外，若是普通的意外，家人在安葬他时，一定会从他身后取下那把铜刀，哪怕是放在墓中陪葬，也不会让惨状在死后还在延续，这是大众能理解的一种方式。当然，还有一种可能，就是草草下葬，未来得及取下凶器，这种情况下极有可能是在殉葬。

以上仅是猜测而已，对于任何一段没有记载的历史和任意一个没有线索的谜团，有时，对它最大的尊重就是用自己的思维去解读，去还原当时所发生的一切，谁又能说这是错误的呢？但我还是希望真相能大白于天下，起码是有理有据。当有游客来到伊吾，站在五号展示柜前，不会再有疑问，而是有一个真实的历史故事由讲解员娓娓道来。

一片悲情的坟茔

草原边缘就是戈壁,这是两个不同的世界。生机在与戈壁相交的那一瞬,变为了令人生畏的死寂。戈壁中央有条早已干涸的大河。听人说河道旁有一片很大的坟茔,我很疑惑,没有人的地方又怎会有坟茔的垒起?去过后我明白了,那里真的有一片坟茔,是一大片埋葬着胡杨躯干的坟茔。

一棵树的死去也会有葬礼,只是没有戚戚的哀乐,没有白色的绢花,更无送葬的人群,就这样悄悄地死去。一个再简单不过的轮回过程,在谷地河道间每时都在上演着,胡杨也没能逃脱这场轮回中枯萎的结局,因为它也是一棵树。

戈壁中除了胡杨的形象高大外,只有一些矮小的抗旱灌木在了无生气地存活着。胡杨的葬礼是孤独的,最多有梭梭和红柳向它投去一瞥注视。当它轰然倒下,落地的声音会穿透戈壁的空旷,一直传到很远处的另一片胡杨林中。之后,林间便有了随风落下的如雨黄叶,这是在为一棵胡杨的死去默哀,而这种默哀方式仅仅属于胡杨。

当成片的胡杨死去,就不再有黄叶相送了。同伴用躯体早已为后来者搭好了一个安静的坟冢,使我想起了非洲草原上大象的葬礼与那个无人能找到的"象冢"。

以为胡杨不会死，是因为人们赋予了它太多的赞誉。可悲于胡杨对出生地的无从选择，或大漠边缘，或戈壁腹地，或盐碱荒滩，西域只要是环境恶劣的地方都有胡杨树根的深深扎入。那所谓胡杨的"生三千年不死，死三千年不倒，倒三千年不朽"，只是人们在面对胡杨时的一个美好愿望。胡杨会死，一年足以干枯；胡杨会倒，十年不算太长；胡杨会腐朽，更用不了三千年之久。那么这"三千岁"又是谁在为胡杨撰拟的赞言呢？只有人的渺小才能把自己的狭隘强加给一棵树，而胡杨却丝毫没有听到过。

古河道边醒目地站立着一棵胡杨。它的树冠遮阴处足以停下一辆卡车，这里与我常去的那片年轻胡杨林还有很远的距离。我来到这里，并在这棵胡杨树下驻足停留。望着它的挺立，我没有惊呼于它的粗壮，也没有为这棵树顽强的生命力而惊叹。情绪在多数时会被四周的凄凉影响着，在视线所及之处，数以千计的干枯胡杨在沙窝中半裸着它们的躯体。不同的姿态现出了恐怖的狰狞，风在吹过时，卷起的细沙肆意地从这些干透的枝杈中扫过，发出了一声声刺耳的悲鸣，这是一片胡杨的坟场，也是一块悲伤之地，河道边还在活着的那棵，就是这一大片坟茔的守墓者。

若不是那个迷路的淘金人奇迹般地走出戈壁，恐怕没有人会在戈壁中发现这片胡杨树的坟茔。当他跟跄地走近，就被眼前的一切吓呆了。横七竖八的粗大虬枝摆满了前面的大片不毛之地。他甚至以为自己是走到了地狱边缘，辗转出去后，他便向别人描述了所看到的这一切，嘴里还不停地在说着：太可怕了，太壮观了！我想他在误入那个地方时，一定是在落日时分，天空还伴有火红的晚霞。只有夕阳下的血色衬托着坟茔，才会有"壮观"一词在他口中的释义。于是，很多人都知道了这片戈壁中有座胡杨的坟茔，但大多数人不敢轻易前来，因为他们也会惧怕黑戈壁的威严。

胡杨的残枝散落在地上，看似已臣服于干旱的戈壁，却又显出了一份狂傲与不羁。毕竟这是一块本属于自己的土地，它们曾经用枝繁叶茂征服

形态各异的伊吾胡杨

千年胡杨不朽的枝干

过这里的单调色彩，如今的倒下并不意味着真正的死去，这只是一个轮回的刚刚开始。或许它们在期待着一场甘霖飘下，或许这段形如死灰的日子是成长中的第一次阵痛。

干枯在一定意义上并非代表着死亡。虽然这里如坟茔般的沉寂，但倒下的都是胡杨的身躯，它们的根还在十余米深的地下。如果那场期待中的大雨突然袭来，干枯的生命会以另一种形态重生吗？无人能看到重生的过程，数年后若再有人无意闯入这里，会惊诧于眼前的浓绿或金黄，似乎那片树的坟茔就从未出现过。

我依然还在河道边那棵最后的胡杨树下，脚底厚厚的黄叶不知落了多少年，只感觉很柔软。抬起头，发现树梢上挂着一些晶莹的液体，一点点地顺着大地的方向流去，这应是胡杨树正常分泌的汁浆，但我宁愿相信这是胡杨的哭泣。因为它在西部有着太多的不可思议，它不是为了同伴的倒下在感伤，而是为这片土地的无情抛弃在悲愤着。我的思绪随着这片土地飞旋，凝望它就是在解读着一段岁月的沧桑，就是在诠释着生命从初始到终结的复杂历程。

旱季的戈壁酷热难耐，太阳无情地灼烧着大地，蝎子和蜥蜴肆无忌惮地爬行在这块硕大的墓地中，就连呼吸都会紧促起来。整片胡杨的坟茔中只有一块地方可以躲避阴凉，与车在一起，在那棵唯一的胡杨的树冠下。望着远处戈壁的苍茫，我在盼望着日落，想亲身体会一下那淘金者眼中的壮观和残阳映照下置身于此的恐怖画面。

一条大河，从波涛汹涌的昨天走到今天的河沙朝天。一片胡杨，从昔日的挺拔翠绿过渡到今世的枯枝遍地，这就是生命的全部吗？于是，我想到了生命之沉重，也明白了如何倾听生命如歌的慢板。但无论是怎样的一种生命形态，欢歌过后都会唱起低沉的挽歌，最后同归于沉寂的泥土，有些只是表现的形式略有不同。随手拾起一枝干透的胡杨枝干，握在手里的感觉就像是在感知着生与死的一线间。

一棵枯死的胡杨依然保持挺立的姿态

生命的沉重就像眼前这片干枯的胡杨，面对它，我不得不对死亡产生了莫大的恐惧，甚至怀疑起了生命的轮回。轮回只是佛家慰藉生者的谎言，这世间本就没有什么轮回。如果有，那么获得新生后的胡杨还会是胡杨吗？如果不是，那么要轮回何用呢？至少在人的世界里我已不再相信轮回了。枯树可以发出新枝芽，算是轮回后的重生，但人的生命却无法重复，只有短暂的一次。

我们的生命会经历如胡杨一样的生存困境。缺水的戈壁是胡杨的无奈，但没能阻止它到春天时勃发新绿。我们的生活也会经常遇到这样或那样的挫折，无论职场、家庭还是爱情。只有去淡然应对，才会有胡杨般逆境重生的无畏。想想坟茔中这棵看似孤单的胡杨，便可以感受到孤独并不可怕，毕竟它在坚强地活着。生命过程中最可怕的就是放弃自己，或在困难面前低下曾经高昂的头。突然，在面对这棵胡杨时会有一种作为人类的悲哀在闪现，因为很多人的活着还不如一棵树。

想起了一个人，一个在多年前被诊断为只能活一年的绝症病人。他是我好友的父亲，疼痛一直在折磨着老人羸弱的身体，那时真的以为他会不久于人世，但六年过去了，他依然健在，就连医生都无法相信这个事实。原来，在老人得知自己的病情后，整整三天把自己关在房间里。当他再次出门时，已看不出脸上挂有任何阴霾了。他给自己定下一个目标，用这一年时间把外面的山山水水看个遍。于是他买了睡袋、背包、登山手杖等物品就出发了。这一去就是一年，老人回来后，发现死神并没有来迎接他，自己的精神反而越来越好了。从此他迷上了徒步，就在昨天，听说他又奔赴西藏了。老人没有放弃自己，就像胡杨没有放弃坚韧，这就是生命之歌，越唱就会越嘹亮。

定下神，望着四周那些倒下的胡杨躯干，再看看那棵挺拔如初的树，思绪在远去，感觉生命的意义因这些死去和活着的树而迸发出了希望，我又一次想起了那个依然在与病魔赛跑的老人。

远处的那一线绿色就是那片年轻的胡杨林了，它们不知道这里存在着另一片胡杨的坟茔，正因为不知道，它们才没有畏惧死亡的临近，用另一种方式在戈壁上昭显着旺盛的生命力。

天色渐渐暗淡下来，日头已躲进了西天的晚霞中，并平齐了我的视线，顿时，万道霞光从云间猛地斜刺了下来，再看灰色的戈壁，已经换成了另一种色彩，金黄色笼罩在眼前的所有景物之上，也投射在了那片胡杨的坟茔。我惊奇地发现，根本没有预想中的恐怖画面出现，倒是感觉这余晖下的坟茔变得柔和了许多。那些粗壮的残枝在霞光下竟然形成了一尊尊形态各异的雕像。这些作品都是出自哪个雕塑大师之手？神秘到只有在落霞中才能目睹到雕塑艺术的灵魂，简直是与白天的凄凉判若两极，这是用何种语言不能描述出的美啊！已经死去的树也能焕发出如此异样的美丽，难道这就是胡杨另一种形态的重生吗？

很多人对活着的胡杨会有很深的感悟，认为它们百折不挠，认为它们有高尚的品质，其实这都只是凌驾于胡杨本身的赞扬。如果这些赞扬者看到落霞中的这片坟茔，那么定会惊得不能自语，脑中也想不出那么多华丽的辞藻了。这是一种震撼，一种来自戈壁深处的灵魂触动。

真的会有胡杨的轮回吗？我再次问自己，可没有人能知道。我怕若干年后，远处那片年轻的胡杨林会变为另一片坟茔，但我还会期待着眼前这片坟茔再次绿意浓浓，至少河道边的那棵不能再枯萎。毕竟那是河道边独有的绿色和少有的阴凉，也是胡杨坟茔中唯一的希冀。

长号在吹响，又起风了，我俯身捡起一根记录着岁月印迹的胡杨枝，想把它带回家中，插入书房桌上的花瓶里，让鲜花与之为伴。重要的是，看着它可以使我时时可以感受到生命的短暂，还能把心沉下来，好好思考一下未来将要走过的路。

我走了，那片曾经浓绿的胡杨林被我远远地抛在身后，但我的心仍留在了铺满干枝的戈壁上，虽然现在那里还只是一座充满胡杨悲情的坟茔。

清泉圣节

曾有一个真实的场景在脑中总是挥之不去，那是在八百里沂蒙山区，老人们将粗麻绳系在孩子腰间，慢慢地放入深水井中，只为能从渐枯的井中取到几瓢混浊的水，而这一点点的水，则是一家人生活的必需，这一幕虽未触动泪点，但已品到了一丝悲哀。

每年都会参加不少地方性的节庆活动，但在我看来，最具有正能量的节庆当属伊吾的清泉节。因为它所倡导的"节水"主题是我们每个人最该反思的话题，尤其是地处缺水少雨的新疆，更是发人深思，谁也不愿看到沂蒙山区那个场景蔓延到所有人类的角落，于是，就会想起那句家喻户晓的公益词："地球上的最后一滴水，有可能就是我们的眼泪。"

可以放宽思维大胆想象一下：当这颗被谓之为蔚蓝星球的行星有一天失去了充满活力的色彩，那么只会有一个成因，就是资源耗尽，把人类重新打入盘古开天的时代还不算悲剧，只要有水，我们依旧可以存活，充其量只是所谓文明的毁灭。那么，如果最后水资源不再，重回混沌，地球将是万物不存，一片死寂，这是一种很令人恐惧的情形，好莱坞大片也曾清晰演绎过这惊悚的一幕，不用深究，造成这一切的罪魁祸首就是人类自已,这是一种自杀行为,也是大自然对资源挥霍无度的人类施以的灭顶惩罚。

不可否认,人类的文明始出于水,每一种文明都是如此,每个国家和民族都不例外。文明出现之前,一定要有一个稳定舒适的居住环境,那么河流就是重要的前提,之后的进化离不开水,发展离不开水,自然,创造新生活更离不开水。人类自古以来在选择生存环境时就定位于逐水草而居,几千年来都在为水源而奔波。水,滋润万物,惠泽众生,有水就有活力,有水就意味着生机与富足。

伊吾的春天总是来得很晚,虽已是初夏的六月,但仍稍感阵阵凉意,这个季节若在山南,那么田野中早已是绿意浓浓了,而在伊吾,这里的初春刚至。当我行走在清泉节的如织人流中,竟从心底萌生出一份感动,感动于伊吾人的淳朴善良,感动于伊吾人的境界修养,也感动于生活于这弹丸之地的人们已然从意识和思想上超越了大都市的精英们。

伊吾人对清泉节这个节日十分重视,每年的清泉节都是由当地德高望重的老人来主持筹划。起初,以为清泉节仅是因干旱戈壁上的一泓泉水而设置的节庆,后来才慢慢明白了它的含义。清泉节这三个字从字面上理解其实有两层内涵,一是指清理泉眼旁的杂物,以保障灌溉水道的畅通。二是指这里有多口泉眼,且水质非常清澈纯净。让我更没有想到的是,清泉节竟然是由当地百姓自发组织的,而且已延续了百余年时间。

又是下马崖,在这样的一个风情之地,清泉节也成了它的又一个传奇。很难想象在戈壁荒滩之上会有汩汩清泉喷薄而出,就像人的一生,逆境中总会有转机,困境的出现只因没有找到出口,或是没有打通破解迷局的通道。贫瘠土地上这大大小小的泉眼以及种种的不可思议都是大自然对这片土地的恩赐,下马崖人深知这一点,所以他们在用生命去保护它,呵护它,维护它。

当地的维吾尔族人用铁锹和坎土曼在清泉流经的水道里忙碌着,我永

伊吾下马崖清泉节上的维吾尔族舞蹈

远也忘不了在他们脸上跳动的神情，那是一种满足的快乐，也是一种难以言表的喜悦。姑娘们唱起了维吾尔族民歌，巴郎们利落地将树枝和石块从流水中捡出，时不时地附和几句姑娘们的歌声，总感觉这是在表达男女之间的爱慕之情，而非是在辛苦劳作。此情此景，又怎能不让人浮想联翩？不长的时间，一条条水道就已被众人疏导通畅，姑娘小伙儿们欢呼雀跃，仿佛看到了这一年秋天的丰收场景。此时竖耳再听，居然听到了泉水发出的顺畅欢鸣声，这就是当地人呵护水源的方式，本是枯燥的劳作，却因维吾尔民族人的性格而变得快乐了许多。

此时，旁边空地上已是炊烟袅袅，几口大锅坐在由石块堆砌的灶台上，刚才还在泉水边唱歌的姑娘又开始忙碌了起来，才知道，朋友曾向我提起过的百家饭开伙了。

在清泉节吃百家饭是一件非常难得的经历。因为这在平时，无论你去什么地方,都是无法享用到的特色美食,更因为它的绝无仅有,想品尝,你只能来下马崖。每到清泉节的6月9日,当地百姓都会从自家拿来清油、米面、蔬菜和羊肉,然后再由大家推举最擅长做饭的人掌勺,暂不提百家饭味道如何,仅是这近千人围坐品尝的气氛与气势就足以让人咂舌。

清泉节百家饭的品种并不多,毕竟是在野外,能喝上一杯清泉煮制的香茶,吃上一碗热气腾腾的本地美食已是相当奢侈的事儿。所以在这样的欢乐氛围中,饭食的种类花样倒显得不是那么重要,能体味到当地的奇特民俗,与如此多的人共进午餐,才是让人事过而念念不忘的。遗憾的是,直到现在我都不能准确地叫出这些饭食品类的名称,只记得有一种类似于新疆的抓饭,还有一种与新疆的汤饭雷同,看似差别不大,但味道却大不相同,比起抓饭,少了一分油腻;比起汤饭,又多了几分清香。我们的味蕾总是在随着心情的变化而改变,下马崖的每一种味道都真切包含着当地人的热情待客之道。

既然是新疆地方节庆活动,又怎能少得了歌舞的助兴?清泉麦西来甫就在众人的期待中上演了。你可能无法想象这些在乡村土生土长的维吾尔族姑娘舞姿的优美,用"惊艳"二字来形容一点儿也不过分。站在台下,如果不是突然记起自己正身处边境小镇,竟真的会以为看到的是专业演员的翩翩起舞。感叹维吾尔民族的歌舞天性,就连三四岁的维吾尔族孩子,在听到艾捷克的悠扬琴声后,也会情不自禁地舞动起来。

手鼓又一次有节奏地响起,瞬间引爆了全场,所有人都站了起来,此时,已没有了民族和地域的区分,都融入到了欢乐的鼎沸情绪中,大家一起舞着,跳着,欢呼着。欢快的麦西来甫与欢腾的人群,再加上欢鸣的清泉,如此情景,谁会不感觉自己就是伊吾人?

无论是一大早当地人辛苦地去疏通沟渠,还是中午千人一起品尝百家饭,抑或是下午千人共同舞起麦西来甫,都在围绕和渲染着一个环保的倡

伊吾下马崖清泉节上当地农民正在为水道清淤

议,就是:保护我们赖以生存的大环境,节约我们不可再生的水资源。如果把清泉节上升一个精神层次,那么这就是大爱,伊吾人淳朴且理性的大爱。值得让人高兴的是,2007年自治区将清泉节列入了《非物质文化遗产名录》,这不仅是伊吾人的荣耀,也是新疆各族人民的荣耀。

离开了,有些不舍,虽脚步已走出了很远,但心仍停留在麦西来甫的欢快节奏中。这时,我想起了一句维吾尔族谚语:水是农民的血,地是农民的命。马路边停着一辆有着维吾尔族特色的华丽的驴车,坐上去虽颠簸,但新鲜感十足。车上有一位维吾尔族老人,我问他:"您参加过多少次清泉节了?"他看了看我,缓缓地回答:"记不清楚了,我今年八十多岁,在我很小很小的时候,就在清泉节上为大人们倒茶水了……"

野羊冢

从中学时代第一次得知象冢时起,我就怀有一种期待,想象着如果有机会,能跟随一支探险队深入非洲,去找寻象冢之地。哪怕艰难险阻,哪怕最终一无所获,对我来说,也是一生最难忘的经历。只是很可惜,没有这个机会。关于象冢,也只是一个传说,无人知道它的真实方位。

象是一种颇具灵性的动物,它的某些行为会让很多人感到诧异,就像它能预知自己的死亡。而这一点,作为智能生物的人类也无法做到。当一头大象开始脱离象群,独自走向另一个未知之前,死神就与这头象做了最后一次诡异的交流,尽管老去的大象从出生时起就没有去过那块神秘的墓地,但它也会顺利到达那里,时间不早不晚,就在最后一步踏入象冢的瞬间,老象正好也用尽了最后一丝气力,之后,它将站立着死去。

前些日子,与一个朋友又一次聊起了象冢,朋友突然一脸兴奋地告诉我:"你知不知道在伊吾的喀尔里克山上,有一片隐秘的野羊冢?上面四处散落着盘羊的骨骼与大角。"听后我连忙问他:"真的,还是假的?具体位置在什么地方?"朋友看着我说:"这是最近一个搞野外普查的人提起的,位置大约就在喀尔里克山四千米处的一个断崖下。据说是当地一个哈萨克族牧民偶然发现的。"

这个消息让我兴奋不已。若属实，将会是一个爆炸性的新闻，因为除了大象，还未听说过其他动物有过如此相像的行为，而且也是有着可以预知死亡的诡秘。

那几天，我的脑中一直闪现着这样的一幕：一只衰老的盘羊在众羊的注视中离开了自己的种群，它步履蹒跚，早已失去了在崖缝中跳舞的矫健。走过长满雪莲花的河岸，它没有回头；走过坚实刺眼的冰川，它也没有回头，就这样义无反顾地走向了一个可以容纳它生命终了的最后容身之地。当它倒下，远处有一只孤狼正在注视着它，天空中还有秃鹰在嘶叫。

在喀尔里克山曾经的时光中，有成群的盘羊在这里繁衍生息，冰川覆盖的陡峻山峰之间，它们嬉戏、觅食、跳跃，唯一的天敌就是雪豹和狼。当地牧民从不去捕杀这种动物，因为他们对这座山怀有敬畏，生怕自己的愚蠢会惹怒山神，遭到冥冥中的报复。就算有盘羊偶尔下山混入自家羊群来吃草，牧民也会小心翼翼地将它们赶回山里。千百年来，盘羊与山下的人们是在一种融洽的氛围中共存，谁也不会去打扰到对方的生活。

后来，疯狂的盗猎者出现在了喀尔里克山，仅仅是为了获取盘羊那颗漂亮而威风的头颅。于是，濒危的盘羊种群数量越来越少，盗猎者从开始的满载而归到以后的一无所获，这无形中又形成了一个怪圈。由于盘羊数量大幅减少，造成了黑市盘羊头颅的价格一路飙升。于是，又有新的盗猎者加入到了铤而走险的行列中，他们不顾雪线之上的高寒，不顾山中时常出没的野狼，在喀尔里克山上如幽灵般伏击着峭壁上腾跃的盘羊。有时，命丧山中也是盗猎者随时要做好的心理准备，因为他们知道当利润太大，又无法去评估潜在的风险时，那么只有搭上半条命去赌了。

野羊冢的突然出现，在惊喜之余，还让我多了几分担心。毕竟在它背后，隐藏了太多不为人知的信息，包括传说中的"野羊道"。所谓野羊道，就是指盘羊或是北山羊在山中的一条仅属于它们行走的小道，隐蔽且安全，除了雪豹，无人能将其清晰地找到。基本上所有野生动物都有自己固定的路径，狼有狼道，野兔也有自己的路线。就是说一旦野羊冢的地点被公之于众，从它们的遗骸来倒推出那条神秘的野羊道，那么喀尔里克山的盘羊将会遭到盗猎者带来的灭顶之灾。

如此，还有一个担心，如果野羊冢有一天公示于天下，势必会导致哄抢，造成那些盘羊头颅再次流入黑市，将会引来更多的寻宝人。到时，喀尔里克山上仅存的盘羊就再无宁日。更为可怕的事情还在后面，野羊冢说不定会成为盗猎者的又一个华丽谎言。或者说，野羊冢根本就不存在，只是盗猎者放出的一个烟雾，象冢之说也逃不出这个假设。此说法应该符合盗猎者的逻辑，如果森林警察抓获了盗猎者，也缴获了被猎杀的盘羊头颅，他们会辩称是从野羊冢捡到的，那么该如何去定罪？就算立案，是否在量刑上也会稍轻于盗猎？野羊冢若是一个烟雾，真可谓是盗猎者的处心积虑。

对于人类的贪婪而言，大象与盘羊有一个共同点，就是可以从这两种动物身上获取到惊人暴利，为了一根象牙或是一只盘羊的头颅，就不惜用猎枪剥夺它们的生命，这何其残忍？在盗猎者眼中，一切与金钱无关的事物都是废物，这些动物存在的意义就是为了给人类提供更多奢侈的装饰品。一条条鲜活的生命就在扳机扣动的那一瞬间倒下，他们用利刃割下认为有价值的东西之后，抛下还在流血的动物尸体，扬长而去。

《消逝中的荒野》一书中配有一张令人震撼的纪实照片，一个外国猎手托着一颗被猎杀的盘羊头，作者哈里斯在图片说明中写道："在中国的国际狩猎场，盘羊是价值最高的战利品。"书中他还将中国非法捕猎的价格清单列了出来，其中排在第一位的就是盘羊，赫然标价为21500美元！

我不知该用怎样的文字去表达愤怒，真正的野羊冢事实上并不在某个山崖之下，而是在那些个黑洞洞的滴血枪口之中。人类不是大自然的主宰，所以无权去剥夺其他野生动物的生命，为了一己之利，便视一切生灵为草芥，这不只是残忍，还是人性中对善的颠覆，更是对每一个野生动物生存权的漠视与践踏。盗猎者，请放下你们手中的枪，所有对大自然的不敬最终都会带来报应，这一点，我深信不疑。

至于喀尔里克山上的那个野羊冢，我希望它是存在的，但又希望它是虚构的，矛盾总在纠结。原因只有一个，我只想说：无论盘羊的生与死，都与人类无关，不要试图去寻找那片只属于盘羊的清静墓地，也不要将它作为偷猎之后的护身借口。唯利是图的盗猎者，请远离喀尔里克山！

就在即将写完这篇文章之时，我接到了朋友打来的电话，他说找到了那个发现野羊冢的牧民，但再次上山，却怎么也找不到野羊冢了。挂了电话，我点了一根烟，仰躺在椅子上，长出了一口气。

伊吾狼的故事

很少有动物能将狼置于死地,除了人类的杀戮,就是饥饿而亡。牧民恨狼,只因狼的嗜血成性,他们的羊群就算有强壮的牧羊犬护卫,也难抵群狼的疯狂冲杀。人类的思维有时本末倒置,他们认为是狼破坏了自己安定的生活,殊不知,狼才是这片土地真正的主宰。在狼的眼里,一切侵入它们领地的动物都应被驱逐或是屠杀,人类此时饰演的是侵略者的角色,同时,他们还忽略了一个常识性的问题:狼的尖锐利齿天生就是为吃羊而生的。

伊吾的狼在山里也不知生活了多久,至少在人类出现之前,它们就早已存在。狼经常出没在草场,时而长嗥,时而露出仅属于狼族的深邃目光。牧民似乎早已摸透了狼群的行动规律,却依旧无能为力,虽知道狼都是追踪着羊群在活动,但总也找不到它。这种捉迷藏的游戏在伊吾草原一玩就是几千年,牧民们只有在夜半听到羊群的异常骚动之后才会看到遍地的死羊尸首。

人类的智慧在与狼的血腥交流中总是略处下风,鲜见狼有单打独斗的。它们的目标明确,态度单纯,认准了就会勇往直前,退缩是少有的事儿。牧羊人在伊吾草场遭遇狼群几乎都是以悲剧收场,一旦与狼发生对峙,损失过半那是常有的事儿,有时甚至会倾家荡产。在伊吾这个地方,从一个朋友的口中我听到了这样一个故事,故事的主角是他的一个牧民朋友,不,确切地说,故事的主角应该是狼。

羊群接连三年被狼群袭击,这听起来颇具传奇色彩。艾尔肯却不这么认为,他觉得自己就是个倒霉蛋,毕竟这在伊吾很常见,但发生在同一人身上就显得有些离奇了。艾尔肯是本地一个世代以牧羊为生的朴实牧民,他永远也忘不掉第一次遭遇狼群时的情景,也清楚地记得那一天的狂风肆虐。

事情发生在艾尔肯放牧回家的路上,突然刮起了很大的风,气温骤降,羊群逆风行进的速度缓慢。由于身上衣物穿得较少,他便决定先骑马回家。在一般情况下,羊群会在头羊的带领下自行回到羊圈。让艾尔肯没有想到的是,三个小时过去了,一只羊都没有回来,万分焦急的他立刻骑马去寻找,一直到太阳落山,仍然没有看到羊的影子。无奈中,他晚上只好寄宿在了草原深处的一户牧民家。那一夜,艾尔肯没有睡好,毕竟那群羊是他的全部财产和希望。

第二天一大早,天刚蒙蒙亮,艾尔肯又骑着马出发了。这时的风小了许多,在翻过了一座山梁后,一幕他不愿看到的情景出现在了眼前。几只被啃食的只剩下骨架的羊就在他的脚边,在向前又走了一段距离后,艾尔肯看到了山坡下横七竖八躺着的近百只死绵羊的尸体,他顿时懵了,几分钟后才意识到这是他的羊群遭到了狼群的围剿。事已至此,艾尔肯没有丝毫的办法,他只是在不停地抱怨着自己为何当初先行回家。后来,他打电话给朋友,一辆卡车竟然没有装完这些被狼咬死的绵羊。

返回的途中,艾尔肯听到了狼的嚎叫声,透过车窗玻璃,他看到一群狼正在山顶注视着这辆车的远去,并发出了此起彼伏的深沉长嚎,似是在挑衅,又像是在宣告着胜利。

第二年，在伊吾的另一片草场，艾尔肯的羊群在一个晚上又被狼群突袭。这一次应该算是幸运的，只有一半羊群命丧狼口。当时听到了羊群的骚动声后艾尔肯就冲了出去，制造出大的声响才吓退了狼群。接连两年的厄运差点击垮艾尔肯，但他还是挺过来了。

没想到第三年，再次发生了同样的一幕，虽不是完全雷同，但也算惊人的相似，夜半羊圈遭遇狼群的疯狂进攻，只是损失不太大。艾尔肯始终认为这是同一群狼，且连续三年都在追踪着他的羊群，并频频得手。

我相信他的推测，因为狼的耐心与耐力成就了其他动物所没有的睿智，多年去追踪同一群羊只是狼使出的小伎俩。如果你看到草原群狼用计去围猎羊群的场面，就会惊诧于狼拥有的那份智慧。还有些动物的智商也非常之高，不过只局限于在某一方面与人类沟通的顺畅，但像狼这样有着匪夷所思的全面素质的动物，应算是最具灵性的。当然，人们会把这种灵性归纳于"狡猾"二字。有牧民亲眼看到有狼将家猪用尾巴赶上山时的情景，而且家猪表现得非常顺从。

狼在生态环境中是重要的一环，有狼的地方一般都说明当地的生态环境非常好。所以，伊吾狼在这里繁衍生息了这么多年，也间接证明了此地的环境还是处于原始的平衡状态。有人认为，狼吃掉草原上的羊，是对草原环境的一种保护，至少是让羊群在减员后可以减轻草原退化的速度。这不无道理，但牧民们可不会这么想，你吃了我的羊，对我的生活产生了影响，那么你就是邪恶的，就是最大的敌人。

在很长的时间里，人类对狼有一个误区，只是一味地夸大了它的凶残，包括也用狼去吓唬那些不听话的孩子。事实上，身处大自然的每一个个体都有它的生存权，人类会用自己的尺度去表达对某种动物的好恶，这本就是不公平的体现。有人会问，狼有生存权，那么羊不也一样，都有生存的权利吗？其实这其中还有一种无法克制的欲望，就是食欲。羊在草原食欲无忧，因为它是吃草的，狼怎么办？个体差异造就了狼的利齿，如果不去吃羊,那么就会被饿死,大自然弱肉强食的法则由此便可见一斑。所以,如果在食物链中,或是在大自然的优胜劣汰中去除了人类的存在,那么狼吃羊就是天经地义的事儿,但去除人类这不可能。同时,羊又是人类利益所在,所以,他们会去谴责狼的凶残,事实上,最后羊还是会被吃掉,不是狼,而是人类自己。那么狼与人有何不同?其实都一样,都是在为自己的生存权而战,两强之间必须留一个,以保障自己能够活下去,保障自己的后代能够繁衍下去。

伊吾这地儿前些年有人养狼,一般都是捡拾的狼崽,被误当作狗崽养在院中,可当狼长到半大时,才会被发现这竟然不是狗,养狼人不敢将它们放归山野,怕伤害到周边的牲畜。于是,就用最粗的铁链把狼拴在最粗的木桩上,除了去喂食它,谁也不敢靠近。可是,养狼之人迟早会被狼吃掉,这不是狼的残忍,而是狼天生具有桀骜不驯的性格,野性总有一天会淋漓地爆发出来,无法去驯服,更别说去做人类的朋友了。人类圈养长大的狼活不了多久,就算每天给它充足的肉食,它也不愿过这样的生活,草原才是狼驰骋的地方。所以,那些养狼人就陷入了进退两难的境地,而那些狼,最终会郁郁寡欢,在绝望中死去。

很少在伊吾听到有人被狼咬伤,它们只是远远地注视着你,如果你发现了它,它便会小跑着离开。我想,在这片草原上,人与狼争斗的几千年中,狼已在基因中留下了人类的影像印迹,它们不想再这样对立下去,因为在狼的记忆里,人类才是最难以应付的对手。

如今,伊吾的狼群已退守到了喀尔里克山下,这是它们对人类最大的宽容。同时,人们也意识到狼对于这片土地的重要性,不再为几只羊的死去而迁怒于狼,更不会为了一张张狼皮就去屠杀它们,也许彼此相敬如宾,彼此和睦尊重,才是人与狼之间最好的相处方式。

有狼的草原才是真正的草原,有狼的山野才是真正的山野,怀念远去的狼不如去敬畏狼的存在,古道,西风,瘦马,有狼的地方才有天涯!

有个地方叫作下马崖

初去伊吾下马崖,就在本地人面前闹了个笑话,那是在我念出"下马崖"三个字时。按普通话标准,这个"崖"字应读"yá",可在下马崖,如果你这样发音,只要一开口,就会马上暴露出你不是本地人。因为在伊吾,"崖"的读音是"ái"。《现代汉语词典》对"崖"的注音是:"yɑ,(又读 ɑi)",崖,意为高地的边,陡立的山边。据我所知,这个"ái"字的发音多是在台湾地区。

下马崖这个地名也不知是从何时才有的,但至少你能从名称中了解到它的地貌,或是其中蕴含着一个与丝绸之路有关的故事,起码还会有一个美丽的传说,否则,又如何会叫下马崖?

关于"下马崖"名字的由来,也是充满了争议,一说是因伊吾毗邻蒙古国,可能会由蒙语摩艾图、摩垓、莫艾、德都莫垓演化而来。蒙语"摩垓"或"莫艾"是蛇的意思,"图"是"有……的地方",故"摩艾图"意为有蛇的地方。"德都"是下部的意思,于是,"德都莫垓"便被叫作下莫艾。久了,便转音为下马崖了。还有一说也有它的历史背景,此地自古就是内地通往西域的必经之路,也是丝绸之路北道的一座重要关隘,加之境内筑有军城和烽燧，并有清泉相依，所以下马崖成了来往客商理想的休憩之地。在当时，下马才能叫作歇脚，再配合周边环境，下马崖这个名字就不难理解了。如果依我的判断和逻辑，我则更倾向于后一种说法。

当满载茶叶丝绸的庞大驼队从关内一路走来，出了阳关，便跨入了西域。这条路，便是古丝路一路向西延伸的必经之路，那么下马崖在中西方文化的交流碰撞中饰演了一个怎样的角色呢？比起距其百里外的镇西城，下马崖确实没有太大的亮点。但这里，却是到达镇西卸货前的最后一次歇脚，有了在下马崖的休整，才有了一鼓作气行至镇西的动力！

在当时的西域，驿站的选择是有严格要求的。首先，若要保证驼队人员和牲畜最基本的粮草饮水的补给，必然要寻一处水丰草肥之地，毕竟从甘肃到伊吾的途中，是千里戈壁荒漠，长途奔波后，粮草已基本耗尽，而下马崖，无论是在时间还是空间上，都具备了作为驿站的条件，也为进一步西行奠定了坚实的后勤保障。

其次，自古以来，商道必伴随着匪患，如途中遭遇劫匪，无疑是灭顶之灾，所以，安全问题也是很重要的经商条件。聪明的商人一般都选择沿途有兵士把守的关隘或烽燧作为事先拟定的行走路线，下马崖作为当时屯兵屯粮之地，筑有军城，并常年有军队驻扎，走这条路，似乎应是最安全的。商队之间也达成了此种默契，于是就促成了这里成为众驼队的歇脚之处。一时间，古道下马崖熙熙攘攘，好不热闹。

除此之外，还有一点也至关重要，就是气候，尤其到了夏季，戈壁的炙热会使人畜中暑脱水，直接后果会造成死亡减员或是瘟疫流行。若商队从甘肃进入西域时选择走山南，那么他们将会面临摄氏四十度以上的高温，而山北下马崖一线的环境凉爽湿润，于人于畜于商队都是非常适合，减少了发生意外的可能，毕竟镇西城就在不远的百里之外，哪个商队也不想在距终点咫尺之遥的地方节外生枝，在此休整，补充给养，之后完成千里跋涉后的最后一段冲刺。

如今，商驼古道虽早已随历史远去，但下马崖仍在，清泉仍在，军城仍在。

都说在那座古军城内可以捡到清代的铜钱，可我在其中却没有丝毫收获，毕竟这座城经历了几百年或是上千年的风风雨雨，就连我都能轻松进入城内访古，那么在我之前，又有多少人来过？所以，捡到古铜钱的概率微乎其微，可以肯定，捡钱这事儿也是要看运气的。

古军城是下马崖非常值得骄傲的遗存，它佐证了一段历史，见证了一段文化，也留下了许多关于古城难以破解的谜团。迄今为止，考古队对它的研究只得出两个结论：第一，古城为屯粮所建；第二，它属于清代。事实上，对于古城的断代，很多人都进入了一个误区，认为既然有清代的铜钱，就是清代的城，那么我们能否换一个角度来看，如果此城是在唐代就已建造完成，只是后续沿用到了清代，那么又该做何解释？

没有任何证据表明这座城曾发生过战争，这对我来说是欣慰的，因为我见不得杀戮，见不得流血，更见不得弃亲人痛苦于不顾的所谓"捐躯"。尤其是在为利益而战，这不符合几千年来中国文化的传承精髓，历史总会伴着战争而改变，战争又会违背我们一贯秉承的文化内涵。当然，流血的意义从和平的角度来看是无谓的，但另一个角度却把"牺牲"上升到荣誉的高度。于是，猛然又回到了哲学层面，这就是矛盾，人类世界的一切都是矛盾的，与人类相关的一切也都在矛盾中挣扎。

这是一座没有发生过战争的城，我们甚至不清楚它的名字，但它确确实实因战争而生，又因和平而废，有一点不能忽视，它的存在价值在那段历史中意义非凡。从地理位置的方向去审视，下马崖是众多驼队从甘肃进入西域的首个落脚点，可以说控制了下马崖，就等于切断了内地通往西域的贸易动脉，这座城理应就是古丝绸之路进入西域段的第一关隘，那么能否称之为"西域第一军城"？可能没有人会这么理解，也无人会把这么大一个称号放到一个如此小的城池之上，但这并未影响到古军城在内地与西域文化交流碰撞中所发挥的作用。至少，它维护着来往商驼的安全，是它让"丝绸之路"畅通无阻。

　　从我眼中看这座城，它是悲壮的，尤其是它孤零零的守候，就像一个耄耋老人回顾着自己坎坷的一生，老人在沉思，古城也在沉思。如今，往日繁忙的古道早已生机不再，军城也渐渐失去了旧日的威严，一切都会远去，无论曾经是何等的繁华辉煌，时间可以吞噬一切与时代不符的人与事物。

　　很多人认为军城的废弃源于西域战事的偃息，可他们却忽略了很重要的一点，就是"丝绸之路"的改道。当一座城池失去了军事意义，又不能在贸易中发挥震慑外来侵害的作用，那么它的衰落则是必然的结果。可以肯定，它绝不是毁于被攻陷。

　　想象不出下马崖曾经的繁荣，只有从书中或电影里搜寻这些类似记忆的碎片，然后慢慢拼接成形，直至脑中出现一个清晰的脉络。当然，一切都是虚幻的，虚幻中又透着那么多的不解，只是情节中怎么都少不了军士、马匹、驼队和算盘，画面里也永远不会没有清澈的泉水。如果有一幅图画能像《清明上河图》那样反映汴河两岸的繁华，并流传至今，那么我们对下马崖的理解也就不会抽象到只能想象。还好，我们还有想象的资本，起码下马崖还是有能去想象的历史积淀。

　　还是有遗憾，军城虽时间久远，但它保存还算完整。只是下马崖曾经那些个大大小小的客栈又去了哪里？就算经营客栈的商人们追随着"丝绸之路"的改道而去，那么客栈的建筑应该还会留在原地，可如今却遍寻不见，就似随时间的推移烟消云散了。我们该如何去解读？或是毁于一场偶然燃起的大火？或是毁于几百年强劲的西风？再或是被当地百姓拆去点了炉子？这一切都不得而知，如此之下，谁又不能去否认它们曾经的真实存在，那么还是用心从历史中去慢慢回味，用极大的想象空间去搭建还原出客栈的轮廓。其实，这也是一种对远去古丝路的追思与凭吊。

可叹沧海桑田的变换，可叹世事轮回的苦难。有时，我会去想，作为一个路人，我该用怎样的心境去面对远去的丝路？又该用怎样的方式去理解那些历史沉淀下的文化？多年以后，我才慢慢明白，由人创造的历史要从人的角度去诠释，由人创造出的文化也要从人的角度去解读。

伊吾木卡姆的故事

有人认为这是一个传说，或只是一个流传在民间关于伊吾木卡姆的故事，也许会有一些加工渲染的成分在其中。但无论怎样评说，都总感觉它有很强的历史真实性，有一种故事让人听后心存欢喜，也有一种故事听后会伴随着悲伤和遗憾，还有一种故事交织着一种悲喜交加的复杂心情，那么我所说的这个故事，它应属于后者。

至少有一百多年的时间，这个故事始终在延续，在方圆五百里的范围内，口口相传之下，竟没有丝毫走样。回王还是那个回王，王后也是那个王后，只是那个叫作库尔班的青年乐师，经历了太多传奇似的经历，如果你在伊吾随便去找一个维吾尔族孩子问起，他能完整地将故事的经过讲出。

故事的背景发生在19世纪末，那时的哈密是由九世回王沙木胡索特所统治。这位末代哈密札萨克和硕亲王本是一个放羊的孩子，却在一个偶然的机会被当时垂帘听政的王府福晋迈里巴钮看上，并将小女儿许配给了沙木胡索特。后来，八世回王过世后，这个凭借聪明才智得到赏识的王府女婿一跃成为哈密回王，并得到清政府的特许，世袭了和硕亲王的爵位。

自此，沙木胡索特完成了鲤鱼跳龙门的奇迹。沙木胡索特统治哈密48年，他的暴政和贪婪让本地维吾尔族人深恶痛绝，重重的苛捐杂税再加上他对农牧民的层层盘剥，可谓民不聊生。

那时，哈密与清政府的关系非常微妙，每年都要向清廷进贡本地的特产，以示不一的忠心。当然，贡品中自然也少不了哈密的甜瓜。进贡之路非常漫长，当时有一名官员写下一首诗为佐证："积雷天山摩峻岭，风高瀚海古伊州。玉门关路通西域，回鹘台墩旁碧流。圣世安边开万里，年年瓜贡渡芦沟。"那一年，沙木胡索特亲自带队就是沿着这条路前往京城的，但由于路途遥远，一来一回至少也要耗费将近一年的时间。

回王沙木胡索特的驼队出发后，他的王后顿感寂寞，下人们看在眼里，也没有什么好的对策，生怕哪一天会因凤颜不悦而惹上杀身之祸。他们用尽办法想让王后开心起来，但没有一种办法能奏效，在很长的时间内，王后依旧郁郁寡欢。后来，下人们又在一起绞尽脑汁时，有一个人出了个主意，不如去请个好的民间乐师来，因为王后早已听腻了宫内的曲子，最起码新鲜的音乐能让她心情舒畅，这样就不至于让大家始终处于一种惶惶不安的状态了。于是，他们寻遍了哈密的大街小巷，在经过了严格的挑选后，青年乐师库尔班得到了这个千载难逢的机会。

库尔班的确是个优秀的乐师，他精通各种本民族的乐器，也能哼唱出所有民间流传的曲子。进宫后，他的表演得到了王后的赞赏。尤其是在演唱木卡姆时，竟能使王后处于一种如痴如醉的状态，这让宫内所有人都长出了一口气，毕竟王后笑了，而且笑得是那么的开心。当然，库尔班也赢得了大家的尊重，在王宫中受到了尊贵客人才能享受到的礼遇。

时间一长，情窦初开的库尔班发现自己居然喜欢上了美丽的王后，他也知道这根本不可能，但又控制不了自己对她的爱慕之情。从此，他对王后唱的每一首歌都唱在情之深处，弹奏的每一首曲子都充满了迷恋之意。没想到王后也渐渐喜欢上了库尔班的才气，只是两个人都还算理性，谁都没有点破，依然保持着王后与乐师之间的主仆关系。毕竟在那个时候，地位的悬殊和所处的大环境，这种恋情是不被允许的。

一年的时间过得很快，回王从京城回来了。他发现王后似乎比以前更加美丽动人了。便询问缘由，王后如实讲述了库尔班来到宫中为她演奏乐曲的经过，还说是库尔班的音乐使她快乐愉悦地度过了回王不在的时光。说者无意，听者有心。沙木胡索特听后大怒，心想一个阶层低贱的奴隶竟然敢在王宫里取悦王后，居心何在？于是，他将库尔班投入大牢，并用尽酷刑，将库尔班打得遍体鳞伤，然后将他发配到了离哈密四百多里外的淖毛湖。

库尔班在淖毛湖过得很痛苦，这种痛苦并非来自肉体上劳累的折磨，而是见不到王后的那种过重的相思之苦。他知道自己再也回不去了，以后的日子他将远离亲人，独自一人生活在荒凉的淖毛湖。库尔班是个乐观坚强的年轻人，在短暂的绝望过后，他又重新拿起了跟随自己漂泊已久的艾捷克和手鼓，每日与歌为伴，以舞为乐，直至唱遍了淖毛湖的每一个角落。他用歌声痛斥着回王的暴政和冷血，用歌声诉说着如潮的思念。

为了纪念那段人生第一次感受到的爱情，库尔班在《热克木卡姆序》中唱道：

爱的秘密，问那些离散两绝望的情人；享受的技巧，问那些掌握着幸运的人。爱情不贞，就是命运对我们的注定；欺骗和背信，问那些缺乏慈爱的人。时间的辛劳使我们消瘦又苍老；美丽的力量，问那些拥有青春的男女。孤独的滋味，富贵有权的人不懂；穷困的苦楚，流浪者了解得最深。弱者的处境，爱侣们只有等待死亡来临，谁能下死亡的判决，是那残横的暴君。被猜忌的爱侣们所感受的滋味，好人不会知道，要请教我这样的坏人。朋友们！纳瓦依生活在爱的戈壁里，要知道他，去问那里来的旅群。

也不知过了多久，库尔班老去了。他仍单身一人，弹奏着那把与他同样老去的艾捷克。他唱了一生，控诉了一生，也怀念了一生。这些年，库尔班以自己对音乐的悟性和理解，将哈密木卡姆的区域特色又一次增色添彩，从此，伊吾木卡姆作为哈密木卡姆的旁支横空出世，这对于库尔班来说，也算是一种慰藉。

这个故事我相信它是真实发生过的，里面有喜，有悲，有快乐，也有痛苦，谁也不知道王后后来的生活，是否她也在思念着库尔班？也没人知道库尔班死去以后埋葬在了什么地方，但他的音乐还在。只要伊吾木卡姆不停止，库尔班就会永远活着，毕竟这其中充满了他的心血。当手鼓的节奏响起，当艾捷克的琴声奏起，所有生活在伊吾的百姓都会提起他，记住他，并永远地怀念他！

飘散的烽烟

穿越丝路，徘徊于历史飞扬的烟尘中。叹息间，除了大漠将夕阳一线隔断，还有大路旁伫立千年的烽燧，似仍在讲述着昔日的过往，或是金戈铁马的浴血征战，或是商贾驼队在编织繁华。当现代化交通工具将这条久远的商路远远抛之身后，是谁在驻足观望？又是谁在孤烟下吹着那支哀怨的羌笛？

驼铃的清脆声从遥远的汉唐传来，在到达西域之前，无论是时间还是空间都从未间断，玄奘大师在烽燧下躲过军士射来的飞箭，之后头也未回，一路向西而去，这条路承载了太多想象，也成就了太多希望。古丝路是一个漾满迷幻的大道，沿途总有些影子伴随左右，尤其是在晴朗的夜，抬头便能看到一个个如罗汉般坚定的剪影，它贯穿着"丝绸之路"，护卫着路经于此的每一个旅人，在这场梦中，也有伊吾。

走遍西域，基本没有相似的景，同样是草原，却也能品出不同的韵味，只是这片土地上绵延的点点烽燧，其形制颇为雷同。从伊吾开始，它们就以一种大排列的方式延伸到戈壁深处，跨越草原，翻越天山，穿越戈壁，如果将这些烽燧用砖块和土坯连接起来，那么就是长城在西出阳关之后的延续，可惜没有，它们千百年来一直是以傲立的姿态守候在丝绸古道旁，用深邃的眼神去远眺它的下一个兄弟。若去追溯西域烽燧的起点，毋庸置疑，这个起点就在伊吾。

以烽火传递军情也不知是哪位高人的创意。总之，从商周开始，就一直沿用到明清。这种预警方式以绝对的优势占据着战争速报的主导地位。无论距离有多远，一旦发现有敌军入侵，白天便在烽燧之上点燃半湿柴草使"燔烟"四起，夜间燃烧干透的薪柴"举烽"示警。这是一个可以想象出的壮观场景，当一个烽燧燃起烽烟，相邻烽燧上的军士看到后也立刻聚柴点火，之后此信号便在烽燧间逐个传递下去，哪怕是去求千里之外的援军，烽烟接力也会在不长的时间内到达。这方式虽原始，但在当时，也是非常简单快捷，历史上也有不少战争得益于烽燧的预警制度。

所有烽燧的命运只有一个，就是被战争所遗弃。伊吾的烽燧也不例外，好像每个人看到这些在戈壁大漠中的烽燧都会认为它们无比沧桑，且无限孤独，沧桑那是一定的，毕竟千百年的西风不停地掠过它们的身体，斑驳中失去了时间的洗礼，没有了历史赋予的厚度，烽燧的站立也就失去了它存在的意义。孤独有时要换种方式去理解，不能用人类的狭隘去感知，如果烽燧有思想，那么它看人类才是孤独的，因为很少有朋友能去陪伴一个人的一生，可它却能为下一个烽燧而坚守，就算互望不到，也是一种无怨的陪伴。

习惯于去抚摸烽燧冰凉的身体，并非是矫情。在我的内心，早已将这种抚摸引申为了纪念中的凭吊，会有恍惚，似乎听得到那些汉唐兵士思乡的低语，也能感受到那独属于西部的马鸣风萧。如果让我倚着古老烽燧小睡片刻，会不会做一个有关烽燧前世的大梦？梦中无须烽火连天，无须狼烟四起，也不要血腥拼杀，永远的安静才是我真正想要的。哪怕这些烽燧从始建时起，一直到若干年后被遗弃，都没有起到它应有的作用，我想，不只是我，这是大多数爱好和平之人最终的梦想。

当然，这都只是一个美好愿望。既然是为战争而生，就必定能承担起战争的残酷，这个世界没有永远的和平，"和平"二字太抽象，以至于抽象到只能用兵戈去诠释。

提起烽燧，大多数人都会想到那个"烽火戏诸侯"的典故，"褒姒一笑失天下"沦为了持续几千年的教训与笑柄，美人与天下如何取舍，这是诸多昏庸帝王一时无法做出的抉择。还好，这个周幽王用为博美人一笑而丧国的故事警示了后人。其实，错不在褒姒，错不在诸侯，错也不在烽燧，错就错在周幽王的荒唐与儿戏。唐代诗人胡曾有为此作过一首《褒城》，诗中曰："恃宠娇多得自由，骊山举火戏诸侯。只知一笑倾人国，不觉胡尘满玉楼。"

幽王姬宫湦还是将西周打入了万劫不复。如今，历史虽已远去，但建立烽燧预警制度的君王未曾料到，那些充满故事与传奇的烽火台竟延伸到了西域，西域烽燧起于伊吾，那么纵深的另一端又在何处？如果将这些烽燧全部纳入长城的范畴，那么万里的距离是否过于保守？

我曾在伊吾下马崖感受到了另外一番景象，当烽燧、古城与坎儿井出现在一幅画面中，背景是浩瀚戈壁和雪顶天山，无法想象这又是怎样一种能代表西域的豪迈？恐怕无任一词语能尽情描述，也无任一画笔能将其完美勾勒，更为遗憾的是，没有古代诗人曾为此留下半句诗词，是否也因太过壮美而穷尽了辞藻？或是心的感悟超越了词汇之所及？我不得而知，总之，站在这里，思绪的狂乱始终都无法抚平，后来我才慢慢明白，有一种单纯的景致是用语言来赞美的，还有一种带有历史尘嚣的厚重之地，是用澎湃的心去无声祭奠的。

顺着下马崖烽燧向西走，以为用不了多久就能看到下一座，然而直到喀尔里克山下都未看到。可能是方向错了，也有可能它们早在风雨中被夷为了平地。这以后，我开始刻意寻找戈壁上微微隆起的土包，因为有一个念想一直都在，可能其中的某一个土包，就是一座曾经高高屹立的烽燧。

如果能找到，我会提上一壶酒坐在旁边，第一碗一定要洒进它的地基，哪怕它的高度如今只能齐过我的脚踝，我知道，站着是烽燧；倒下，也是一座烽燧。

烽燧在，历史就在；历史在，伊吾就在。烽燧虽已走远，但历史还在，无论丝绸之路这里留下了怎样的印迹，无论历史在这片土地演绎了多久，请相信伊吾仍在！

伊吾保卫战

几年前，有幸在伊吾见到了当年参加四十天保卫战的老战士和曾经指挥过这场战斗的副营长胡青山烈士的遗孀舒彦女士。对于这场惨烈的保卫战，老战士每每回想起那些记忆犹新的细节都不禁老泪纵横。他们的哭泣不是一种简单的情感流露，而是在深切纪念着那些将热血浸透伊吾这片土地的战友们。皱纹虽横刻进了他们的额头，但这份永恒的记忆却始终铭刻在他们的心里。伊吾四十天保卫战不只是一场战斗，还是一段书写历史的传奇，老战士不会忘却，我们也不会。

将历史重新定格在1950年的那一个初春三月，当时，奉命驻守伊吾县城的是解放军十六师一营二连，由于兵力只有区区百余人，所以战士们面临的将是一次证明自己是铮铮铁骨的重大考验。那时新疆的时局很不稳定，匪帮勾结蒋特不停地制造事端，伊吾也一样，处于几派势力的争夺之下。先交代一下伊吾保卫战所处的时代大背景，新中国成立前夕的1949年4月，解放军第一野战军西进，一举收复了西安、兰州、西宁和银川四地。9月，王震进军河西走廊。10月，解放军入疆。与此同时，新疆发生了多起武装叛乱，一时间烽烟四起。

有必要在这里提起两个人,一个是尧乐博斯,另一个是乌斯满。尧乐博斯是当时国民党派驻哈密的专员,蒋介石曾册封他为中将参议。至于乌斯满,则是一个不折不扣的土匪,那时,二人手下纠集有近六千人之众。

就在胡青山率解放军二连进驻伊吾后,尧乐博斯与乌斯满就开始密谋清剿这支人数不多的解放军队伍,并放言三天就能拿下伊吾城。该来的迟早都会来,二连官兵已做好了所有迎敌准备。就在3月的一天,匪帮突然在外围布下三千重兵,沿途设卡,并切断了二连与外界联系的唯一通信线路,然后带领七百余名土匪向伊吾发起了进攻。此时的伊吾,已成了一座孤城,并陷入了重重包围之中。自此,伊吾保卫战正式打响。

面对七倍于己的敌人,胡青山和二连虽没有取胜的把握,但他们知道,这一仗绝不能败,一旦伊吾失守,对整体入疆部队来说士气上肯定会受到严重影响。而另一方面,匪帮的嚣张气焰会更加高涨,这不利于新疆形势向好的方向发展。

众所周知,保卫战难打,尤其是处于敌众我寡的劣势,再加上孤立无援,被动将贯穿整个战局。短短四十天,这支百余人的队伍竟然打退了敌人七次疯狂进攻,直到接近弹尽粮绝。就在这个危急的时刻,一匹枣骝军马在战斗中起到了至关重要的作用,每天它都会驮着给养往返于县城与阵地间,为前线战士运送弹药、食品和水。在伊吾保卫战的四十天里,这匹颇通灵性的军马在枪林弹雨中穿梭了四十余次,可谓功勋卓著,也为保卫战的胜利打下了坚实的基础。

参加过伊吾保卫战的老战士段文和回忆起这场战斗,感觉仿佛就像是发生在昨天,那场面至今历历在目。当时战斗最激烈的场面是在北山和东山,北山是制高点,如果失守,后果将不堪设想。东山是二连弹药库所在地,同样必须死守。好在北山和东山都有碉堡掩体,战士们就在其中打退了匪帮一次次的进攻,而我军也是伤亡惨重。而援军之所以迟迟未到,是因为前来救援的一营被伊吾外围的土匪拦截。虽然战败,但一营官兵也未忘记把自己装备的迫击炮炸毁，以防止土匪将这些炮用于攻打伊吾城。

经过二连战士的顽强抵抗，援军随后也顺利到达伊吾。伊吾四十天保卫战以胜利告终，令人悲痛的是，二连有32名战士在战斗中壮烈牺牲。他们用自己的血肉之躯粉碎了匪徒妄图双管齐下的阴谋，也用坚强的意志证明了匪徒想三天拿下伊吾城是一次不可能完成的妄想。

伊吾保卫战的胜利鼓舞了入疆部队的士气。为表彰二连坚守伊吾城四十天的英勇事迹，西北军区授予该连"钢铁二连"荣誉称号，指挥作战的副营长胡青山被授予"特等战斗英雄"荣誉称号，并受到国防部长彭德怀的嘉勉。那匹在保卫战中出生入死的枣骝军马，被军委批准荣立三等功，并做出"不作退役处理"的决定。17年后，枣骝马老死于伊吾，战士们将它厚葬于北山主峰下。后来，在城西圆盘山上，树起了一尊大理石军功马塑像，并立军功马纪念碑，以志纪念。而那些在伊吾保卫战中牺牲的战士，在战斗结束的19年后，被安葬进了伊吾烈士陵园，他们的事迹正如陵园大门两侧的那副对联所写"英雄浩气贯长虹，光辉长照后人心"。

伊吾四十天保卫战虽算不上是场战役，但在新疆，却是历经时间最长，防御最为艰难的一场战斗，所产生的影响巨大，且挫伤了土匪曾经不可一世的锐气。自保卫战以后，乌斯满匪帮开始一蹶不振，逐渐淡出了历史。

一个偶然的时间，我曾在本地一个爱好收藏的人家看到了一张早已发黄的老照片，照片中正是将伊吾围成孤岛的匪首乌斯满，他的站立姿态中充满了匪气，眼神中透着凶恶，一副唯我独尊的神情，也不知这照片是何人为他所拍，有可能是在保卫战前夕，是想露点霸气威吓一下二连的官兵？还是想用照片的传播去鼓舞匪帮的士气？一切都不得而知，历史除了留下公正，还会把污垢呈现给世人。我们只需在公正中看到正义，在污垢中看到历史的光明，就会知道在与邪恶的相持下胜利永远属于正义一方。

当时的伊吾如同目前新疆所处的环境，暴恐分子时不时地出来做些不齿的勾当，企图分裂新疆，妄图制造恐慌来达到不可告人的目的。新疆人民不会任由小丑们的跳梁表演，会以类似于伊吾保卫战的方式开辟出另一个保卫战的战场，保卫新疆的领土完整，保卫新疆各族儿女稳定的幸福生活，保卫新疆的尊严不被侵害。虽任重道远，但我们能看到正义的力量在凝聚，在延伸。

站在伊吾烈士陵园，心情自是无法平复，喀尔里克山上吹来的风似是在讲述着那场惨烈的战斗，而将忠骨埋葬于此的32名烈士，会用沉默的方式去见证伊吾今天来之不易的翻天覆地，无论再过多少年，我们也不会忘记他们的名字。

长眠，祭奠，九月的菊花，缅怀，静默，不变的回忆，英灵塔上40只风铃每天随风发出清脆的响声，仿佛在说："勇士们，安息！"

神奇的枣骝马

我从不吃马肉，狗肉、鸽子肉也从来不沾，并非是因肉质不合口味，也不是会犯什么忌讳，不吃，自然就有不吃的道理。一直以为像马这样的动物都是有灵性的，能与人类心灵相通，虽物种不同，却可相互交流，此类动物若是被当作食材做成菜肴，拒绝是第一反应。当然，别人吃我也不反对，毕竟这是个人的理解问题，不能将自己的看法强加到他人身上，更不会在饭桌上讲大道理去干预别人的饮食习惯。

都说马是上帝赐予人类的礼物，以至于渗透进了人类生活的每一个细节。从马被驯化起到如今，就在伴随着人类文明的进步。虽说不是马推动了人类文明，但一定是马加速了社会的发展，这一点毋庸置疑。马还是人类所有战争的见证者，这种动物的驯化就是为战争而生，伴随着一场场杀戮与掠地，仔细想想不免悲哀。

历史上有很多名垂青史的骏马。到现在，人们都能很清晰地记住它们，就连孩子们也可以随口叫出几个。三国时关羽的赤兔胭脂马，楚霸王项羽的乌骓马，隋唐时秦琼的黄骠马，还有金庸笔下的汗血宝马。同时，还有不少关于马的感人故事，有刘备凭的卢马脱险，被传诵为义马救主的传说。有关羽死后，其坐骑赤兔马不吃不喝，殉主而死的传奇。还有发生在伊吾保卫战中枣骝马驮水援军的感人故事。

那些传奇或是传说暂且不谈，伊吾这匹枣骝马的故事却是真实的。当地还为这匹战马竖立了一尊雕像，以示尊重和怀念，这个故事就发生在那场惨烈的伊吾四十天保卫战中。

那是在64年前，也就是新中国刚刚成立几个月后，当时新疆的局势仍处于恐怖和混乱的动荡状态，为改变伊吾县的落后局面，中央便派解放军十六师属下的一个连队进驻伊吾。自此，一场大战已箭在弦上。

匪首乌斯曼见解放军来到伊吾，生怕自己的地盘被占，势利被削弱，于是便纠集了七百余匪徒占据了小城周围的山峰，企图突袭伊吾城。驻守县城的二连在发现了形势危急后，随即展开了反击，战斗进行得相当激烈。二连全体官兵在经过了一小时的奋战后终于拿下了北山主峰，但却因敌众我寡，被匪群围困于顶峰的碉堡中。由于山势险峻，加之战士们的顽强抵抗，乌斯曼匪帮暂时也没有办法夺回主峰，只能用火力封锁住上下山的道路，以达到切断解放军给养，将弹尽粮绝的二连困绝的目的。

此时北山顶峰的碉堡中，不仅弹药粮食奇缺，更为严重的是，战士们已无水可饮用。如此下去，后果将不堪设想。山下留守的战士也心急如焚，如何突破封锁将给养运上去是当前一件迫在眉睫的大事。许久，有人突然想到了连里那匹健硕的枣骝马，于是决定由战士吴小牛带着枣骝马出发，去完成这项看似不可能完成的任务。

当天傍晚，伊吾河边就出现了那匹枣骝马的身影，它身上驮着两大桶水和其他物资，与吴小牛一起趁着夜色出发了。但在途中，还是遭遇到了匪帮的袭击。由于这匹马身经百战，早已形成了听到枪声就会卧倒的条件反射，最终，它成功地将水和物资送到了北山战士们的手中。

经历了第一次任务，以后吴小牛只需把枣骝马送到路口，用手指一指北山，马似乎就能领会到主人的意图，便独自上山执行任务了。下山时它会

伊吾草原上的赛马盛会

从后山小路直奔伊吾河，让人意想不到的是这匹训练有素的军马在负桶取水时，竟会跪卧水中将两只木桶灌满，然后再起身前往北山，如此往复数日，在四十天的时间里，竟独自送水送弹粮达四十余次，在得到了充分的物资保障后，战斗出现了转机，最后，伊吾四十天保卫战以胜利而告终。

在这场保卫战中，枣骝军马功不可没。如果没有它的出生入死，战斗结果会如何谁也不敢想象。随后，枣骝马的传奇故事迅速传遍了全国，就连彭德怀也专程发来慰问电，它还被军委批准荣立三等功，并做出"不作退役处理"的决定。17年后，枣骝马老死于伊吾，战士们将它厚葬于北山主峰下。后来，一座威风八面的军功马塑像出现在县城，它的形态逼真，似做随时冲锋状。

这是一个令人感动的真实故事，一直流传到今天，以至在当地家喻户晓。每一个来到伊吾的人都会听到，之后就想去看看北山顶峰的碉堡遗址,再去瞻仰一下军功马的塑像。中国的历朝历代,还出现过不少关于马与人类如朋似友相处的感人故事。能让一个动物通了灵性,不只是与条件反射有关,还与这种动物自身有着较高的智商有关系。其实,换种思维,世间万物皆有灵性,人与马也同为动物,能体会懂得主人的意志,相互之间有些默契也不足为奇。但迄今为止,还没有任何动物能超越马对人类做出的贡献。

马在中国文化中是一个神奇的动物,它被看作龙的近亲。《周易·乾》中说"乾为天,为君,为马"。将帝王和马放在与天一个高度,可见古人对马怀有一种崇敬,他们赋予了马高贵和神圣的品质,尤其是在草原游牧之地,马甚至变成了被膜拜的图腾。哈萨克族就有一句古老谚语:"马和歌是哈萨克的一双翅膀。"它们从驯服野马的过程中悟出了一种叫作"黑走马"的舞蹈,这是哈萨克族人最为骄傲的事儿,每到节日或喜庆之时就会集体舞起黑走马,舞姿优美动人,很能烘托气氛。

人类有一种与生俱来的征服欲,就是乐于去征服,以征服为乐。无论是征服一个国家,征服一座险峰,还是征服一匹桀骜不驯的野马,人类都乐此不疲。没有征服,就没有人类的狂妄和自大。谁都不愿意被征服,包括一匹马,马也有奔跑的天地,自由驰骋本是天性,却无奈臣服于人,有时我们在赞扬马的顺从与善意的同时,应想想我们强加给它的马刺、铁掌和衔铁。

新疆也是盛产宝马良驹之地,除了伊犁马、巴里坤马和焉耆马外,还有一个马种叫作"伊吾马"。

伊吾马非跑马,它以善走山路和持久力强而著称,就是说负重走在山路上,其他那些以速度见长的名马都无法与之抗衡。把它与伊吾四十天保卫战中那匹枣骝军马联系起来,可以肯定,那一定就是一匹伊吾马,因为在四十天保卫战中,驮载物资,爬山稳健,行动敏捷,这些都具备了伊吾马的所有特性。伊吾马解救了伊吾县城,留下了一段曲折的传奇故事。

戈壁上的托克拉克

生活在新疆常能获得一种视觉上的享受。无论是初春的草原，盛夏的雪峰，深秋的胡杨，还是寒冬的松杉，色彩幻化间是思维的无边延伸，尤其是面对西北汉子般坚韧的胡杨树，除了能产生思考，还会有所顿悟。

说实话，看过新疆很多地方的胡杨林，但去伊吾淖毛湖看胡杨只有一次。一次就已足矣，并非不想去第二次，只是那种震撼无须复加感慨。再去，说不定就扰乱了初次的印象，也会冲淡初次的视觉冲击。我记得那次恰好是在晚秋时节，是五年前的九月，那年的伊吾胡杨林，黄得正艳！

也许人们对胡杨的赞誉过多，以至于忘记了它作为一棵树存在的意义，或是说只从一棵树的角度去解读胡杨，才是简单且纯粹的。赋予得过多，并非是好事儿，有时会适得其反。就如看到胡杨，每个人都知道它有"三千岁"的美誉。什么生，千年不死；什么死，千年不倒；什么倒，千年不朽。几乎每一个写胡杨的作家都会用到这几句话，好像成了一种定式，当新鲜变为了烂口的话语，那么这还是一种隽永吗？

看景不是非要将某个景物赋予一种精神或寓意，重要的是思考与感悟。年龄越大，则越倾向于单纯性的欣赏，何苦将一件本是轻松的事儿弄

地处干旱戈壁上的伊吾胡杨林

得深刻起来?以此来衬托自己的渊博与高深?大自然对美好事物的呈现是立体的,这也就赋予了我们可以从多个角度去欣赏它们的美,胡杨也是如此。四季中,最能突出胡杨美感的还是它入秋后的色彩,那是一片超脱想象的金黄!

  对我来说,胡杨只分两种,一种是戈壁胡杨,一种是水边胡杨,虽同为胡杨,却因生长环境的不同而滋生出不同的形态与美感。塔里木河两岸的胡杨较戈壁胡杨多了些许妖娆,伊吾的戈壁胡杨又比塔河胡杨增添了几分韧性。不能不承认,环境不同不但塑造出了胡杨树形态的差异,还能创造出同树种间个性的迥异,就如我们生存在这个社会,你没有能力改变环境去适应你自己,不如改变自己去适应这个社会,这非但不是个性的泯灭,反而能给你的个性增加成熟和睿智。

  每个孩子都会认为自家的玩具都比别家的玩具好,成人也一样,我也逃不出这种心理的存在，正如我始终认为伊吾胡杨林是新疆最美的。就算再去塔河，也无法改变我的想法，不可否认，这就是对本土小地域的偏爱，谁都会有这份狭隘，也没什么不好，毕竟我们只是凡人，但起码因有了胡杨而具有了让我偏爱的条件。无论胡杨林的占地规模、所跨越的年代，还是胡杨色彩的纯正，都已成为我用来向外地朋友炫耀家乡的资本。

经常会有朋友在秋天来哈密，当问及这个时节有什么好去处时，我总是告诉他们："去伊吾，看胡杨。"并非没有别的景观可推荐，只是认为如在深秋未领略到伊吾胡杨林的大美，就不算来过哈密。事实证明了我的推荐多是正确的，因为我从他们归来时的脸上看到了不虚此行的神态。

伊吾胡杨林这个定义不是很准确，叫淖毛湖胡杨林也可。因为几十万亩胡杨就是生长在伊吾的淖毛湖镇。对于淖毛湖这个地方，本地人对它充满了调侃，"淖"这个字因不太常用，所以很多人读不出，又因这个字与常用字"掉"相像，所以大家就戏称此地为"掉毛湖"了。

直到今天，记忆中有两件让我兴奋的事儿仍无法忘记：一是我的第一本文化散文的出版；二是当我第一眼望见伊吾淖毛湖的胡杨林。

如果我用"燃烧"二字来形容夕阳下的满目金黄，可能很多人都会觉得诧异。但若你深秋时节亲身来到这片地处戈壁腹地的胡杨林，而且正是夕阳西下之时，那么你马上就能体会到，此时此景就似一团燃烧的火焰，直扑眼帘。那一刻，能占据你心的只有震撼，恍惚间，又疑此非人间之景。于是，身心在戈壁与城市间游荡，思绪却纷飞在胡杨林的豪放中。这种如梦如幻就是状态的极致，想达到此种境界，必须抛除杂念，做到心、身、胡杨合三为一，不过这很难，除非能在心灵中产生共鸣。

漫步胡杨林中，是一种别样的惬意。比在青涩的白桦林中更有感悟，好像这与年龄有很大的关联。白桦林演绎着的多是爱情，而在胡杨林中多是对生命及人生的思考。二者相比，呈现出一种青春与成熟的碰撞，一段少年与中年的时代对话。曾有人问我："你认为胡杨的寓意是不是代表了

八千年胡杨的根部演绎着生命的轮回

一种英雄的姿态?"我认为:在"大漠孤烟直,长河落日圆"的背景下,可以没有驼队,可以没有西风,可以没有漫沙,可以没有古道,但胡杨的屹立却是西域最不可缺少的。如果在此时,恰好那首《喀什葛尔胡杨》的前奏响起,你唯一能有的感觉就是感动,或感动于乐曲旋律的表达,或感动于胡杨枝干上的岁月刻画,或感动于短暂生命的升腾。有时,真希望伊吾胡杨林能等到一个沧海桑田的变化,让大雨能时常眷顾,去滋润久旱的土地并聚成溪河,直渗进胡杨颤抖的根系,生长在如此恶劣的环境中,是胡杨的不易,也是戈壁荒漠上所有植物的不易,也包括那一棵棵不知名的小草。因为无从选择,季风把种子从远方的远方吹来,无论落在何处,都会注定了它一生的命运。运气好的种子落在低洼处,运气不好的,就落在了台地上。地势低洼处的胡杨生长速度要快,起码积蓄雨水的量要比高处的胡杨多,位处大陆深处的少雨之地,就连植物间也有了运气之分,不得不为之感叹，但这又是客观存在的生存法则，无可辩驳。

如果你在金黄叶瓣雨中细细凝视那一棵棵沐浴夕阳的胡杨，相信你能从叶片的飘洒间品味到别样的感触。我对胡杨的解读不是众人所云的无私与顽强，而是站在生命层面上诠释出的悲壮。无论是茂盛站立着的，还是已倒下的，无论是活着的，还是枯萎死去的，都是在轮回一种过程的悲壮。然而胡杨没有思想，也没有语言，所以它们只能将根系拼命延伸到盐碱地的更深处，以此来挣脱宿命的禁锢。胡杨树是感性的，因为它与我们一样，只是在追求生命的完整，如果理性去追逐生命的完美，那么它将背负的将是另一种负担，承受的也会是另一种极致的悲壮。

一直都渴望有一次历经四季的旅行，想用一生的时间去完成一次胡杨林的穿越，哪怕是一次没有退路的独行，如果真有这个机会，那么出发后的每一步行走我都愿穷尽一生去思考。生与死，荣与枯，快乐与痛苦，阳光与阴霾，其实就是在弹指的瞬间上演。去触碰每一棵胡杨，你会发现世间根本没有两棵具有完全类似的形态，只有原始状态的种子才是相同的。树的一秋，各有各的悲壮，人的一生，各有各的沧桑，但都是快乐的开始，悲情的结束。有了这场旅行，如果等到弥留之时，就不会恐惧死亡，因为从春的胡杨一直走到冬的胡杨，感受不止在秋天的金黄中绽放，而是意味着又一次轮回的开始。

如果有机会，我一定要为伊吾胡杨写一首歌，不为赞扬，不为称颂，只想让世人都知道，我的家乡有个伊吾县，伊吾有个淖毛湖，而那片美丽的胡杨林，就生长在淖毛湖的戈壁上。

站在胡杨林深处，正值深秋，但西风未起，除了千万年屹立的胡杨，还有那个不知被叫了多少年的维吾尔语名字"托克拉克"，意为"最美丽的树"。

对冰川的仰视

前些日子，在网上看到了这样一种言论，说由于全球气候变暖，中国的大部分冰川正在消融后退，照此趋势，未来五十年，面积在一平方公里内的小冰川有可能就会从人们视野中消失。此消息一出，不禁让我产生了些许担忧，毕竟哈密这片绿洲就在东天山之巅喀尔里克冰川的滋养之下。不敢想在未来久远的某一天会有这样的事情发生，当然，这会是一个缓慢渐进的过程，若喀尔里克冰川真的会消融殆尽，那么我们又该如何去面对这一场危机？

哈密这块戈壁绿洲的成因就是得益于境内一河一冰川的滋养，几千年前来此定居的先民正是看上了这里的水草丰美，才停住移民的脚步。如今，白杨河竟可以轻松被跨过，逐渐失去了昔日浪遏滔天的气势。于是，喀尔里克冰川接力了母亲河的义务，以融化身躯的方式哺育滋润着山下的生灵万物，那么我们是否可以将父亲这个神圣称呼赋予喀尔里克山？它的博大与包容体现出了一个父亲应有的责任，那一条河与这一座山分别饰演着挚爱无私的父母双亲，这称呼亲切且生动。

没有谁来到喀尔里克山下会不驻足仰望，不是被它的高度折服，而是因它所具有的妖娆与妩媚。用这两个词儿去形容一座山好像有些牵强，毕竟众人眼中对山的概念正好与之相反。其实，正是有了冰川的陪衬，喀尔里克才会流露出与众不同的动人，否则又与其他山峰何异？曾有人问我："你认为那伸入云霄的冰川最像什么？像珍珠吗？"我说："不，这是一块纯洁的白玉。"阳光照射下的峰顶冰川恰似一块剔透的璞玉，静卧在东天山之巅，纯净中的无瑕是一种婉约的特质，雾霭中的神秘又将喀尔里克带入了无边的随想之中。

天山上的每一处冰川都有属于自己的姿态，也有属于自己的个性。它们或高耸壮观，或宁静平坦，或有波浪般的动感，或如婴儿躺在舒适的摇篮。喀尔里克冰川则是以舞者的身姿在变幻，如果你旋转，它也会随着你的节奏舞动，每一个角度都能看到它不同的大美，每一次转身也都能望见它多样的婀娜。置身于此，在通透与清凉间无法选择的就是去比较哪一条冰川才是喀尔里克山上最美的！

传说中的雪莲花与冰川的陪伴颇具诗意，这搭配也是最好的诗歌素材，相信一个真正感性的诗人不会漠视眼前的存在，无论是对爱情的有感而发，还是对雪莲纯洁的恰当比喻，在即兴挥墨的诗行中，溢美之词自是少不了。如果是和情人散步在冰川下的雪莲花丛中，那么佳作喷薄也会是必然。雪莲花在喀尔里克山并不是什么稀罕物种，雪线之上，可以轻易找到这些傲雪的花儿，而且不是以单个个体的绽放示人，往往是找到一棵便能看到一片。

鲜见其他冰川之地会有如此多的雪莲，这花儿生性娇贵，之所以能在喀尔里克山茂盛生长，无外乎有几个对于城市来说非常奢侈的条件：纯净的空气，纯净的土壤和纯净的水源。原来，这雪莲也是要感谢冰川的，只是雪莲花虽多，但想觅其踪迹也不是件易事，有时明明就在眼前，却被冰川覆雪的同色调迷障了视线，仿佛是瞬间隐了身，再怎么仔细找，也变为了徒劳。

喀尔里克冰川不仅催生出了美丽的雪莲花，如果运气好，还能看到北山羊在陡峭的岩隙间灵活跳跃，说不定在它身后，有一只雪豹正在追踪它的足迹。有牧民就曾在接近冰川的地带看到过雪豹捕食北山羊的场面，据说非常惊险，两种动物追逐时的灵活甚至超过了灵长类。在近似于九十度的悬崖半腰上，雪豹和北山羊竟能在凸起的岩尖间奔跑，丝毫不怕摔下山崖，不由得让人捏了一把汗。

有冰川的山一定是直插云霄的，没有高度就无法孕育出冰川，虽说是高山造就了冰雪天堂，实际上冰川的厚度也增加了山的高度，二者形成了相辅相成的长久默契。就如人类社会的道德底线创建了文明的高度，同时，文明行为也决定着道德底线的上移。在高山下，人类的渺小使然，在冰川的映照中，那份自大又无处遁形。草原上的牧民对这座山始终产生着敬畏，他们认为自家的草场和牛羊都是喀尔里克山的无偿赐予，于是，一个草原图腾诞生了。如果有人冒犯了神灵，族人就会把他带到山顶的冰川上，让他站在如镜的坚冰前，据说这能判断出人心悔过与否，还能在折射中洗涤犯错人的灵魂。

几亿年间，喀尔里克冰川就这样经历着雪霜洗礼，每一场风雪都在堆砌着山巅又一个高度。可能在那时，还没有山下这片草原，当冰川开始消融，点点滴水汇聚成溪水，再形成河流奔向远方，将脚下冰封的土壤丝丝松化，于是，便有了绿草、青松和野花。后来，先民们来到这里放马牧羊，繁衍生息。这是一派非常祥和的景象，几千年前如此，现在，依旧如此，那么以后呢？这担心是否有杞人忧天之嫌？之所以忧，不为今天的富足，而是担忧明天的生存。

面对喀尔里克冰川，我们还会纠结于一种矛盾的徘徊心理，想去靠近，却怕亵渎了它的圣洁；远观，又无法平复想要接近它的冲动。很难想象那些在云南玉龙雪山下发出赞叹的人们，若是来到了喀尔里克山，将会出现何种惊奇的表情？有朋友提议将冰川建设成旅游景点，不但能让更多

伊吾喀尔里克冰川下怒放的雪莲花

的人看到东天山的奇景，还能将旅游收入用于对冰川的保护。说实话，这个建议看似双赢，但对冰川生态的破坏将会是无可估量，保持原貌，让人类远离这个纯净之地，或许才是对喀尔里克山最大的尊重。有时，远眺雪峰才能真正领略到一种短视距无法达到的美，那么，何必要去靠近？

科学家预测：由于气候变暖，地面最高的地方气温每十年上升 0.3°C，也就是到 2100 年，全球地面温度会上升 3°C，高山冰川地区上升的温度至少将是地面上升温度的两倍。这组数据实际就是一个警示，不但全球冰川正处于即将消亡的境地，远在新疆的条条冰川也很难逃脱这一厄运，伊吾的喀尔里克冰川也一样。无论全球气候变化对冰川的结局是否起着决定性作用，但我想，减少冰川周边的人类活动或许是我们为保护清洁水源不加速流逝唯一能做的。

硅化木

记得在十多年前,有一则在当时看来属于爆炸性的新闻,是朋友的父亲邢燎先生发布的,说的是在伊吾县淖毛湖的戈壁上,发现了两株巨大的硅化木。硅化木保存完整,树根、树干、树皮、树枝都清晰可见,其中一株高达17米,小头直径105厘米;另一株高12米,小头直径115厘米。据推测,这两株硅化木距今至少有1.5亿年以上。

常言道:"宇无石不存,地无石不坚,山无石不峻,园无石不丽,居无石不安,室无石不雅。"说到硅化木,这在本地好像是很稀松平常的东西,几乎家家户户桌子上都会摆放一块,以装饰点缀家居。在我房子的书架上原来也有一块,个头儿不大,外形一般,呈深褐色,当时是花几十元买来的。据说产地也是伊吾淖毛湖,虽不是很昂贵,但还是颇为喜欢,后来听说这东西辐射很强,考虑再三,还是将它扔进了垃圾桶。以后再在奇石市场看到硅化木,开始刻意地远离,生怕会辐射上身,折了自己的寿命。

关于硅化木,《大唐西域记》中有过记载,唐玄奘从西域回长安,曾带回三件宝贝:佛经、舍利和神木。佛学禅宗认为,万物俱灭,唯有石头传世，木头变为顽石是神的造化，所以神木又被称禅石。其实这所谓的神木禅石，不过就是我们常说的树化石，而硅化木只是其中的一种。自玄奘携木回唐时起，神木就开始成为以后历代达官贵人的新宠，据说放一块这样的石头在宅子里有镇宅驱邪的功效。这使得有钱人家也争相效仿，他们想方设法从西域带回神木，不但装饰了宅院，还得到了被神木庇佑的心安。人类果然是一种奇特的生物，他们的存在总能造成新的逻辑怪圈，一旦某物被赋予了神化意味，那么可以肯定，就离这样东西的消亡不远了。

淖毛湖戈壁聚拢了太多的天然财富，每一个来到这里的探险者都是为了想揭开它面纱之后的神秘真容，但这岂是一件容易的事儿？没有一定的知识和文化，没有一定的见识和修养，你只能远远地站在一旁看着，就如去了解一个陌生人，从外貌上根本无法做一个最终的判断，只有经过长久的接触，你才能了解他的内心审视他的思想。淖毛湖戈壁从满目玛瑙的戈壁荒滩，到尽闪金黄的千年胡杨，从味似蜜糖的珍果甜瓜，再到亿年留存的古树化石，其中没有一样不是这片戈壁所具有的内涵中的大气，被吸引，没有悬念。

硅化木的出现从另一侧面反映出了淖毛湖戈壁的历史与地理状况。不是每一个地方都可以形成木化石，也不是在有化石形成条件的地方都可以看到如此之多的木化石，决定木化石的成因是发生在特定环境下的一次特定事件，所有因素缺一不可，否则你只能去这片戈壁的另一端去挖煤了。

我们来还原一下淖毛湖戈壁在亿万年前时的景象，大约在两亿年之前，那是一个叫作侏罗纪的地质年代，也是属于恐龙鼎盛的时代，那时的淖毛湖并非像今天这样的荒凉。恰恰相反，这也无形中演绎了沧海桑田的转变，亿万年前这里植被茂盛，空气湿润，湖面烟波浩渺，岸边长满了参天的银杏和松柏，各种古生物穿梭其中，或饮水，或觅食，或嬉戏。就在这样毫无预兆的平静之下，一场灾难正在酝酿，突然，火山强烈爆发，这些大树迅速被高温烧焦，之后地壳下陷，湖水瞬间淹没了倒塌的树木。灾难此时还未结束，紧接着，由火山活动引发的大股泥石流猛然冲下，将那些已被湖水没顶的大树迅速掩埋。几日后，一切归于沉寂，只剩下空中肆虐弥漫着的火山灰，慢慢落下后又将地表一层层覆盖。

木化石的形成需要一种机遇，之所以说它们是神木禅石，也是需要讲究佛缘的。就在树木被封闭在地下几千万年后，地壳异常抬升或一次地震后的罕见暴风袭击了这片土地，强大的外力作用将它们抛上地表，之后经过几千万年阳光的照射，烘干了内在的水分。再经几千万年的风吹磨砺，化石表面的棱角渐渐圆滑了起来。最后，还有一个几千万年，是细沙对化石的精细打磨。于是，两亿年后的今天，我们看到了光润如玉的木化石，这是个奇迹，只是发生质变的过程太过漫长，无以复加。至于叫法的不同，源于在地下埋藏时所浸入的矿物质不同，才有了硅化木、铁化木、钙化木等不同的称呼。

淖毛湖硅化木的美像是回响在远古的韵律，集天地日月之灵气，在戈壁上空飘荡了几亿年，如果让一支交响乐队来演奏，能否模拟出当时的山崩地裂？能否演绎出重见天日的喜悦？世上绝没有两块完全相同的硅化木，当目光随着色彩的变化而跃动，或是随着它的万千姿态而惊诧不已，那么在欣赏过它表面之美后，是否还感受到了一种褪去浮华世故的沉稳？是否还具有了儒家"精光内蕴""厚重不迁"的风范？

如此苛刻的条件才能成就一块来自远古树木的蜕变，这未免也过于坎坷，也正因如此，才决定了它的价值。这些年，本地硅化木交易非常火爆，街面上也开起了大大小小的奇石店铺，一夜暴富的人和事儿已不再成为大家的谈资，说不定身边的一个平头百姓，只因卖出了一块上乘的硅化木，第二天便摇身一变，就成为千万富翁了。

几个月前，朋友带我去了一家在大十字的奇石店，店面看起来不大，但据说货架上的奇石价值已远超千万元，店中央的桌子上有一块玉化非常完美的硅化木，只是上面有很多孔洞，当问起它的价值时，店主让我猜猜看，结果连续三次我都没有猜中它到底价值几何，后来，他喝了口茶说："先不谈这块硅化木值多少钱，只是这其中一条虫值十万元，你数数上面有多少条？"细看，那些孔洞旁居然卧着56条如蚕般大小肥实的虫子，不但与硅化木浑然一体，且已玉化为了栩栩如生的标本，有些虫儿的形态非常生动，好似仍在爬动，我能想象到在灾难发生的那一刻，就连这些虫儿都未能感知到，依然贪婪地啃食着树干，竟没有给它们一丝逃生的机会。

木非木，石非石，玉非玉，硅化木就在这之间徘徊，似乎有了看山不是山，看水不是水的哲学韵味，这代表着远古时代的信息与现代文明社会的碰撞。希望不只是擦出金钱的火花，还有那所谓的"石文化"，不过是强加给它的光环，显得牵强做作，只是一种不怀好意的标榜，石头与文化无关，压根儿不在文化范畴中。倒是孕育出这些硅化木的淖毛湖戈壁，却体现出了作为一种生活环境，与人类息息相关的文化氛围。

去欣赏硅化木的美，不该是在都市的奇石馆中，那样你无法品味到其中的沧桑。在淖毛湖戈壁的原生态下，若你在行走间与那些形态各异的木化石擦肩而过，那么应将私欲放置一边，随着戈壁刮过的风去慢慢欣赏。硅化木属于这片戈壁，每一块也都有属于它自己的经历，只是我们无法倾听并读懂化石的语言，如能与之对话，相信一定能听到有关亿万年前它还是银杏树或松柏时的动人故事。

前山谜团

去伊吾前山,一直都是我所盼望的,然而每次都只是路过,或是短暂歇脚,却从未真正踏上过那片曾经属于一个大历史时代的神秘土地。

八月,正值山南哈密的盛夏时节,凑巧与地区作家协会农牧区考察采风时间相吻合。于是,三辆车,十二个作家,穿越东天山大峡谷,前往前山乡。这个途经了数次的前山,第一次使我产生了久违的兴奋,毕竟那些个出自于朋友口中的见闻将要在我的亲历之下变成一次行程体验,又怎能轻易将这次考察变为一次轻松的旅行?我知道,此次行程中不只会有旅行的快乐,还会有更多的未知和谜团在等待着我们。

(一) 鞑子沟怪圈

我无意于去制造神秘的文字气氛,这种氛围是惊悚作家的拿手好戏。其实,有些谜团根本无须去做装饰,只要你站在那里,就会被一种认知之外的信息所环绕,之后便陷入沉思。但若你对当地的历史把握不够,那么自然就不能去解释，有时，被谜团包裹，将会有一次逆思维的逻辑产生，就算自己的推断不准确，但也能从中看到历史留下的影子。

鞑子沟，就在距离前山乡不足十公里的地方，车行至这里，就能看到公路左边是无际的草原，右侧则是青松遍布的山坡。在这样特定的地理条件下，一般都会有两种文化产生，一种是草原游牧文化，另一种是山地狩猎文化，这两种文化从一种大草原文化的角度去看，实为完全相通。游牧可以转为狩猎，狩猎也可以转为游牧，生活方式决定着文化形式，而文化形式又左右着生活方式，这不矛盾，反而是一种相辅相成。其实，重要的不是文化形式，而是那些参与文化产生的先民们究竟是属于哪个群体。

在左侧的草原之上，散落着数十个由石块堆砌的圆圈。虽说同属圆圈的标准形状，但还是会有不同，有的是深数米的圆形深坑，有的只是在地面简单地摆成一个直径五六米的石圈。令人诧异的是，这些石块并不属于草原，就连附近的山坡上也很难找到这些褐色的山岩。那么这些石圈是何人所建？建造的目的又是什么？

站在那个最大的石圈旁，向导告诉我们，就连乡里年岁最大的老人也说不清这到底是做什么的，估计是一个大型古墓葬，只不过被盗墓贼光顾过。仔细去看这个石圈，它直径有20米，深约4米，如今里面除了杂草丛生之外空无一物。墓葬说这一观点我不是很同意，第一，如果它是一个古墓，那么县志中对它不可能没有一丝记载。第二，若真是一个被盗掘的古墓，那么一定会有一些文物被留下，哪怕是一块在盗墓贼眼里并不值钱的石砖，然而事实却是什么都未发现。第三，它根本不会是一座墓葬，试问这么大一个深坑，哪个盗墓贼敢于花如此大的人力和时间制造出一个如此大的盗坑？过于招摇不说，看看内地被盗掘的那些大墓，其实只需掏出一个仅供单人通过的盗洞即可达到目的，这样大规模的暴力盗掘根本不可能。

如果这不是一处大型墓葬，那么又会是什么？联想到巴里坤东黑沟的匈奴遗址，二者之间残存的形制倒是有几分相像。若此处真是一座匈奴人

伊吾前山一字沟内的松涛阵阵

的遗址，那么就不难解释了。这可能是匈奴人转场游牧所居住的房屋，就像现在人所说的"地窝子"。地窝子在新疆曾经很普遍，建造起来也非常方便，先挖出一个坑，坑的大小由居住的人数决定，然后在上面搭上圆木，再将树枝覆盖在圆木之上，最后用泥巴和树叶将缝隙填满。地窝子冬暖夏凉，还能防风沙，是一种简单实用的居住场所。也许地窝子就是匈奴人所发明并沿用至今的。鞑子沟的这些石圈，也许是匈奴人曾经居住过的地方。匈奴是游牧民族，如果我们把东黑沟作为匈奴人的夏牧场，那么鞑子沟会不会是他们转场之后的冬牧场？两地距离约一百公里，有一条峡谷正好可以将两地相连，所以说这里或许曾是匈奴人的领地，而这些石圈，可能也是他们留下的居所遗址。

当然，这只是推测，并无实质的线索做依托，但推测绝不是臆测，除了与匈奴人有关，那么这些石圈会不会属于另外一个时代？

我们先从此地的名称入手，这里叫鞑子沟。何为鞑子？一般说来，鞑房、鞑子、鞑靼，指的是塔塔儿人，就是鞑靼人。他们是生活在西伯利亚南部的一个游牧民族，后与蒙古民族融合，再后来，"鞑靼人"一直成为蒙古的代称，在明初反元时，被蔑称为"蒙古鞑子"。既然鞑子沟与蒙古人有关，应该就应有记载，翻开当地历史，就能清晰地看到这里曾是蒙古部的统治范围。

那么蒙古人与这些石圈又有什么关联？从那些仅在地表围起的圆形石圈来看，大小与蒙古包的底座非常吻合，我们是否由此可以判定，这就是蒙古人留下的毡房遗址？那些石块则是用来压住蒙古包底边，以防止风沙吹入所用。假如这个假设成立，还有一些带有深坑的石圈又是用来做什么的？在那个最大的深坑旁，出现了一个由三块石头搭起的石台，还有一堆乱石。在这样的一个组合面前，我不得不把它看作是一个蒙古人的祭祀之地，石台是供桌，乱石是倒塌的敖包，而那个圆形石坑，则是用来放置祭天或祭神的牛羊，只是时间太过久远，形状因风雨而发生了一些小的改变。

我是一个好奇心极强的人，每次看到这样的谜团总会激发我的联想，天马行空的想象或许能维系我的激情，我相信谜团不会是永远的谜团，推测只是揭开谜团的开始。只是有些可以解释，有些却令人费解，就像那个最大的深坑石圈旁，有一条由石块摆放的直线，一直延伸到草原深处，这又是做什么的？我想，时间会说明一切，时间也会揭开所有神秘的面纱，我们要做的只是拓展自己的思维，去梳理那些被历史忽略的角落，而线索，就在其中！

（二）蟒蛇化石之谜

在前山，有一个此行最大的兴奋点，就是在喀尔里克山的一个隐秘角落，发现了一座化石山。当然，我并非发现者，而是当地一个哈萨克族文保员吐尔汗在巡山时无意看到的，并将我们带到此地，谁也不会想到，在东天山竟能看到蟒蛇的化石，而且还不止一条，密密麻麻，着实把我们惊出了一身冷汗。

去往化石山没有路，随行的车辆仅开到半山腰就不能行进了，哪怕是四驱的越野车也无法挪动半步，任由四轮打滑。于是，所有人均弃车步行，据向导描述，弃车之地据化石山至少还有五公里。

翻山越岭本就不是久居城市人的强项，疏于锻炼加之海拔过高，还未走出多远，大家就已气喘吁吁。若不是因为有念想的牵动，恐怕多数人会放弃这一行程。没有路不可怕，可怕的是所走之地荨麻丛生，必须要拨开荨麻的毒刺才能行进一步，几乎所有人的手都被荨麻刺到。后来，大家只好高举着双手通过了五公里的荨麻丛，在到达化石山之前无一人掉队。

当化石山呈现在面前，首先映入眼帘的是山顶上那一张棱角分明的脸，十分逼真。在用相机将这张脸拍下后，诡异的事情发生了，相机屏幕上竟然显示出了若干张表情各异的头像，放下相机抬头再看那座山，却还是只能看到那一张脸。再拍，依旧如此，面面相觑中，有一股悚然的气息在其中蔓延，在这座神秘小山侧面，就是蟒蛇化石密布之地了。

以为到了化石山就能很轻松地目睹到那些盼望已久的化石，令人无法想象的是这座小山被宽约20米的荨麻包围着，这些荨麻的密度要远远大于途中生长的那些，密密匝匝，根本无法接近，更别说近距离去寻找山上的化石了。在这样的失望之下，吐尔汗硬是在荨麻丛中开辟出了一条小路。但想要安然通过也不是件容易的事儿，即便侧身慢行，也会被刺到，想要举起双手避免被刺却是不可能，因为这里的荨麻的长势早已超出了双手举起的高度。

震撼视觉的化石终于出现了，横七竖八的蟒蛇化石嵌满了整个山体。有的个体粗如小腿，有的只有手腕粗细，每一条身上的角质鳞片都清晰可见，并有序排列着，宛如仍在活着一般。还有几条蛇身呈"S"状，似是在奋力地扭动着身体，想要摆脱那场突如其来的灾难。谁也不知道当时发生了什么，总之对于这些远古蛇类来说，它们所遭遇的是一起飞来横祸。

我们可以还原一下当时的情景，大约是九千万年以前，这个时间并不夸张。追溯蛇的起源也是在这个时间段之中，这也是"进化家族树"中定位蛇从蜥蜴进化而来的一亿年的时间范围内。此时正处于中生代第三个时期的白垩纪。这一纪，也是恐龙的时代。这个时间段的哈密，大部分是海与湖泊，或许只有伊吾这样海拔较高的地带是陆地。当时我眼前的这座小山正好是蛇类聚集之地，由于强烈的地壳运动，伴着地震海啸，海平面迅速抬升，这座小山被猝不及防的泥石流所吞噬，山上的众多蟒蛇来不及逃离，被迅速掩埋，并隔绝了空气，经过长时间的演化，最终形成了这片化石群。

生物化石的发现本就非常罕见，因为形成化石要具备很多复杂的条件。但在哈密，却经常会有爆炸性消息出现，就如之前在哈密发现的白垩纪翼龙动物群，这一翼龙化石分布区不但是世界上已知最大和最富集的翼龙化石产地，也是目前世界上唯一一处三维保存的翼龙蛋和雌、雄个体共生的翼龙化石遗址。在哈密发现翼龙化石已不是第一次了，在此之前，还有古巨犀化石被挖掘出，这说明哈密曾经的自然条件适合古生物化石的形成，如果前山蟒蛇化石山公之于众，是否会成为另一个重磅新闻？

虽然我相信这是蟒蛇的化石，但我仍有一些疑问。因为我无法分清这座山的岩石成分，不会是砂岩，但若是灰岩，做蟒蛇化石的推断或许太过牵强，可这些栩栩如生蛇的形状和鳞片就在眼前，又该做何解释？有这样鳞片的生物还有哪些？海鳗？或是还有一种带有鳞片并且形状极其类似蛇类的植物？我不知道，只是相信自己的判断，可能除了蛇类之外，还有太多未知的远古生物或是植物与之相像。但无论怎样，无论是古生物化石或是植物化石，它都来自远古，这毋庸置疑。

我坚持是蛇类化石的观点不会变，如果有一天有专家学者能做出新的推断，我乐意洗耳恭听，但要有说服我的理由，否则不会接受。

最后，我要说说这片化石群是如何被文管员吐尔汗发现的。十几年以前，山下的村民因加固房屋而上山采石。爆炸声过后，石破天惊，这片化石群从此现身前山。

（三）奇观红石峪

前些年，就连伊吾人都不曾想到，在群山之中会藏有一处自然奇观，如果不是牧民发现了红石峪，恐怕这里至今仍是一块孤独之地。如今，红石峪将在众目注视之下，向世人宣告着它的骄傲存在。

既然叫红石峪，那么顾名思义，这里的山谷一定是呈现出一派红色的奇异之色。在我刚听说这个地方时，不只是被想象中的色彩所吸引，而是对于这红石色彩的成因突然感了兴趣。类似于红色的山谷，在国内也有不少，但我想，除了色彩，红石峪一定还会有更多的惊喜在等着我。

果不其然，从进了山谷开始，两边的山岩就由灰色逐渐转为了红色，待到走入山谷深处，我才真正感受到了此行的不虚之处。原来，色彩在山石的奇特面前，不过只是一种平凡的点缀，随意一个回头，都可以看到形态各异的怪石，或是一只栩栩如生的山鹰，或是一头憨态可掬的骆驼，或是一只仰着头的兔子，或是两只正在对峙的鳄鱼和河马，再或是随时会扑向自己的怪兽。尤其是半山腰那一块巨石，据说那是一副蒙古将军的石棺，面向太阳，似是有一种寓意在其中，只是我始终无法参透。

至于山谷中那些平滑怪异的山石为何会呈红色，在峪中走了一大圈后，真的有了发现。这里的岩石上生长有几个种类的地衣，还有苔藓，这些植物附着在岩石表面，干枯死亡后就会变为红色，而且还不会脱落，当成片的地衣将这种颜色涂染在岩石之上，于是便有了今天红石峡的奇观。值得思考的是，如今这些低等植物在峡中并不多见，为何能将几公里长的山谷全部染红？原因可能只有一个，至少在几十万年前，这里曾经生长着茂盛的地衣，几乎每一块岩石都被密不透风的地衣所覆盖，在经历了一次颠覆性的气候改变后，造成绝大部分地衣死亡。自此，红石峡形成。

那么峡中这些形态怪异的山岩又是如何形成的？通过近距离观察，我发现了疑似冰川运动的痕迹，圆形的冰臼是造成山岩形态改变的最初推手。加之后来的风沙侵蚀，将山岩雕琢成了一个个象形动物。感叹大自然的力量，也感叹岁月的沧桑。伊吾是幸运的，幸运到能在这里看到这些个夺目的地质奇观。

下山时，闲聊间，文管员吐尔汗突然说："红石峡很有可能是成吉思汗墓的所在地。"我问他："有依据吗？"他神秘地笑了笑说："有，不过，暂时保密。"

若成吉思汗的墓真的在红石峡，这岂不是一条震惊世界的重磅消息？在红石峡，我还真看到了很多被挖掘过的蒙古式墓葬，这些墓葬散落在峡中，几乎每隔一段就会出现几个，吐尔汗甚至在其中一个墓坑中捡起了一块人骨，之后他将人骨放回，并从包中拿出了一条白布，系在墓葬旁的灌木上。很奇怪这个举动，便问何故。吐尔汗说："只要有新的发现，就会用白布将其围起来，目的是让牧民不要去拿墓坑中的东西。"我很诧异并质疑这样的标识是否有效，他说："这里的牧民非常遵守这个规则，就算有金银珠宝，也从未出现过丢失的现象。"

有时我在想，一个纯粹的自然景观一定不是一个最好的去处。虽然能使身心放松，但去得久了，就会有乏味之感，但若有历史的衬托，那么就会增添无限的想象，起码可以在一个个故事中去品味，也可以在历史的氛围中享受大自然带给我们的极大乐趣。

这就是红石峡，它不仅有着奇丽的景色，还对望着草原，贯穿了历史，增加了厚重，更给后人留下了很多不解之谜。如果有机会，能在峪中住上几天，我相信一定还会有更多新的发现，期待这一天的早点到来。

（四）奇格鲁的遗憾

去奇格鲁之前，我并不知道这个名字有何含义，问了很多人，居然得到了各式各样的解释。有人说，曾经在这里看到了七只鹿，所以讹音成了奇格鲁。还有人说，因为到这里有七条路，所以后来成就了这个地名。还有人说，奇格鲁是蒙古语的谐音。这些我都相信，因为这里除了鹿，还有野猪和狼等野生动物，至于七条路，我更是有所感触，来到奇格鲁实属不易，草原的羊道根本不是行车的路，当一条路被车轧出了很深的车辙，无法再通行时，后面的车辆会选择在路边的草原再辟出一条新路，久而久之，便形成了多条车辙，于是便有了七条路的痕迹。至于奇格鲁的蒙语含义，我至今都不知甚为何意。

来到奇格鲁，并非是贪恋这里的美丽风光和摄影家眼中空中草原的奇景，只因奇格鲁是通往一段神秘岩画的必经之路，而这些岩画的规模之大与数量之多令人惊叹，更因那里人迹罕至，岩画保存得相当完整。这一切，也都是从吐尔汗口中得知的，正是这位文管员发现了岩画，并被困山中一天一夜。于是，才有了想象，才让我有了迫不及待地想要面对久远历史的冲动。

到达前山乡的当天下午，在奇格鲁简单的休整之后，我们就踏上了岩画的探寻之路。本以为两个小时的山路不会出现问题，可以顺利地到达，岂料途中是险象环生，依旧是无路可走，只是沿着牧民与牲畜踏出的羊道，用一挡加大油门缓慢徐行，由于一座山梁的斜度过大，导致差点翻了车，每次翻越的高度也都在45度左右，就在如此艰难地行进半个小时之后，竟然发现羊道也中断了。原来，是向导带错了路。没有办法，只有原路返回，询问路边的牧羊人，得到了一个这样的回答："那里连马都过不去，步行最快也要到天黑了。"这时，向导也露出了歉意的神情，并告诉我们：从前他去那片岩画区，是骑摩托车上去的。

有人提议弃车步行前往，但这并不是一个好主意。首先，路途遥远，目测还有三个山头要翻越。其次，山中有狼和野猪等动物，担心会遇到危险。最后，天色已晚，就算能顺利到达，返回的途中也会有很多未知的艰难，而且我们未携带任何夜行装备，贸然前往不可取。无奈中做出决定，扭头折回奇格鲁。

就连这样的决定也出了岔子，回到奇格鲁后，发现有一辆车没有跟上，等了许久，也未见到车的影子。焦急之下，向导开着皮卡车出发寻找。还好，有惊无险，那辆车只是在山里迷了路，碰巧在另一个山坳与救援的车辆相遇。当所有人都安然回到了奇格鲁，大家这才舒了一口气。

此次探寻没有看到那些几千年前古人刻下的岩画，心里虽有满满的遗憾，但还是值得庆幸，至少在经历了太多险象之后，每个人都平安无事。至少我们知道了那片岩画区目前是安全的，不会遭到破坏，毕竟在这样复杂的环境中，想去到那里，基本不太可能。

夜宿奇格鲁，吃到了美味的手抓肉，喝了很多酒，却未现丝毫醉意。在毡房里，我们听到了文管员吐尔汗弹着冬不拉唱起的哈萨克民歌，才知道吐尔汗就是这片草原上的阿肯，一个优秀的歌手，一个睿智的诗人。那一晚，在毡房外的静谧草原之上，黑走马的音乐一直在松林间回旋，黑走马的舞步在所有人的兴奋中也一直没有停下来。

遗憾总会有，世间事想要完美，除非你是一个神，留下点念想也好，至少还有牵挂。下次如果再有机会，我们还会来，来完成这个与古人对话的愿望。

前山的确是一个来了就不想走的地方，除了角落中那些无法解开的谜团和美丽得让人窒息的风景，还有前山人的淳朴与热情。临走时，就在对面那座山接近山顶的位置，我们又看到了一幅神奇的景象，一块巨石横卧在草坡上，上面有两块稍小的石块，在这两个较小石块之上，横担着又一块巨石，形成了一个去掉两点的"亚"字。据目测，最上面的这一块至少有两吨重，这么高的山，吊车无法上来，如何会有这样的形态出现？当地的牧人告诉我们，这几块石头在他很小的时候就已在这里，他的爷爷小时候也经常在巨石边玩耍，那么这是谁的刻意摆放？还是传说中神奇的仙鬼移物？

伊吾宝藏

寻宝，恐怕是所有人都想去做的事儿，至于过程中要经受多少风险，完全取决于受到的诱惑有多大。这是世间亘古不变的真理，风险与收益对等，除非天上掉馅饼。当然，还有"舍得"二字，这岂止是佛理，更是哲理，付出与收获永远成正比，没有舍，如何会有得？

就如去伊吾淖毛湖捡玛瑙，路途的遥远对于寻宝者来说根本就不算是个事儿。因为在那个传说中的玛瑙滩上，有无数宝贝就在那里静静地躺着，换作谁，都肯为此去冒上一次险。俗话说，人为财死，鸟为食亡。在如此大的诱惑之下，跋山涉水和翻山越岭所带来的艰难基本就会被忽略掉，哪怕是路上爆了胎，或是迷了路，也改变不了去往淖毛湖寻宝的决心。

前些年，经常能听到有人去戈壁深处找奇石而失踪，这绝非危言耸听，那时没有像现在这样多的先进装备，胆子大的就开一辆吉普车，带上食物、燃料和水就出发了，导航设备充其量只是一个简易的指南针。

哈密的戈壁滩可不是个善茬子，专业探险队都不敢贸然进入，何况是那些自以为是的寻宝者。指南针在戈壁失灵是常有的事儿，散落的铁矿会把你的指南针指向相反的方向，如再加上流沙和早晚强烈的温差，有去无回是大概率的事儿，也别指望在绝望时借助太阳导航，梦幻般的海市蜃楼会欺骗你的眼睛，分不清东西比找不到北还要可怕。有时，真的希望GPS不要出现，也希望不要建造太多的戈壁公路，否则只有一个结果，人类掠夺的天性会将大自然淘空，就连无人区也会变得满目疮痍。

关于淖毛湖玛瑙滩，不只有传说，还有暴富的传奇。据说一当地农民用了不到一年时间就在玛瑙滩捡成了百万富翁，这消息一经传出，所带来的效应不亚于一颗核弹爆炸时产生的震撼。于是，淘宝者纷至沓来。这让我想起了前些年去和田挖玉的人潮，他们花一百来万买上两台挖掘机，在河床里日夜不停。一年下来，只要能挖出一块西瓜般大小的籽料，就能直接踏入千万富豪的行列了。

玛瑙滩也同样具备这样一夜暴富的机会，这块宝地就在中蒙边境，也不知道谁第一个发现了玛瑙滩的存在。总之，从被发现的那一天起，中国宝石市场就又多了几个玛瑙的新品种，同时，也刺激了玛瑙价格的直线飙升。如果是在十几年前来到玛瑙滩，除了神情的惊异，还有恍如梦中的虚幻感。因为没有人会相信眼前的景象，五颜六色的玛瑙就在脚下，阳光下折射出的光芒发出片片异彩，放眼望去，如同佛光浮现。随意捡起一块，都会是顶尖的上乘之品，根本不用精心挑选，俯下身随手捧起一把，就足够你生活个把月的了。

那时，周边的人家没有人会把这样的彩色石头当成宝贝，最多是小孩子捡来玩一种叫作"抓石子"的游戏，当人们开始意识到这些戈壁石子竟是玛瑙时，这片玛瑙滩已被大批寻宝者涌入很久了！

玛瑙滩上最常见的要属竹叶玛瑙了，它的纹理形如竹叶，颇具美感，尤其是那集多种色彩于一身的斑斓，可谓如锦若缎。还有一种叫响石玛瑙，拿在手里晃一晃，就会发出声响，并非有什么玄机在其中，只因此种玛瑙本有空腔，腔中又生长有水晶或是石英，当受到外力时水晶断裂并掉落，所以在晃动时会有声音发出。此外，滩中玛瑙的品种非常繁多，有水晶玛瑙，有碧玉玛瑙，还有罕见的水胆玛瑙。我对宝石的认知度很浅，所具有的知识大部分都是在与朋友们聊天时获得的。但有一点是奇石圈里的共识，所有珍贵的宝物都在恶劣的环境中，能捡到什么样的宝贝要看你肯跑多远的路。

这些寻宝者在玛瑙滩先是挑拣个头儿比较大的，大的基本捡完后，他们又把中等大小的一扫而空。到了现在，居然又出现了一种价格昂贵的"葡萄干"玛瑙，两年时间这种玛瑙的价格竟然翻了十多倍。其实，这所谓的葡萄干玛瑙，只是玛瑙滩上剩下的那些不起眼的小东西。开始是弯腰捡，到最后是跪着在土里扒拉，因为资源越来越少，价格自然也就越来越贵，价格越贵，就更激发了寻宝者的欲望，这是个恶性循环。迟早有一天，再也无法循环。

有朋友曾在淖毛湖玛瑙滩上捡了块缠丝玛瑙。有次喝酒时他便拿出炫耀，趁着酒劲，我将这块如鸡蛋大小的玛瑙石占为己有。在把玩了几天后，事件重演，同样是在显摆，同样是在酒桌上，同样是抹不下面子，结果也是一样的，这块缠丝玛瑙很快就被另一个朋友拿走了。为这事儿我悔了很久，毕竟缠丝玛瑙虽常见，但这一颗我认为是所见中的极品，因为它的通透，因为它的光泽，更因为它用柔美的线条组成了不可思议的图案。

玛瑙，汉代以前称为"赤玉""琼"，其名最早出自《妙法莲花经》，玛瑙其实也是一种玉石，它有美丽、吉祥、富贵的象征，还被列为佛教七宝之一。在古代的宫廷中，玛瑙曾一度成为皇家和达官贵人的专享，垂帘听政的老佛爷最喜爱的物件中，除了玉石珍珠，就是这些色彩斑驳的玛瑙了。在对历朝历代遗存的考古中，都能发现玛瑙的影子，无论是屏风杯盏，还是花熏瓶碗，再就是手镯耳环，都深刻地表明了玛瑙在历史上的地位和作用。到了后来，玛瑙也渐渐流入了民间，可谓"旧时王谢堂前燕，飞入寻常百姓家"。

至于玛瑙滩的形成，也有它特有的条件，不是每一处戈壁滩都能形成玛瑙遍地的场面，这要得益于亿万年前的火山喷发，由于火山气体迅速散逸，在玄武岩中留下许多气孔和空洞，饱含二氧化硅的火山热液无孔不入，填满了这些气孔和空洞。经长期演化，形成了玛瑙，再经漫长的风化雨蚀，使玛瑙从玄武石中解脱出来，然后随强风散落在荒漠戈壁表面。就这样，玛瑙滩出现了。

很多人都认为淖毛湖玛瑙滩现在已没什么价值了，因为里面的宝贝已基本被淘空。更有贪婪者，是开着卡车前来，之后满载而归，就是一座金山摆在面前，也架不住如此疯狂的掠夺。实际上，他们只是扫荡了戈壁表面的玛瑙，如果遇到大风或大雨过后，土层之下的玛瑙又会被重新翻上地面。再去时，一切依旧，光芒依旧。

从捡拾玛瑙来看人性，再从人性中品味玛瑙的品质，好像听起来哲学韵味很浓，但仔细想想，对于大自然赐予我们的一切，无论食物还是宝物，你善良它就善良，你贪婪，必定会招来厄运，这代价，岂是人类所能负担得起的？所以在《红楼梦》中就有了"任凭弱水三千，我只取一瓢饮"，这不单指男女之间的关系，那么，人与自然间又何尝不是如此呢？

巾帼馕

打小就爱吃馕，可能是受了本地饮食习惯的影响，几日不吃，竟会感觉浑身不舒坦。新疆人出远门时有个习惯，总要带几个馕在身边，几百年前是这样，现在依旧如此。在新疆人眼里，馕不仅味道好，还便于携带，而且久存不坏。当年库尔班大叔骑着毛驴去北京时，就随身带了一大口袋馕，经过穿越戈壁沙漠的长途跋涉，最终见到了毛主席。库尔班大叔的故事不但在新疆广为流传，后来有一年还入选了小学的语文教科书。

馕是一种可以忽略和绝杀任意菜品的食物。无论有多少种类繁多的大菜端上桌，此时若有人递来一个热气腾腾的焦黄烤馕，之后就只会重复一个机械性的动作，边撕边往嘴里送，那满腮的香气定会让你忘记动筷子，自然也就浪费了一桌好菜。宁可一日无菜，不可一日无馕。这句话正好体现出了新疆人独特的饮食习惯，馕代表着新疆，新疆又以馕作为本地特色饮食文化的象征。在这里，馕不只是一种仅属于新疆的传统美食，还是新疆文化与历史的沿袭主线和传承见证。

想起有年夏天，朋友从伊吾带了一箱荞麦馕，拿到手里时，发现装馕的箱子居然十分正规，仔细一看，上面写着"巾帼馕"三个大字。原先只知道本地"阿布拉"和"苏来曼"的两种馕味道极佳,却未想到小小的伊吾也开始琢磨起打造本地品牌来了。后来朋友问我"巾帼馕"的味道如何,我告诉他好吃到无以言表!

时隔两月,恰好有一次伊吾之行,于是,在辗转之下,我见到了维吾尔大姐吐尔汗,也有幸吃到了她亲手打的刚刚出炉的"巾帼馕"。虽然新疆各地都有馕,但也因地域与用料的差异,味道也就大不相同,"巾帼馕"就以它的酥脆绵香而见长。至于为什么会叫这个名字,起初我也摸不着头脑,吐尔汗告诉我,因为成立了打馕协会,协会中是清一色的妇女,所以就起名叫"巾帼馕"了。

外地人会把馕的制作称为"烤馕",这样的表述在新疆就无法入乡随俗了,新疆人对这一过程的准确表达为"打馕",这不只是口语上的差别,"烤"可以借助任意的烤制厨具,而"打馕"的前提是要先有一个土质的馕坑,所以新疆人去了内地,就算有卖馕的,再想吃也不会去买,因为他们无法找到馕坑里"打"出来的味觉。就是这样一个简单"打"字,已把新疆馕的味道与外地完全区分开来。

在新疆,不管你走进哪一家维吾尔族人的院落,都能看到一个形似倒扣大缸状的空心土台,这就是馕坑了。维吾尔族几乎没有人不会打馕,这门厨艺似乎就是天生的,就像这个民族无师自通的歌舞天性,无论老人还是孩子,无论小伙还是姑娘,只要是手鼓响起,都能随着节奏舞动起来。馕坑大多是用土坯垒成,恰好是成人俯下身用手能探到坑底的高度,形状上除了圆形也有方形,如果还会有不同,就是大小的差别了。

吐尔汗大姐是个很能干的女人,从早晨起床后用沙枣枝烧热馕坑,到手工揉制数十公斤重的面粉,然后在案台上擀出几百个馕坯,再将这些面坯均匀地贴在热气腾腾的馕坑内壁上,只需不长的时间,金黄喷香的"巾帼馕"就打好了。吐尔汗最开心的时刻就是每一坑馕出炉的时候,满脸的汗水伴着溢出的微笑,露出了满足的神情,对于她来说,打馕成就了一种类似完成作品后的快乐。这种伊吾特色馕的香气非常浓郁,大老远就能闻到,来这里的客人吃过后都会竖起大拇指,走时还不忘买上几个回去让亲友尝尝。当被问起"巾帼馕"的口味为何与众不同时,吐尔汗说:"阳光好空气好麦子就会好,用山泉水和出好面粉,里面有鸡蛋、清油、芝麻、葱花,还有鲜奶和蜂蜜,又怎会不好吃呢?"

新疆的馕有太多的种类,以至于自小在新疆长大的我都无法将它们的名字一一叫出,除了"巾帼馕"之外,我还偏爱一种肉馕,这种馕介乎于中国馅饼与西方比萨之间,是具有新疆特色的又一种民族美食。维吾尔族人会在和面时加入碎羊肉、皮芽子、胡椒和孜然,然后放入馕坑烤制。在肉馕脆酥焦黄间散发出的诱人气息中,不但有羊肉的鲜美,皮芽子的辛辣,孜然的浓烈,还有胡椒的芳香,这是让人无法抵御的诱惑,咬一口下去,回味悠长,久久不散。

你可能不会想到,馕在新疆居然还会有很多种吃法。维吾尔人最传统的就是用馕蘸着茶水吃,这种茶并不是内地人常喝的龙井毛尖,而是一种经特殊压制的砖茶。将茶掰下一块放入壶中用火煮沸,然后倒入杯中,用刀把馕切成长条,然后一块块蘸着热茶送入口中,就算这馕放了几个月,已然干透,也会在接触到茶水的一瞬间变得松软起来。这种吃法恐怕内地人无福享用,因为他们不知两种不搭的食物究竟能产生怎样的滋味。事实上,维吾尔族人已经用两千年的时间来证明了这种味道的美妙。

在伊吾,如果你想让馕的味道发挥到极致,那么还有一种令人叫绝的吃法,去集市买上一公斤羊排,但必须是伊吾盐池的羊排,只有这样的羊肉才能将你的味觉打开,也能让味蕾享受到充分的快感。回到家后用清水慢火煮透,快熟时加入皮芽子和胡萝卜,盛碗后放入香菜和葱花,除了盐之外,任何调味品都用不着,否则就会破坏掉羊肉的鲜香,这就是新疆羊肉汤的做法。然后将从伊吾带回的馕撕成小块泡入肉汤中,用筷子随手夹起一块,顿时就能体会到唇齿留香,口感异常细腻,并直接刺激到了味蕾

维吾尔族妇女正在用传统工具取下烤熟的馕

的最深处。

如果是在秋天来到伊吾，可以去尝试另一种本地人特有的混搭吃法，用刚打出的热馕就着淖毛湖的哈密瓜吃。这你一定闻所未闻，除了新疆人，很少有人这么吃过，一口热馕，一口甜瓜，一口香脆，一口清甜，这在外地人看来前所未有的独特味道在当地早已习以为常，谁又能说这不算是西域风情？除此之外，馕还可以就着沙瓤西瓜吃，也是别有一番风味在其中。

白居易在一首《寄胡饼与杨万州》的诗中写道："胡麻饼样学京都，面脆油香出新炉。寄予饥馋杨大使，尝看得以辅兴无。"这胡麻饼，指的就是新疆的馕。馕在维吾尔族食谱中有很高的地位，维吾尔族人的祖先认为是水、火、土赋予了生命，而馕就是水、火、土的结合物，是物化的神灵。所以在日常生活中，馕成了一种吉祥幸福的象征。提亲这事儿很多人都经历过，尤其在汉族习俗中，男方的彩礼要准备得相当丰厚，否则就会遭到女方家人的白眼。但在新疆，维吾尔族小伙在去女方家提亲时，只需带四件礼品：布料、盐、方糖和馕。在维吾尔族人眼里，幸福的生活不过就是这四样东西。婚礼上，新郎、新娘还要抢着吃蘸有盐水的馕块，这预示着两人今后的生活会同甘共苦，白头偕老。

馕在千年历史中孕育出的深层内涵使之已成为了一种文化，馕文化在新疆无处不在，维吾尔族有关"馕"的谚语就有几十条之多。"饭是圣哲，馕是神灵"，"没有馕就不算家"，"没有馕的人就没有生命"，"馕是信仰，无馕遭殃"，"肚子里有馕，胳膊上有劲"，"吃了白面馕，乐得把歌唱"等等。如果在梦中梦到了馕，就意味有福气即将降临；梦见馕被丢弃，被视为凶兆；梦见吃馕，会有好运；若是梦见自己掰馕，就该及时去施舍穷人或去行善事。维吾尔族老人教育后代不能浪费馕，也是一种善意的表达，吃馕时掉下的馕渣要扫到一起，放到院中的高处，好让鸟儿能吃得到。

馕在新疆已然成为最具代表性的美食之一，在新疆的任一角落，你都能看到打馕人的热情，能听到卖馕人的吆喝和为等一个热馕出炉时耐心的人们。想起前些天听到一首新疆民谣，歌名叫《新疆馕》："每当看见东升的太阳，就想起新疆的圆馕，每当看见天边的月亮，就想起了新疆的圆馕，太阳一样的馕，馕一样的太阳，新疆的圆馕就是我圆圆的梦想……"

对于远走他乡的新疆人来说，馕寄托有一种浓重思乡的情结，也是他们无法忘却的记忆，有了馕才会有家的感觉，那围坐在地毯上吃馕聊天时的情景也成了他们望眼欲穿的一个梦！新疆人爱吃馕，不仅仅是因为馕的味道，而是一种对家乡的爱，因为馕产自新疆。

伊吾河

这条奔腾的河在伊吾究竟流淌了多久，谁也不知道，当最早的先民发现这块土地时河就已然存在，并且始终保持着这个姿态，奔流欢腾，一路向东。或许只是因为这条河，他们才会在此驻足、安家、繁衍、生息，若是没有这条河，或许他们只是路过，之后再大步走向远方，那么今天，也就不会有这座城了。

人类存在的意义是河流赐予的，无论哪一种文明，哪一个种族或是哪一个地域，都是如此，没有例外。河流存在的意义是赋予了生命的萌发，无论人类、动物和植物，都在依托着河流繁衍生息。喀尔里克山存在的意义就是孕育了这条伊吾河，包括它脚下可以汲取阳光的一切生物，它的给予宽厚到足以令万物仰视。在本地人眼里，它甚至比日月星辰还要伟大。生命与河流同生共死，这是大自然的法则，也是生命轮回中的一个支点。河流恩泽了万物，同时，河流本身也在诠释着生命不屈的往复。

喀尔里克山就这样傲立在东天山之巅，没有华丽的修饰，没有动人的传说，只有在它怀抱中屹立了数亿年的皑皑冰川，依旧闪烁着耀目的光芒。这是山下生命的起点，当厚厚的冰川一丝丝融化，顺着岩隙缓缓滴落。从点到线汇成小溪，温柔地滑过每一朵雪莲花的根系，之后溪涧融聚于山坳，再用一种义无反顾的姿态冲下山崖，去拥抱干裂的土地，去滋润远处的那垄瓜田，也流向了那片古老的千年胡杨。

翻开地图，你甚至无法去形容那道微小的蓝色线条，它过于普通，也过于平静。但有一点能衬托出它的与众不同，伊吾河所显出的品质是那些内地大河大江无法比拟的。从另一角度去看，它所诠释出的是一种坚强，是一份责任，因为这是一条流经戈壁大漠的河，沿途恶劣的环境也无法阻挡它的前行，这样的一条河，谁又会不对它心存崇敬？有时，低调并不意味着不去炫耀曾经的浪遏滔天。

今天，它以母亲河的姿态出现，这是一条河流存在的价值最高级，也是人类对一条河评价的最高赞誉，河岸两侧的百姓对它是呵护有加，甚至从未对它做过任何被认为是不敬的行为，人性的善良使伊吾河始终保持着原始的清澈如初。

伊吾小城的初春气息是从这条河开始的。大自然在吐纳间，能听到河冰消融时发出脆响，白色的浮冰随河水的起伏缓缓漂下，汨汨的声响像是在哼唱着一首维吾尔族民谣。如此情景，只需一把艾捷克，就可将伊吾的春天留下。如果在这个季节恰好下起了一场春雨，漫步河边，又会有怎样的感动油然而生？雨中的伊吾河，会宛如一位娴静的女子，细腻中透着温柔，美丽中浮现出大方，喃喃中又撩人心扉。

夏日的伊吾河水逐渐变深，在有巨石阻挡之处也会溅起浪花，只可惜不能行船，否则定要尝试在西北泛舟的乐趣。伊吾河的风格在夏至的燥热中猛然发生着转换，本是属于春天的婉约楚楚，却因气温的升高而变得豪放起来，似新疆的男人，热情奔放，大碗喝酒，大块吃肉，之后醉卧在河边搭起的白色毡房，在满耳虫鸣蛙叫中睡去，岸上的那只手鼓似乎意犹未尽，在风中依旧打出夏夜的节奏。

秋风从喀尔里克山的罅隙间飘来，吹熟了甜瓜，吹黄了胡杨，也吹开了农民兄弟脸上的笑。此时的伊吾河趋于静寂，在秋意的感召下，河水也因胡杨叶的层层撒落而尽染金黄，色彩呼唤出了伊吾河的另一种大美，如一幅唯美动感的油画，顺着水流的方向展示着它的纯粹。在伊吾河边，看不到众人眼中描绘秋天时的萧瑟，也没有那种生命即将逝去时的沉重。相反，你会感受到另一种活力萌动时的喜悦。

冬雪如期而至，伊吾河又回到了它初始的状态，河面上厚厚的积雪对应着喀尔里克山高耸的白色峰顶，并与孕育它的冰川相互遥望着，仿佛是一次灵魂的对话。而它们的亲昵言语，只有书写朦胧诗的诗人才能听懂。在这样具有诗情的冬日，无论站在哪个角度，都能品味出作为一条西部河流的妩媚和大气。

去感知一条河，需要用心去领悟。从哲学的角度去理解，也需要亲身去寻找与这条河所保持的距离，离得太近，就体会不到它的内涵；隔得太远，又无法看清真容，矛盾无处不在。有时，河只是一条河，又有时，河不仅仅是一条河。

每一条河最终的结局只有一个，与自然界所有生命一样，会随时间的推移而慢慢干涸，直至死去。这不是命运，是必然的辩证结果。谁也无法逃脱现实带给我们不能左右生死的抉择。其实，存在过即是幸运的，哪怕是一只丑陋的毛毛虫，也会在变成蝴蝶的很短时间内，用双翅的挥舞去证明自己的美丽。

伊吾河不只是一条水脉，更是与之唇齿相依维系这片土地上所有生灵的血脉。一条河边的一座城或一座城边的一条河，都是上天眷顾这片土地的见证，所有文化都出自于河流带来的厚重，所有艺术都是河流漾出的灵性。如果上天能继续给予伊吾万千宠爱，那么就请让这条河继续奔腾，永不休止吧！

夜不闭户的思考

初中学历史，印象最深莫过于盛唐，尤其贞观之治，头发花白的老师在课堂上将这一段历史描述得很形象，也不由得让听课的学生萌发出许多联想。想想现在，哪个地方还会有"夜不闭户"的淳朴？在何处还能有"路不拾遗"的民风？远去的历史将人们内心的那一丝柔软带离，消失在浩渺的时间烟尘之中，信任感的缺失怎样才能再次找回，恐怕已成为了现代人最难以启齿的一个话题。

去伊吾下马崖，为我带来了久违的惊喜，也让我体会到了一份感动。源于自己似走进了历史尘封的瞬间，又重新走回到了盛世大唐的街巷。

在去之前，行程中就有一个拜访一位维吾尔族老人的安排，因她在当地小有名气。还未到中午，我已站在了老人家小院的门外。敲门，没有回应；再敲，依然不见动静；试着推了一下门，居然没有上锁，于是便贸然闯入，庆幸的是院中没有看家的狗。在院子坐了大概半个小时，老人才姗姗回家，我向老人说明了来意，她将我迎进了屋内，让我诧异的是房门竟也没有上锁。

老人在年轻时就是一个才女，屋内挂满的画作让我感受到了一种具有维吾尔族风情的书香,在欣赏完农民画作品后,还听到了她打着手鼓唱起的伊吾木卡姆。暂不提老人才艺的多样与精彩,有一个疑问却从进门时起始终纠结在心里。临走时我问老人:"出门怎么不锁门?不怕丢东西吗?"老人听后笑了笑说:"在我们下马崖,无论白天晚上,都没有锁门的习惯。"我顿感惊奇,追问道:"这个地方从来没有发生过偷盗吗?"老人告诉我:"是的,这里家家户户都是这样,从未听到过谁家丢了东西。"

回来后,我仍将信将疑,于是便把这个经历讲给朋友听,他们也觉得不可思议。有人竟开起了玩笑:"难道下马崖这地儿是从唐朝穿越来的?"那以后,又去了几次下马崖,我才慢慢相信了这个近乎传说的淳朴民风。就算住在招待所里,大家也因身处下马崖而受了当地人的影响,出门办事都敞着房门,丝毫没有平时在城市里的那份戒备。

当我们为下马崖"夜不闭户"的景象发出赞叹的同时,是否也应去思考另外一个问题,这个社会的道德观和价值观到底体现在了什么地方?如今,城市中的防盗门窗越来越密集,就算是住在高层住宅,也会担心有"梁上君子"的光顾。好好的一栋建筑,却因满墙防盗窗而变得诡异起来。如果说物质基础决定文明程度,那么今天中国百姓的物质生活已是极大丰富,可为什么社会的道德底线未见上移?

想想五六十年代时的中国,就算填不饱肚子,也会把尊严放在首位。那时,"夜不闭户"的现象并不是什么罕见的事儿。可能有人会说,都吃不饱饭了,家里也不会有什么值钱的物件,锁不锁门都一样。这个观点不是很准确,我们应从人性的本质中去找原因。道德与时代无关,关键是一种风气的传承,这种风气在人与人之间是会相互影响的。你善良,周边人也会善良;你恶俗,就会将负能量传染给身边的每一个人。

"仓廪实而知礼节,衣食足而知荣辱",这句话出自管子的《管子·牧民》,虽说有一定道理,但也并非真理。若非要等到仓廪实和衣食足才能知礼节,知荣辱,那么在这之前所形成的大众道德观,又岂会轻易在富裕之后而发生改变？在下马崖我没有看到这里的农民有多么的富裕，但我看到了他们之间的和睦相处，很少有人为琐事去争吵怒骂。一家遇到难事儿，大家都会伸出援手，就连乡里举办节庆活动，各家各户都会拿出米面肉菜，就连帮工都是义务的，没有人去计较什么。这就是下马崖。

有时我在思考，为何下马崖仍保持着这社会所稀缺的融洽与信任感？没有防人的疲惫，更没有旁观的冷漠？很多人会把这里的民风解释为是传统道德的延续。可下马崖人不会这样理解，他们觉得从老一辈开始这里就是如此，几百年来的生活基本未发生过什么改变，一切再自然不过，所以道德之说在这里没有丝毫意义。城里人眼中的道德，只是下马崖人最为普通的生活节奏。去帮助别人也是顺理成章的事儿，上升高度只因所处环境的不同，就如情感缺失太多的城里人来到下马崖，会认为这里才是真正适合人类居住的世外桃源。

与下马崖形成鲜明对比的是目前整个社会道德观的模糊，之所以造成如此尴尬的局面，关键就在于改革开放以来好的传统没有得到有效的继承和传承。尤其是当"唯利是图"成为一个褒义词时，道德意识就会被淡化，人与人之间也就失去了起码的信任，这直接冲击着大众的价值观。

"天下熙熙，皆为利来；天下攘攘，皆为利往。"司马迁在西汉时期似乎就预言了这个社会的道德走向，句中这个"利"字，如今已从群体利益转向了自身利益，最后慢慢进入到"人为财死，鸟为食亡"的奇谈怪论中，并逐渐在社会中扩散，这其中有一条清晰的辩证主线。当人们将金钱视为自身唯一信仰，在虚空的理想下，道德就会出现滑坡，人性中丑陋的一面也随之被放大，直接造成了价值观的紊乱。最后，人与人和人与社会间的信任感就会大打折扣，便形成了令人恐惧的"陌生人"社会。所以说，价值观决定了道德观。同时，道德观也左右了价值观，如任其往负面发展，信任感的丧失会让这个社会在冷漠中前行，这绝不是主观臆断。

回过头来再来看下马崖，我看到了太多需要这个社会学习的亮点。首先，如此淳朴的民风能够继承下来实属不易，这与当地家庭的传统教育有很大的关系。每一个家庭成员间对对方言论和行为的耳濡目染，决定了他们积极向善的思维模式。其次，能够将优良传统得以传承，这不是靠一个人和一个家庭的努力就能做到，这需要一个群体的共同维系，从下马崖各民族团结融合的氛围就可见一斑。最后，也是最值得称道的，就是当地百姓没有被社会充斥的负能量所感染。也没有因经济大潮的冲击而放弃自己的坚守，依旧保持了有别于其他地方的纯净。

不得不承认，下马崖至今仍是一块有着自己纯粹传统的纯净之地。试想，如果我们的社会能如下马崖这般，那么将是怎样一番景象？还会有那么多有损市容的防盗门窗吗？还会出现一些无视道德的行为吗？我无意于站在道德的高度去指责某事，也没这个资格。但在我的心里，仍怀有一些期待，期待邻里之间能从陌生走到热情，期待老人摔倒能有人去扶，期待见义勇为能成为常态，期待自私自利让位于大爱。

再次走过下马崖，依然会有感动。在"夜不闭户"的景象背后，有太多触动人心的故事。当然，故事的主角，就是这些善良纯朴的下马崖人。

The
biography
of
Hami

哈密传

第三章

伊州篇

甜蜜瓜香

在历史上，曾有两种"累死快马无数"的珍果演绎过精彩的传奇故事。一种是岭南的荔枝，另一种则是产自哈密本地的甜瓜。

无论是为饱贵妃之口福，还是为博君王一悦，这两种水果在当时贵族眼中的地位竟超越了奇珍异宝，大有无可替代之势，也引得无数文人竞相为其泼墨赋诗，一时间，好不风光。

在哈密吃甜瓜并不是件奢侈的事儿，因是本地土产，价格自然比内地便宜许多。在甜瓜成熟的季节，田边堆积着如山的金黄色甜瓜，摘瓜少女的脸上更洋溢出了比瓜还甜蜜的微笑，哪怕你只是随意路过，瓜农们也会塞给你一只甜瓜解渴，不管是否相识，他们都不会收你一分钱。

总也忘不掉小时候吃的那种青皮红心叫作"红心脆"的甜瓜，熟透的"红心脆"很是娇气，吃时要轻轻放在桌上，若力量稍大一些，不用举刀瓜便自行裂开了。随口咬去，瓜汁会顺嘴角流下，如不及时去擦，就会在嘴上凝固成块，那浓郁的滋味至今还让我记忆犹新。

如今的哈密瓜是越来越香甜了，偶尔忆起"红心脆"，其实是想找回童年单纯的感觉，绝非仅是想起一只甜瓜这样简单。那时，生活在这里的孩子几乎都有去瓜地偷瓜的经历，好像没有偷过瓜的童年总会少了点乐趣。当然，只因我们成长在那段特定的时期，偷瓜这事就算挂在嘴边，也不会产生什么羞耻感，反而觉得偷瓜完整了自己的童年似的。

哈密因甜瓜而出名，也给当地百姓带来了充足的自豪感。所以在金秋时节，当有亲朋自远方来，主人家定是要客人尝尝这产自本地的甜瓜，临走也要再买几个让客人带回去。哈密人的待客之道原本豪爽，却也因这甜瓜而变得细腻温和了。

如不是当年哈密王将本地甜瓜进贡给皇帝，恐怕也成就不了这天下奇果的美名。那康熙帝只咬下了一小口，便瞪大了眼睛问大臣们："这是什么瓜？竟会这般香甜。"一大臣忙说："此瓜产自西域哈密，为哈密王所贡。"康熙帝龙颜大悦，当即赐此瓜名为哈密瓜，并责令哈密王每年必须带瓜进京向朝廷上贡。

直到今天，哈密瓜仍以它的色泽诱人及味道甜香居新疆果品之首。哈密种植甜瓜的历史可以追溯到2000多年前。早在元朝的时候，马可·波罗来到中国就曾赞誉过哈密的甜瓜，他用一句类似于现在传颂的民谣向西方人传递着这样一条信息："吐鲁番的葡萄，哈密的瓜，伊犁的马儿，库车的姑娘美如花。"

当时康熙帝所吃哈密瓜的品种叫"加格达"。此品种的甜瓜为哈密独有，这种瓜因含糖量高，皮厚易于储存，所以当时能历经数月运抵京城，且色味依旧保持离秧时的新鲜。与"加格达"一同出名的还有哈密的另一品种甜瓜"黑眉毛"。当年大学士纪晓岚来哈密尝过这种甜瓜后，他品出了苏东坡啖荔枝时的眷恋，似有一种"日品一块哈密瓜，不辞长作哈密人"的乡情在其中。难怪纪晓岚会说出"西域之果，葡萄莫胜于吐鲁番，瓜莫胜于哈密"这样的语句来。

如今，"黑眉毛"在市面上已很少能见到了，倒是常看到装满"加格达"的马车在城市的街巷中转悠。时走时停间，还能听到几嗓子带有维

哈密古贡瓜田中的哈密瓜熟了

吾尔族传统声调的吆喝声："哈密瓜，哈密瓜，咬一口甜掉牙，不甜不要钱。"

在一个偶然的时间，我有幸结识了一位维吾尔族老人，据说他就是哈密贡瓜的传人。老人名叫尼牙孜哈斯木，祖祖辈辈就居住在哈密南湖花园乡的一个深巷里。

与老人的谈话进行得很轻松，在攀谈中得知，从第一任哈密王额贝杜拉在位时，他家的瓜就被定为了贡瓜。一直到九世回王退位，哈斯木祖上六代人为九个回王种过哈密瓜。

距离老人家不远处，就是那片延续了二百多年贡瓜传奇的老瓜田，如今这块田依旧高产着百年老瓜种——加格达。我怀着复杂的心情站在这块瓜地边，望着被雪掩埋着的沧桑历史。虽是身处冬季，但仿佛还是嗅到了"加格达"散发出的丝丝瓜香。

老人祖上共有贡瓜田几百亩，所产的甜瓜除了大部分上贡给哈密王外，其余的都分给了村里的乡亲们，乐善好施的哈斯木一家在此地声誉非常好，虽说住得偏僻一些，但日子也过得是其乐融融。当被问及"加格达"这个品种是怎样保存至今的，老人笑着说家中有一个习惯促成了"加格达"的延续，每年秋天吃完瓜后，都会将瓜瓢扔到院墙上。由于"加格达"含糖量非常高，所以瓜子就粘到墙上而不会脱落，来年开春只需将瓜子从墙上取下，再撒到田里就又种下了一茬瓜。

至于老人的祖上是如何将哈密瓜运送到京城的，哈斯木却说出了从未听说过的运送方法：将瓜放进一个长篓中，底部和上面铺上马莲草，再用蜂蜜将剩余空间封死，这样既可以使瓜处于一个真空的空间，又可以减少运送途中的碰撞。

总感觉这种运瓜的方法是老人自己想象出来的，有些经不起推敲，因为封闭在蜜篓里的瓜在几个月后就不会再是新鲜的哈密瓜了，说不定早就变成了瓜脯蜜饯。若是皇上吃到了这种瓜，定会龙颜大怒，怎么也得治哈密王一个欺君罔上之罪吧。

在民间确实流传了很多种运瓜去京城的办法，但终究没有人实践过，都只是停留在想象和理论上。迄今为止，也没有得出一个经得起论证的方法。其实，怎样将瓜运抵京城已不是什么值得去考证的事了，学者们也没有必要再花时间和精力去与人辩驳。毕竟康熙帝是真真切切地吃到了香甜的哈密瓜，那甜瓜也真真实实的是从千里外的哈密运去的。过程有时在结论面前可以忽略不计，只要不篡改历史，有些事作为茶余饭后的谈资也未尝不可。

在新疆，还有一种说法：哈密瓜之盛名莫过于哈密，哈密瓜之正宗莫过于淖毛湖！如果你来到哈密，正好错过了哈密瓜成熟的季节，不要觉得遗憾，因为用不了多久，伊吾淖毛湖的哈密瓜就可以让你品到更正宗的味道。这种产自天山之北的甜瓜色鲜味正，肉厚爽口，含糖量非常高，因与山南的气候差异造成了它的晚熟，不过这也正好起到一个互补作用。晚熟也有晚熟的优势，在别处已无瓜可吃的季节，淖毛湖却是一片丰收的瓜园景象，瓜农脸上的笑就如裂了口的哈密瓜，一脸的甜蜜。

哈密这片绿洲是幸运的，历史赋予了它厚重，文化给它带来了朝气，就连大自然也对它恩宠有加。小小的甜瓜如精灵般生长在这片充满灵性的土地，它带给这里的则是奔放的热情和溢满瓜香的空气。

市中心花园曾竖有一尊汉白玉雕像，一个长辫子的美丽维吾尔族姑娘肩头扛着一个哈密瓜在翩翩起舞，不知怎的，每次我看到她，总会想起一支歌，那歌声在我的耳边久久萦绕不散："远方的客人快下马，请您尝块哈密瓜。这里的人们最好客，引您走进这绿色的家。这里的人们最好客，引您走进这绿色的家哎。啊呀勒曼，提来山泉洗风尘，吃块甜瓜好解乏。啊呀勒曼，远方的客人快下马，请您尝块哈密瓜，请您尝块哈密瓜。"

一卷来自哈密的《弥勒会见记》

1959年的初春4月,哈密天山公社板房沟大队社员牙合亚热依木同往常一样去山间放羊。一切都与平时一样,临近中午,牙合亚热依木躺在树下休息,无意间向上瞥了一眼,发现这棵巨大松树的枝干中有一个树洞,洞中若隐若现似有一物。好奇的他决定爬上树去探个究竟,就在牙合亚热依木将手伸入树洞的那一刻起,他不会知道,自己的名字将会连同这样东西一起震惊世界。

牙合亚热依木从树洞中掏出的是一包黄褐色的书卷,里面那些文字他也看不懂,也不知为何有人会将此物藏在树洞中。傍晚,他将这包东西带回了家。因公社也无人能看得懂,牙合亚热依木便把这卷东西交到了哈密文化馆。同年8月,新疆博物馆工作人员来哈密看到了这包书卷,也不敢妄下结论。于是,专门组织专家共同鉴定,最后终于得出了一个惊人结论,这是一本用古回鹘文书写的佛教剧本《弥勒会见记》,可谓一件价值连城的珍贵文物,其中信息量丰富,学术价值巨大,距今已有一千多年的历史。

何为《弥勒会见记》?为何它在哈密的面世会引发如此之大的轰动?

《弥勒会见记》是讲述佛教的未来佛弥勒生平的一部原始剧本。内容描述了弥勒菩萨上兜率天和在弥勒净土的种种趣事见闻，勾画了弥勒不平凡的一生。哈密回鹘文版本的《弥勒会见记》有293页，每页22厘米，长44厘米，装帧采用的是"梵夹装"，左边行间有小孔可以用来穿绳装订。此书全剧由1个序幕、25幕正文和1幕尾声组成，每幕均用红墨标有地点、出场人物和演唱曲调，还有场景说明、人物动作和舞台对白等等。这一版本的《弥勒会见记》被称为是中国最早的剧本。

在书的跋语中能窥出一些相关信息，可以肯定的是，《弥勒会见记》最早是由圣月菩萨大师从印度语译为吐火罗语，后再由智护法师将吐火罗语译为回鹘语。只是具体抄写时间没有定论，学术界虽有着不同的声音，但在综合了各路观点后，还是将抄写时间基本定在了8世纪中叶到11世纪。季羡林先生对这里所说的印度语和此书的存在提出了自己的疑问。先生认为，尽管在回鹘文写本的题跋中已说明这部文献最早译自印度语，但没有说明是指梵语还是其他印度语系。此外，从内容上看，《弥勒会见记》基本上属于小乘佛教，但不论是梵文佛经还是汉文大藏经中都不见其踪影。因此，它的来源仍是一个谜。

新疆博物馆馆员民鲁帕尔·乌什勒所著的《穿越千年的剧本——〈弥勒会见记〉》一文中这样写道：《弥勒会见记》共分28幕。大致内容是聪颖的弥勒，自幼随跋多利婆罗门修行。一天，120岁的跋多利婆罗门做了一个梦，知道释迦牟尼已成佛，正在摩揭陀国的孤绝山讲经说法。他很想前去拜见，但自己老态龙钟、行动不便，不能亲自前往。因此，他派了弟子弥勒等16人出家修道。后来，释迦牟尼到波罗奈国说法，在佛陀讲述了未来佛弥勒的故事后，弥勒向佛陀请求自己愿做未来的弥勒，以解救众生脱离苦海。于是，弥勒降于一大臣家中，从"宝幢毁坏"中受到启发，悟出无常之理，便出家寻道，终于在龙华菩提树下修成正果、普度众生。

如果从文学角度看这部《弥勒会见记》，仅从书中叙事紧凑的结构和优美的语言风格,就能定义这是一部优秀的经典作品,可叹当年创作此剧本的作者文学造诣之深,还有抄写此剧本的智护法师翻译水平之高。如今,还有学者在争论《弥勒会见记》到底是文学,还是剧本?仁者见仁,智者见智,其实,只需用一句话就能回应他们这种疑问:这部书是以文学的写作手法与剧本的传统格式结合出的产物。文学即是剧本,剧本也是文学。

无须再去强调《弥勒会见记》的文学性,书中的这段内容就足以让人折服,这是天佛尊者阿难陀的一段话:"她以世上罕见的奇珍异宝装饰并创造了我,而我以最纯洁的斋戒装饰了她。她以山珍海味养育并满足了我,而我又以仁慈的智慧使她沉浸于幸福之中也满足了她。她以世俗之水冲洗创造了我,而我以神圣的八流之水冲洗了她,并将88种耻辱和烦恼之浊从她的胸前心中洗净。她以世俗的花朵装饰了我,而我以菩提之花卉装饰了她。所以说,世俗财产很难与上述的功德相提并论。"

在一千多年前唐宋时期的哈密,谁也不会想到当地人能看到这样精彩的说唱大剧。无论是从《弥勒会见记》的剧本构思,还是语言对白,再或是场景结构,都能感觉到这是一部非常完美的作品,如果是在舞台上按此剧本进行表演,那么这些栩栩如生的人物形象和性格就会呈现出饱满的状态,这些生动故事的流畅表达也会让今天的剧作家们赞叹不已。

在哈密发现的这部回鹘文《弥勒会见记》横空出世后,2012年又在哈密发现了两百余件此文本的残片,可以作为前次发现的一个重要补充。与哈密版本相近的是1974年在吐鲁番发现的另一版本的《弥勒会见记》,是由吐火罗文书写,为哈密回鹘文版本的母本,这部吐鲁番残本因遭遇火烧而损毁严重,以至于仅存44页,且大多数残页辨识度非常之低。在此之前的20世纪初,勒柯克率领的德国考古队在吐鲁番木头沟、胜金口等地也曾发现过《弥勒会见记》的回鹘文写本残页600多件。

在哈密发现古回鹘文《弥勒会见记》属意料之外,现在回过头看,好像也应在意料之中，因为学术界将这部剧本的抄写时间估算在了8世纪中叶到11世纪之间。这个年代是中国的唐宋时期，而唐朝时的新疆，龟兹佛学大师鸠摩罗什虽已过世了两百年，但仍深受中原文化的影响，佛教依旧盛极一时，新疆各地佛寺林立，包括近邻吐鲁番。北宋使者王延德出使高昌，他在出使奏本中这样写道：佛寺五十余区，皆唐朝所赐额，寺中有《大藏经》《唐韵》《玉篇》和《经音》等。唐朝时哈密叫作伊州，与吐鲁番历史文化背景基本类似，五堡白杨沟佛寺群遗址至今仍保存良好，还有庙尔沟佛寺和小南湖佛塔等等。玄奘取经时就曾拜谒过庙尔沟佛寺，也在白杨沟佛寺讲经说法。身处如此浓厚的佛教氛围。所以说在哈密出现《弥勒会见记》抄本不足为奇，只是用回鹘文书写就让很多人觉得纳闷了。

据《哈密地区志》记载："唐开成五年，回鹘西迁，其中一支迁到西州（高昌）一带，建立包括哈密在内的西州回鹘王国，从此以后，回鹘部众纷纷来哈密定居。唐大中年间，居住在伊州的回鹘人数增加很多，定居在这里的回鹘人逐渐由游牧转为务农。"就是说当时回鹘西迁时，哈密佛教正处于鼎盛时期，而当时哈密各民族中，回鹘也是其中重要的组成部分，况且当时伊斯兰教还未进入哈密，在大环境的影响下，回鹘信奉佛教也在情理之中。所以，这就不难解释为何在哈密会有回鹘文版本的《弥勒会见记》面世了。

对于各种文本的《弥勒会见记》，国内外专家投入了大量时间和精力去研究考证。至今，这个剧本里还有很多未解之疑问，至于最早的那个完整母本现在在哪里，仍没有答案，或许有一天再有另一个牙合亚热依木从另一个树洞意外掏出也不一定。

今天，我们来试着重新还原一下一千多年前的那一天和那个人，他把一包书卷掖入怀中，骑马来到大山深处，找到了一个有树洞的松树，爬上去将这包书卷藏到了树洞之中，然后匆匆离去了。那么问题来了，这个人是谁？他为何要隐藏这部《弥勒会见记》？这本书在当时究竟遭遇了何种复杂环境？这本书若在他身上被搜出会招致怎样的祸端？可能这一切只能用"无奈"二字做解释，但真正的原因就不得而知了。值得庆幸的是，他没有撕毁或烧掉这本书，或许是因为对信仰过于虔诚。否则今天，有些历史的真相就会被时间掩埋，我们也就无法亲眼看见这份珍贵的文化遗产了。

哈密龙王庙与龙王庙长联

记得十多年前刚接触哈密文化时，就有人告诉我在哈密流传有一副长联，不但对仗工整，声调和节奏也都符合对联的审美，而且内容也如昆明大观楼长联那般的气势磅礴。起初以为这副长联为宣纸墨迹，却不想如今只是口耳相传，就连曾经承载它的那堵龙王庙粉墙也不知何时倒塌在了历史的烟尘中。今天，甚至没有留下一丝痕迹供后人瞻仰。

让不少本地人为之骄傲的是，哈密这副长联字数比号称"天下第一联"的大观楼长联要多出56个字，细数，确有236个字。其实字数并不能说明什么问题，应该骄傲的是哈密有此长联存世，而非与经典之作的字数多少对比。如果是以字数多少来论长联的优劣，那么四川清代才子钟云舫题江津临江楼的长联就达1612个字之多，却只排名在了中国十大长联的第八位，而排名第一的大观楼长联是十大长联中字数最少的，仅有180个字。所以说，只有具有含蓄之美、洗练之致、高远之韵和婉转之态糅合下的有感而发才是评判对联的根本依据。这一点，大观楼长联作者孙髯翁在乾隆年间就做到了，可谓奇才一个，而对于字数而言，不过是区分长短联的标准罢了。

对哈密龙王庙有印象的大多为上个世纪70年代之前出生的哈密本地人，这副长联就书写在庙台侧的粉墙之上，具体为何人所书已无从考证。不过庆幸的是，在龙王庙倒塌之前，已有有心人将此副长联一字不漏地抄录下来，并流传至今。

这副哈密龙王庙长联的上联是：

万余里边风奔来眼底，当披风岸帻，直从高处凭栏。看北辙南辕，忍令蹉跎岁月。纵天山雪寒透重衾，瀚海沙迷连大漠，长城窟防秋饮马，阳关柳赠别行人。忙忙碌碌，感慨系之矣！壮怀难自已。抚旌旗壁垒，犹列阵图。幸民物疮痍，尽成都聚。收拾荷衣藜杖，莫辜负林泉画稿，金石吟笺，旅邸胡琴，野云游屐。

下联为：

两千年古迹注到心头，坐贝阙珠宫，好约良朋酌酒。听晨钟暮鼓，敲变几许沧桑。想班定远投笔从戎，张博望乘槎泛斗，赵营平屯田上策，薛总管三箭奇功。轰轰烈烈，而今安在哉？长啸划然来，趁芦荻萧疏，昂藏骋步。任鸢飞鱼跃，俯仰忘机。把那些傀儡葛藤，都付与午夜霜钟，数声樵唱，半弯流水，一派荒烟。

读罢哈密龙王庙长联，是否能感受到作者凭栏抒怀时的感慨之意？是否能体会到作者有感而发时的从容淡定？对这副长联一气呵成的吟读其实也是被作者一气呵成的书写节奏所带动，并且其内容极具画面感，代入感也非常之强。可以想象这样一幅场景：作者站在龙王庙的高台回廊之上，迎风极目远眺。仿佛看到了万里之外的家乡和在阳关送别时的情景，并感叹岁月之蹉跎，无论是天山寒雪还是大漠风沙，都不能阻挡自己报效国家的决心。感慨之下，坐在宫殿与志同道合的朋友小酌。听晨钟暮鼓敲响，想起投笔从戎西域建功的班超，想起西域封侯的张骞，想起巴里坤屯田封侯的赵充国，也想起了薛仁贵三箭定天山的伟大功绩。作者用鸢飞鱼跃来抒发报国之志，并将小我的琐事烦恼都抛到了流水与荒烟之中。

此外，这副长联还透露出了另外一些信息。首先，确定了作者是身处唐以后的朝代；其次，证明了哈密在汉唐时期所处的军事地位；最后，证实了四个历史人物和历史事件的真实性。但可惜的是，书写者并没有留下自己的姓名，只有这副长联还在提示着作者曾经的存在。

其实，想知道作者究竟是哪一时期的人不难。既然此联是书写在龙王庙的粉墙之上，那么只需考证出龙王庙的建造时间便能推算出来。史料中还真有关于龙王庙的记载：光绪三年（1877），哈密办事大臣明春在城北"苏巴什"（维吾尔语意为水源之地）依地势修建龙王庙一座。同时，还建有玉皇阁、观音阁、刘猛将军庙、娘娘庙等。《哈密县志》也有相关记载：龙王庙"其地枕高阜，前临苏巴什湖，湖形长弧，水清澈底，游鱼可数，中建二亭，一曰养元，一曰镜涵，有桥通岸，有舟涉水，长堤环绕，老杨成行"。在宣统元年（1909）哈密编纂的乡土志中对龙王庙的描述是这样的：哈密城北六里龙王庙"傍泉石之右，因圯为池，筑堤插柳，建庙于土山之腰，凿壁结构，修数椽客厅，以为游憩之所"，"入夏惠风和畅，泉水迸流，树林阴翳，鸣禽上下，或临渊而羡鱼，或登高而望远，夕阳在山，犹复乐而忘返，土民及时行适情多荟萃于此"。

据老一辈人讲，从前每年农历四月初八，都会在龙王庙举办庙会，哈密百姓从四面八方赶来进香看戏，可谓热闹非凡。说到看戏，还不得不提到龙王庙前的大戏台，这个戏台在我上小学时仍保存完好，那时还经常约几个同学去那里玩耍，甚至还会不顾危险爬到高高的戏台之上。在记忆中，戏台与龙王庙应为一体建筑，进出大殿必然会经过戏台，龙王庙是依土崖而建，戏台则为木质结构，由四根粗大原木支撑。每到庙会，来龙王庙听戏的人早早就占好了有利位置，只等戏台的大幕拉开了。

值得一提的是，在这个戏台的两侧，也曾经有一副120个字的长联存在。与那副236个字的长联一样，作者不详。所幸内容也已被后人抄录，否则将会是极大的缺憾。这副长联的上联是：

往事几千年，君相师儒，此日仅留陈迹。慨山河犹旧，姓氏频更，天地长存，英雄安在？传疑传信，只供后世清谈，丰功伟绩总成空。徒想象三代衣冠，六朝裙屐。

下联是：

奇观日数部，悲欢离合，登场绘出全神。又宵小弄权，虽荣亦辱，忠贞信义，由苦而甘，是幻是真，堪作斯时炯戒。福善祸淫诚不爽，莫单看绮罗霞灿，弦管风流。

此副对联无疑也是经典之作，不但写作手法老到细致，还在内容中描述出了荣辱、忠贞和甘苦之间的哲学关系。在融入了儒释道思想后，充分演绎出了戏台上有关"君相师儒"的一个个故事。同时，对世人也起到了一个警示作用。

既然将时间定位在了光绪初年以后，那么在这个时代的历史背景下，在那副236个字的长联背后，有两个人就必须要梳理一下了。一个是为反击阿古柏入侵，在哈密兴修水利的左宗棠，这龙王庙长联是否为左宗棠所写？不是没有这个可能。左宗棠不仅是晚清名臣，还是一个才气斐然的诗人。同时，他还有一腔浓重的爱国热忱，为抵抗侵略者不惜抬棺出征西域，可谓豪气冲天。左宗棠曾把大营扎在哈密，在他的笔下还有过这样的诗句：

西域擐兵不计年，当时立国重开边。橐驼万里输官稻，沙碛千秋比石田。置省尚烦他日策，兴屯宁费度支钱。将军莫更纾愁眼，生计中原亦可怜。

作为水源之地的龙王庙区域，左宗棠为屯田一定前来勘察过多次。如果真是左宗棠站在龙王庙高台写下这副长联，就是哈密这片土地之幸了。更为巧合的是，在龙王庙的南北方向数平方公里区域内，至今仍有数万棵密集粗壮的左公柳，为左宗棠带领屯垦军队所栽，而距离最近的十几棵，就在这座龙王庙的脚下。

除左宗棠外，还有一位是清代西域诗人萧雄。此人于同治年间随军进入新疆，游历天山南北，行程两万里，写下了大量诗作，曾著有《听园西疆杂述诗》一书。同治十三年（1874），西征军将领张曜率军出关并屯驻哈密。此时的诗人萧雄正在张曜军中任职，萧雄与班超两人的早年经历类似，都是为博取功名，投笔从戎北上从军效力。其中萧雄往返哈密三次，历时数十年，班超在西域最终立功封侯，而萧雄却一直未得到重用，最后落魄返乡。萧雄在哈密留下了很多诗句，其中一首《沙山怀古》乃传世之作：

雾里辕门似有痕，浪传四十八营屯。
可怜一夜风沙恶，埋没英雄在覆盆。

需要说明的是，萧雄在哈密时先是在西征将军张曜帐下任职，后又任哈密办事大臣明春府中的幕僚。龙王庙既然是明春所建，萧雄当时可能也参与了此事。如果说龙王庙长联为萧雄所写，不但符合他过人的才气，长联内容也十分贴合萧雄当时想要报国建功的心境，所以说若在这二人中做一个推断，萧雄的概率会更大一些。当然，也不能排除作者另有他人的可能。

哈密龙王庙这两副长联虽称不上是绝世妙对，但从文学性和艺术性的角度来看，其技巧与意境也非寻常人所能驾驭，尤其长联中字句的洗练和气势的非凡，在中国众多长联中已属难得。若有一天将哈密龙王庙完整复原重建，那么这两副长联依旧会被重新书写在戏台两侧和粉墙之上，对于哈密，也是一份荣耀。

哈密的魔鬼之地

也不知从何时起,喜爱户外的驴友把哈密魔鬼城称作大海道。其实这个称谓并不是很准确,只因魔鬼城的一端贴近大海道,或者说大海道与魔鬼城产生了小块地域的交集而已。大海道与海无关,如果有,一定是取了无边瀚海之意,历史上所称的大海道是从敦煌到吐鲁番间最近的一条路,也是古"丝绸之路"的一部分。只是从大纬度的角度来看,这条路存在的时间太短,始于汉代,终于唐代,后渐渐沦为哈密以南的大片无人区。至今,大海道的具体路线仍是一个未知,但若从地图上在敦煌与吐鲁番间画一道直线,那么哈密魔鬼城的一部分正好与之擦肩。

汉代"丝绸之路"的兴起确实让这条路有过它的辉煌往昔。而今天,正是哈密魔鬼城的存在才使大海道又重新回到了世人的视野。之前,却很少有人会如此密集地提及。有人的地方才会踩出一条路,一旦人类迁徙或改道,路就会被时间的沉淀所掩埋。多年后,甚至完全找不到那条路曾经存在的丝毫痕迹,只留下了满目黄沙和苍茫戈壁。当然,还有在这片戈壁中央耸立着的令人感觉神秘莫测的魔鬼雅丹。

"魔鬼城"这个名字听起来似乎能让人产生畏惧感,是我们对神话中的魔鬼有着先天恐惧的缘故。其实，我们把这种雅丹地貌之所以称为魔鬼城，只是因为在这种地貌中，有着太多的不可思议。诡异与突兀就是起因之一，也无法想象这些挺立在戈壁上奇形怪状的象形物态究竟是如何形成的，于是便联想到了魔鬼之手，然而造成这一切的并非魔鬼，而是大自然驾驭的如刀如锯的风。

雅丹，是一种地质形态，这个命名就来源于新疆。20世纪初，中外联合科考队从哈密进入罗布泊中发现了大片垄槽状土山，维吾尔族向导称之为"雅尔当"，是"陡峭的土丘"之意。后来，当国外学者将"雅尔当"再由英文翻译过来，就成了"雅丹"。从此，"雅丹"这一叫法得到了学界的广泛认同，也成了此类地貌的专用地理名词。

哈密魔鬼城被誉为"中国第一魔鬼城"，其雅丹地貌覆盖了400公里长20公里宽的区域范围。魔鬼城东起烟墩外的骆驼峰，经雅满苏铁矿和大南湖煤矿到五堡沙尔湖，再到百里风区十三间房，从地图上看，面积非常之广阔。占地大，有时不能说明什么问题，内容丰富才是我们真正想去探寻的，如果必须用四个字来形容哈密魔鬼城，那么非"鬼斧神工"莫属。后来，也不知是谁又将魔鬼城分为了东南西北四城和六滩十六景，其中景致多以形态各异的地貌奇观为主，还有史前古墓与古堡遗址，所谓各花入各眼，想象力决定了在此游玩兴致的高低，就连哈密本地人，可能都没有走遍过魔鬼城的每一处角落，这没法不产生遗憾。因为太大，加之有些路就连普通越野车都难以逾越，所以就只能剩下感慨了。

至于哈密魔鬼城繁多景点的细节，就不做细致描述了，但很多人都想知道这样一个问题的答案，就是哈密魔鬼城是如何形成的呢？

不只是哈密，几乎所有魔鬼城的地貌都是由风蚀而成。如果没有风，水也是形成条件之一，水的缓慢冲击与风的蚕食效果类似，当然，更重要的是岩石和土质的结构。哈密魔鬼城内的土质较软，极易遭受外力侵蚀，天山融雪造成的季节性洪水会使山下土质结构的小型山丘发生形状上的改

民间传说中神秘的哈密大海道

变,造成节理和裂隙的加大,还被分割成了无数沟槽。之后,天山的冷高压区域与哈密盆地的低压区域形成了很大的压差,每到夜间,高低气压就会进行大范围的对流,然后就会形成强风。这就是为何晚上在魔鬼城内可以听到恐怖的啸叫声。因为大多数人都忽略了风会穿山间缝隙而出。可能有些人会反问,这点大风根本不足以形成哈密如此大规模的雅丹地貌。其实,如果了解哈密地理的人应该清楚,天山下的含沙土壤结构会使强风夹杂着细沙加速侵蚀力度。如果再将几万年甚至几亿年的时间考虑进去,就不难解释哈密魔鬼城是如何形成的了。

其实,新疆这样的雅丹地貌有不少,不只哈密有雅丹,这种地貌在世界范围内分布很广。之所以哈密雅丹能够显示出它的与众不同,除了它占地面积大、风蚀造型奇特之外,还与当地历史和人文衬托有着极大的联系,这是其他魔鬼城所不能比拟的。

除了当时大海道的古丝路历史背景外，在魔鬼城内还应该存在有第二条丝绸之路在穿越哈密，否则哈密魔鬼城中艾斯克霞尔古堡的存在意义就无从考证了。据唐代《西州图经》记载："大海道，右道出柳中县（今鲁克沁）界，东南向沙州（今敦煌）一千三百六十里。常流沙，人行迷误，有泉井咸苦，无草。行旅负水担粮，履践沙石，往来困弊。"这段记载中无疑说明了一个问题，就是敦煌到吐鲁番间距离虽缩短了几百公里，但途中条件艰苦，大风流沙且水咸无草，恶劣环境中的大海道最终被废弃那是必然结果。那么为了贸易往来和文化交流，势必会重新规划出另一条路来取代大海道。于是，那时的人们把目光又一次投回到了伊吾城，当然，此伊吾为哈密旧称，而非今天的伊吾县。

艾斯克霞尔古堡就隐藏于一片哈密雅丹之中，如果到了城堡下不细看，根本就以为那是雅丹地貌的一部分。因为艾斯克霞尔古堡就是依这片雅丹而建，其建筑风格彻底融合在了雅丹之中。城堡坐南朝北，为上下二层土坯建筑，长约50米，残高8米，建在远离地面的雅丹山丘中部，现存土墙上还有规则的方形孔洞用于防御和瞭望。据推测，自青铜时代起至汉唐明清几个年代，这座城堡一直都在沿用，或作为驿站，或作为民居，或作为军事要塞。唐朝贞观六年（632），伊州这个地名第一次出现在史册。两年前西伊州的历史刚刚告一段落，那时的伊州辖伊吾（今哈密）、柔远、纳职三县。纳职就在今天的哈密四堡，距最近的哈密雅丹所在地五堡只是咫尺之遥，而艾斯克霞尔古堡就在魔鬼城的五堡区域内。

艾斯克霞尔古堡当年的自然环境，远非今天所见的荒凉无人烟，古堡旁仍能清晰辨出一条自东向西的古老河道，从河道几十米的宽度就可推断出这条河年轻时的流量。20世纪80年代时河中还有小股流水，现虽已干涸，但也有过自己的名字，它叫作库鲁果勒河。世上所有文明都发源自河流，河流也给所流经的每一片土地带来了勃勃生机。所以说有水的地方一定会有居民，也会有往来商队沿河行进。如果当年大海道因环境恶劣而被废弃，那么从敦煌去往吐鲁番可能就会选择重新绕行伊吾。既然从伊吾经过，库鲁果勒河沿岸就会是一条最佳西行路线，至少水草的丰美让商队人畜无后顾之忧。而艾斯克霞尔古堡，一度成为过路客商休整的驿站。至此，一条新的丝绸之路诞生了。

艾斯克霞尔古堡的兴衰与库鲁果勒河有着极大的联系，河水慢慢干涸的过程就是古堡逐渐走向衰落的过程，直至水枯人离。有证据表明，哈密魔鬼城内的艾斯克霞尔区域在公元前1000多年就有人类大规模居住的痕迹，那些重见天日的古墓葬群佐证了这一切。古墓群就发现于艾斯克霞尔古堡北侧，考古队给出的年代为3100年前，墓葬中出土了毛织品、皮革制品、骨角器、砺石、铜刀等大量文物，而且几乎所有墓主人无一例外成了干尸。据测定，这些最早居住在艾斯克霞尔周边地域的居民为古欧罗巴人种，应该算是哈密最早的原住民之一。

如果你去哈密魔鬼城游玩，现在仍能看到有大量彩陶片散落在艾斯克霞尔古堡下的沙土地上，可以说是随处可见。这些陶片似是在向世人讲述着那段历史的过往，和有关丝绸之路上艾斯克霞尔古堡曾经发生过的故事。

除了哈密魔鬼城内谜一般的艾斯克霞尔古堡和古墓葬之外，在哈密这片雅丹之中，还有一次震惊国内外古生物研究领域的重大发现——白垩纪翼龙化石遗址。这一翼龙化石分布区不但是世界上已知最大和最富集的翼龙化石产地，还是目前世界上唯一一处三维保存的翼龙蛋和雌、雄个体共生的翼龙化石遗址。这一新发现的翼龙种群被命名为"天山哈密翼龙"。国际古生物界对这一发现也给予了很高的评价："这是翼龙研究200年来最令人激动的发现之一"，具有巨大的科研价值。让科学家更为惊喜的是，在已成功挖掘的215枚翼龙蛋中，有16枚含有三维立体的翼龙胚胎化石，这是前所未有的。

我们可以想象一下，1.2亿年前处于白垩纪早期的哈密，那时这里的大部分区域被湖泊或浅海所覆盖，岸边蕨类植物在茂密生长，空中飞翔着翼展近4米的哈密翼龙，它们在这一片区域繁衍生息。每天，有成群结队的哈密翼龙在湖中捕捉鱼虾，以填饱肚子，然后带回巢中喂食年幼的小翼龙。就在这样没有天敌的悠然环境下，哈密翼龙的这个种群还是遭遇了一场灭顶之灾，如果没有这次灾难，恐怕也无法成就哈密翼龙化石遗址这个重大发现。据专家推测，连续性的大型湖泊风暴可能是造成这群翼龙集体毁灭的主因，这种风暴爆发力极强，在席卷过翼龙巢穴时，会将翼龙蛋和空中飞翔的翼龙一起强力带入湖中。在经过漂浮聚集后，又因外力作用将其快速掩埋，于是便形成了这片巨量翼龙化石遗址。

迄今为止，在世界上已知发现并命名的翼龙化石品种已达上百个。从头骨复原后绘制的图像上来看，哈密翼龙应该算是形象最为漂亮的一个翼龙种群，因为它们的头顶都发育有一道漂亮的头饰，从突出的嘴部一直延伸至头顶正上方，雌雄之分从头饰的形状、薄厚和色彩上便可一目了然。若从化石上区分性别，那么头骨脊较大的是雄性，相对小一些的为雌性。至于哈密翼龙为何会长有如此艳丽的头饰，专家认为与求偶有关，就像现在地球上很多鸟类求偶时类似炫耀羽毛的自我展示。

至于哈密翼龙是如何被发现的，我们需要把时间追溯到12年前的一次科考活动。当时中科院古脊椎所邱占祥研究员在哈密野外考察时，发现了几块非常破碎的骨骼，认为可能是翼龙化石，后经古生物专家汪筱林鉴定后才揭开了这片土地隐藏的又一个秘密。经过十年的挖掘与研究，进驻哈密的翼龙科考队领队汪筱林确定哈密翼龙化石的覆盖面积达60—70平方公里，并科学地断言，哈密翼龙化石覆盖量之巨大将会超出想象。

哈密魔鬼城在亿万年前竟然是一大片水域，很多人都会感到愕然和诧异，包括翼龙化石遗址被发现，也同样惊艳了世人的眼睛。除此之外，在哈密魔鬼城这片区域内，还曾发现过巨犀的腿骨化石和石炭纪的珊瑚化石。也就是说，魔鬼城曾经与现在的模样是两个极端的环境。当然，也呈

世界最大的哈密魔鬼城一角

现出了两种不同状态的美。

哈密魔鬼城给每一个人的亲身感受都有所不同，在这里有人看到了"大漠孤烟直"的奇美画面，有人看到了"残灯无焰影幢幢"的惊悚恐惧，还有人看到了"横看成岭侧成峰"的绮丽壮观。但再美的景致也会有视觉疲劳之时，若让其永恒，需使其生动，这个生动只有在历史和文化的烘托下才会显得自然契合。没有故事的景物，再美也是单薄的，就像没有灵魂的剧本，毫无期待之感。而哈密魔鬼城，其中还有更多的未知等待我们去挖掘、去发现、去解读。魔鬼之地没有魔鬼，只有遐想与期盼。

不能忘却的记忆

自上小学时起,每年清明学校都会组织学生到烈士陵园扫墓,那时,哈密的烈士陵园还在阿牙桥。去的次数多了,就记住了一个人的名字——罗少伟。具体他是如何牺牲的,其细节始终都不是很了解,只知道他是一名军人,在哈密的一场战斗中死去,想必他一定做过不少心照汗青的事儿,否则也不会被安放在烈士陵园中。后来高中毕业后,开始接触到哈密历史,才对罗少伟渐渐有了较为清晰的认识。

1949年10月,中华人民共和国成立,就在这举国欢腾的同时,新疆环境却显得异常复杂。不仅国民党残兵在搅弄事端,匪患也十分猖獗。时任国民党哈密中将专员的尧乐博斯和美国前迪化领事马克南纠结新疆匪首乌斯满还发动了大规模武装暴乱,妄图分裂新疆。一时间,土匪与国民党残部烧杀抢掠,大肆散播谣言,将新疆闹得鸡犬不宁。

在这样的严峻形势下,1950年3月5日,中央决定成立新疆剿匪指挥部,以恢复新疆的安宁与稳定。指挥部由一兵团司令员王震担任总指挥,该兵团参谋长张希钦任指挥部参谋长,六军军长罗元发任剿匪前线指挥。随后,第六军十六师奉命进驻新疆哈密,执行剿匪任务。

在十六师的战前动员会上，罗少伟主动请缨，要求去前线指挥剿匪，争取早日肃清肆虐在哈密的匪患。年轻善战的罗少伟，当时是第六军十六师的副师长。

罗少伟，生于1918年。自小父母双亡，生活极其贫困。14岁那年被国民党抓了壮丁，1935年他参加了共产党领导的陕南抗日第一军。到了1940年，罗少伟已升任为所在部队的连长了。他曾带领一个侦查班炸了一个日军据点隐藏的弹药库，并配合部队全歼日军107人。1946年8月，成为团长的罗少伟率领第一团在横山无定河歼灭日军800人，受到了嘉奖。1947年3月，蒋介石20万大军进犯延安，并叫嚣三天结束战斗。结果，延安保卫战以我军胜利而告终，彻底粉碎了蒋介石的作战计划。当时罗少伟的一团在延安外围构筑了三道防线以阻击国民党军队的进攻。七天七夜的战斗进行得惨烈且艰难，部队上下昼夜坚守在阵地上，一次次击退敌军，使国民党军队死伤达5000人。这一仗，罗少伟打出了部队的气势和自己的威名。

就在十六师进驻哈密后，罗少伟副师长马上做出了详尽部署，因部队驻防分散，罗少伟决定亲自前往各基层连队驻地做剿匪动员。3月26日，罗少伟与警卫员一行六人坐吉普车来到四十六团二营五连的驻地了墩。这里距哈密有100多公里，是土匪经常出没之地，也是哈密剿匪的前沿地段。罗少伟在向五连指战员说明了形势的严峻，细致布置了剿匪作战任务后，还仔细检查了部队的战备情况。

五天后的4月1日晨，罗少伟离开了墩，驱车赶往七角井部队驻地，没想到这一去竟是诀别。出发后沿途并没有发现什么异常情况，就在吉普车距七角井还有近20公里车程时，突然遭遇了车轱辘泉一带40多名乌斯满匪帮的伏击。顿时，子弹从两侧山间密集射向这辆挤满六个人的吉普车。情急之下，罗少伟立刻组织车上随行人员还击，无奈敌众我寡，加之又被围困。在子弹打光之后，除司机一人被俘外，罗少伟等五人均壮烈牺牲。激战中，土匪也死伤数人。

令人意想不到的是，土匪们竟然剥光了这五名烈士身上的衣服，并弃尸荒野。更令人发指的是，在被俘司机的指认下，土匪还用利刃剜去了罗少伟副师长的双眼，并割掉了他的生殖器官，毁尸行径可谓惨绝人寰。待后援部队赶来时，土匪们早已遁入山中，不知所踪。而此时的天山以北，一场孤军防御的保卫战也在伊吾县城激烈进行着。

第二天下午，当罗少伟及部下的遗体运回哈密后，所有战士看到这惨状均悲愤不已，立誓要为罗少伟及牺牲的战友们报仇雪恨。消息上报到军区，王震将军十分震惊，并立刻将此噩耗汇报中央。毛泽东主席委托周恩来给六军十六师发去唁电，沉痛悼念罗少伟同志。

自罗少伟副师长牺牲的4月1日起，义愤填膺的战士们打了一个又一个胜仗，以慰牺牲同志的亡灵。从捣毁红柳峡匪徒巢穴到叛匪头目哈台归降，从以少胜多的伊吾保卫战胜利到5月21日哈密公审七名叛乱头目，在不到两个月的时间里，捷报频传，剿匪部队基本肃清了哈密境内的匪帮和叛乱分子，只是大匪首乌斯满寻机逃脱了。

此时的乌斯满，在剿匪部队的追击下，正辗转逃窜于巴里坤到古尔班通古特沙漠之间。1950年7月13日，另一匪首贾尼木汗在巴里坤被俘，乌斯满见大势已去，即刻马不停蹄逃往甘肃。但在剿匪部队的紧密追踪下，于次年2月19日，乌斯满终于在甘肃与青海交界的祁连山一带被活捉。新华社于1951年2月23日发布消息："人民解放军西北军区某部，于本月十九日在青海省柴达木盆地以北、甘青两省交界的海子，一举生擒为西北各民族人民痛恨入骨的美帝国主义武装特务乌斯满匪首。"后来，乌斯满很快就被押回了新疆。同年4月29日，在乌鲁木齐被枪决。

1951年12月24日，驻哈密的中国人民解放军在哈密城东修建了一座烈士纪念塔，以缅怀和纪念在剿匪战斗中将热血洒在这片土地的战友们，王震将军送来挽联，十六师师长吴宗先和政委关盛志为罗少伟同志致挽词:"呜呼烈士,生我家贫。衣食无源,独立自生。坎坷无路,备尝艰辛。既长有知,洞察人生。毅然奋起,舍身为民。披艰历险,出死入生。英雄长剑,大放光明。群贼授首,万民欢腾。暴政倾倒,祖国新生。各方建设,频传佳音。恰当斯时,烈士殒身。仰望苍天,俯察四邻。晴空万里,少伟何存?痛悼烈士,此心如焚!"

据统计,在哈密的这场剿匪战役中,有264名烈士倒在了这片土地上。其中连级以上干部就达11人,仅在大红柳峡一战中,冻伤的剿匪军人就多达417人,其中因冻伤而致残的20多人,冻死1人。

罗少伟牺牲时才刚刚年满32岁,是新中国成立初期全国历次剿匪战斗中牺牲的级别最高的指挥员。出师未捷身先死,如今,罗少伟依旧长眠在哈密烈士陵园中。每到清明,哈密市民就会前往陵园祭扫,去看看这些曾为哈密的安宁生活流血捐躯的汉子们。

聆听小南湖佛语

一位僧人,曾不远万里西行去取经,途经哈密时,在这座佛教文化氛围浓厚的小城逗留了十天。也就是这十天,对哈密的佛教信仰产生了极其深远的意义,使哈密的佛教走上了后来辉煌的巅峰时期,这位僧人就是玄奘。他所歇足讲经的两座寺院是位于哈密南北遥相呼应的白杨沟大佛寺和庙儿沟佛寺。

佛教在哈密历史上曾是很浓重的一笔,它影响了哈密上千年,如今这里的多处佛寺遗址就曾见证了这一切。

我不信佛,但我喜欢佛教的寺庙建筑风格,更喜欢佛经里的哲理小故事,所以哈密残存的佛教遗址基本上我都去过。那天与一个朋友喝茶,他问我:"去看过南湖的佛塔吗?"我摇摇头。他又说:"有机会去看看吧,看过你一定会惊讶的。"一听这话我来了兴趣,便问他:"是佛塔的建筑风格独特吗?"他说:"现在不说,去了你就知道了。"

那段时间我的脑中不时地闪现出朋友说的这些话,真的会令我惊讶吗?终于有一天机会来了,媒体的两个朋友因采访需要,于是便相约踏上了佛塔探奇之路。由于刚下完雪,道路旁的村庄被一片素白笼罩着,汽车在简易公路上颠簸前行。出市区十来公里后,在视线前方,茫茫雪原的山包上,我看到了一个若隐若现的黑点,由于四周的雪地的反差使那黑点更显得醒目,司机说那就是佛塔了。

继续前行,又走了两公里,我的眼睛一直被那黑点诱惑着。汽车拐进了一个村庄,经过了一条小河。猛然,那神奇的佛塔就已呈现在了我们面前。下车后,大家没有急于走向前,只是仰望着佛塔站立了很久。站立只是我们对佛塔表达崇敬的一种方式,我们的站立比起佛塔在此伫立的千年又算得了什么。

土山并不高,但这座山却是方圆百里内的海拔最高处,踏着积雪,我们缓缓地爬上了山顶。当佛塔距我们还有几米远时,同行的一个朋友突然匍匐在雪地上,双手合十凝视着佛塔。我虽不信佛教,但此刻却能体会到他的虔诚。

抬头望着这历尽沧桑的神圣建筑,仿佛回到了唐朝,仿佛看到了佛光在闪耀,仿佛闻到了朝拜香火的淡淡气息。佛塔的形状是一个典型的梯形,从外观看分为四层,塔高约12米,每一层都用木板支撑着。整个佛塔除了塔基外全由土坯砌成,可是纵观同时期建造的其他地区的佛塔大多是土夯而成的。至于这座塔为何没有采用传统的方式,不得而知。我想,这就是它的奇特之一吧。

从正面看,佛塔的第一层是拱形的,但里面已空无一物,据推测这里应供奉着一尊释迦牟尼的中型坐佛。拱形内壁光滑,呈红褐色,依稀可以辨认出彩绘壁画的遗存。可如今,却已是塔在佛空了。这尊佛估计是被盗走的,因为佛陀座平滑,丝毫看不出人为破坏的痕迹。佛塔的二、三层也是空的,如果参照别的佛塔,那么在它的二、三层上还应该各供有一尊小佛。若你不仔细看第四层的结构,根本无法想象出建造这座佛塔的独具匠心,仔细观察,四壁上有火烧的痕迹,原来此塔还别有他用。来之前就有专家向我们介绍了第四层的用途,据说是个联络用的烽火台,这在各地同

哈密小南湖唐代佛塔

期的佛塔建筑史上是罕见的。可当我走近，却否定了专家的论调，试想有谁敢在佛头上动烟火呢？

这座佛塔保存得还算完整，我从佛塔右侧绕塔而行，佛塔在雪的衬映下显得肃穆庄严。可以想象出当时这里曾是香火缭绕，善男信女们虔诚地跪拜在佛塔周围，企盼着佛带给他们平安与吉祥。

如果佛塔的建筑风格和用途可以被称为"奇"，那么在佛塔旁边还有更为神奇的事将要发生。当我们绕塔一周后，在佛塔正左侧5米远的地方看到了两棵柳树。当我们走近时，竟意外地发现树下有一股泉水正在汩汩流出。我不禁发出了惊叹之声，在这样的寒冬腊月天，竟然会有不结冰的泉水从沙土中喷发而出，并且伴着细微畅快的流水声。最不可思议的是我们所站的地方是这一地区的最高处，四周是平原地带，就算这里的地下水丰富，这口泉也不该在这么高的地方喷涌而出。

  站在土山上远望天山雪峰，再看看这口神奇的清泉，脑中突发奇想，总觉得此泉与哈尔里克山峰的冰川乃是一脉之水。因为哈密绿洲的滋养主要靠天山融雪和冰川的融化，但是此地距天山有百余里，且干旱少雨，如果这口泉不是冰川融化形成的潜脉流至这里，那么这水又是从何而来的呢？我们姑且相信它来自天山，可是经过这么些年来大规模的市政建设都没有挖断这条水脉，也称得上是个奇迹。

  泉水水质清澈明亮，捧一捧送入口中，舌尖便觉甘甜清冽。顺着泉水形成的小溪缓步向前，却发现溪水只流了不到十米就消失了，我很纳闷为什么会是这样？总以为它会汇进远处的那条小河，却未想到十米竟是它的全部流程。我不知道这口泉的名字，更不知道它在这里究竟流淌了多少年。

  有多少泉水是这样展现在世人眼中的？十米，用脚步测量只是十步而已，但它却四季不息，始终往复着它在咫尺之间的轮回。正如人的生命，短暂得似是一颗流星划过夜空留下的尾线，但生命还是在闪亮的瞬间向群星展示着自己曾经的存在。泉水在十米之中只绕过了两棵树便沉寂于尘土。所以，我不免被这十米的距离震撼着、沉思着。

  无论是在内地还是新疆，都能看到许多寺庙的旁边有一股山泉，似乎佛更青睐于有泉相依吧。只是不知南湖佛塔是当时的匠人因泉而建呢，还是泉因佛生？

  站在佛塔旁，我发现了一个奇特的现象，南湖的这座佛塔居然与白杨沟大佛寺还有庙儿沟佛寺形成了一个大三角，在这三束佛光的普照下，哈密绿洲正好处于这个三角形的中心地带，不由得再次称奇。从前哈密境内有泉眼无数，但大多都干涸了，细想这些泉眼消亡的年代竟然与佛教在哈密开始衰败的时间贴近，佛与泉真的是相互依存的吗？想到这里，我不由得又看了一眼那流淌的泉水。

307

下了山，钻进暖和的车里，闭上眼打了个盹儿，居然做了一个梦。梦中，佛塔内消失的释迦牟尼出现在我面前，他面带慈善笑着对我说："其实我并没有走远，我只是化为了这一股山泉，之所以没有从地表流过，我只是想默默地去滋润这片土地，将甘甜送进每棵庄稼的根系。"我正欲开口，重重的车门关闭声猛然惊醒了我。

　　当我再次抬头去仰望这座佛塔时，我听到了山顶那汪清泉的欢鸣。

玄奘三叹

伊州，这个名字总会使人浮想联翩，甚至能把纷飞的思绪拉回到那个充满梦幻般色彩的盛世唐朝。于是，会想起一个人，也会想起一匹马，还有一段令人备感艰辛的路。当然，这一切的一切都与伊州这个地方有关。

也许是机缘到了，也可能是佛祖在冥冥中做了安排，否则那个和尚不会冒着被砍头的危险，只身一人骑着一匹瘦马偷偷溜出长安城，头也不回地向西而去。相信那时的他是被一种信念所牵引，所以才有了这句"宁可就西而死，岂能向东而生"的誓言。拥有这份执着的大唐和尚，便是玄奘了。

当玄奘将目光锁定在了天竺国，取到真经的念头就一直坚定着他向佛的执着。只是这一路没有降妖的悟空相随，也没有负重的沙僧在马后奔走，途中自然也就多了些磨难。

应该感谢吴承恩老先生，是他使唐僧这个形象在几千年后依然年轻如初。只是他过宽的思维空间对现实还是略微产生了些影响，因为深入人心的《西游记》使人们只记住了那是非不明的唐僧，而在慢慢忘却着真实的玄奘。

相信潜心向佛之人定会得到佛的庇佑，那些个假佛徒终会在佛的慧眼中现出原形。真就是真，假就是假。你做的事无论好坏，总会有人看得到，这是佛理。所以玄奘的西行能屡次化险为夷，好像无形中总有一双手在暗自助他摆脱困境。我想，这应该得益于玄奘修行的虔诚，也算是他自己修来的善果吧。

行至安西，这个企图越境的玄奘差点被投入大狱。偷渡在当时罪可当诛，然而他却奇迹般地脱险了，还得到了当地官员和百姓的帮助。西行之路尽是戈壁荒漠，且有饿狼毒虫出没，加之缺少水和食物，孤身的玄奘虽行旅坎坷，但还是没能挡住他前行的脚步。之后在接近西域的一个烽隧下，玄奘险些被守烽士兵乱箭射死。这时，又一个贵人适时出现了，守烽的官爷不但放走了玄奘，还给了他充足的食物和水，并为他指明了道路。这一指，就指到了伊州。

其实那时哈密的称谓正处于一个过渡时期，后来叫伊州。伊吾的叫法居前，这两种称谓中间的时间跨度很小，只有短短的两三年。也许玄奘并不知道，他当时离开长安时的那个伊吾，已在他两年的苦旅行走中改名叫伊州了。无论玄奘是叹伊州，还是赞伊吾，都无关大雅，毕竟地名只是一个代号。身临体会它的内涵，才会在心里篆刻出印迹。

如不是在野马泉找到救命的水源，也许玄奘早已魂散戈壁，更别说他那匹不堪重负的老马了。在穿越了八百里沙河的两天后，绝处逢生的他看到了西域伊州城的第一缕曙光，想必玄奘在踏入伊州的那一刻，定是有万千的感慨涌上心头吧。

昔日的蛮荒之地还是给玄奘带来了很多惊喜，如果说把"他乡遇故知"定位为人生四大喜，那么"他乡闻乡音"同样也是件高兴事儿。

玄奘是循着洪亮的晨钟声推开庙尔沟佛寺山门的，他怎么也想不到在远离中土的西域竟能听到如此熟悉的钟声，不由得步履变得轻盈起来。寺内早年自长安而来的住持看到有大唐装束的僧侣来访，高兴得竟打了赤脚迎了出来。尤其是他们彼此问候间同操的一口长安口音,更使二人激动不已,最后都不禁喜极而泣。

对于一个陌生的地域,我们在探访之前都会发挥自己的想象,直至在心里形成一个主观的判断,这是常人的思维。久居关内的玄奘也不会例外,当他第一次踏进西域,想必他在脑中已无数次勾勒出了西域与中土完全不同的信仰模式和文化内涵。但当他真正站在这方异域的土地时才发现现实与想象中的差异竟是如此之大。原来,文化的渗透力早已超出了感知的狭隘,距离无力阻止不同文化间的杂糅交融。在这种关外初遇同根信仰的情形下,玄奘在伊州应有三叹。

一叹险途逢生后进入到了异域的另一类风情当中。当疲倦的视觉从灰黄色中挣脱,在大片青绿色树木的冲击下,长久紧张的精神突感惬意。在玄奘眼里,无论是从服饰到建筑,还是从语言到习俗,伊州的一切都是新奇的。尤其是行走在如诗如画的庙尔沟,旅途的劳累使他的身心在这里得到了休整和放松。

二叹西域之地竟有如此纯粹的佛家圣地。庙儿沟佛寺的规模虽不大,但足以慰藉一个虔诚佛徒的心灵。可以想象,当时玄奘远望寺庙的飞檐斗拱,和着晨钟的敲响,双手合十并念出阿弥陀佛时的情景。或许那一刻,玄奘的眼底正噙满了泪水,如久别故乡的游子站在了自家门口。寺内缭绕的香火和络绎不绝的香客,让他看到了佛教的包容与升华,这更坚定了他去天竺国求经的决心。

三叹在异乡听到了熟悉而亲切的乡音。这对漂泊在外的玄奘来说已是触动心底的柔软了,换作谁,都无法保持心境的平和。一次次地死里逃生后,又一次次地面对困境时,多少次连玄奘都觉得自己已无日再回长安城了,没想到在伊州城忽闻乡音,这音调竟化为了感知生命的动听节奏。此时,落泪都成了思乡最含蓄的表达。寺中的老住持也感应到了乡情的临近,难怪他连鞋都来不及穿就匆忙出来,连声说"很久都没有听到长安话了"。

　　玄奘走进伊州，虽是一人踽踽独行，但他却代表了内地崇尚佛教文化的整个群体，玄奘脚步行走的方向，也正是佛教文化迸发新彩的方向，暂不提他求经路过伊州为这里带来了多大多深远的意义，仅是他的名字被记录在了伊州的史册，就足以说明中土与西域佛教文化交流产生了一个重要的时间窗口。

　　能将玄奘吸引并留住的地方一定有它的闪亮之处，小小的庙尔沟佛寺没能羁绊住玄奘的脚步。但在距庙儿沟百里处的白杨沟佛寺，却让玄奘在那里停留了十来天，并在寺内讲经说法。一时间，伊州城内的佛教信徒都聚集在了白杨沟大佛寺，与寺中众僧共同见证了伊州有史以来最大的佛教盛会。在伊州，玄奘记住了庙儿沟佛寺的老住持，也记住了白杨沟大佛寺，这个在灵性四溢的河边矗立起的寺庙群，它曾经充满着大乘佛教信仰的浓厚氛围。于千年后，还留下了一个个关于玄奘的故事。

　　暮鼓敲响，玄奘还是走了，离开了伊州，继续西行，正如当时离开长安，他没有回头。来因佛缘，走为佛缘，只是远方闪烁佛光的路，依旧艰辛如昨。

一条涅槃的河

一个人的死去代表了什么？仅仅是皮囊的腐烂，骨骼的枯朽，最后尘归于泥土吗？好像并非这样简单，因为人类自大到已将生死升华到了人生意义的层面，所以活着不易，死后也会被世人剖析评说。那么一条河的死去呢？可能没有人想过，因为那太抽象，又与己无关。

曾经以为一条河不会死去，但是我错了。世间万物不单被赋予血肉生命的可以逝去，一条河也同样难逃轮回的法则。

从佛的角度看，自然界的每一滴水，每一株草，甚至每一块石头都是生命的另一种表现形式，都是有灵性的。水滴尚且如此，更何况是一条满目水滴的大河。

这条河只是万千江河中很不起眼的一条，名字普通得让外乡人听起来也会误认为是自家山下的那条。但它养育了一方土地，滋润了一片绿洲，孕育了一种文化，所以我会经常在心里默念着它的名字——白杨河。如今它露出了身下的细沙，就死在了东天山脚下的平原上。

我们该怎样去赞美一条河流，用尽人类能想象出的所有华丽辞藻吗？恐怕不行，担心会苍白于大河的波涛汹涌，或者说我们无法去释大河的胸怀。因为凡人只看到了河水的翻滚，而忽略了作为一条河它也有自己的生命。面对一条死去的河，双手捧起河沙撒向空中后的默哀会是最好的追思方式。

不能因它已死去就否定它曾经的存在，仅仅因为没有墓志铭，所以久了，就真的在被慢慢忘却。或许只有在祈雨时才会勾起人们对它的怀念，但这种怀念并非是真的在怀念，而是源于人们自私的心理，如同有些人的交友方式，平时不怎么联系，有事相求时才会想起朋友。几千年的文明史倒是把人性调教得越发自我了。

文明在多数情况下与游牧有着近似之处，同样都是逐水草而生。游牧民族会因河水的干涸去选择另外一块适合生存的地方。人类文明源自于江河，它也会因枯水而迁徙至别处，否则没有生命存在的文明就会早早夭折。白杨河边几千年前居住于此的先人们没有想到，他们创造的绿洲文明在他们死去之后的某个时间，也因河的死去而东移了几十公里。

这条河流孕育了东天山文化之后，就如同一位难产的母亲悄然逝去了，把自己的儿子交给了一座山峰。从此，喀尔里克便用它的冰川之水代哺着这个孩子。或许这位母亲的灵魂并未死去，因为牵挂，她可能是化身为了另一类形态，或是峰顶的一条冰川，或是山脚下的一棵树。

在这条河还年轻时，没有人关心过它的流向，没有人思量过它的存在带给自己的是生存，更没有人认为它与自己一样拥有情感和生命。就这样，漠视中的白杨河在渐渐老去，最后老到它已无力滋润到岸边杨柳的根系。

很想去感知这条河流的从前，但我们已没有了从上游顺流漂下的机会，也失去了亲口品尝河水甘甜的时间，这是遗憾。换种思维，其实只需置身于绿意盎然的绿洲中，沿河岸徒步慢慢地走过，就已是在用心感知它的过去了。

我曾经用"涅槃"去理解过这条死去的河，想用这个词来表达我的美好愿望。可后来发现，这种愿望好像不太被众人认同，毕竟没有人看到过涅槃后的河流是以何种形态重生。但也无人对涅槃后的河流全盘否定，既然沧海能变桑田，那么桑田又如何不能回归沧海，只是时间问题。也许我们这辈子看不到，可谁又能保证在下一个时空交错间不会呢？

涅槃实际上只是一个想象中的蜕变过程，于人也是如此。抛却佛教理论中的凤凰浴火，有时，并非死去以后才会进入到重生的阶段，活着亦然。我们每经历一次挫折和坎坷，之后便会因此得到一份对生命或是人生的感悟，从成长的一面看，这些又何尝不是历练后不断完善自我的一种涅槃呢？

随河水干涸的还有岸边鼎盛佛教的衰落，几大寺院在很长的时间内依河而生，与白杨河相互印证着一个彼此从萌生到成长，又从巅峰走向衰败的自然法则。它们紧密依存，似是有无尽机缘。从前，或寺因河在而佛光普照，或河因寺存而流淌不息。后来，也不知到底是河因寺亡而断流，还是寺因河枯而崩塌。

对于这条河，涅槃其实只是一个善意的谎言，因为不忍去直面它的死亡。所以内心的矛盾就一直在持续，如果真的有涅槃，我希望它在重生之后仍能回归为一条河。但每每用眼扫过这条已经死去的河，我都在想，天堂是否也有河水在流淌？

今天，素面朝天的白杨河已没有了往日的活力，一切都归于沉寂。就连空气也变得干燥，偶尔会有人前来凭吊，在指指点点间俯身拾起一块块破碎的陶片，并向同伴讲述起关于这条河从前的往事。

穿过拉甫乔克的风

历史就像一阵风,风起时会卷起漫天黄沙,会扫尽秋日枝头的残叶。但当风穿过拉甫乔克古城,却带着刺耳的啸叫声。历史是在借风表述着一座城往昔的曾经,那里有平静祥和的生活,也有浓浓的狼烟和奋力的呐喊厮杀。

脚步还未到拉甫乔克,就已感受到了风动。本是阳春三月,这场风的吹来却没有斜雨相随,它吹乱了杨柳梢头,也吹动了我的脚步,真的是风在动吗?也许不是,站在古城墙下,可能是心在动。

关于拉甫乔克,没有传奇,在我的眼里它只是一座有历史的城池。如今,它的安静似乎化解了那一段段往事,只有常年的风在将时光凿刻的痕迹片片剥落,留下了谜一般的猜测与思考。

透过烟尘翻开历史,拉甫乔克依旧在史书的醒目位置,谁也抹杀不了它的存在。因为拉甫乔克承载了太多的历史,也带给了人们太多的疑惑。这是一座残破的城,是汉唐两代屯田历史的见证,它就坐落在哈密四堡乡的喀尔鲁克渠两侧。东汉时为"宜禾都尉"屯田处。据《后汉书·西域传》记载:"十六年,明帝乃命将帅,北征匈奴,取伊吾卢地,置宜禾都

落日余晖中的拉甫乔克古城

尉以屯田。"唐代还在此设纳职县。

在很多人看来,拉甫乔克古城并不适合游玩和观赏,除非你了解它的历史,否则会因无眼福可饱而悻悻离去。从严格意义上讲,它已不是一座城了,因为只有三段残墙支撑起的一座城的轮廓,是毫无美感可言的。即便是认同残缺美的艺术家,也会抱着遗憾离去。

不想赘述拉甫乔克周边的环境,也不想平铺古城的姿态。在面对它时,只需记住一群人和一个人就足以勾起你的好奇心。

先来说说这一群人,可以肯定他们是逃难而来,之后就在拉甫乔克停住了脚步。因为这片绿洲与他们曾经的生活环境很相似,于是他们把这里作为思乡的寄托地。这群人就是那个神秘消失的楼兰国人。

将历史追溯到遥远的公元前3世纪,楼兰人在那个时期建立了楼兰国。到了公元5世纪时,楼兰国已是极尽繁华。然而好景不长,善良的楼兰人万万没有想到自己安居乐业的生活竟会遭到其他种族的窥视。不久，楼兰国就被一个新崛起的游牧部落所占领，残酷的种族屠杀使楼兰人放弃家园，流离失所。逃亡的楼兰人中有一部分流浪到了吐鲁番盆地，还有一部分人向东一直走到了拉甫乔克，便把这里作为临时避难之地。然而祸不单行，又一次的外敌入侵让他们被迫返回了遭受沦陷的楼兰国。可回去后，由于罗布泊气候条件变得恶劣，加之以农耕为主的他们无法再适应楼兰的气候。最后他们又不得不回到了拉甫乔克，最终永远定居在了这里，并建立了这座拉甫乔克城。

从此，楼兰人再也没能回到那个自己亲手建立起的国家。他们散居在西域各个部族，过着背井离乡的生活。在几百年或是上千年后，各地的楼兰人之间已基本失去了联系，就连他们的后代也不知道自己曾经的故土究竟在何方。

来到拉甫乔克的楼兰人把思乡之情都倾注到了这个新家园，同时也把文化和民俗融入到了这片绿洲中。他们在这里劳作生息，还原了以往的生活。后来，古城内出土了大量的陶片，是一些夹沙红陶和灰陶，陶罐上的花纹和刻线优美流畅，这与在古楼兰国遗址四周散落的陶片基本类似。就是这些陶片在向我们演示着拉甫乔克的往事和楼兰人的变迁。

在审视拉甫乔克的历史过程中，还有一个与之相关的人至今都在引发着争议。他就是那位号称"青莲居士"的诗仙李白，李白的身世可以用"扑朔迷离"来形容，迄今为止共论证出三种观点。一种说法是李白出生于中亚的碎叶城，也就是苏联的托可马克；第二种是出生于四川；第三种是出生于西域碎叶城。很奇怪一点，就是连李白本人都不愿提及他的出生地，好像有很多隐讳在其中，真是让人费解。

一直以来人们都认为西域的碎叶城是在伊犁或者喀什，但经过多年研究李白的专家考证，李白的出生地碎叶竟是这座拉甫乔克城。这让我想起了那首传世的佳句："举头望明月，低头思故乡。"不知诗仙此种浓厚的思

历经千年风雨洗礼的拉甫乔克古城遗址

乡之情是否还在留恋着儿时的拉甫乔克城,如果此拉甫乔克就是碎叶城,并且李白又恰好降生于此,那么他的横空出世给这座城的意义就不那么简单了。后人们的无边遐想更是给拉甫乔克蒙上了继楼兰人之后的第二块神秘面纱。据说诗仙在碎叶城长到了5岁,才随家人去了四川。

在李白的那首《关山月》中,似乎印证了专家的推断:

明月出天山,苍茫云海间。
长风几万里,吹度玉门关。
汉下白登道,胡窥青海湾。
由来征战地,不见有人还。
戍客望边邑,思归多苦颜。
高楼当此夜,叹息未应闲。

我想，李白的天山情结应是源于他在拉甫乔克的童年生活吧。因为站在城中抬头便可看见巍峨耸立的天山山脉，且当时周边景色宜人，有大漠戈壁，也有绿洲河流。在这样的环境下，造就出一个伟大的诗人也不是没有可能。

无论是楼兰人，还是诗仙李白，都无不影响着拉甫乔克在风横雨狂中走过的上千年。从它的繁荣到衰落，过程就是一种厚重、一份沧桑。正如人的一生，要经受不断的体验和磨砺才能拼凑出人生的完整，拉甫乔克所历经的风风雨雨，也就是人一生要面对的坎坎坷坷。每穿越一座故城，其实就是在穿越它的历史。每读懂一座古城，就会使我们的灵魂进行一次酣畅淋漓的蜕变。

有学者提出要复原这座城，可这么大的拉甫乔克古城，复原难度是很大的，只是当初人们为什么会视遗存为尘沙，肆意地去破坏它的宁静？是历史离我们太近了，还是我们走得太远了？我认为这根本不是什么行为的自私，而是愚昧的心理加速了古迹的消亡。

西风未停，拉甫乔克古城在风中屹立着，仍在用它残缺的城墙继续着历史与城池之间的沉浮，注视着在历史的长河中被风化洗礼的拉甫乔克，我只能用澎湃的心去回应了。

白杨沟佛寺的感悟之旅

车在颠簸中慢慢前行,就在摇摇晃晃间我发现访古已然成了自己生活的一部分,有时也会感到惭愧,因为我们经常会忽略身边的事物,而去追求那遥远的,甚至是不可及的东西,这好像只能从人性的角度去解释。其实,只需静下心去思考,就会发现最好的就在身边,只是我们没有用一份平和的心境去体会。

白杨沟佛寺就是被我曾经忽略的一个地方,起初只知道这里有一条大河叫白杨河,那个破败的白杨沟佛寺就建在河的上游。对白杨沟佛寺的理解总是抽象的,抽象到在面对这片遗址时竟无法用双眼去还原它曾经的真实。可能是我对哈密的佛教历史了解不够,一直以来都认为哈密的佛教文化在这片地域并非举足轻重,所以也想象不出那曾经的辉煌到底是处于佛教在西域发展的哪个阶段。可当古寺呈现在眼前的时候,胸口却漾出了一丝凝重,仿佛那洪亮的诵经声正从远方轻轻飘来。

走下车,注视着眼前这座规模庞大的佛寺群,游玩的兴致竟戛然而止了,取而代之的是心情莫名的沉重。每个人站在遗址前似乎都在缅怀,或者说是在思考。因为满目疮痍中不仅有随处可见的断壁残垣,还有风吹过时刺耳的哀鸣。毕竟是经过了近两千年的时间洗礼，往昔的鲜亮早已随雨打风吹去。

佛寺是在盛唐时期建造的，具体是何人出资而建已无从追溯。当时寺中香火旺盛和僧侣众多，仅从佛寺的规模宏大就可见一斑。所以它自然地成了东天山佛教文化的膜拜圣地，以至于吸引了大批外地僧人慕名前来传经修行。

当年玄奘大师西行路经哈密，在庙儿沟寺院住持的指点下，一僧、一马只身来到了白杨沟佛寺。当他望见白杨河边的佛光普照时，不禁发出了声声赞叹。就在玄奘牵马步入寺院，众僧早已在院中恭候多时了，令玄奘没有想到的是，在远离中土的西域竟会有如此多的高僧在白杨沟寺院云集。之后的几天，玄奘一直在寺院为众僧讲经。据《慈恩传》记载："自外胡僧胡王，悉来参谒，王请届所居，备陈供养。"可以看出当时玄奘在哈密讲经时所受到的尊崇。唐代史书还有这样的记载："伊州下辖的纳职县正北20里处有一座香火旺盛的佛教寺院。"这座寺院正是我们现在看到的白杨沟佛寺。

寺庙遗址大部分散落在白杨河西岸，大都修建在断崖边，或是直接开凿崖体建成佛寺，或用土坯依崖搭建而成。断崖之上有一座高十多米的寺庙，庙中有一尊姿态威严的大坐佛，佛姿面东背西，具有唐西州回鹘时期风格，只可惜佛头已被损毁。在坐佛墙外有一小室，内有佛龛、壁画，但现在壁画已经基本无法辨认了，并且小室也坍塌剩下了三面墙。出了残寺还可以看到不远处有一座尖形小佛塔，与小南湖佛塔的形状近似。除此之外，白杨河岸边还有古代僧人开凿的一组石窟和佛洞，在其中的一个窟中还有一幅大型壁画，保存还算完好，依稀可以辨认出画中的小千佛图案，因年代已久远，壁画的颜色也由原来的白底红绿氧化成了暗红色。

白杨河两岸曾经有大小寺庙几十座，迄今我们能用肉眼辨认出的却只有不到10座了。究其原因，一部分遭到了人为破坏，另一部分被白杨河

哈密五堡白杨沟佛寺遗址群

河水泛滥时冲垮，鼎盛的佛教文化在后来的14世纪日渐衰落。现在，在遗址周围还可以捡到散落在干涸河谷的陶片，至少这些碎陶片可以佐证那段佛教在哈密处于巅峰时刻的历史。

  曾被万人朝圣的寺庙尚且如此，盛衰不过就是一瞬间的掌心掌背，更何况我们这些凡夫俗子的普通生活呢。走在干涸的古河道，脑中浮现出了一群虔诚的佛教信徒。他们面对着佛寺，三拜九叩朝着他们心中的圣地前行。无论路有多难走，无论天气有多恶劣，都无法阻挡住他们向前行进的脚步。因为他们向佛的信念在，更因为他们具有一种为佛牺牲与奉献的忘我精神。要知道，寺庙毁了可以重建，但心里的信念毁了却是一生无法挽回的。

  说到信念，想起了一个故事。在沙漠深处有一片美丽的绿洲，那里居住的土著人几千年来从未走出过沙漠。他们尝试过无数次，但就是走不出去。有一天，一个和尚来到这片绿洲，很奇怪这里的人为什么从来没有离开过这里，而他只用了三天就从外面走了进来。为了了解原因，他让土著人牵上骆驼，带着粮食，寻找走出沙漠的道路，他跟在后面观察。结果，土著人在沙漠周围走了15天后又回到了原地。和尚发现，土著人一到沙漠中就迷了路，并在原地打转。他告诉土著人，让他们白天睡觉，晚上朝着北斗星的方向行进，永远不要偏离那七颗星。结果三天后土著人终于走出了沙漠。

引导土著人走出沙漠的是那七颗指引方向的北斗星，那个和尚则是释迦牟尼的化身。他在用智慧点化着那些土著，使他们在今后遇到诸事都能产生顿悟。我想，佛祖就是在教授着人们成事的信念吧，只要认准了方向一定可以成功。佛教信徒们每天伴着古佛青灯，念经打坐为的就是希望有一天能修成正果。因为他们心中有佛，并坚信自己此刻受的苦不是苦，而是佛对自己灵魂与肉体的考验。

人生也是如此，痛苦与快乐，幸福与悲伤，爱与恨都是自己生命中一个很短的瞬间。在佛的眼里，这些都如尘埃般渺小。遇到挫折站起来，走出去，很快你会发现第二天太阳依旧会升起。只要支撑信念的精神在，磨难过后会是一种大彻大悟的脱胎换骨。所以说，不要总看到生活表面上的不如意，而应把更多的时间放在如何树立自己的信念上，这样才不至于活在没有追求的浑浑噩噩当中。

白杨沟的佛寺在今天只能称为遗址了，那些离开的僧人们也不知都去了何方。想必他们后来到了另外的寺院修行，并且继续坚持着成佛的信念。如今，这座残寺留给后人们的却是用心来领悟的佛家哲理，无论若干年后这里是否会被黄沙掩埋，现在我已将白杨沟大佛寺记在了心里，并努力去读懂它、感受它。

夕阳已西下，晚霞染红了白杨沟佛寺头顶的那片天。光束从云的罅隙中刺了出来，映照在摇曳千年的残墙断壁上，霞光瞬时将佛寺化为了漫天的梦幻，似佛光普照，又似凤凰涅槃时的燃烧。

雪落古墓的遐思

雪是大片大片飘下的，用肉眼甚至能辨清雪花的形状，没有风所以感觉不到寒冷。这样的天气适合在户外行走，只要不是窝在城市中，否则就无法感受到飘雪给身心带来的那份难得的愉悦。

人们在下雪天总会被浪漫的假象所迷惑，而忘记了飘雪还能给久居城市的纷乱思绪带去深远的遐思。就如我站在这里，身边除了雪在舞起，还有原野苍茫中几千年前游离到今天的细微信息，这信息此刻与我的呼吸相连。吐纳间，想起了那个美丽的金发女郎，若是今天没有下雪，我又如何能缩起金发女郎那一头随雪飘动的长发。

很久没来五堡了，走上被雪覆盖的红土岗，那片古墓葬群就已出现在了我的视野。这里曾是金发女郎的故乡，如今我只能费力去从一个个露出地表的小土堆来辨认，去寻找她的坟冢了。

当我拨开地上的积雪，站在她的墓前，很想与金发女郎的灵魂进行一次对话，可我知道这只能成为一个梦。面对着空荡荡的墓室才发现原来历史沉积的千年竟与我在这一瞬间对望着。

没有人会无视于金发女郎的美丽，虽说我们不在一段时间内相遇，也不在一个空间里相互感应，但今天的对望却让我有着异乎寻常的喜悦，这个三千年前带有欧洲血统的女人在重见天日的一刹那震惊了整个现实世界。

来还原一下当时考古人员的惊诧，没有人会想到墓中人是以这样的姿态重归人间的。她面容端庄、神态安详，眉目依旧传神，尤其是那一头金色的长发更是迷人，给人以栩栩如生之感。她的服饰也如新上身那般感觉簇新，无论是随身的毡帽皮靴，还是那件毛织大衣，出土时色彩基本未变，仍然鲜亮如初。如此情景又怎能不使考古人员露出愕然的神情？不久，金发女郎的图片便在各国报纸刊发出来，引得世人一片惊叹哗然。

其实，在新疆出土这样的干尸并无奇怪之处，但吸引眼球的却是女人头上如瀑的金发。一时间，猜测种种，众说纷纭，金色长发成了那次考古活动的焦点，也引发了学术界不小的争议。

关于金发女郎的疑问很多，但人们都在思量一个自己更为关心的问题，就是金发女郎的头发为什么会是金黄色的？而且从头面部特征来看她也不像是当地人，好像这并不符合本地种族的基因排序。有问题就会有答案，但只能从另一个侧面切入进行解答了。

原来，在汉人与维吾尔人到新疆以前，新疆居民基本都是外来的高加索人种，也就是白种人。从金发女郎突出的颧骨和高耸的鼻根来看，明显具有古代印欧人的体貌特征，并有高加索人的特点。所以，她的血统决定了她的与众不同，有一头金色长发自然也是情理中的事儿。

究竟是什么原因使这些人不远万里迁移到五堡定居？那么他们的后代现在又在哪里？这不得而知，毕竟史料记载有它的局限性，不可能发生的所有事情都有其对应的相关解释，这就给人们留下了极为宽阔的想象空间。或为躲避灾难，或游牧而来，或为改变生存环境到此。现在，也许他们的后代就在我们身边，只是经过了太长的岁月变迁，那纯正的欧洲血统已在各民族的通婚过程中稀释了。

金发女郎保存得如此完好与新疆的气候有直接的关系。这里气候干旱少雨，天热风多，使尸体来不及腐烂便迅速地脱水变干，从而减缓了肌体的氧化，这就初步构成了形成干尸的条件。这种情况在内地几乎不可能发生，但马王堆一号汉墓出土的女干尸是个特例，只是她要比金发女郎年轻近900岁。如不是时间相隔太久远，那么金发女郎就不会引起如此大的轰动。如不是那次偶然的发现，也就不会有她重见天日的这一天。

整个五堡墓葬群面积有几千平方米，墓葬的形状均为典型的竖穴土坑单人葬，墓室较浅，胡杨木封顶。在经过十几年历时三次的清理挖掘后，出土了很多具有学术价值的文物，如木器、石器、陶器、贝、铜类饰物、小铜刀以及毛绣、木制车轮、马镫和皮鞭等。从而证实了这些古墓葬属于新石器时代晚期，是金石并用时期的古墓葬。

从墓中碳化的玉米饼及一些简单的耕作工具可以看出，当时他们的生活以农耕为主，他们在这片土地上辛勤劳作，繁衍生息，过着一种部落式的群居生活，仅从这么大规模的墓地就可见一斑。木制车轮的出土又一次闪现了古人的聪慧。在哈密沁城的白山岩画上，也有这种带辐条的车轮图案，维吾尔族的《乌古斯可汗的传说》中称这种车为"康格"，也叫"高车"。这是先民们用智慧打造出的运输工具，虽然看似简陋，但留给我们的却是对历史的无限遐想。

就在人们为金发女郎的美丽发出赞叹的同时，30公里外的艾斯克霞尔古堡旁又有了新的惊人发现。一场风雨过后，古堡东南侧的沙丘下竟然暴露出了一些有人工打磨痕迹的胡杨木。一件振奋人心的事发生了，这里也惊现了一片古墓葬群。经过挖掘，发现墓穴的结构与五堡墓穴有异曲同工之处，而且墓主人也无一例外的都成了"干尸"。更不可思议的是，他们中间有几位女性干尸的头发居然也呈金黄色。又是一头金发，不由得把我的思绪又拉回到了金发女郎的身边。

古五堡人与古艾斯克霞尔人有必然的联系吗？回答是肯定的，经过

"碳14"测定，艾斯克霞尔出土的干尸与金发女郎同处于一个年代，都生活在3000多年前。在清理艾斯克霞尔古墓时挖掘出的文物可以断定，他们曾经是以畜牧业为生的，而五堡的墓主人们当年却是以农耕为主。虽然有这样小小的差别，但还是可以说明他们在若干年以前，是随着一支移民队伍来到哈密择地而居的。只不过一部分人定居在了五堡，另一部分人继续向前行进了几十公里而已。

　　哈密自古以来就是东西方文化交流的必经之路，也是东西方人种在亚欧大陆的交错地带，所以说在这里的古墓葬中发现白种人也不足为奇。哈密之所以被赋予了浓重的历史文化背景，很大程度上与东西方文化碰撞后的融合有着千丝万缕的联系。

　　穿行于古墓群当中，金发女郎把我也融进了那段历史，我仿佛有着飞跃千年的疲惫与沉重。雪越下越小了，空中的一群麻雀从树尖掠过，飞进了古墓旁那一片积雪的农田。与此同时，我看到了远处天际边缘的一丝蔚蓝。

金发女郎的三千年传说

一

当三千年后的第一缕阳光射进墓室的时候，尘封已久的潮湿空气似是突然被唤醒，躺在棺木中的艾米拉缓缓地开了那双沉睡数千年的双眼，她好奇地打量着四周。随后她感觉自己正在徐徐向上飘起，在她的目光完全可以俯视到地面的时候，艾米拉看到了自己的躯体。那已不再如从前那样的妩媚漂亮了，唯一让她能辨认出自己的就是那一头金色的长发，还有枕旁曾使她心碎的一把铜刀。

此刻，艾米拉的眼里充满了泪水，她不知道自己躯体边围观的人们到底在干些什么，只能听到有人在惊呼："天哪，太神奇了，简直就是奇迹。"

看着下面那些激动的人们，慢慢地，慢慢地，艾米拉想起了自己是谁。

二

那是在3000多年前，古欧罗巴地域有一个很大的部落叫巴斯邦，当时这个部落是由暴君安撒统治着的。

安撒自从继承王位以来，荒淫无度，欺压穷苦百姓。部落人民怨声载道，但都是敢怒而不敢言。安撒是个残暴的君主，他豢养了一群狮子，任何反对他的人都会遭到诛杀并被投入狮笼。就这样，部落人民在安撒的暴政下偷生着。

终于有一天，一个名叫西勒的年轻人站了出来，他准备当晚带领几百名勇士闯进王帐，活捉安撒这个暴君。在行动之前，所有暴动勇士的家眷们都被集中在了部落的后山，西勒告诉他们：如果我们行动失败，你们赶紧离开这里，走得越远越好，千万不要再回来。在人群中，有一个神情刚毅的漂亮女人在深情地望着西勒。她，就是西勒的妻子奥丽莎。

经过了一夜的焦虑等待，第二天一早，一个不幸的消息传来了。由于安撒有心腹安插在家眷的人群里，当他听到暴动的消息后，第一时间就向主子安撒告了密。那夜，当勇士们刚一冲进王宫大院，就中了安撒贴身侍卫的埋伏，结果全军覆灭，无一生还。

于是，沉浸在悲伤中的家眷们被迫开始了大逃亡。途中他们遭遇了安撒的无数次追杀，但在奥丽莎的带领下也无数次的化险为夷。最后，他们终于走出了那块让他们憎恶的土地。

三

虽然躲过了安撒的追击，但行进的脚步一直没有放慢，他们就这样一直走着，漫无目的，颠沛流离。就在逃亡的九个月后，大家听到了一声清脆的啼哭，艾米拉在奥丽莎的怀里降生了。和她的妈妈一样，艾米拉长有一头金黄色的头发。

队伍还在行进，艾米拉在大家的照顾下也在慢慢地长大。金发的艾米拉给逃亡的人们带来了许多乐趣，每当大家走累的时候都会去逗逗这个可爱的小家伙。很长的时间里，他们也不知道自己到底走了多远的路。但在他们心中有一个目标，就是要找到一个属于自己的安宁家园。

在又一次穿越了威胁死亡的戈壁后，所有人都绝望了。因为他们不知道流浪的生活到何时才能安定下来，环境的恶劣更加重了他们的悲观情绪，很多人都倒在了缺水的炎炎烈日之下。

又是一天的开始，在中午时分，奥丽莎突然发现艾米拉不见了。焦急中大家开始分头寻找，可是大半天过去了，依然不见艾米拉的踪影。大家绝望了，严重的缺水已耗尽了他们的体力。奥丽莎看到他们疲惫的身影，不忍心再连累他们，于是她决定悄然离开独自去寻找孩子。

没有任何的方向，奥丽莎就一直向东走着。当走到天色已近黄昏时，在奥丽莎面前出现了一座很高的土山，当她费尽最后一丝力气爬到山顶时，她惊呆了。眼前竟然出现了一条大河和一片郁郁葱葱的绿洲，在那条河的旁边奥丽莎看到有一个小红点在移动。她知道那就是她的孩子，奥丽莎疯了似的冲下山坡，嘴里不停地大声喊着艾米拉的名字。突然她脚下一滑，随后滚下山坡失去了知觉。当奥丽莎苏醒的时候，她看到了正在给她喂水的艾米拉。奥丽莎的眼里充满了泪水，猛地，她坐起来紧紧抱住了自己的孩子。

孩子找到了，奥丽莎开始担心其他人的安危。就在这个晚上，她与艾米拉在山顶生起了一堆篝火，希望大家能看到亮光赶到这里。事情如奥丽莎所盼望的那样，大家看到火光后在天亮前终于找到了这里。

那片绿洲果然没有让大家失望，果木成林，鸟语花香，大河翻滚着波涛。于是奥丽莎就提议在此地定居，奔波了数年的众人早就想安顿下来了,加之这个地方环境怡人,很适合安家,就同意了奥丽莎的建议。那一年,艾米拉6岁。那片绿洲就在今天的哈密五堡。

在奥丽莎的带领下,他们在这里开垦出了一片土地,过上了安定的生活。

四

与别的孩子不同,艾米拉是个极为叛逆的女孩。在这个村落里,只要是她认为什么事情是对的,就没有人能说服得了她,包括她的母亲奥丽莎。虽然是个女孩,但艾米拉自小就体力过人。她喜欢的游戏就是与别的孩子打架,曾经有三个男孩一起欺负她,但最后都被她一一降伏了,慢慢地,艾米拉成了这里的孩子王。

在艾米拉10岁的时候,一场天灾降临了。那是一个庄稼即将成熟的季节,看着长势喜人的农田,大家心里充满了喜悦。正当人们沉浸在收获的希望里时,西边天空突然出现了一片黑云,而且那片黑云正高速地向村庄飘来。渐渐地人们看清了,原来是大群的蝗虫在逼近那块大家赖以生存的庄稼地。所有人都恐慌了,一个个张大了嘴,目睹着这群不速之客的来临。蝗虫群一头扎进了凝结着大家汗水的庄稼。顷刻间,大批蝗虫又腾空而起,掠过众人的头顶,消失在了所有人的视线中。当大家快速奔到农田时,只看到了一片近似荒芜的景象。

没有粮食冬天怎么过?看着一筹莫展的人群,村里的长者想了一个办法,去林子里挖陷阱捕猎来解燃眉之急。

在大家忙着打猎储备食物的时候,艾米拉和那帮孩子们也在河里捕鱼来帮助家里度过这个冬天。

一天,艾米拉突然听到树林里发出了一声刺耳的悲鸣。她顺着声音跑了过去。在一个陷阱里，艾米拉发现了一只受伤的小狼，它的一条腿已被陷阱下的利刺扎穿了。小狼蜷缩在陷阱里并用舌头舔着自己流血的伤口，艾米拉看到小狼的眼里流出了混浊的泪水，善良的她小心翼翼地跳进陷阱，将小狼费劲地抱了出来。她对小狼说：快走吧，一会儿来人就麻烦了。说也奇怪，那只狼抬头看着她却丝毫没有离开的意思，而且艾米拉走到哪儿小狼就跟到哪儿。无奈之下，艾米拉只好将它带回了家。

艾米拉带回一只狼的消息迅速传遍了整个村落，人们很惊异，于是一些惊悚的传言出现了。很多人都认为艾米拉是邪恶的化身，甚至连那场蝗灾也是艾米拉招来的。对于这样的传言，奥丽莎再也没有力气与众人辩驳了，她一直在说服艾米拉放走那只狼。可艾米拉却不这样认为，反而与小狼的关系越发密切了，她还给小狼起了一个很好听的名字——辛格。

从此，村里的人像躲瘟疫似的远离着艾米拉，连她平时最要好的小伙伴们也不再理她了。

这个冬天，艾米拉和妈妈是在所有人不理解的眼光中度过的。奥丽莎向她讲述了爸爸西勒的故事，这是艾米拉第一次听到妈妈给她讲关于父亲的事。西勒这个勇敢智慧的父亲形象在艾米拉心中扎下了根，她暗自发誓要做一个像爸爸一样伟大的人。

在一个下雪的夜晚，一个巫师突然闯入了这个平静的小村庄，大家热情地招待了这个不知是从何处而来的老太婆。当她看到了艾米拉与一只狼在树林嬉戏的时候，脸上露出了怪异的表情。之后，在这个老太婆离开村庄时给村民们留下了这样一句话：那个牵着狼的孩子今后要么会害很多人，要么就会救很多人，一切只能看天命了。

这句话又一次引发了大家的恐慌，使他们更加反感这母女俩了，有些过激的人甚至想逼迫奥丽莎一家搬出村子。如果不是年长的老人出面为他们母女说情，或许她们早已流离失所了。

五

这样的日子过了一天又一天，花儿开了又谢，谢了又开。转眼间六年过去了，艾米拉出落成了一个漂亮的大姑娘。同时，辛格也长成了一只健壮的大狼。

辛格是只通人性的狼，可能是因为艾米拉救过它，所以它要报恩。几乎每天它都能给艾米拉带回一只猎物，这对奥丽莎一家窘迫的生活很有帮助，日子久了，奥丽莎也喜欢上了辛格。

村里人对母女俩的误解仍然没有改变，他们还在躲避着这个被认为是邪恶化身的艾米拉。

每天艾米拉都会带着辛格去河边散步，对于艾米拉来说，辛格是她唯一的好朋友了。如果没有辛格的几次舍命保护，艾米拉可能早已丧生在别的狼牙之下了。

春天来了，上游冰雪的融化使得河水猛涨。有一天艾米拉正在河边给辛格洗澡，突然辛格跳了起来并对着河水狂嚎。艾米拉定睛一看，一个黑影正随着波浪的翻滚上下漂浮着，当艾米拉确认那是一个人后，召唤着辛格下水去救人。辛格奋力跃入水中，朝那个人游去，水流很急，辛格几次都没能接近那个人。在经过一番努力后，筋疲力尽的辛格终于咬住了那人的衣服并把他拖到了岸边。

那人获救了，艾米拉看着他瑟瑟发抖的身体不禁起了怜悯之心。

回到家里后，奥丽莎端来了热水为他取暖，还做了热饭招待他。当问起他是哪里的人，怎么会掉进河里的时候，那人却一直在摇头，不肯回答。最后艾米拉知道了他的名字：尼卡。

六

尼卡的到来给这个家帮了不少的忙，那个季节正是春耕翻地的时候，于是田里的活儿尼卡全包了，奥丽莎十分喜欢这个勤劳的小伙子，她有意地问尼卡："小伙子，你准备什么时候走？"尼卡看看奥丽莎说："父母亲都去世了，我没有家了，就算走也不知道要去哪里。"听到这里，艾米拉说："那就留在这里吧。"很自然的，尼卡留了下来，从此他成了这个家庭中的一员。日子过得倒也是其乐融融，田里活交给尼卡和艾米拉，在家做饭则由奥丽莎来负责。

由于尼卡的年龄与艾米拉相仿，所以他们经常会在一起聊天，从尼卡的话中艾米拉知道了他的一些事情。尼卡原来居住在天山北坡的一个游牧部落，因为他们部落的长老一直想扩大领地，所以常常会与别的部落发生流血冲突，而尼卡就成了部落间争斗的牺牲品。在一次草场的争夺中，尼卡被多人围攻，终因寡不敌众被扔进了河里。就这样他从河的上游漂了下来，幸运的是他牢牢地抓住了河中的一块木板，才没有被河水吞没。就在尼卡耗尽最后一点体力时，艾米拉发现并救了他。所以他不愿意回去，是因为不想再卷入部落间的厮杀了。

又是一个秋天到了，由于尼卡的努力，艾米拉家的那块地获得了很好的收成。除此之外，尼卡又在旁边开垦出了一块荒地，他想让奥丽莎母女过得更踏实一些。

与尼卡相处久了，艾米拉有了一种怪怪的感觉。每次与尼卡说话的时候艾米拉都会脸红，她不知道自己为什么会那样。只要是一会儿见不到尼卡，她就开始坐立不安。

尼卡有一种特别的本领，就是扔石头。他的石头扔得特别的远，也特别的准。20米开外奔跑的兔子只要出现在尼卡面前，他一扬手，石头会如箭般飞出，兔子的头就会被击碎。当艾米拉发现了尼卡的这个本领后，就缠着尼卡教她。对于艾米拉的要求,尼卡从来都是有求必应。这以后,每天清晨都能在树林中看到他们的身影。当然,在他们的身后一定还跟着忠诚的辛格。

七

艾米拉的悟性很高,不到半个月的时间,她扔石头的本领已和尼卡不相上下。在尼卡传授技艺的过程中,艾米拉觉得自己已经爱上这个男人了。

任何事情都瞒不过妈妈的眼睛,奥丽莎看出了女儿的心事,她也知道尼卡这个小伙子很不错,于是她对艾米拉说:"喜欢一个人就要大胆地去告诉他。"听了妈妈这样说,她也鼓起了向尼卡表白的勇气。

爱情是个既使人感到甜蜜,又使人感到受折磨的东西。让艾米拉没有想到的是尼卡竟然拒绝了她。那晚,艾米拉哭了一夜,她不知道尼卡为什么会拒绝她,她也不知道尼卡从一开始是不是真的喜欢过她。

早上奥丽莎看到了女儿哭红的双眼,立刻就明白了艾米拉此时的心情。艾米拉扑进妈妈的怀里哭得更厉害了,她抽泣着说:"妈妈,我能驯服一头狼,但为什么征服不了一个男人呢?"奥丽莎抚摸着女儿的头发说:"孩子,对于爱情,没有征服,只有相互理解,相互关怀,相互信任就足够了,可能尼卡有什么难言之隐吧。"

第二天,艾米拉不见了,奥丽莎十分着急,一直等到晚上艾米拉还是没有回来。尼卡吓坏了,他知道艾米拉的失踪与他有关,他必须出去寻找艾米拉。外面下着大雨,尼卡也顾不了那么多了,他带着辛格冲进了瓢泼大雨中。在艾米拉常去的河边、树林里尼卡大声地呼唤着艾米拉的名字,可在那些地方他没有看到艾米拉的影子。夜色中,尼卡一个趔趄摔倒在了地上，当他站起来想抓住身边的小树时，左手却怎么也抬不起来了，但他依然没有放弃去寻找艾米拉。风刮得更大了，冰冷的雨水打在尼卡的脸上，左臂的疼痛又加剧了很多。

天亮后，仍然没有找到艾米拉，失望的尼卡回到了村子。没想到艾米拉已经回到家里了。看着浑身湿透并且受伤的尼卡，艾米拉哭了，她紧紧地抱住了尼卡。几天后，在艾米拉细心的照顾下，尼卡的身体复原了。艾米拉答应了尼卡一件事：无论发生什么都不能做傻事。

日子还在平淡地继续着，只是艾米拉和尼卡的心里都在痛苦地挣扎着。终于有一天，尼卡告诉艾米拉，在他的心里曾经有一个女孩，他十分爱她，可是那个女孩在一次部落发生的瘟疫中死去了。那女孩死前最后的日子里，尼卡一直陪伴着她，并发誓除了她再不会爱上别人了。艾米拉听后很感动，她认为自己没有看错这个男人，这才是自己想要的男人。

八

劫难的到来总是无法预知的，辛格半夜的一声长嚎划破了往日的宁静。不知从哪里来的黑压压的人群包围了熟睡中的村落，顷刻间，火光冲天，杀声一片。睡梦中的人们不知道发生了什么，只是拼命地往门外跑。这突如其来的变故也惊醒了奥丽莎一家，尼卡拔出了贴身的铜刀站在门口，保护着她们母女俩。

原来，正是尼卡原来那个部落的长老看上了这个水肥草茂的地方，之所以发动袭击，是想迫使村里的人离开。

天刚蒙蒙亮，奥丽莎的家也被外族人蜂拥闯入了，尼卡拼命地与他们搏斗着，辛格也加入了这场保护主人的战斗中。当尼卡杀出一条血路带着她们奔向土山时，村里已经是血流成河了。

天已大亮了，一切归于沉寂。尼卡与艾米拉回到了村子去探听情况，山上只留下了辛格保护着奥丽莎。没想到刚一走进村子，村民们就举着木棒将他们赶了出来，因为人们想起了那个巫师临走时的那句话："那个牵着狼的孩子今后要么会害很多人，要么就会救很多人，一切只能看天命了。"村里的这场劫难更加印证了这句话，使他们更加仇恨艾米拉了。

从村外玩耍的孩子口中，艾米拉得知外族人给了村里人三天的时间，让他们在规定的期限内收拾好东西迅速搬家，否则血洗这片土地。

艾米拉疯了，她不相信巫师说的话，她要向所有人去证明自己不是灾星。她望着自己心爱的男人说："我要回去，我必须回去帮助村里人渡过困境。"尼卡抚摸着她的头发坚定地点点头："我和你一起回去。"

九

当他们再次返回村子时，村民们还是用木棒迎接了他们，无论艾米拉怎样解释都无济于事。当艾米拉被一根木棒击中头部时，她感觉到血顺着额头流了下来，随后眼前一黑，什么都不知道了。艾米拉醒来的时候，很多人正围着她，她呼唤着尼卡的名字挣扎着想爬起来。这时，尼卡出现在她面前关切地说："别紧张艾米拉，没事了。"艾米拉环顾了一下四周的人们，发现他们以往仇视的目光突然变得很柔和，她也看到了她的妈妈和辛格。原来，尼卡用自己的生命担保艾米拉可以使大家摆脱这场劫难。

下午，艾米拉与尼卡召集大家共商对策。有一部分悲观的人认为大家还是逃走的好，他们的理由就是对方太强，硬来会伤及更多无辜的性命。艾米拉可不这样认为，她觉得与其逃离继续流离失所，不如放手一搏。长者们觉得艾米拉的话有些道理，就采纳了她的看法。可该怎样反击这群侵略者呢？大家还是众说纷纭。尼卡说话了："我认为趁天黑偷袭敌人营地的办法比较可取,因为夜晚是他们警惕性最低的时候。"大家一致认为这个攻击办法可行。

于是在当晚,尼卡带领一百余人借着夜色出发了。当他们出现在侵略者的营地时,引起了敌人的极大恐慌。他们没有想到自己会在半夜被偷袭。仓促迎战总是被动的,有些人还没来得及拿起武器就已经被尼卡带领的勇士们诛杀了,但侵略者们稍加调整就展开了疯狂的反扑。厮杀进行得相当激烈,在敌人营地的篝火完全点燃的时候,尼卡与他的队伍完全暴露在了那片空地上。面对凶狠的敌人,尼卡毫不畏惧,他指挥着队伍与敌人继续搏斗着。在他的铜刀下,发出了无数的惨叫声。厮杀仍在继续,由于尼卡等人的英勇奋战,竟然使人数几倍于自己的侵略者溃退了。

但不幸的事情还是发生了,尼卡因身中数刀,流血过多而阵亡了。

十

当大家把尼卡的尸体连同那把铜刀抬到艾米拉家中的时候,艾米拉瞪大了眼睛,她不相信眼前发生的事是真的。艾米拉扑到尼卡身上放声痛哭:"你还没对我说喜欢我,你就走了吗?为什么?为什么?"看着自己心爱的尼卡躺在冰凉的地面上,艾米拉喃喃地说:"我只是想和你一起在天空中飞翔,可是现在你撇下我走了,一个人的翅膀已经无法再承负这份痛,我无法再飞起来了。"艾米拉拿着尼卡的铜刀慢慢地站起来,仇恨使她咬紧了牙:"放心吧尼卡,我要去做你没有完成的事,会让大家过上安宁的日子,我也要为你报仇!"

无论怎样悲伤艾米拉都在强忍着,因为艾米拉知道,使大家摆脱困境才是目前最重要的事情。

艾米拉觉得敌人是决不会轻易放手的,他们还会卷土再来。但是敌众我寡怎样才能取胜呢？艾米拉想了一个办法，她让所有人都行动起来，在村落后面的土山顶码放巨石。有些人不明白，但在艾米拉心里却有自己的盘算，在经过了大家大半天的努力，一切就绪后，艾米拉让全村的人都撤到了土山上。她嘱托大家，一旦敌人出现在山下，就将巨石投下。在村落里，只留下了自己和几个年轻人做诱饵。

果然不出艾米拉所料，下午时分，远处地面扬起了漫天的灰尘，是敌人逼近了。

就在侵略者闯入村庄准备实施报复的时候，他们惊奇地发现村子里一个人影都不见了。他们挨家挨户地搜，结果还是一无所获，敌人的首领很纳闷为什么会这样，最后首领得出一个结论，就是这里的村民因惧怕他们而全部逃走了。

这时，艾米拉和几个年轻人在村口出现了，艾米拉用大声地喊叫来吸引敌人，并飞快地往土山上跑。喊叫声引起了敌人的注意，当他们看到村落里居然还有人时，首领举着刀指挥着手下朝艾米拉奔跑的方向追去。

艾米拉他们刚爬上山顶，追兵就已到了山下，她一声令下，石块如雨般从山上砸了下来，这意外把敌人弄得措手不及，一会儿的工夫，接近一半的侵略者就丧命在了石块之下。艾米拉在山上用尼卡教给她的投石本领痛击着他们，每一块石头的投出都寄托着艾米拉的仇恨，只要是她的石头所到之处，必是鬼哭狼嚎。少顷，山下尸横遍野，那首领慌忙组织撤退。可是已经晚了，艾米拉拔出尼卡留下的铜刀率领众人已冲下了山坡，辛格也在奋力地帮助主人撕咬着敌人的喉咙。激战一直进行到黄昏，侵略者终于战败投降了。

十一

  正当大家欢呼雀跃庆祝胜利的时候，却不见了艾米拉。在仔细地寻找后，一个人在草地上发现了她的尸体。那情景让在场的所有人流下了眼泪，艾米拉的铜刀深深地刺进了那首领的腹部，而在艾米拉的胸部却插着一把锋利的匕首，她是和敌人的首领抱在一起同归于尽的。

  在艾米拉的脚边，躺着满身是血也已死去的辛格。

  奥丽莎抱起了女儿，她没有哭，只是说了一句话："孩子，你和你的爸爸一样，是个勇敢而坚强的人。"

  白发人送黑发人，全村人都沉浸在悲痛之中，一起来为这个他们曾经误解很深的艾米拉送行。在棺木封盖的时候，奥丽莎将那把铜刀放在了她的身边。

  太阳出来了，在那座土山旁，三座坟茔并排竖立在那里。中间是艾米拉，左边是尼卡，右边是辛格。

十二

  "她的头发真漂亮。"艾米拉飘浮在空中看着自己的躯体被人们赞美着。她明白，只要躯体一旦离开棺木，自己就会化作一缕青烟永久地消失了。她不知道尼卡现在能否看到自己，她也不知道辛格是否还是那样的威风凛凛。

  下面的人正在慢慢地移动着艾米拉的躯体，艾米拉闭上了眼睛。就在人们把艾米拉移出棺木的同时，人们看到了头顶有一缕青烟正在飘向太阳。

十三

几天后,世界各大媒体都刊登了这样一则消息:在新疆维吾尔自治区哈密市的五堡出土了一具女尸。经鉴定,距今有 2900 年到 3200 年的历史,该女尸的皮肤居然还具有很好的弹性。她身上的衣服仍接近完整,加之那一头金发完好如初,故被称之为"金发女郎"。

瓜乡遗韵左公柳

漫步在河坝中，就能感到有一丝清爽的风正徐徐吹来，这对于夏日难耐的酷热天气来说是一种难得的清凉。细闻之下，空气中还夹杂有阵阵湿润的草香。这风就来自河坝内的那片绿野，停步间，仿佛使人在炎热的浮躁中瞬时安静了许多。

走下河坝，视野中便出现了这样一幅动态的油画：白云蓝天游，绿草随风动，柳枝轻轻摇，小河潺潺流。置身于此，踩着潮湿的地面，嗅着带有青草气息的空气，自觉心旷神怡。

狭长的河坝被遮天蔽日的百年旱柳紧紧围裹着，有密不透风之感。散落无序的树木多数高大粗壮，显得苍劲古拙，浓绿的色调自踏入河坝时起就充满了眼帘。也不知是从何时起，这些柳树就被当地人称为了"左公柳"。

看到"左公柳"，很自然就想起了左文襄公左宗棠。如果不是当年任钦差大人的他来到哈密，也成就不了这片绿色，更别说这东西河坝千柳成荫的景象了。

有必要说说左公植柳的历史背景，资料虽略显枯燥，但又不能不提。

那是1878年的事儿,清政府派使者崇厚出使俄国,奉命谈判收回伊犁的事宜,但胆小无能的崇厚却在次年与俄国签订了丧权辱国的《里瓦几亚条约》。清政府上下引起一片哗然,左宗棠上书请奏光绪帝武力收回伊犁,在朝廷众大臣的支持下,光绪帝命69岁的左宗棠亲率大军西征。为表此行收回伊犁的决心,左宗棠抬棺出征,将士们见此情景不禁怆然泪下。在左公身先士卒的感召下,军队士气高涨,最终收复了失地。

在当时从京师到西域的数万里征程中,左公所到之处,必是与绿色随行,无论是茫茫戈壁还是漫漫荒漠,他都令军士们在路旁广植柳树。就这样,一路行军一路种树,于是便有了佳句来歌颂左公:"大将筹边尚未还,湖湘子弟满天山。新栽杨柳三千里,引得春风度玉关。"

大军行至哈密时,左宗棠就在此地将大营扎下,接着又在哈密东西河坝大面积栽柳。虽然左公只在哈密停留了短短数月,但这些柳树在他离开的几年后已茂密成林了。从开始进疆时的"赤地如剥,秃山千里,黄沙飞扬",到后来的"十里柴湖庙,村户比连,绿荫夹道,清流贯其中,水声潺潺,草木畅茂",左公是功不可没。

现在,河坝两侧的左公柳依然傲立挺拔,成了城市中一道亮丽的风景,市民们在这片巨大的树荫下聊天纳凉,茶余饭后自然也离不开左公植柳的故事。

有个问题一直困惑着我,就是左宗棠为何要在征程中沿途栽柳,其目的是什么?如果说他有强烈的环保意识,或是他对种植柳树有着极大的偏好,那么我并不赞同。当时军情十万火急,哪里还有闲心悠然栽柳,要知道耽误了战机是会被砍头的,况且左公行事一向严谨,假如他只为栽柳而栽柳,就有点不合常理了。

冒贻误战机的风险广种柳树,若没有一个充分的理由,仅仅是要为戈壁荒滩增加点绿色,就更让我匪夷所思了。如果非要有一个解释,就是这柳树与此次出征有着非同寻常的密切联系,也有可能是认为柳树代表着一种寓意，与收复失地或将士的平安有直接的关系，所以左公的植树行为才能在疑惑中站住脚。

长于哈密的左公柳与江南的垂柳在形态上有着极大的不同，但人们好像更钟情于垂柳，可能是因为它的身姿飘洒秀丽，并且具有"杨柳依依"的韵致。而左公柳却毫无垂柳的细腻，它秉承了西北白杨的特性，高大挺拔且树冠茂盛。左公柳的枝条不像垂柳那般的细长柔韧，但它有形态万千的粗野虬枝；它的叶片也无法被人们描述成柳叶眉的纤细，但它的骨子里似是有一种挥之不去的豪迈与感怀。同为柳树，不识柳的人却怎么也无法将左公柳与"碧玉妆成一树高，万千垂下绿丝绦"诗句中的垂柳联系起来。

左公柳多生长在戈壁荒漠之上，所以它具有在恶劣环境中"顽强无畏"的气势，它用旺盛的生命力向周边的荒滩野岭伸出挑战的枝条，也在向世人宣告着生命存在的价值。随意折一枝柳条插进旁边的土地，来年再看，相信定会吐绿流翠，尽显生机。

河坝下有一棵只剩下半边的柳树，那是一场雷雨过后造成的，炸雷将这棵树纵向劈开，露出了白白的枝干内质。对于这棵树来说这是一场灾难，可它仍然顽强地在创口上抽出新枝，这是怎样的一种生命形态？不是重生，而是坚韧。当我们看到这棵树时，就会明白生命的珍贵，也能体会生命在逆境到来时的无所畏惧。

穿行在东西河坝的左公柳林下，想起了孩提时的情景。一帮天真无邪的孩子用柳枝编成帽子，拿着木头枪在树下玩打仗的游戏，累了就脱下鞋，踩进清澈见底的河中捉鱼摸虾。柳树下还有数不清的泉眼，流淌出了甘甜的泉水，只是现在，那份天真早已不在，那些甘泉也早已干涸。

每到五月，漫天的柳絮在飘飞，像是进入了下雪般的童话世界，徜徉在柳絮中，感觉自己已融进了诗情画意之中。柳絮给瓜乡带来的是春意，也带来了对左公的感激之情。

在哈密老城有一座左公祠，是为纪念左宗棠所建。祠堂内刻有左宗棠的词赋一首："万山秋色赴重阳，破屋颓院辟战场。城劫难消三户憾，高歌聊发少年狂。五更画角声催晓，一夜西风鬓领霜。笑指黄花勿负汝，荒畦数亩为谁忙。"新中国成立前哈密还有一条宗棠路，可见左公在当时的哈密受到了百姓怎样的景仰。

如今，河坝已成为了本地人的休闲场所。晨练的人在这里悠闲地打着太极拳，老年社团也把京胡、笛子、月琴拿到了这里，就在最大的一棵左公柳下，老人们优哉游哉地唱起了京剧。周日的时候，上班族们会举家到河坝放松心情，野餐是必不可少的活动。他们将烤肉炉支起，在草地上铺块塑料布，就在这迎风婆娑的柳树林里尽情地舒放着，以消解工作带来的劳顿。

但近些年，由于过度开采地下水，很多泉眼消失了，这直接影响到了左公柳的生存环境，加之病虫害也在时时威胁着这些百年古树，原本三千余棵古柳现在只剩下不到一千棵了。在哈密历史上曾经有大规模砍伐左公柳的记载。那是在"文革"时期，老树也划进了破"四旧"的范围而被大面积伐倒。这是十分愚昧的举动，人类终将为自己的行为付出代价。

左公柳是瓜乡哈密的遗韵，更是哈密历史不可或缺的一部分。如今挺立在河坝中央的那棵左宗棠亲手种下的柳树，历经了百年的风雨沙尘和烈日焦烤，虽已略显老态，却依然虬枝苍劲，宛如西北汉子刚毅的性情。

左公驾鹤西去，翠柳依然茁壮。左公柳扎根哈密就是左公高尚精神犹在，后人们将永远记住他的名字。

古白杨下的回王背影

历史经常会有惊人的相似，从起点到巅峰，然后再逐步走向衰落，这一过程符合哲学论调，就像生老病死，谁也走不出宿命的安排。哪怕曾经盛极一时，都难以逃脱注定的劫数。我想起了哈密回王墓院中那棵枯死的百年白杨，也想起了在白杨旁沉睡许久的回王们。

我们能从一段历史的正面看到它辉煌的瞬间，也能从历史的角落找到那把埋葬它的铁镐。世事总有公断，不过所有的一切早已远去，只留下了数个虚幻的羸瘦背影。

从来都是臣子向皇帝上贡，却很少见尊贵的君主给属下开恩打赏，在哈密回王经历二百多年的九世统治中，接受中央政府这样的大宗赏赐还真有过两次，一次奠定了哈密回王的统治地位，另一次为回王的统治敲响了警钟。

额贝杜拉在哈密历史上是个人物，此人机遇不错，硬是在噶尔丹人的压迫下站出来向清廷示好，后被康熙皇帝封为一等札萨克，并打赏了无数银两及数十能工巧匠，用于回王府的建造，从此，便拉开了哈密回王登场西域的帷幕。

六世回王伯锡尔有幸获得过朝廷的第二次赏赐，只可惜他无法谢主隆恩，因为是死后被追封为和硕亲王的，朝廷为表彰他的忠心就义，专门拨白银两万两为伯锡尔建祠修墓。如今，那气势恢宏的回王府已毁于战乱，只剩下了这座被桑榆白杨衬点着的回王墓了。

回王墓位于哈密市西南郊的阿勒屯村，维吾尔族人称之为"阿勒同勒克"，意思是黄金之地。这里是回疆八部之首的王室墓地，葬有哈密历史上的历代回王和他们的福晋们。

既是维吾尔人，缘何被称为回王？原来在清朝时，习惯上把天山以北的蒙古人称之为准部，而把天山以南的维吾尔人称为回部，所以回王这个称呼也就顺理成章了。

回王墓是延续王侯荣华大梦之地，四周数米高的"干打垒"围墙将它与尘世隔开，依旧保持着将相王侯们生前曾经的尊严。

走进回王墓的大门，第一眼就能望见那棵因缺水而枯死的参天古杨。可令人惊奇的是，这几年它的根部竟然发出了数棵新枝，枯木逢春是件喜事，相信看到这棵树的人们心里都会顿生感慨，这片新绿的出现也使墓园内充满了勃勃生机。

回王墓建筑群是由大拱拜、亭式建筑和艾提卡清真寺三部分组成，也分属于三个不同的时代。大拱拜修建于七世回王伯锡尔时代，待到九世回王沙木胡索特时期，他为自己增加了旁边的亭式建筑，至于艾提卡清真寺，则是一世回王额贝杜拉所建。这三座集不同风格的建筑呈三角形同立于一个大院中，并相互对望着，这种排列似乎有什么隐喻藏匿其中，只是我们暂时无法得知。

大拱拜是回王墓中最高的建筑，它的外观结构十分奇特，并带有浓厚的伊斯兰风格。建筑主体高14米，宽为15米，四角有四根圆柱形的高耸塔柱，拱拜整体下方上圆，高大的穹顶居然没有梁的支撑，这在当时也算是顶尖的建筑水平了。至于它下方上圆的构思，也可能是当时的建筑大师

哈密王墓中集合四种民族风格的亭式建筑

对大自然天圆地方的理解吧。

进入大拱拜的内部，就能看到七世回王伯锡尔及大小福晋的陵墓。这位回王在历史上争议颇多，据说他生性暴虐，但又英勇善战，在他生前的最后一场战役中，因不敌义军被俘，又因拒不投降而被惨遭杀害。如今他与那场战役中被乱马踏死的小福晋共葬一室，也算是遗憾中的欣慰了。

大拱拜中还葬有八世回王默罕默德和他的王妃，所有墓的上方都盖着只有那时皇家才能使用的黄色绫绸，每到维吾尔族传统节日的前一天，王室后代们就会来到这里祭奠，然后再换上新的绫绸。

拱拜内部墙壁和穹顶装饰地非常漂亮，上面都贴有兰花图案的白瓷砖，做工考究且显得素雅庄重。屈指轻叩瓷砖表面，竟会传出沉闷的怪声，这让人十分费解。让人发出惊叹的不止是这声响，而是在每一块兰花瓷中，居然都镶了长长的铁钉。从外观看是无法看出其中端倪的。

很多人把南侧的木制亭式建筑称之为与伯锡尔大拱拜呼应的小拱拜，这应该是个错误的认识，因为就整体建筑而言，小拱拜只是这个大亭式建筑的一部分，所以叫它小拱拜是认识上的误区，倒不如就直接称它为亭式建筑。

亭式建筑风格更为奇特，它融合了满、蒙、维、汉四个民族的建筑特色，并雕梁画栋。内部的墓葬和拱拜是维吾尔族式的，顶部是满蒙建筑中常见的盔顶，回廊、飞檐和斗拱则是汉族传统建造模式。

四个不同民族的建筑风格融合在哈密这片土地，竟感觉如此协调，这在世界建筑史上绝无仅有。无论是远看还是近观，无不透出它的壮观与唯美，同时也反映出了当时文化大融合的深厚底蕴和民族团结的和谐景象。在这里，还埋葬着末代回王沙木胡索特和他的妻子及其后人。

在哈密回王的历史上，由女婿世袭王位实属罕见，沙木胡索特就是一个特例，可能也就是这个反常规举动，暗示了哈密回王统治的终结，这个统治哈密时间最长的末代回王，终因作恶多端而走上了不归路。

亭式建筑原本有五座，现在仅存两座了。另外的三座埋葬的是其他历代回王，只是在文革前就被彻底损毁了，真的很遗憾，如果五座亭式建筑一起现身回王墓，那该是怎样的一种壮观。

大拱拜的对面有一座清真寺，叫艾提卡清真寺，是一世回王额贝杜拉所建，后又经四世回王玉素甫扩建至目前的规模。走进寺内，感叹于它的宏大，以至于在寺内说话都会出现回音。这是新疆最大的室内清真寺，可同时容纳4000多人。寺中有9排共108根雕花木柱支撑着顶部，每一根木柱都是经过加工的天山松木，需要两人才能合抱。四面墙壁绘有绚丽色彩的花卉，逼真细腻，大殿顶部绘有方格藻井图案，地面是方形青砖。

清真寺门内有一个旋梯，可以直上到寺顶的唤礼塔。在我小时候，由于当时没有高层建筑的阻隔，每逢古尔邦节或者肉孜节那一天的早晨，有时在数公里外，都能听到洪亮的喊经声。

时至今日，回王墓仍保存地相当完整，这也得益于维吾尔族的风俗习惯。因为他们的墓葬中没有任何随葬品，所以不会招来盗墓贼的窥视。

在哈密九世回王的统治中，不能不提起一位富有传奇色彩的女性。如今她也长眠在大拱拜中伯锡尔的身边，她就是迈里巴纽，七世回王伯锡尔的大福晋。

在同治年间那场令伯锡尔和小福晋丧生的战斗中，农民军将哈密团团围住，迈里巴纽带领一支人马杀出重围，向巴里坤求援。待援兵到来时，哈密已经沦陷。伯锡尔死后，默罕默德继承了王位，但他因自小重病在身而不能料理政务，于是迈里巴纽便担纲重任，将哈密政务打理的井井有条，在哈密的历史上迈里巴纽一直是一位传奇女性。直到现在，她的名字都会被当地维吾尔族女人津津乐道。

今天，回王的后代们仍在哈密这片土地上生活劳作着，虽然他们已失去了王族的气派，但无论他们在哪里，在做什么，相信都不会忘记自己的老祖宗曾经是怎样的叱咤风云。

细细品味着这段沧桑而悠远的历史，再回头望望那棵枯木逢春的古杨，似有一丝沉重挂在心头，回王墓是哈密回王几百年风雨的历史见证，也是当年王侯们创造辉煌时，一个渐渐远去的背影。

奇石之魅

谁也不曾想到从前哈密周边戈壁上俯拾即是的石头，如今就突然变身为了稀罕的宝贝，这在几十年前的哈密人看来，简直就像是从天边飘来的神话传说。当后知后觉的人们困意袭来，却发现枕头不见了，更为伤心的是，此时的天也已大亮。

古人云："山无石不奇，水无石不清，园无石不秀，室无石不雅。赏石清心，赏石怡人，赏石益智，赏石陶情，赏石长寿。"当石头被赋予了秀雅清怡之风韵，使其看似冰冷的表面又多了一层人文内涵。如此，其价值会被有心人仔细挖掘，之后淘宝人便蜂拥而至，最后一定会造成奇货可居的局面。中国式收藏无论如何都逃不出这个规律，奇石炒作也绝不是最后一个。中国有很多地域出产奇石，但只有哈密的奇石资源最为丰富，品种繁多且形态万千，其色泽、质地与纹饰更为接近一个"奇"字。哈密除了特产硅化木外，还有风凌石、泥石、玛瑙、玉石、孔雀石、火山石、蛋白石、鸡血石、羊肝石、千层石等等本地特有的奇石品类。

哈密盛产奇石，与此地的地质演变和气候条件有些极大的关系，在这里发现的每一种奇石其实都是一次重大地质事件的见证。可能有人会问，难道哈密上百种奇石的背后是上百次地质变化的结果？是的，这毫不夸张，哈密亿万年间的地质演变远非想象能及，而是翻天覆地的沧海桑田，加之本地气候干燥少雨，周边戈壁常年风沙裹挟，才成就了哈密奇石所特有的形、象、意、色。展开地图，还会发现哈密竟然与山东一个省的面积相当，可以想象在如此广阔的土地上，没有什么奇迹不可能发生，更何况是经历了亿万年若干次的地质剧变。

自20世纪90年代起，一些哈密人开始发现自己竟然躺在一个聚宝盆中睡觉，而从前却丝毫未意识到遍地财富就在自己触手可及之处。于是，他们将目光投向了哈密周边的无人区，在大片曾经被视为生命禁区的荒漠戈壁中，开始有了探险者的足迹和汽车的轰鸣。想得到就要加倍付出，也要承担未知的风险，毕竟"生命禁区"这四个字可不是唬人的玩笑。冒死进入不外乎有这么几个结果：有人在指南针失灵后迷路戈壁，有人遭遇尘暴流沙命丧荒漠，有人水尽粮绝被迫撤出险境，但大多数有备而来的人还是笑着回到城中，并带回了大自然赠予他们的大批财富。当然，时至今日，无论是交通工具还是通信导航设备都已今非昔比，风险自然也就降低了许多。

从哈密哪个方位能捡到什么样的奇石，有经验的寻宝者心里非常清楚。南湖戈壁除了盛产硅化木外，也遍布着戈壁玉、泥石、叠层石，还有珊瑚等古生物化石；沙尔湖以七彩玛瑙硅化木最为著名，同时还分布着葡萄玛瑙、火山岩、果子化石和戈壁石；此外，还有马蹄山的风凌石，罗布泊的托帕石、水晶和蛋白石，三塘湖的海洋生物化石，淖毛湖的葡萄干玛瑙和木化石。只是现在，大批外地寻宝人也慕名前来，导致哈密周边奇石资源逐渐枯竭。若再想去发现新石种或是珍稀奇石，就要到戈壁深处去寻找了，毕竟偌大的哈密，总会有无人涉足过的区域，而那里，也许就会有各种意外出现。

在哈密，经常能听到一夜暴富的故事，除了主人公姓名不同，其中大部分细节都基本雷同。譬如某人捡到一块石头或是低价收购到一块奇石后，发现有惊人的象形细节，就起了一个应景的名字，再配上一个木质底座，便卖出了令人惊叹的高价。几十万元成交一块看似不起眼的象形石在哈密根本不算是什么奇闻，就是在这样的暴利驱使下，很多人去往环境更为恶劣的无人区深处铤而走险，只为获得更大的回报。

无论这种冒险行为被称为"淘宝"也好，或是"寻宝"也好，在哈密人眼中就只有轻描淡写的三个字：捡石头。于是，捡石头这种既能放松休闲同时也能收获惊喜的活动在哈密是风靡一时，但这种活动必须要有专业的组织者或向导，否则对于没有丝毫野外生存经验的随行者来说，可能就会面临生命危险。此类活动大多也就是出去散心玩玩，真正能捡到奇石的人并不多，因为周边地表的石头已基本被捡拾一空，但对于专业捡石人来说，他们相信与奇石相遇也是一种缘分，哪怕是被捡石人梳理过几百次的区域，这些有灵性的石头也会与大多数人擦肩而过，哪怕就是在脚下或眼前，无缘人也无法看到。

去往戈壁捡拾奇石也是要有敬畏心的，有些以此为职业的捡石人却忽略了这一点。他们为寻求更大的利益，不惜以毁坏环境为代价，在地表已无石的状况下，竟然开车牵引爬犁撕开戈壁表层，以获得土层中的石头。这样的行为不只是对环境的破坏，大风还会将断损的戈壁表面硬壳逐块掀起，沙土内层便会裸露出来，所产生的直接后果就是风起时极易加速形成侵袭城市的沙尘天气，据说一条驶入戈壁形成的车辙印在一段时间内会毁坏方圆数平方公里的生态环境，这绝非危言耸听，而需要大自然慢慢修复的时间，将会长达数十年。

在哈密，随意去一户人家，都能在桌上看到几块奇石，或风凌石，或戈壁玉，再或是一块块硅化木。这并非哗众取宠或是附庸风雅，只是觉得作为哈密人，家里要是没有几块像样的石头做陈设，都不好意思说自己是哈密人。外地朋友来哈密做客，除了被热情款待哈密美食和特产外，临行

让人叹为观止的哈密奇石宴

时主人家也会送给客人一块本地奇石，以示自己对朋友情谊的重视。

奇石收藏也给哈密人带来了一种有别于从前的生活习惯和乐趣。每到周六周日，哈密各大奇石交易市场都是人头攒动，尤其是远通市场，更是人流如织。几乎每一个捡石人都会把捡到的石头拿到这里进行交易，也几乎所有奇石爱好者也都会来远通淘宝，其中也不乏外地和国外的石友。包括大十字和阿牙桥在内的哈密三大奇石市场每周都在演绎着不同的关于奇石"捡漏"的故事，市场赚足了眼球，商家涨鼓了腰包，捡漏的石友更是捂嘴偷着乐。据奇石协会保守统计，仅哈密各大奇石市场每年的交易量就达2000多万元人民币。可见到了今天，奇石收藏的热度依旧不减，而且还带动了更多人进入到了奇石收藏的领域。

硅化木是哈密的特产，只是现在已规范，禁止上市交易。我曾在大十字一家奇石店里看到过这样一块硅化木，让人过目不忘。这块硅化木通体包浆完美，光泽温润冰滑，色彩大部分呈奶白色，已完全转化为了玉质。

但这还不是它的特别之处，因为如此玉化和玛瑙化的硅化木在哈密太过常见，之所以能让我在第一眼就留下深刻印象的是，在木化石表面还有数十只如小指般粗细的虫化石。它们仍然保持着一种生前淡定的活动姿态，可见当时这棵树是遭遇了突如其来的灾难，树上的虫竟然还未来得及逃离，就被迅速掩埋，从而形成了化石。带有虫化石的硅化木十分罕见，价值自然就不菲，奇石收藏界对这一类化石有一个价值共识："一条虫加一万。"如果虫化石与木化石搭配的造型更加奇特，那么一条虫化石的附着有可能会使这块木化石的价格达到天价。

在哈密奇石博物馆，还有一个由哈密奇石创造出的奇迹，正在申请吉尼斯世界纪录。这是一桌由1088道菜搭配出的宴席，此席一经面世，就走红并震惊了全国。这桌号称"天下第一宴"的哈密奇石宴占地面积约200平方米，仅摆放这些菜品的桌子直径就达到了惊人的17米。这桌奇石宴由硅化木、玛瑙、玉石、火山石和鸡血石等本地奇石组成，并以满汉全席的菜品为蓝本，将宴席中的冷热、荤素、汤煲、干果和鲜蔬表现得逼真生动，与真实菜品的色彩与形状无异。远观之下，无人会认为这桌宴席会是石头做的，甚至还能隐约嗅到这些奇石大菜散发出的丝丝香气。

奇石收藏者总结出了哈密奇石各方面的众多特点：瘦、漏、透、皱、清、丑、顽、拙、奇、秀、险、幽等等。其实，这些都不足以完美诠释哈密奇石的独特韵味，如果把奇石赋予文化内涵，再注入艺术元素，那么哈密奇石就不会只以一个"奇"字来博众，所延伸出的特质则会使文化气息更为浓郁，艺术品位更加出彩。

当奇石与这片戈壁交融于哈密，当时间把抽象与空间定格在哈密，正应了本地一位辞赋作家所著《奇石赋》中的末节内容所写："天赐奇石，人赋妙意。奇在天赐之美，妙在人赋之韵。吸日月精华形其美，涵山水灵气质其韵。一石一态，似人生百味，其味无穷；一品一情，如世间万象，其象无形。"

坎儿井不是井

来过哈密的人都喜欢喝坎儿井的水,尤其是用坎儿井水泡茶,入口后除增加了些许茶叶清香,还更增添了一丝甘甜的后味儿。起初以为这水是由竖井打出,直到后来才知道,这泡茶之水是自坎儿井流出。内地人可能会认为井与井之间不会有太大差别,至多是形状上的不同。其实,坎儿井并不是井,就连外观也与内地人对井的概念几无相似,但在维吾尔语"坎儿孜"的翻译中,确实是为井穴的含义。

早在司马迁撰写《史记》时,就为坎儿井落下了几笔浓墨,书中记载的"井渠",便是坎儿井的雏形。当然,井渠只是陕西叫法,坎儿井之称只属于新疆,虽然各地都有类似发现,但都是借用了西域文化背景,坎儿井是古代新疆人所发明,这一点毋庸置疑。《荀子·正论》中确认了坎儿井的名称,其中云:"坎井之蛙,不可与语东海之乐。"

新疆人对水的理解无人能及,尤其是在哈密,甚至超越了对生命的诠释,这也是被新疆气候条件所逼迫。在戈壁荒漠上,蒸发量通常是降水量的上百倍,就连耐旱的骆驼也会因烈日的炙烤倒毙在野外,南方人又如何能想象,在如此缺水的环境之下生存的艰难?新疆的水源大多来自高山融化的冰川雪水，哈密这个地方也是如此，因戈壁砾石的渗透力强，融水就容易形成潜流。于是，为了保住仅有的水源不被烈日蒸发，老祖宗们开始与天抗争，他们用独特的思维方式存活了下来，坎儿井的建造就是一个凝结着哈密人古老智慧的奇迹。

人类的每一次发明都伴随着奇特的构思，至今都无人清楚这坎儿井究竟是谁的大作。内地水井直上直下，无须什么巧妙想法，但在哈密，这样打井只会是徒劳，除了能挖出沙土，不会见到有一滴水冒出。而坎儿井建造的复杂程度超出了大多数人的想象。哈密的坎儿井与新疆其他地方类似，暗渠是构成坎儿井的重要部分，实为地下潜流的主河道，而这股潜流则是东天山冰雪融化后渗入到地下的暗河，暗渠的出口是一段几百米长的明渠，明渠引导着水源的流经。之后，井水就会流向一个涝坝，涝坝只是新疆人的叫法，其实就是一个大蓄水池，也是一个水库，用于浇灌的井水就是从这里流向农田的。整个井水的流经范围，风景最好的要属明渠和涝坝两旁了，因为充沛的水量必定会是绿树成荫，且景色幽美。涝坝不仅有蓄水功能，还能养鱼养鸭。每到夏天，坐在涝坝旁的树荫下，钓竿一根，马扎一个，好不悠闲自在。

如果说坎儿井不是井，那么它又是什么？事实上，它属于一条河的概念范畴，与地表河流不同的是它是在地下低调地流淌，没有丝毫的炫耀。坎儿井的形状奇特，如果是站在高处鸟瞰，初次来哈密的人定会感到疑惑，因为他们不知道这一个个圆形的土圈为何会从山脚一直延伸到远方的绿洲，稍有想象力的就会把坎儿井与月球环形山联系起来，也确实十分相像，只是环形山的排列没有如此规则有序而已。

建造坎儿井工程浩大，一般一条就有几十甚至上百公里长，先是每隔一段距离打出一口近十米深的竖井，然后再把每个竖井的底部打通，利用落差使砾石间的潜水从井下流过。试想一下，这么长的距离要打多少口竖井？这样一个工程要耗费多少人力和时间？但无论怎样，都无法阻止古新

古老的哈密坎儿井建造过程还原

疆人想改善环境的决心。值得一提的是，坎儿井上方高高隆起的圆形土垄更体现出了建造者的睿智，参与建造的人们将挖出的土齐齐地码在井口四周，便形成了这个如巨大蚁穴般的坎儿井外观。由于新疆各地风大，且刮风必飞沙，圆形土垄的设计既可防止沙土进入暗渠污染水质，又能阻挡突如其来的洪水，可谓独具匠心。

如今，哈密的坎儿井大部分都已失去了建造初期时的使用功能，但二堡的塔库坎儿井至今依旧使用良好。如果去追溯它始建于何时，那么仅有一种可能，哈密回王只在道光五年（1825）下旨开挖过坎儿井，包括位于哈密二堡的这十几条。其实，非要去判断准确的建造时间已毫无意义，重要的是塔库坎儿井造就了二堡这片绿洲，滋润了这片土地，使生活在这里的人们安居乐业，繁衍生息。坎儿井对于一个处在戈壁腹地的乡村来说是何等的宝贵，虽不能说是坎儿井创造了绿洲文明，但它在绿洲文明中起到的作用却是举足轻重的。

提到坎儿井，就不能忽视一个人的存在，他就是林则徐，一个被流放新疆的贬官。流放并没有摧毁他的信念，如那场被载入史册的虎门销烟，他的民族气节与精神都是无可比拟的。道光二十五年（1845），林公奉旨来哈密勘查水利，在经过几日的考察后，他根据本地的气候及水文特点，下令在现有坎儿井的基础上再增挖数条，于是就有了后来百余条的规模。可以说没有林公的辛劳，也就没有绿洲如今的瓜果飘香。林公没有因遭遇贬官而变得消沉，反而造就了如此令人折服的高尚，不免生出钦佩。今天，望着那一排排的坎儿井和远方的绿洲，又怎能不忆起林则徐？

远望哈密浩瀚的戈壁和绿洲，无人不会对大自然产生敬畏，东天山在用母体中孕育出的坎儿井滋养着山下的这片土地，也在用它的博大影响着伊吾人性格的豪爽大方。二堡戈壁上那一道道古老的车辙印，让我想起了当时修建坎儿井的情景：炎炎烈日下，一群挥汗如雨的人赶着驴车，吃力地拉动着挖土的辘轳，只为消除干旱对生活造成的恐惧。不知我们在喝着纯净清凉的井水，并随着水流一路欢歌浇灌庄稼时，是否想起过若干年前那些曾为他们造过福的先人们。

唐代诗人李群玉曾写《引水行》一诗，诗中云："一条寒玉走秋泉，引出深萝洞口烟。十里暗流声不断，行人头上过潺湲。"此诗虽是描写南方使用竹筒引水所形成的独特镜像，但若将其用在坎儿井身上，也是贴切至极。二者同为民间智慧的闪现，引水方式又同样与众不同，而且诗人句中"寒玉""洞口烟""暗流声"和"潺湲"等生动的关键词语，全部都能套用到对坎儿井的描述中，反而相比他的本意，更富有新奇与清新之感。此诗堪称奇诗一首，对于它的另类解读，相信李大才子也会始料未及。

神奇的地方总会伴有为向往美好生活不断创造的想象。谁也不会想到，如今这片土地的祥和与富足都是坎儿井的恩赐。在"水从土中穿穴而过"的坎儿井中舀上一瓢井水，送入口中便觉甘甜清冽，远眺大漠戈壁，哈密的远方孤烟正直。

九龙树

各地都会有关于一棵树的传说或是故事，大多带有神话色彩，并在世代百姓间口口相传，这类东西基本都出自一个人杰地灵的地方。哈密也是如此，这里除了生长着久负盛名的左公柳外，在一处村落里还长有一棵形态更为奇特的柳树，被村民们誉为"九龙树"。

有时，历史与传说会相互混淆，传说听久了有可能会被误认为是历史，而历史被修饰过了头就会慢慢被神化。当然，对于百姓来说，无论是历史还是传说，哪一个更贴近于自己的想象，他们就会认为哪一个是真实的。

就如这棵距今已有四百多年历史的九龙树，它的故事就介于历史与传说之间。既不感觉枯燥，也不显得离谱。在沙枣泉村，几乎没有人不知道这棵树。九龙树以它怪异的姿态及年代的久远让全村百姓敬畏着，甚至连散落在树下的枯枝，村民们也不敢拿回去当柴烧，因为在他们的眼里，这树并非是由凡人所栽。

穿过村落向东走，远远就可以望见那棵九龙树，如果能用一个词来形容这棵古柳，那么只能用"孤傲"了。它挺拔的身躯在蓝天白云的衬绕下显得摇曳生姿，随风飘动的柳条似在轻拂着长袖。当它的粗大树干映入眼

哈密九龙树的几根粗壮枝条

帘的时候,我不得不对它产生了惊叹。走近这需要几人才能合抱的九龙树,抬头便看不到天空了,只见绿影婆娑,连阳光都想极力地挤进叶海的缝隙,但也是徒劳无功。

九龙树的树径很粗,整个树冠遮阴覆盖近两亩的土地,而且虬根盘结,所有来目睹过九龙树的人无不惊叹着拍手称奇。既然这棵树叫九龙树,那么此名就必有来由。单从形态上看,古柳共有九条粗大的树枝,中间向上生长的那一枝最为奇特,它高耸着盘旋插入云霄,其余的八枝则向四面八方发散,由于枝干过粗过于沉重,所以有几枝是横卧地面的。更为奇特的是,有的枝干扎入土中后竟又破土而出,宛如一棵新树的再生。远看,这九根树枝的姿态宛如九条随时准备跃入天空的游龙,我想这就是九龙树树名的由来吧。

九龙树旁有一条坎儿井,井内清澈的地下水从九龙树下缓缓流过。在

久负盛名和传说的哈密九龙树

仔细看过之后便能惊奇地发现，这水居然透出了淡淡的红色。原来九龙树庞大的红色根系就密布在水下，用肉眼就能看到它发红的根须在随水浮动，在阳光的照耀下，像是把一沟井水染成了红色。此情此景，突然觉得这坎儿井的红色流水似是大地之血脉，正源源不断地将新鲜的血液注入眼前这棵古柳的根部，使之更加健壮自由地成长。

九龙树不但树龄长，还颇具传奇意味，据说这棵树曾经惊扰了皇帝的一个梦。这究竟是一个传说，还是一个真实的故事不得而知，但就是这个故事，使九龙树从开始就被蒙上了一层神秘的色彩。

在同治年间，有一个瑞典的传教牧师来到哈密，在经过沙枣泉时他发现了这棵奇怪的大柳树。当时，他特别纳闷这棵树为什么长得如此怪异，而且当地人会把它视为神灵。于是，他拿出了随身携带的相机将这棵九龙树拍了下来。

回到北京后他见到了同治帝，因没有带什么礼物，所以他就将这幅九龙树的照片献给了同治帝，并告诉皇帝这棵树叫九龙树。皇帝看了照片很

喜欢，因为他也是个喜欢猎奇的人，后来他就把九龙树的照片挂在了养心殿。

事隔不久，一件意想不到的事情发生了。有天晚上，同治帝做了个梦，他梦到自己来到西域并在一口清泉边喝水时，泉中突然蹿出九条恶龙将他团团围住。同治帝大惊失色连忙往后跑，谁想那九条龙也紧追不舍。就在即将追上他的时候，贴身侍卫们赶到了。九条龙见状疾飞而起，瞬间遁化为了泉眼边的一棵柳树。

同治帝在梦中惊醒了。他吓出了一身冷汗，急忙连夜召集群臣解梦。一个大臣进言说："这个梦可能昭示着西域的不太平，而且意味着会有多条龙来与皇帝争夺真龙天子的地位。"皇帝听了很不放心，这时他想到了那个瑞典人给他的那张照片。回到养心殿，同治帝越看照片越觉蹊跷，总觉得照片里的九龙树就是梦中九条恶龙的化身。于是他派钦差大臣到西域砍伐这棵九龙树。

钦差大臣来到西域后，受到了哈密回王的热情款待，在宴会上，钦差向回王问及此树。回王告诉他在自己的府中就有一棵这样的柳树，恰巧也生长在泉眼边。钦差随回王去查看，结果钦差认定王府中的这棵柳树就是养心殿照片中的那棵。于是他与回王商议要砍掉这棵树，但由于回王对朝廷的忠心耿耿，钦差也未看出哈密回王有谋反之意，加之此树是长在王府院内，砍伐势必会有所顾忌。最后钦差想了一个办法，只砍下了这棵树伸出墙外的那一枝，随后，钦差就回京复命了。

回到京城，钦差大臣向皇帝说明了砍伐的经过，皇帝这才放下心来。但好景不长，一个消息传到了同治帝的耳中，说那棵哈密王府院内的柳树并不是真正的九龙树。皇帝大惊，于是又派另一名钦差前往哈密。这次，钦差直奔沙枣泉，但他还是走错了地方。

因为当时瑞典牧师给皇帝说的九龙树生长在沙枣泉，但被皇帝身边的翻译误译成了沙枣井。巧就巧在哈密正好也有这么个地名，而且更巧的是在沙枣井有个九龙村，村里也有一棵被人们称为九龙树的柳树。于是钦差仿效前任的做法，挥斧砍下了最粗的一枝便回去交差了。

从那以后，皇帝的心病终于了结了，他再也没有做过类似的噩梦。如果不是这一连串的巧合，故事也许就不会精彩，我眼前这棵真正的九龙树如今也就不会依旧挺立在这里了。

九龙树没有因年代的久远而老去，在它躲过数次劫难后，反而生长得更加茂盛，原本树上的九株巨枝现在已长成了十三枝。坐在九龙树的遮天的树荫下，一种悠闲自得的心情油然而生，使我想起了苏轼的《浣溪沙》："簌簌衣襟落枣花，村南村北响缫车，牛衣古柳卖黄瓜，酒困路长惟欲睡，日高人渴漫思茶，敲门试问野人家。"这是一种休闲的散漫情趣，文中那句"牛衣古柳卖黄瓜"则更是一种舒心的惬意，还带有一份自得的逍遥。

抚摸着古朴苍劲的树身，望着如巨伞般的树冠，还有那形似飞龙的枝杈，心里不免有一丝感怀。感悟大自然的造化，使我领略到了九龙树唯美的风韵，树下的枯枝也让我体会到了当地人对九龙树的那种质朴的呵护之情。

九龙树伴随了哈密四百年的风风雨雨，对于这棵树，四百年只是它的一个瞬间，但它用沧桑的岁月见证了当地历史和文化的发展。如今，那张九龙树的照片仍然挂在故宫博物院里，老树、泉水、人家这幅美不胜收的图景，不仅留在了沙枣泉，留在了故宫博物院，还深深地铭刻在了每一个见过它的人的心里。

南湖戈壁的发现之旅

南湖戈壁，一个神秘而悠远的地方，这个名字曾令多少人谈之色变，就连当地人在提及南湖戈壁时都面带惧色，因为它总是与死亡联系在一起，据说连鹰飞进去都会迷失方向。所以，未知的恐惧就一直弥漫在南湖戈壁的上空，经久不散。

南湖戈壁广袤辽阔，南北大沟将其划为东西平台，它西与鄯善交界，向南延伸到罗布泊，以鲁克沁为界，向东的那一片就被称为南湖戈壁。

（一）发现魔鬼雅丹

20年前，哈密地理协会举办年会，几个地史专家经论证后提出了一个计划，准备深入到南湖戈壁的腹地，去考察那里的地理状况。于是，在准备妥当后，他们一行四人乘坐着一辆破旧的北京2020，带着罗盘、地图和海拔仪就开始了对生命禁区的挑战之旅。

没想到这次考察竟然向世人揭开了南湖戈壁神秘面纱的一角，并伴随着一次又一次的惊人发现。

他们此行的目的地就是著名的沙尔湖，此地是新疆除艾丁湖以外的第二低地，海拔高度仅有 50 米，并且湖水早已干涸。因为那里地势比较低，所以哈密历史上有记载的所有大小河流最终都汇入了沙尔湖。

进入戈壁后就没有了路，如果说以后会有一条路出现的话，也是循着这辆 2020 的车辙而修，毕竟这是进入南湖戈壁有组织的第一次科考。前行的路上环境恶劣，风沙不止，基本看不到绿色，偶尔只有骆驼刺和梭梭点缀着周边满眼的灰黄，但 2020 还是没有放慢向南湖戈壁腹地行进的速度。

就在走进戈壁后不久，他们遇到了一辆勘探油气的沙漠奔驰车。奔驰车的司机很惊讶，便问他们是从哪儿来的，科考队员回答说从哈密来，奔驰车司机看着考察组那辆破旧的北京吉普 2020，竟无法相信他们是坐着这辆车闯入死亡戈壁的。

车继续前行，由于无法辨别方向，所以他们只能用罗盘来测定位置。轮胎在戈壁滩的石子上碾过，颠簸着带起了一阵阵烟尘，在又向前推进了一段距离后，一道巨大的沙梁挡住了科考人员的视线。没有办法，他们只能弃车徒步翻越这座沙梁，在艰难攀爬到沙梁顶端时，一个重大的发现就在大家没有丝毫心理准备的情况下横空出世了。

霍然，在他们眼前出现了一片城堡状的雅丹地貌群，队员们抑制不住兴奋，坐在沙梁上就地滑了下去。科考队员知道这是一个全新的发现，因为在此之前，人们都认为这片戈壁是平坦的，却未料到戈壁平坦的表面竟隐藏有大内容，在这里居然能够看到如此壮观的雅丹地貌群，着实令大家感叹不已。

"雅丹"是维吾尔语"雅尔当"的转音，意思是"陡峭的小山"，但人们更喜欢称它为"魔鬼城"，这种地貌多是由风蚀沙磨而成，所以千奇百怪，形态各异。当他们开始进入这一鲜为人知的魔鬼雅丹时，不禁被这里的景象吸引了。一个个仿佛是由大自然精雕细琢的泥塑随意散落在四周，有的似乌龟，有的似骏马，有的似埃及的狮身人面像，更为壮观的要属形似布达拉宫的土山了，简直就是一个现实的翻版。

看到这一切，科考队员们都十分激动，回到哈密后立即向有关部门通报了这一情况。在得知南湖戈壁发现魔鬼雅丹后，各地的专家都蜂拥而至。

于是，当年在哈密举办经济研讨会的地点最初就选在了南湖戈壁的魔鬼雅丹，准备让与会人员目睹哈密的这一新发现，但最终未能成行，因为交通不便和安全系数低而变更地点了。

之后的几年，科考队员们又多次深入南湖戈壁进行探险研究，在他们的记忆里，有一幕如同刀刻在脑中，永远无法忘掉。就是在他们攀上沙梁后，眼前出现魔鬼雅丹的那一瞬间。

（二）解读艾斯克霞尔之谜

如果说魔鬼雅丹的发现是令人震惊的，那么后来的多次新发现则更是证明了南湖戈壁的神秘。

当科考队员再次进入这片区域时，他们又发现了另外一处雅丹地貌，令他们感到惊奇的是，在这些貌似林立城堡的土山中竟然真的有一座古城堡隐约混杂在其中，这就是富有传奇色彩的艾斯克霞尔古堡。

起初谁都没有注意到这个古堡的存在，因为艾斯克霞尔是依山而建，与周围的雅丹地貌浑然一体，并且无论从形状、土质还是色彩上，都会被人认为它也是天然风蚀形成的地貌，然而在仔细观察后，才发现这居然是一个人工建筑。

艾斯克霞尔古堡是一个具有欧洲风格的建筑，上下共分为三层，是用土坯搭建而成，在高耸的土墙上还有几个规则的方形孔洞。很显然，这些孔洞是当时的城堡主人用来防御外敌所设置的瞭望孔。在城堡下还设有一个隐秘的暗道，应该是用来储藏食物或作为避难时的临时藏身处所。

谜团又一次出现了，这个城堡是什么人修建的？是民居，还是军事要塞？在这样荒无人烟的环境下怎么会有人类居住？那么这城堡里的人最后又去了哪里？是什么原因使他们放弃了自己的家园？

带着这些疑问，考古人员对艾斯克霞尔城堡进行了多方面的实地考察，但是，一无所获。就这样，当时的艾斯克霞尔成了一个谜，就留在了南湖戈壁上。

如果不是一场大风突然袭击了南湖戈壁，恐怕这个谜永远也只能是个谜了。那场风很大，大得足以卷起地面的石子。天亮后风停了，在距艾斯克霞尔古堡百米外的地表突然出现了几根木棒，木棒是胡杨木材质的。

当然，在戈壁滩上看到这样的木棒并不稀罕，可这些木棒上面明显带有人工砍削的痕迹，这不得不引起了考古人员的好奇。木棒周围还散落有一些毛织品和彩陶器的碎片，就是这场风掀开了地表的沙层，使这些原本埋藏于地下的东西露了出来。那么在这神秘的地层下还会有什么呢？在一连串的追问之下，考古人员带着疑问在发现这些木棒的地方进行了抢救性挖掘。

从第一铁锹铲下去的时候，这个惊天的秘密就被揭开了。原来，在沙土层的下方居然存在有一片古墓葬群。

打开墓穴，又一件惊人的事情发生了，原来这些墓主人全部成为了干尸，更让人意外的是他们居然都长有一头金发。这使在场的所有人唏嘘不已，马上联想到了五堡古墓中的金发女郎。这是一个令人兴奋的发现，并且解读出了艾斯克霞尔古堡的一个大秘密，就是城堡的主人与五堡墓穴中的人属于同一人种，都是来自古欧洲的欧罗巴人。

墓地的挖掘进行得很顺利，文管部门共挖掘了32座墓穴，只有5座是完整的，其余的基本都被风沙所破坏。墓穴都是单人墓，墓主人侧身屈肢躺在墓穴中，封墓的顶盖是用胡杨木削成的，就是那场风将墓穴的顶盖刮起，才向世人揭开了艾斯克霞尔的秘密。

既然确定了艾斯克霞尔人是3000多年前的欧洲移民，那么其他的问题就好解释了。在2000多年前，哈密有两条大河从附近流过，所以当时这里的环境适合人类生存，也具备人类基本的生存条件。那么艾斯克霞尔人又是以什么为生的呢？从城堡边上发现的大量羊粪堆积层说明，当时的艾斯克霞尔人主要是以放牧为生。那时这个地方不像现在这般的荒凉，而是水丰草肥，非常适合人类在此定居。

那么艾斯克霞尔城堡在当时所起的作用是什么呢？城堡始建之初的用途已无从考证，但成为空城之后的时间里，这里可能变身为了古丝绸之路北道的一个驿站。因为在距离城堡1公里以外有一条库鲁果勒古河道，丝绸之路恰好从古河道中央穿过，沿着库鲁果勒河道正好可以来到艾斯克霞尔驿站。商人们在此休整后，向西走160公里就可以到达另外一个驿站——避风驿，最后再走160公里就进入了交河古城。从古丝绸之路这条行走路线不难看出，把后来的艾斯克霞尔称为驿站是再适合不过了。

但还有一个问题无从解释，就是当时建造的艾斯克霞尔城堡的人为什么要放弃这座城堡，从而使城堡演化为了后人的驿站。可能唯一合理的解释就是当时河水发生了改道或者断流，导致人们的生活陷入困境，从而使他们大举迁出了城堡，至于艾斯克霞尔人又去了哪里，无从知晓。如果说那次大规模移民迁来此地很多欧罗巴人，那么他们现在都生活在什么地方呢？他们所具有的金发、高鼻梁、深凹的眼窝在当地人身上很难看到。我想，他们并不是突然消失的，而是与后迁入本地的人或者外来的商人通婚，改变了基因排序，所以就算是有欧罗巴人血统的后裔在我们身边，那些相貌特征也不会太明显了。

艾斯克霞尔留给我们的是一个谜，我相信在经过未来的探索与研究后，艾斯克霞尔的秘密终会大白于天下。

（三）寻找一片海

很多人都知道，新疆原来是一片海洋，但在经过了亿万年的地壳变化后，沧海变桑田，桑田变戈壁。科考队员们用他们的慧眼在南湖戈壁又有了新的发现。

在队员们寻找着艾斯克霞尔人活动的线索时，在南湖戈壁深处又发现了一座银灰色的石山，走近一看，那些岩石上居然密布着蜂窝状的珊瑚化石，同时还有一些藻类、鱼类和贝类的化石。这使科考队员们吃惊不小，他们知道自己此次又发现了什么，这些海生物化石就是说明这里曾经是大海的有力证据。

根据珊瑚的生活习性，这种动物对海水的盐度、温度、饵料和光照的要求非常高。所以可以肯定，这里在两亿年前是一片热带海洋，而且水深不超过 200 米，温度不低于 18℃，因为 18℃到 20℃是珊瑚生长的最佳温度。发现还在继续，在距艾斯克霞尔几公里的地方他们还发现了一大片鸟类骨骼化石。经考证，有一部分化石就是现代鸟的祖先——始祖鸟化石，还有一部分化石很奇特，它们有着巨大的脚趾，这又是什么鸟呢？是翼龙？还是别的什么不被人知的鸟类？更令人纳闷的是，这么一大片鸟的化石是怎样形成的？怎么会有这么多鸟儿集体死在这里？紧接着，在周围又发现了一些大型脊椎动物的化石，这些化石是属于恐龙和天山巨犀的。诸多有力的证据至少可以说明一个问题，就是在这片热带海洋的边缘曾经长有极为茂盛的树木，还生活着各种远古动物。

新疆曾经是海洋，这在地质发展过程中是毋庸置疑的。远古时的南湖戈壁只是新疆这片海洋中的浅海区域，最后又形成了一片地中海，但经过

1亿到2亿年的演变，这里又演化为了神秘的戈壁。关于海洋与陆地间的轮回，科考队员认为，在整个地壳演变的过程中，新疆曾经历了5次这种轮回，其结论是从石油局钻井打出的岩芯分析得出的。

对于这片海，还有很多的证据可以说明。在哈密三道岭有一个青山子农场，那里有一座山，岩石上分布着密密麻麻的海百合茎化石。海百合不是植物，而是一种棘皮动物，它的身体由茎、萼、腕组成，它游动起来的时候像极了盛开的百合花。在海百合死亡以后，钙质茎、萼如果在平静的海底，就会完整地保存下来，成为化石。除了大量的海百合茎化石被发现，在老爷庙附近还发现了一座鹰嘴贝化石山，这些都成为佐证哈密曾是汪洋一片的又一有力证据。

在远古的南湖戈壁形成地中海的同时，还形成了一些淡水湖泊，那时陆地上的树木大量生长，动物大批繁殖。据推测，那些始祖鸟和大型脊椎动物的化石就是在湖边惨遭厄运的，他们不是相互争斗而死，而是来不及躲开突然爆发的泥石流，被埋在了地下。还有的是喝水时不甚陷入了泥沼，久了便形成了那片化石群。

如果不是这些化石被发现，那么大海只能是我们抽象的幻想。蓝蓝的海、白白的云、湿润的空气、跳跃的鱼儿、茂盛葱绿的植物，还有天上偶尔飞过的翼龙，这幅画面此刻已不再属于远古，仿佛就呈现在眼前。

新疆被称为距离海洋最远的地方，但曾经，大海离我们这里是那样的近，包括我脚下踩着的这方土地，可能就是远古时鱼龙嬉戏的乐园。

（四）往昔的森林

曾经以为南湖戈壁不会有大片的绿色了，但是我没想到在戈壁深处的库鲁果勒河谷仍有大片的原始胡杨林在那里生长着。库鲁果勒河西接沙尔湖,东连南湖,这条河流曾是一条季节河,现在只剩下干涸的河道了。这片野生胡杨林呈带状,长几十公里,有近万棵之多,河道的两侧不但生长着胡杨,还有红柳和梭梭。但这戈壁中的唯一的绿色也面临着即将消亡的命运。

由于地下水位下降和人为截流破坏了河谷的生态环境,这些树木只能依靠洪水和雨水进行浇灌。现在,大多数的胡杨已经死去,剩下的也只能在巨大的树干上看到几片飘摇的树叶了。

硅化木是哈密的特产,而哈密的木化石主要分布在南湖戈壁。1亿多年前的这里,树曾是这里的主宰,森林茂密到动物都无法穿行其中。所以到了现在,随处可见的木化石遍布在这片戈壁上。

木化石的形成很复杂,需要一个漫长的过程和一个特定的外力条件。我们可以重新模拟一下发生在南湖戈壁上的一次大批树木变为化石的场面。

1亿年以前,一次特大的洪水袭击了这片森林,多数树木都被连根冲起。洪水刚退去,接踵而至的风沙又将这些倒伏的树木掩埋在土层之下。这时的树木已被洪水中所带有的矿物质溶液浸泡,埋在地下与大气隔绝,所以树木没有氧化和腐烂的条件。在经过了化学置换反应后,有机物出来,无机物的渗透,久了就形成了木化石。含有硫酸钙的化石叫钙化木,含有氧化铁的是铁化木,含有二氧化硅的就形成了硅化木,在南湖戈壁上以硅化木居多。

硅化木的形成要经过近1亿年的时间,在经过地下几千万年的深埋后,需要有一个外力将它抛向地表,暴风则是最好的推手,之后再经过几千万年的风蚀沙磨,最终形成了一块块神奇的戈壁木化石。

重见天日的木化石若想蜕变为更具光泽和色彩的模样,必须先接受阳光的暴晒,还要有飞沙进行研磨,然后是水的滋润,最后是风的洗礼。硅化木的形成类似于涅槃式的重生,要经历种种来自身体和时间的磨难,才能进入一种境界，一种以全新姿态超脱于尘世的傲然。硅化木就这样静静地躺在这片戈壁上，接受着风沙对它换面重生的洗礼，无须任何的文字记载，看到硅化木，就仿佛看到了这来自远古时代的信息。

对于南湖戈壁曾生长有茂密的森林，除了这些漂亮神奇的木化石可以证明外，哈密几个大煤矿更是可以说明这个问题。因为煤就是由树木演变成的，一段时间内，硅化木成了找煤矿的指路标，有硅化木的地方必定有煤矿。举个例子，三道岭煤矿和南湖煤矿单层都厚约80米，沙尔湖的煤矿单层厚约100米，要多少木材才能形成1米厚的煤呢？朋友告诉我的一个数据让我瞠目结舌，竟然需要100米厚的木材才能形成1米厚的煤层。

如今，虽然这里再看不到那茂密的森林，但这座森林带给我们的想象却是无限的，它留给我们的财富也是几辈人享用不尽的。

（五）浸透远方的晨曦

南湖戈壁以它的神秘和传奇向世人诉说着那曾经遥远的过去，现在，我们只能探之一小部分的秘密，在这广袤的戈壁上还会演绎怎样的传奇？还会爆出多少未知的谜团？目前我们无从而知，只能一步步去探索，一点点地去发现了。

每天，当太阳从南湖戈壁平坦的地平线上升起，阳光就唤醒了那如梦般的魔鬼城和传奇中的艾斯克霞尔。今天的晨曦已将曾经的大海、岁月的树木从记忆中抽出，在朝霞满天处，尽管时光已将那多姿的色彩化为了灰色的戈壁，但它赋予南湖戈壁的却是更加神秘而博大的无穷空间。

还有鸟儿在空中飞过，还有野骆驼也在循着戈壁飞奔，南湖戈壁以它光怪陆离的姿态上演着古丝路的风风雨雨。一种遐思，一份浓重，适合用烈烈的酒去品味，细腻不属于南湖戈壁，我看到的是它幽远而豪迈的性格。

风起了，带着呼啸声，在我的眼里，再大的风都征服不了这片土地。我只想为南湖戈壁祈求一场春天的雨，让雨打湿古河道龟裂的硬土，让雨流进胡杨树干渴的根系，让雨长驱直入，直至泡软戈壁滩上的颗颗黑石。

身后没有脚印，只能朝前走，向着戈壁深处，向着被晨曦浸透的远方。

庙尔沟的历史过往

新疆有不少地方有庙尔沟这个地名，昌吉有，塔城有，哈密也有。哈密不但有，还有两处地方同叫庙尔沟。两个庙尔沟相距几十公里，一处在哈密以北的天山脚下，另一处为沁城的东庙尔沟，之所以前面有个"东"字，其实就是指庙尔沟以东与之相似的一块区域。哈密庙尔沟因庙得名，想象中自然会是晨钟暮鼓往复，且香火缭绕之地，只不过这一场景是发生在一千多年前的大唐王朝。如今，庙破佛残，能让人们忆起的只剩下历史带给我们的想象和秀丽的景致了。

庙尔沟是一个哈密人在酷暑时节常去的地方，虽然这里距市区只有几十公里，但温度相差却很大。沟中遍布着粗壮的古榆和核桃树，尤其在初春，当漫山遍野的野杏林开花时，站在高处往下看，团簇的粉白色将庙尔沟渲染得羞涩妩媚。偶尔有风吹过，洋洋洒洒的花瓣雨又陡然增加了些许浪漫气息。于是，人们纷纷从市区赶来，走入林间去寻找各自回忆中的情怀。

不了解哈密历史的人来庙尔沟只为避暑赏景，对本地历史略知一二的却是来寻古访古。如果综合起来，庙尔沟可用"一寺一宫一木一水"来概括,且彼此交融契合,虽时间跨度大,但也毫无唐突之感。一寺是指庙尔沟佛寺,一宫是指清代哈密回王的行宫,一木是泛指所有沟中树木,那么一水,就是沟中融自喀尔里克冰川的一条水势湍急的河流。

说到庙尔沟佛寺,有一个不知是否真实发生过的故事在哈密流传了很久。这个故事与玄奘有关。据说当年玄奘离开长安,历尽艰难走入哈密,首先拜谒的就是庙尔沟佛寺。

我们先来还原一下当时的情景:唐玄奘经过两千多里的跋涉来到哈密地界时,已是某日的黄昏时分,人困马乏中,玄奘听到了远处似有暮鼓声传来,于是循声而去。不久,便到了庙尔沟佛寺的山门前。玄奘上前敲响了大门上的辅首衔环,并大声问道:"寺中有人吗?可否让小僧借宿一晚?"很快门就打开了,一个赤脚老僧面带泪痕跑了出来,将玄奘迎进了大殿之中。原来,老僧是庙尔沟佛寺的住持,也是长安人,已远离家乡多年了。就在玄奘叩门时,他听到了久违的乡音,十分激动,于是连鞋都没来得及穿就跑了出来。当晚,住持用最好的斋饭招待了玄奘,并向玄奘打听了很多关于长安的事儿。之后,两僧一起探讨佛法到深夜。第二天一早,玄奘告辞赶路,住持再三挽留无果,便将白杨沟佛寺的方位告知玄奘,嘱托可在此寺休整歇脚。

一个玄奘拜谒过的寺庙本应继续着它众人膜拜的香火,岂料世事无常,佛寺在后面的几百年中竟然难逃逐渐衰落的命运,直至有一天僧散寺空。就连佛寺建筑本身也不能独善其身,或遭战火摧毁,或遇人为破坏,加之常年风雨侵蚀,便形成了庙尔沟佛寺今天的残破样貌。这到底是幸还是不幸?若说幸,只能用未被夷为平地来安慰,否则我们连如此遗址都无法看到;若说不幸,恐怕对于大多数人来讲,一座规模如此之大的千年佛寺就这样悄无声息地没落了,内心一定充满着莫大的遗憾。

如今的庙尔沟佛寺,只剩下了残墙破寺依旧伫立着的身影,但寺院的整体轮廓依然清晰可辨。庙尔沟佛寺由六座佛堂、两座佛塔、十余座僧房、四个佛窟和若干房屋组成，现存面积约15000平方米，在并列的四个穹隆顶佛窟内，仍留有残佛、莲座和彩色壁画。由此可见，庙尔沟佛寺的规模之大。究竟庙尔沟佛寺因何被毁？又是被何人所毁？目前有两种说法，一说是在军阀马仲英的炮火中坍塌，另一说是被末世回王沙木胡索特下令拆毁。

至于玄奘是否来过庙尔沟佛寺，到今天仍是一个疑问。虽也有史料记载，但仍感觉缺乏佐证，只因现在我们都未找到唐朝时哈密曾叫作伊州的这座城，只有确定了伊州城的精准方位，才能明确玄奘的行走路线，至于这座城是否在庙尔沟附近这非常重要。当然，也不能主观地认为史料记载玄奘拜谒庙尔沟佛寺一事有误，但以讹传讹被记载也不是不可能。若找到了伊州古城，那么一切疑问将会迎刃而解。

待到哈密四世回王玉素甫在庙尔沟修建避暑行宫时，已是庙尔沟佛寺走过鼎盛时期的千年以后了。此避暑行宫当时为何会选址在庙尔沟修建？这要先从哈密的气候说起，哈密自古干旱少雨，蒸发量是降雨量的百余倍，且绿洲周边多为戈壁荒漠。每到夏天，酷热难耐，那么对于回王王室来说，就有必要寻一处有树有水的清凉之地以作夏季休闲避暑之用，位置不能离王府过远，还必须是傍山之地，这样的地方才能最大程度起到避暑的作用，还能依山势最大限度保障王室贵族的人身安全，便于军队防卫。

纵观哈密绿洲的周边环境，如果将避暑行宫修建在山北草原，虽然气候怡人，但路途遥远且交通不便，权衡之下，只有把目光放在山南的天山脚下。于是，庙尔沟便出现在了回王的视野之中。区区30公里路程，如回王遇紧急事务，快马于当天即可完成往返。无疑，庙尔沟是避暑行宫的一个最佳考量之地。至于四世回王玉素甫是如何知道庙尔沟的，是缘于一次野外打猎误入了这片世外桃源，看到这里高山流水，果木成林，野生动物时常出没，从而留下了很深的印象。自此，这座哈密回王的夏宫开始在庙尔沟修建，并记录到了本地的史册当中。

秋日里妩媚的哈密庙尔沟

《新疆图志》记载:"园林台榭小具规划,在崇山峻岭之下,院外果林数里,堤连巷曲,深径成幽,亦雅静足适。"文中描述的就是哈密回王在庙尔沟的这座避暑行宫,但可惜的是,这见证历史的夏宫毁于民国二十年哈密的战火,只留下了断壁残垣和数里石墙。如今,我们只能从有限的历史记载和老人的记忆中去拼凑它的过往了。

据20世纪八九十年代还健在的王府后人回忆,庙尔沟避暑行宫曾耗费大量的人力和财力。虽然石块与木料是就地取材,但工匠和苦力都来自哈密,其他建筑辅料也需要每天从哈密运送,具体修建庙尔沟避暑行宫用了多长时间?总共花费了多少银两?这不得而知,也无文字记载。竣工后的行宫建筑风格虽不及哈密王府那般的恢宏大气,但作为避暑行宫已粗具了园林化的精致美观,亭榭廊阁一应俱全,再有小桥流水的陪衬,更是彰显了哈密王室的尊贵。

自此,庙尔沟避暑行宫成了哈密回王休闲消夏的后花园,民间相传四世回王玉素甫喜欢奇花异草。他把从各地搜集来的各种稀有花草都种植于行宫院中，并用九道围墙将花田分割开来，站在高处俯瞰，宛如落地彩虹般色彩艳丽，层次分明。当然，这只是坊间传言，就算是在盛夏时节的庙尔沟，昼夜的极大温差也无法让大部分娇艳的花草存活，更何况庙尔沟的土壤大部分为沙土地。就算这事儿是真的，可能也就是在院内种些耐寒耐热的品种。所谓奇花异草之说无法经得起推敲，但避暑行宫中的九重围墙是真实的存在，这些迷宫般的围墙或许只是作防卫之用。

从庙尔沟再向纵深走四五十公里，有一处地方叫作八大石，是以所在地的八块巨石而得名，八大石的风景非常优美。它位于东天山之巅的喀尔里克主峰南坡，空气湿润且鸟语花香，是当地牧民得天独厚的夏季草场。此地盛产樱桃和桑杏沙果，清道光时《哈密志》记载："八大石的樱桃色香味美，称之为雪山下的樱桃"，"若逢樱桃欲熟季节，园内樱桃姹紫嫣红，果实累累……"

在八大石，曾经还有一座哈密回王的避暑山庄存在，也是由四世回王玉素甫建造，或为庙尔沟避暑行宫的同期建筑，再或是使用庙尔沟避暑行宫剩余的建筑材料所建。后遭遇同样的结局，与庙尔沟避暑行宫一样，八大石避暑山庄也损毁于同一年代的战火。

对于八大石避暑山庄，大家好像对它的兴衰并不感兴趣。但发生在八大石的一个故事却流传至今，这是一个爱情故事。确切地说，这是一个悲剧式的爱情故事，故事的女主角是夏尔娃奴罕，男主角是麦尔丹。

夏尔娃奴罕就在八大石出生，她自小聪明伶俐，能歌善舞，长大后出落成了当地最漂亮的姑娘。在一个偶然的时间里，哈密回王得知了夏尔娃奴罕的存在，并垂涎于她的容貌，便差人来八大石夏尔娃奴罕的家中提亲，欲纳其为妾。夏尔娃奴罕的父母都是农民，无奈中只有屈服于回王。此时的夏尔娃奴罕郁郁寡欢，每天以泪洗面，她青梅竹马的恋人麦尔丹也是心急如焚。后来，他俩做了一个决定，就在迎娶日的当天，两人骑着一匹健马逃进了深山，岂料很快就遭到回王兵马的一路追踪，并在一片白

庙尔沟中的野杏林花香四溢

杨林中将这一对恋人团团围住。绝望中，夏尔娃奴罕与麦尔丹双双自尽身亡。为了纪念这对忠贞的恋人，当地人把这个故事镌刻在了八大石的一块石碑之上。就连哈密十二木卡姆也收录了这个故事："若我离开人间，请把我埋在山巅。若山路太远，就把我埋在果园。让我笑着面向蓝天，再将一束鲜花插在我的坟前……"

从北魏到民国，从玄奘到回王，从辉煌到沉寂，从喧嚣到静谧，庙尔沟有着太多的历史过往。当一幕幕历史瞬间被时间记录，当一个个故事依旧在人们的口耳间演绎相传，虽历经千年却早已物是人非，只有那条喀尔里克冰川融化后汇聚的湍急河水至今还在乱石间不息奔腾，并不时激起泛白的浪花，之后再义无反顾地冲向那朝向庙尔沟之南的绿洲远方。

锦绣哈密

说起刺绣，很多人一定会把苏绣、蜀绣、湘绣和粤绣拿出来比较一番。结果，比较来比较去却无法分出个伯仲，毕竟各有风格，所具内涵也各不相同，有一点可以肯定，它们同处于中国民间传统手工艺的巅峰位置。所以，可以做比较，但经常拿这四大名绣做鳌头争论话题的人，不是哗众取宠者，便是无聊至极之人。

在我们欣赏着名家名绣在各历史时期精彩演绎的同时，可能会忽略掉哈密这个地方。换句话说，至少在 20 多年前，哈密维吾尔族刺绣在中国传统手工艺刺绣门类中还不为人知，就算是有人略知，也会认为这只是新疆少数民族的小众传统刺绣手艺，还难以达到艺术品的高度。但这好像丝毫没有影响到哈密维吾尔族刺绣的发展，直到 2008 年，哈密维吾尔族刺绣被列为《国家级非遗保护项目名录》之后，才真正进入到了大众的视野中。

哈密，新疆门户，丝绸古道在此伸展到大漠的远方，这里有草原戈壁，有沙漠绿洲，有厚重的历史和灿烂的文化，还有甜如蜜糖的哈密瓜，也有巧夺天工的少数民族特色手工艺。在历史上，哈密的地理位置处于西

哈密维吾尔族刺绣传承人绣制的花帽

域军事和经济的要冲，也处于中西方文化、中原与西域文化的交汇之处，所以这里传统的手工艺品除了具有鲜明的中原文化脉络外，还有本地少数民族的浓郁风格。在哈密，维吾尔族刺绣以有别于内地刺绣纹饰和技法的特点延续着它的光芒。

据考证，中国最早出土的实物刺绣品是1958年在长沙楚墓中挖掘的，也就是距今两千多年前的战国时期，是以龙凤图案为题材。但纵观哈密的历史，又有证据表明哈密刺绣要早于楚墓的那块龙凤绣品。1978年，哈密五堡发现了一处古墓葬，距今有3000年之久，属于早期铁器时代的遗存。墓穴中出土了一件3000年前的三角纹毛布绣品，被相关专家认定为是中国目前发现的年代最早的刺绣品。在那块年代久远的毛布上，是白、黄、蓝、粉绿四色合股的毛线绣出的精美小三角形，众多小三角形又组成大三角形，各色三角形斜向相间排列，这组图案用的就是哈密维吾尔族刺绣中的传统平绣法。

以刺绣实物的出土来倒推刺绣的历史起源，这也不是很准确。事实上，布线丝绸、丝线和针在迄今6000年前的多个墓葬就出现过多次，再加上有文字记载的虞舜时代的十二章服制度，将中国的刺绣历史提前到了公元前21世纪，也就是4100年前。

再回头看哈密五堡古墓，这种平绣法并非哈密维吾尔族刺绣所独有的刺绣技法。五堡古墓的这个发现只能定性为是哈密刺绣，而非哈密维吾尔族的刺绣品，毕竟那是在遥远的铁器时代。至于哈密维吾尔族刺绣，是这片土地上古刺绣文化的一种延续。在后期模仿和借鉴过程中，加入了本民族特色元素，才发展出了具有维吾尔民族符号的刺绣艺术风格，包括这种平绣法，相信也是文化延续之一。

走在哈密街头，你很可能会邂逅身着传统民族服饰的维吾尔族少女。在她们身上，很容易就能看到哈密维吾尔族刺绣的影子，无论是衣服还是裙子上，无论是鞋子还是一方手帕上，都能看到精巧的花草刺绣图案。进入维吾尔族人家，满目绣品更能让人体会到浓郁的民族特色。都说哈密维吾尔族少女美得惊艳，其实她们服饰上的刺绣风韵更是加分不少。

哈密维吾尔族刺绣的发展其实就是哈密维吾尔族人追求生活美好的一个过程。从开始用简单的线条和图案去做一种含蓄表达，到丝绸之路的兴起，内地新文化形式的进入赋予了哈密维吾尔族刺绣另一种新意的内涵，使得其作品无论从色彩还是样式上，不但保留了维吾尔族传统元素，还将汉文化刺绣思维的多元吸纳了进来，使哈密维吾尔族刺绣的整体更趋于完美。

在哈密维吾尔族刺绣的发展历程中，清朝又是一个非常重要的节点。当年哈密回王额贝杜拉进京面圣时，就喜欢上了那里的绣花锦缎长袍。于是，康熙帝便派了数十名绣女来到哈密传授刺绣技艺，后来，有些绣女因种种原因没能返回京城，留在了哈密与当地人成了亲，直接加深了内地与哈密间的刺绣交流，并对维吾尔族刺绣产生了尤为深远的影响。同时，哈密维吾尔族妇女的刺绣技艺在与汉文化的糅合下有了质的飞跃。可以说，哈密维吾尔族刺绣也是丝路文化影响下的一个典型缩影。哈密维吾尔族刺绣将东西方文化、草原文化、中原文化、汉文化与民族文化融为一体，也融合了维、汉、满等刺绣手法。在这些绣品中，既有传统的石榴花图案，也有来自中原的牡丹、菊花、梅花以及龙的形象。

哈密维吾尔族妇女一向以擅长刺绣而著称。在她们手中，无论是一件衣服还是一顶花帽，或是一个抱枕，她们都会用银针彩线赋予一种美丽的图案，以展示自己的心灵手巧和对美好生活的向往。她们还将身边的花草升华为艺术想象，并绣织在了一幅幅作品之中，突出了内涵中纯真古朴和艳丽大方的民族性格，同时，也抒发了维吾尔族妇女对大自然的热爱。

哈密维吾尔族传统服饰上刺绣技法丰富多样，大致有平绣、打籽绣、锁绣、辫绣、盘金绣、堆绣、破线绣、钉线绣、缠绣、贴布绣等。由于受到汉文化的影响，哈密维吾尔族刺绣针法也出现了很多的形式，如齐针法、参差针法、阶梯针法和散针法等等。诸多技法与针法可以绣出风格和构图截然不同的作品，从作品的单一化到突出层次多样化，是哈密维吾尔族特有审美思想的提升。

哈密维吾尔族刺绣题材大多是以动物花草和寓意表现吉祥的图案为主。有意思的是，在这些素材中，无论动物还是花草，大多取自汉文化。或者说大多是些本不属于西域的东西，这就说明哈密维吾尔族人对汉文化的理解之所以颇深，完全得益于丝绸之路穿过哈密带来的新鲜事物被当地维吾尔族人所接纳并包容了。刺绣题材中动物刺绣图案有龙、凤、仙鹤、孔雀、锦鸡、蝴蝶、喜鹊、蝙蝠、松鼠、螳螂、鱼等；植物花卉刺绣图案有牡丹、石榴、佛手、莲花、玉兰、水仙、葫芦、菊花、梅花、竹、忍冬、兰草、瓜果、葡萄、桃、灵芝等；天象纹刺绣图案有日、月、云、水、山；器物纹刺绣图案有八宝；文字刺绣图案有万、寿、福、喜；几何纹刺绣图案有直线、锯齿、万字、如意、回纹、龟背；人物纹刺绣图案有八仙。这些图案被杂糅进本地传统的民族刺绣中，在当时，也算是一个大胆的尝试。

如果是站在一个大的艺术高度去审视哈密维吾尔族刺绣，那么这些作品无论是从创意构图还是从针法绣技上看，可能都算不上是极致之作，尤其是在面对早已声名远播的四大名绣时会略显单薄。但无论怎样，毕竟它代表的是一个民族文化优秀的一面，巧有巧的细美，拙有拙的韵味，哈密维吾尔族刺绣从最开始以美化服饰为主，发展到装饰家居，再到即将成为艺术珍品的尽心创作，这些绣品，尤其具有维吾尔族文化与汉文化融合的鲜明特点，也成为有着丝路特殊性背景下的又一特色文化形式的表现。

只是谈到传承，哈密维吾尔族刺绣曾经就陷入到与其他中国民间手工艺同样的传承尴尬中。"传统"与"传承"这两个概念本应是相辅相成，有传统就会有传承，有传承才能将传统发扬光大，两者密不可分。可就在先进机绣将取代传统手绣的隐忧中，国家开始注意到哈密维吾尔族刺绣的传承价值和意义，并在本地文化部门的精心配合下，设立了非遗保护哈密传统工艺工作站，在传承上给予资金投入，在手绣升级上组织绣娘去内地深造。如此，才有了如今哈密维吾尔族刺绣的成功换代，才有了哈密"密作"品牌的诞生，才有了哈密绣娘登上巴黎时装周和走向大上海的荣耀。

今天，在哈密有21位维吾尔族刺绣非遗传承人，她们生活在哈密区域内的各个乡村。为了使这门传统手工艺不被社会发展所湮灭，不被先进的机绣所替代，这些传承人依旧在做着不懈的努力，用手中一针一线刺绣着自己的人生，用一块块精美的绣布向世人展示着她们的美好生活。

哈密回王的那些日子那些事儿

在哈密，如果你向路人打听哈密回王，他们一定会给你指向哈密王府和回王墓的方向，因为这两个地方对于哈密本地人来说，都是再熟悉不过的了。在哈密历史上，被回王统治的那段时期至今仍是史学家和学者们颇感兴趣的话题。谈到哈密回王，一世回王额贝都拉也是无论如何也绕不过去的一段传奇，包括他父亲木罕买提夏的身世之谜，在今天的学界，依旧充满着各种争论。

木罕买提夏，曾在哈密五堡带领一千余人对抗蒙古势力，还设计伏击并击毙了蒙古军队头目，之后，被哈密维吾尔族人拥戴为首领。在木罕买提夏执政哈密时，哈密还隶属于叶尔羌汗国。后来，准噶尔蒙古势力日渐强盛，不停地侵扰哈密，木罕买提夏率哈密人屡次奋起反击。直到1668年，木罕买提夏病逝，其子额贝都拉继位，多年后，额贝都拉受封成为哈密回王家族第一代回王。

从一世回王额贝都拉到九世回王沙木胡索特，额贝都拉的后裔由王公、贝子、贝勒一直晋升到和硕亲王，这些哈密回王们对哈密的统治历经九代，从康熙三十六年（1697）到民国十九年（1930），时间跨度长达

233年。

很多人对"回王"这个称谓很不理解,包括有些哈密本地人也会有这样的困惑,甚至还会进入到回王应该就是回族人的王这个误区。为什么维吾尔族的王会被称为回王?了解清代历史的人一定知道,那时的新疆被称为回疆,而新疆的维吾尔族被称为回部,所以哈密王被称为回王也是顺理成章,有依有据。哈密回王是"哈密札萨克和硕亲王"的通称,清代哈密地方维吾尔族的封建领主,依照清朝的八旗体制,新疆维吾尔族共封四王四公,总称为回疆八部。由于哈密回王在维护祖国统一大业的反分裂斗争中功勋卓著,且均具民族大义,被清政府列为回疆八部之首,哈密回王也是清代以来新疆维吾尔族王公中维持统治时间最长的一个。

一世回王额贝都拉

额贝都拉其实并非真正意义上的王,在他继位哈密最高统治首领的十年后,也就是康熙十七年(1678),叶尔羌汗国被准噶尔汗国所灭。哈密作为叶尔羌汗国的领地,在次年,被准噶尔汗国首领噶尔丹举兵攻占。以当时额贝都拉的各项实力,尚不足与噶尔丹抗衡,最终被迫臣服。此后,哈密虽暂时逃过了战火的袭扰,但准噶尔汗国对哈密的统治手段极其残暴,盘剥与税负让哈密维吾尔族人积怨颇深,反抗声浪此起彼伏,在准噶尔汗国的强势压制下,无奈只能俯首消声。

一心想完成统一大业的清政府此时对新疆是忧心忡忡,将叛变清政府的噶尔丹视为心头大患。但因噶尔丹在新疆根基牢固,且实力不容小觑。清军远征数千里不但车马劳顿,后勤补给也是个大问题。如果贸然进入新疆平叛,胜算几何当时无人能预料。两股势力交织博弈总要分出个胜负,于是在康熙三十五年(1696)展开的昭莫多大战中,清军以优势兵力出击

壮观的哈密回王府

大败噶尔丹。虽完胜，但并未对准噶尔汗国造成毁灭性打击。

这一场战役让哈密首领额贝都拉看到了噶尔丹未来必败的局面，也清楚地看到了清政府的军事实力，更看到了自己和哈密未来的希望。额贝都拉是个聪明人，也颇有政治远见，尤其是面对复杂局势判断上的审时度势，对于这个世袭首领家族的传人来说，具备这样的处世之道也是一种能力的体现。于是，额贝都拉经过深思熟虑后决定归附清政府。

据《亲征平定朔漠方略》中记载："哈密回子头目额贝都拉达尔汗白克，差回子阿林伯克，赍奏章及进贡独峰驼一头、马二匹、骆驼八头、小刀一柄，诚心归投皇上等因到臣……诚心向化来降……"《清圣祖实录》也有类似记载，昭莫多战役后，额贝都拉"遣人进贡来降"。这两段记载印证了这段历史的真实性，额贝都拉所进贡的几样礼品看似平淡无奇，但却是几百年前哈密维吾尔族人赠予最尊贵客人的礼物。

额贝都拉曾两次上书清政府，内容是这样写的："臣，白帽族，贡中国久。天使至臣所，噶尔丹以兵戎，臣不能护脱，恐不睦臣者谓臣与逆谋。上即天也，违天者必受殃。厄鲁特数徙牧，或肆掠已辄窜。臣，城郭居，焉敢为逆。""若噶尔丹来，臣等相机竭力擒之；若闻声息，陆续奏闻。"这两段内容不但透露出了额贝都拉的谦逊和恭敬，还对康熙帝直接表明了自己的忠心。

如此内容的上书，无论哪朝哪代的皇帝，相信都会龙颜大悦，以上宾待之。然而康熙帝却十分理智，绝不会因为听了几句好听的话就完全相信了额贝都拉的来意，因为这只是第一次打交道。但康熙帝站在大局的角度也仔细分析斟酌了一番，毕竟哈密地处新疆门户，属战略要冲之地。如果额贝都拉的归顺是真心实意的，那么对以后消灭和制衡噶尔丹将是百利而无一害的事儿，况且若是将清军的后勤补给前移到哈密，会使统一大业事半功倍。后来，康熙帝还是信任了额贝都拉的诚心归顺，特赐蟒袍、貂帽和金带予他。

额贝都拉没有辜负康熙帝的信任，做到了言出必行。离京一年后，也就是康熙三十六年（1697），一个绝佳的机会让额贝都拉践行了自己对康熙帝的诺言。当时噶尔丹军队中发生了一次食物短缺事件，噶尔丹便派遣其子色布腾巴勒珠尔去巴里坤征粮，额贝都拉在得知消息后，令长子郭帕火速带兵堵截，生擒了噶尔丹之子及其部属，并连夜押送北京。自此，康熙帝对额贝都拉再无猜疑。

同年三月，噶尔丹在经过多次惨败后已知大势去矣，便以服毒的方式自尽了。他的侄子丹济拉带着噶尔丹的尸骸外逃，在经过哈密时，因食物耗尽而冒险抢掠农民的牲畜，之后丹济拉逃到吉木萨，额贝都拉派人前去招降。六月十五日，丹济拉来到哈密，额贝都拉按丹济拉要面见康熙帝的请求，遣长子郭帕将其护送至关内。

清政府为了表彰额贝都拉"殊为可嘉，应议叙以示鼓励"，并且"有大勋于国"，遂授额贝都拉为一等札萨克，仍保持"塔尔汗"称号。哈密维吾尔族被正式编为蒙古镶红回旗，从此正式确立了臣属关系，从前额贝都拉与清政府口头上的依附关系到此告一段落。后来，额贝都拉镇守哈密，为清政府平乱噶尔丹，维护国家统一做出了极大的贡献。

额贝都拉在位期间，还促成哈密的甜瓜的美誉。康熙三十七年（1698）冬，额贝都拉奉诏入京朝觐，贡品中除准备了小刀、大布、鹿角、梧桐碱、羊羔皮等土特产品外，还准备了数十个哈密本地甜瓜。就因当时的贡品中有哈密的甜瓜，所以在很长一段时间内外地学者们始终在争论哈密到京城的距离不足以使甜瓜完好如初抵达。其实，学者们只是以为哈密进京必走甘肃河西走廊，经过凉州（武威）、甘州（张掖）、嘉峪关和肃州（酒泉），再到西安，最后到达京城。然而却忽略了哈密进京还有一条近路，这就是一世回王额贝都拉当时进京朝贡的路线：从哈密城出发，经黄田、沁城、庙尔沟、明水出新疆，然后经马鬃山、内蒙额齐纳旗、包头、大同，然后抵京。

这条路仅走50多昼夜，额贝都拉就能抵达京城，驮运之瓜除少数损耗外，大部分仍然完好如初。元旦朝宴上，康熙帝和群臣们品尝之后，大加赞叹，并赐名"哈密瓜"。清《回疆志》记载："自康熙初，哈密投诚，此瓜始于贡，谓之哈密瓜。"光绪年间翰林院编修宋伯鲁在《食哈密瓜》诗中写道："龙碛漠漠风转沙，胡驼万里朝京华。金箱丝绳慎包甀，使臣入贡伊州瓜。上林珍果靡不有，得之绝域何其遐。金盘进御天颜喜，龙章凤藻为褒嘉。"此后，"贡瓜年年渡卢沟"。

康熙四十八年（1709）额贝都拉去世，其长子郭帕继位，成为二世哈密王。需要说明的是，哈密前三世回王并未获封王位，哈密王只是后人的习惯性叫法，真正开始封王的时间是从四世回王玉素甫开始的。

二世回王郭帕

额贝都拉去世当年，依照长子承袭的传统，郭帕继位一等札萨克塔尔汗，然而在位仅仅两年，郭帕就因病于康熙五十年（1711）不幸英年早逝。

在史料中，对二世回王郭帕在位时的记载非常之少。大多数对他的描述都是在一世回王时期追随其父亲额贝都拉左右浴血征战，包括带兵堵截并生擒噶尔丹之子，护送噶尔丹之侄入关面见皇帝，为平叛曾屡建战功。

回顾哈密历史，如果没有郭帕的鼎力辅佐，额贝都拉可能不会那么快得到康熙帝的信任和认可，也不会那么快就能帮助清政府除掉噶尔丹，可以说二世回王郭帕在维护国家统一上也曾有过有骄人的建树。

三世回王额敏

三世回王额敏为郭帕之长子，在其父二世回王病逝后同年袭爵，自此，登上了哈密的历史舞台。这个据说是曾经护送了香妃进京的额敏统治哈密28年，历经清代康熙、雍正和乾隆三朝皇帝。期间雍正帝在两年内将其连升两级，爵至贝子，可见此人能力非比寻常。加之额敏军事才能出众，又勤于思考，应该算是历代回王中出类拔萃者之一。梳理额敏在位时的功绩，会发现此人深谙军事后勤之重要，自继位时起就大力发展屯田，筹粮补给平乱的远征清军，所以才得到了雍正帝的器重。

额敏继位伊始，就完美演绎了一出以少胜多的漂亮战役，令康熙帝对其刮目相看。当时，噶尔丹败退自杀身亡后，哈密战事暂时缓解，但在经历了多年太平后，未料到准噶尔蒙古大汗策妄阿拉布坦与清朝政府的矛盾日渐加剧。突然举兵两千围攻哈密，此时的哈密疏于防范，只有200名清军驻守,导致准噶尔军队长驱直入,直逼城下。结果,清军在三世回王额敏王府军队的支援下浴血奋战,竟击败了数倍于己的蒙古人,准噶尔兵被迫败退城南20里。此役中,共杀敌90人,生擒3人。康熙帝闻讯大喜,拿出赏银15000两犒劳三世回王额敏及有功兵士。

为防准噶尔军队卷土重来,清政府决定在哈密的沁城和巴里坤等地驻扎多支部队,加强防范。若战事吃紧,清军可与哈密回王额敏相互呼应,共同御敌。

大批清军的驻扎让额敏陷入到了思考当中,如果准噶尔汗再重兵来袭,清政府就会派更多部队前来接应,那么小小的哈密又如何能承受如此多兵马的补给?如果清政府从甘肃运粮,不仅路途遥远,且运输不易,还有可能会贻误战机。在这样复杂的军事背景下,三世回王额敏思量许久决定先将库存的米谷牲畜提供给清军,然后在哈密大力发展屯田,以解未来不时之需。

这一想法与清政府的战略思路不谋而合。于是,沁城就成了屯垦首选之地,回王额敏亲自带队垦荒,第二年秋天就初见成效,收获的粮食可以开始补充军队了。之后几年的屯垦,解决了清军军粮供应不畅的局面。

哈密的屯田历史跨越了清朝多个朝代,康熙六十一年,也就是1722年,康熙帝驾崩于北京畅春园清溪书屋。到雍正帝继位时,额敏在哈密屯耕已进行了四年有余,并且成效显著。雍正五年(1727)二月,清政府以额敏"自军兴以来,输忱效力,率所部人等屯耕如故,甚属可嘉",赏银1000两,晋封镇国公。雍正七年(1729)十二月,额敏又被雍正帝晋封为固山贝子。

有备则无患,额敏懂得这个道理。哈密屯田储备了大量的粮草,就为防备准噶尔汗的大兵压境。果然,雍正十年(1732)的正月,准噶尔部六千兵马再一次兵临哈密城下,当时哈密守军仅有2000人,但哈密粮草充沛,坚守城池。后来在岳飞第二十一代世孙宁远大将军岳钟琪带领清军驰援反击时，额敏率部积极接应，就因其在后勤粮草保障方面做得极其有力到位，哈密才会在此役中转危为安，使准噶尔军队大败，退至五堡。此战历时月余，三世回王额敏在此役又立新功，雍正帝对其重金嘉奖。

此战过后的雍正十二年（1734），三世回王额敏将已开垦的4000亩熟地送予清军屯耕。次年，准噶尔汗策妄阿喇布坦的长子噶尔丹策凌向清政府求和，那一时期，哈密屯田已有相当的规模，能达到储粮20余万石，除军粮和百姓口粮之外所余粮草甚多。尽管如此，额敏仍然屯耕如故。乾隆帝继位后，特免了哈密维吾尔族农民屯田租粮，还嘉赏了额敏。

乾隆四年（1739）十二月初十，三世回王额敏病故。值得一提的是，额敏在位期间曾先后两次前往京城朝觐，一次是康熙年间，一次是雍正年间。康熙年间朝觐时在京城未做久留便归，而雍正年间额敏却在京城逗留了两年时间，究竟他为何两年才归？没有丝毫史料记载，至今仍是一个谜。

四世回王玉素甫

四世回王玉素甫在233年的回王统治历史中是个传奇人物，他不但在哈密开启了王的时代，还立下多次战功使自己的肖像挂在了中南海紫光阁中。

玉素甫初继位时，按例降等承袭镇国公，就是说三世回王当时的爵位是固山贝子，那么依照清朝的降等世袭制度，其子玉素甫就只能承袭镇国公。但这好像并未影响到玉素甫的抱负和前程，仅在继位五年后，也就是乾隆十年（1745），玉素甫就靠自己的实力和对清政府的忠心，又重新被晋封为了固山贝子。

四世回王玉素甫真正得到乾隆帝赏识并开始建功立业，已是在他继位的15年后了。前15年间，哈密宁静太平无战事，准噶尔部也处于蛰伏之中，清军大部已撤回关内。那时的玉素甫只做了一件事，就是从当地农民手中收回了清军屯垦时的所有田地，并加大赋税，积蓄财富，休养生息。

都说时势造英雄，玉素甫还是等来了向清政府证明自己能力的机会。乾隆二十一年（1756），准噶尔部再次发动叛乱，吐鲁番的莽噶里克也趁乱响应，举兵反清。这时，吐鲁番首领额敏因实力不济，无法与之抗衡，于是便派长子苏赍满来哈密求援。真是无巧不成书，就在四世回王玉素甫商议救援吐鲁番一事时，莽噶里克的儿子白和卓正好从北京返回并路过哈密，玉素甫当机立断将其擒获。然后亲率数百王府精兵连夜赶到吐鲁番，与清军一起并肩作战，身先士卒，最终叛乱被平定，玉素甫得到了清廷嘉奖。

乾隆二十二年(1757)，战事再起，南疆大小和卓两兄弟杀害了清廷前往招抚的副都统阿敏道，自立为巴图尔汗，同时招募集结了两万余人马兴兵叛乱，并号召各城反对清朝政府，一时间，叛军控制了南疆大部分地区。

次年，玉素甫率哈密兵马随清军亲征，去往南疆平定大小和卓之乱，并被授予了领队大臣一职。战争的激烈和残酷超出了所有人的预料，一路惨烈征战下来，陆续收复了库车、阿克苏、乌什等地，因当时无信任之人可用，只有随军勇敢冲杀的哈密回王玉素甫忠心可表。于是乾隆帝决定将所取之地交由玉素甫负责打理。在叶尔羌城，玉素甫更是让乾隆帝看到了他的卓越军事才能，当时清军中计被围，玉素甫无奈之下被迫走了一步险棋，与清军里应外合后，同叛军展开殊死激战，最终清军脱险，并大获全胜。乾隆二十四年（1759），清政府平定了大小和卓之乱，此次叛乱的平定标志着清代中国的统一，而四世回王玉素甫在这场维护国家统一的反分裂战争中功不可没。

玉素甫的办事能力和军事才能受到了清政府的充分肯定和信赖，由于战功卓著，玉素甫被晋封为多罗贝勒。不久，又以玉素甫"驻扎乌什，办理诸事，亦极奋勉"，清政府再加恩赏赐玉素甫郡王品级。从此，哈密进入到了真正法律意义上王的时代。

乾隆二十五年（1760）初，玉素甫郡王与和田霍集斯贝勒率领新疆各地伯克40名进京朝觐，受到极大礼遇，并接受赏赐无数，乾隆帝还特准玉素甫回哈密休假。一年后，清政府任命其为喀什噶尔参赞大臣。

那一时期，南疆各大臣衙门的通事，几乎全由玉素甫一人引荐任职，且任职之人多胡作非为，这引起了部分人的不满，于是上奏朝廷举报玉素甫。然而乾隆帝却不以为然，还训斥举报人："大皇帝用人不过用材器耳，尔等何行造言诬谤？至通事等皆哈密、吐鲁番人，若尽行裁革，将致无所见闻。且此番讦告呈词，实属奸狡之徒所构。"此番袒护之词可见皇帝对玉素甫的信任已非同寻常。

乾隆三十一年（1766），玉素甫自叶尔羌返回哈密后，向清廷提出了一个大胆的建议，为防新的叛乱发生，未雨绸缪，需要在伊犁屯田积粮，以备不测，这一计划很快就得到了清政府的响应。于是，玉素甫派次子伊萨克带领哈密移民五百户迁至伊犁屯田，待伊萨克返回时，被授予二等台吉职位。

乾隆三十二年（1767）十二月，玉素甫与长子伊勒巴勒伊木进京朝觐，途中玉素甫不幸染上天花，客死他乡。伊勒巴勒伊木在押送父亲灵柩返回时，也同样染上天花死于甘肃平凉。

在这里有必要提一下中南海紫光阁，乾隆帝为了宣扬"十全武功"，在每次军队凯旋时，都要钦定画师为征战中的功臣绘制画像，并将它们悬挂在中南海紫光阁内。值得哈密回王后人骄傲的是，在紫光阁平定西域后50名功臣的画像中，哈密四世回王玉素甫的画像位列第八悬挂。画像旁边的赞词写道："领队大臣哈密郡王品级贝勒玉素甫，笃中望族，作藩伊昔，以通回情，军咨是择。六城既纳，二竖焉逃，共镇乌什，犬不夜嗥。"

五世回王伊萨克

由于四世回王玉素甫及其长子伊勒巴勒伊木在进京朝觐途中两人均不幸感染天花身亡，其爵位就由玉素甫的次子伊萨克于当年承袭郡王品级多罗贝勒。乾隆三十六年（1771），伊萨克进京朝觐，乾隆帝赐其三眼孔雀翎和黄马褂。

玉素甫的去世，对于清政府来说是个不小的损失，毕竟失去了一个能为朝廷解忧新疆问题的得力干将，所以才有了乾隆帝的多次叹息：现在"殊少得力之人"。为了让年富力强的伊萨克能够继承其父的能力和品质，清政府决定将伊萨克培养成一个像其父亲一样能够统治哈密，还能报效朝廷的忠诚人物。

乾隆三十八年（1773），五世回王伊萨克被委以领队大臣一职奔赴伊犁，管辖伊犁维吾尔人屯田事务，哈密事务则交由伊萨克的弟弟厄默特管理。

这已是伊萨克第二次去伊犁了，第一次是奉父命带领五百户哈密居民迁往伊犁屯田。后来，伊萨克在伊犁学习了三年，期间伊犁将军舒赫德教授了他很多理政理念和军事方略。乾隆四十一年（1776）伊萨克返回哈密，令人惋惜的是，四年后，伊萨克也因突患天花而去世。清政府闻讯，遂拨银300两料理其后事，乾隆帝对他的一生评价只有四个字"老成谨慎"。

五世回王伊萨克在位13年，既无大的功绩，也无突出的建树，史料对其记载也只有寥寥几笔。但他的一个故事却一直在哈密流传着，这个故事，与大学士纪昀有关。

五世回王伊萨克在位的第三年，被发配新疆的纪昀来到哈密，伊萨克专门设宴招待了纪昀，并邀请了众多地方官员作陪。席间，两人相聊甚欢，品尝了本地羊肉和哈密瓜，伊萨克还向纪昀介绍了哈密的风土人情，尤其是本地哈密瓜的种植。纪昀当时对哈密瓜也是熟知已久，毕竟到了五世回王时期，哈密瓜早已扬名京城。只是纪昀当时有个困惑，为何在哈密种植的哈密瓜香味浓郁且味如蜜甜，而把种子带到京城去种植却变得寡然无味？伊萨克听后将两地气候与土壤的不同对纪昀做了详细的解释，才使大学士茅塞顿开。

当然，这只是一个故事，但从一个侧面反映出了伊萨克虽贵为回王，却对本地哈密瓜的种植了如指掌，也算是难能可贵。

六世回王额尔德锡尔

额尔德锡尔于乾隆四十五年（1780）十一月承袭其父郡王品级多罗贝勒，成为哈密历史上的第六世回王。次年正月，清政府因哈密率先投诚，并建功无数，诏准实行"世袭罔替"。乾隆帝下谕旨说："哈密……皆国家世仆……如哈密郡王品级贝勒额尔德锡尔之始祖额贝都拉，归诚以来已历数世，额尔德锡尔之祖玉素甫，在军营勤劳懋著……着加恩将额尔德锡尔……现袭之……封爵，出缺时不必降等，俱着世袭罔替，以示朕优恤回部世仆之至意。"

此诏一下，就是说哈密回王今后子袭父爵无须再降等，这对额尔德锡尔来说无疑是一件幸事，还戴上了让诸多王公贵族羡慕的"铁帽子"，且待遇与特权较之一般亲王要优厚许多。

额尔德锡尔统治哈密长达33年，是个运气相当不错的回王。在他的任期内局势稳定，天下太平，无任何叛乱和战事发生，毕竟当时清政府已统一新疆。

额尔德锡尔在位期间曾在乾隆五十五年（1790）、乾隆六十年（1795）、嘉庆七年（1802）和嘉庆十四年（1809）四次进京朝觐。只因先祖忠诚，有功于国，乾隆帝每次都给予他最隆重的接待礼仪，亲自设宴款待，还赏黄马褂和双眼花翎与他，并特旨加恩在按成规需减其护卫官员时命令保存他护卫官员的数目，这些殊荣绝非一般王公贵族所能享受。而这一切优待，额尔德锡尔应该感谢为国家统一大业而浴血奋战的列位先祖们。

嘉庆十八年（1813）二月，六世回王额尔德锡尔病故，清廷赏银300两为其治丧。额尔德锡尔与他的父亲五世回王伊萨克一样，一生中并没有为国家立下大的功劳可以用来彪炳史册，但当时的新疆表面看似太平，实则暗流涌动。在这样的特殊形势下，其实回王们只需站在那里，就是对新疆民族分裂势力的一种震慑。

七世回王伯锡尔

伯锡尔，系六世回王额尔德锡尔之长子，于嘉庆十八年（1813）继位，是九代回王中统治哈密时间最长的七世回王，执政长达53年。伯锡尔继位后数年间，哈密都处于一个稳定太平时期。后来，在哈密家喻户晓的"刀劈夏士林，马踏小福晋"的传说故事就是因他而来。

伯锡尔是个精明之人，自袭位不久，伯锡尔就迫切想去京城朝觐，想以此来获得朝廷的好感。但在当时，有一条规矩让他始终不能如愿成行，就是未出过天花的外地王公一律不准许进京，而继位后的伯锡尔，尚未出过天花。后来，清政府念其心诚，特准伯锡尔在嘉庆二十年（1815）和嘉庆二十四年（1819）两次去热河观瞻。其实，嘉庆帝当时只是想让伯锡尔出来见见世面，但也恐天花会流行至京城，造成瘟疫肆虐。直到出过天花，伯锡尔才于道光三年（1823）实现了进京朝觐的愿望。一个夙愿经历了两朝皇帝，对于伯锡尔来说，虽成行但也会有一些遗憾。

太平盛世下的暗流涌动总会有浪花卷出水面。自五世回王伊萨克在哈密执政时建立的新疆稳定安宁的局面还是被打破了。当年乾隆帝在平定了南疆大小和卓叛乱后，其中大和卓波罗尼都之子萨木克逃往浩罕国，其生有三子，次子张格尔，也就是当时大和卓波罗尼都之孙。张格尔野心勃勃，纠结十余万人，妄图在新疆恢复其祖先和卓时代的统治。道光六年（1826），在万分危急的形势下，清政府先派三千兵马驻扎哈密，数万大军随后也挺进新疆。但因路途遥远，后勤补给一时难以跟进，成了平乱的一大难题。

七世回王伯锡尔闻讯后迅速筹备了1000辆车，并组织哈密农民押送军粮，克服了一千多公里路途的艰难，一直将粮草运送到了前线阿克苏。因后勤补给及时，不久，张格尔败亡。清政府以伯锡尔"备办车辆，供送兵差"有功，于道光七年（1827）七月，赏赐伯锡尔白玉翎管、白玉扳指和蟒袍等物，对因押送粮草而耽误了种地的农民，清政府也免除了他们春天所借的粮食债务。

道光十二年（1832）十二月，伯锡尔又一次进京朝觐，道光帝因他在军需方面对清军出力颇多，将伯锡尔由郡王品级贝勒晋封为了多罗郡王，此时，哈密回王这个称谓才名副其实。

成为郡王的伯锡尔从京城返回哈密后，开始居功自傲起来，他不但在哈密横征暴敛，还私垦官田，压榨剥削商绅百姓。一时间，引起了哈密人民的极大不满。道光二十五年（1845），被发配至新疆效力的林则徐来哈密查勘屯田时，遭数百人拦路，状告哈密七世回王伯锡尔，恐慌之下，伯锡尔被迫交出了一万亩私垦的官田。清政府知晓此事后，虽已对伯锡尔产生了不满，但念其功绩及先祖的忠诚，就未再追究。

此事过后，伯锡尔生怕失去清政府的信任，于是捐出了5000两白银作为驻守哈密清军的军费。同治三年（1864），清政府在哈密开挖水渠，扩大屯田，伯锡尔积极协助，并"捐办渠工""接济防堵盐粮"，清政府以此功劳，赏赐了伯锡尔亲王爵位。

同治四年（1865），清政府为加强新疆的防卫，任命伯锡尔为帮办大臣。同年五月，黑老哇与苏布尔格聚众举兵哈密，先攻陷哈密老城，再击毙哈密办事大臣札克当阿，然后又攻占回城。同治五年（1866）巴里坤总兵何琯令游击凌祥率兵来哈密增援，经数个回合后，黑老哇与苏布尔格的人马败退吐鲁番，凌祥攻克被占领的哈密回城，救出了伯锡尔。十一月初二，苏布尔格又集结四五千人攻占五堡。凌祥与王府伯克夏士林率5000名兵士出城迎敌，没想到在柳树泉一带中计遭到伏击，险些全军覆灭。

在这样的紧急关头，伯锡尔一边派妻子迈里巴钮前去巴里坤求援，一边与小福晋带领2000余名残余兵士在哈密头堡一带与苏布尔格展开激战，但最终因寡不敌众而大败，伯锡尔被苏布尔格生擒。被俘后，面对苏布尔格的诱降，伯锡尔不为所动，骂贼不止。在被羞辱之下，苏布尔格怒杀伯锡尔。清廷在获悉伯锡尔被杀后，满朝文武均悲痛不已。北京第一历史档案馆清军机处档案，清晰记录了伯锡尔殉难的过程，摘录如下："郡王大骂逆匪，我世受国恩，岂肯从逆？突夺旁立贼匪长矛刺毙贼匪二名。贼匪喝令红秃子将郡王后项用刀砍伤，又用小刀抹伤喉咙，立即殉命。"

此战中，伯锡尔的小福晋被苏布尔格一刀砍倒在地，然后用60多匹马组成马队来回踏践，直至将小福晋的尸骨碾成泥。然后，又把伯锡尔最忠诚的王府伯克夏士林残忍地割掉耳朵和鼻子。几天后，又开膛剖肚，砍下首级。这就是在哈密流传至今的"刀劈夏士林，马踏小福晋"故事的来由。

虽伯锡尔生前过于精明，且私心稍重，但他的民族大义还是得到了清政府的肯定。伯锡尔死后，被追封为和硕亲王。和硕亲王是清朝宗室唯皇子、皇兄弟才可获得的爵位，由此可见清政府对伯锡尔的高度肯定。后来还在哈密老城为其修建了札萨克亲王祠，由地方官员春秋两季祭祀。今天仍然保存完好的回王墓便是为了纪念伯锡尔，清政府出资2万两白银，以亲王的规格修建的。

八世回王默哈莫特

伯锡尔之子默哈莫特先天瘫痪，生活不能自理，作为和硕亲王爵位的继承者，他无法尽到一个亲王应尽的职责和义务，尤其是执政一方土地，对他来说，身体残疾确实会让他有心无力。虽如此，但默哈莫特还是在伯锡尔去世后的同治六年（1867）承袭了和硕亲王这一王位。默哈莫特统治时期，很少有人会注意到他的存在，几乎把回王默哈莫特这个名字都忘于脑后。唯一能深刻记住的是迈里巴钮，而迈里巴钮，是伯锡尔的大福晋，也是八世回王默哈莫特的生母。

如果没有迈里巴钮，哈密回王的统治可能无法承袭到九代，很大可能在八世回王默哈莫特时代就已终结，这毫不夸张。这位女性不但庇护关心着自己的残疾儿子，还尽心操持管理哈密地方事务。事实上，在哈密民间，百姓们早已将其称呼为女王了。

迈里巴钮同七世回王伯锡尔一样，对清政府忠心可昭，她献田屯耕，将每年的收成补充给驻哈密的清军做军粮，还积极响应清政府的治疆策略。同治七年（1868），哈密局势突变，出现了反抗清政府和回王统治的斗争，迈里巴钮反应迅速，除了积极筹集军费外，还派台吉、伯克带领王府军队协助清军平乱。经过这一次事件，迈里巴钮最终获得了清政府的赏识和信任，于同治八年（1869），封迈里巴钮为亲王福晋。

同治十二年（1873）七月，陕西白彦虎与哈密王府内应密谋反清，并快速攻占了回城，八世回王默哈莫特与迈里巴钮被俘。随后，清军救援解围，白彦虎裹胁默哈莫特和迈里巴钮退至南湖。同年九月，清军重兵追击，白彦虎一路败退至瞭墩，回王默哈莫特成功脱险，但亲王福晋迈里巴钮已随白彦虎残部被掳至七克腾木。

此时的哈密,遭受了一世回王额贝都拉以来最为惨重的一次灾难,白彦虎败退时的一把大火,几乎将哈密回城烧成了一片废墟。据秦翰才辑录《左宗棠逸事汇编》中载《西行琐录》:哈密的"新城、老城、回城,悉为白匪蹂躏,半成瓦砾"。当时回王俸银每年只有2000两白银,无力修复重建。清政府见状,以默哈莫特在"突遭大难"时,仍"坚守不变",甚为嘉尚,特赏赐白银2万两(《清穆宗实录》)。但因城池损毁过于严重,俸禄加上赏赐的银两还远远不够,无奈之下,默哈莫特又向清政府预支了十年回王俸银2万两用于重建。

白彦虎经七克腾木到吐鲁番后,投降了中亚浩罕汗国头目阿古柏。阿古柏何许人?此人在中国历史上就是一个不折不扣的侵略者,阿古柏在入侵南疆后,不断扩充势力,并在南疆建立政权,自立为汗。阿古柏不但肆意出卖新疆的主权和利益,以换取英俄两国对他的支持,还妄图将新疆从中国版图分裂出去,可谓臭名昭著。

在白彦虎和阿古柏勾结下,将迈里巴钮秘密送往布古尔(今轮台),清政府闻讯,要求释放迈里巴钮,但阿古柏心里却另有主意,他想以迈里巴钮作为人质,来换取小代价占领哈密的筹码。未料到清政府识破了阿古柏的阴谋,于光绪三年(1877)四月,发兵进攻吐鲁番。开战后,清军势如破竹,接连攻克多地,阿古柏与白彦虎不敌,仓皇逃窜,最终还是难逃被全歼的命运。光绪四年(1878)正月,迈里巴钮安全返回哈密。

回到哈密的迈里巴钮面对的是一个破败王府和难以维系日常需要的生活,与从前哈密富庶景象形成了一个鲜明对比。但清政府并没有置迈里巴钮和默哈莫特于不顾,随即拨出银两用作哈密王府的生活开支,毕竟百余年间,哈密回王家族曾为清政府多次立下汗马功劳。

当然,这不是迈里巴钮所愿看到的,靠清政府救济也不是件长久之事。但想快速恢复经济又谈何容易,经济衰退直接导致了百姓生活更加艰难。为了将哈密经济恢复到从前的水平，迈里巴钮采取了一系列措施，恢复生产、兴修水利、减轻税负和救济灾民等。这些措施实施后效果显著，哈密经济得到了一定程度的恢复。

由于连年战乱，清政府在新疆各地实行的旧制大多已名存实亡，无法维系下去，也没有意义再重新恢复。但因哈密回王"所部回众尚多"，王府组织仍旧健全，清政府虽继续维持了哈密回王的统治，但却用新规限制约束了回王的权力范围，明令"哈密通判兼管回务""一切词讼案件概由官审断申报"。

八世回王默哈莫特究竟于哪一年去世，史料中没有具体记载，应该是在光绪八年（1882）之前这毋庸置疑，因为清政府批准九世回王沙木胡索特袭爵就是这一年。默哈莫特在位的15年，哈密的大权其实都是在迈里巴钮手中掌握，这一时期不应是回王默哈莫特的时代，而是女王迈里巴钮的历史舞台。

九世回王沙木胡索特

沙木胡索特是哈密历史上最后一代回王，他的经历非常戏剧化。从一个山区放羊娃一跃成为哈密的统治者，大落大起间，充满了浓重的传奇色彩。

因八世回王默哈莫特没有子嗣，死后亲王爵位的承袭就成了那时王府面临的头等大事。无奈之下，迈里巴钮报请清政府，让自己的女婿袭位，以延续王位。迈里巴钮有两个女儿，大女儿意外早逝，小女儿待字闺中，女婿继位只是一个设想，提出这个设想时迈里巴钮还没有合适的女婿人选。地位尊贵的回王家嫁女还有一个重要的前提条件，非有王室血统者不为考虑，不与非王族之人通婚，其次还要有相仿的年龄和睿智的头脑。

这条件在当时已是非常苛刻。那时不只是哈密,新疆很多地方旧制荡然无存,有着王室血统的台吉、伯克们不是混迹民间,就是去往外地躲避战争,其子女们更是无法寻其踪迹。在这样的背景下,迈里巴钮还是费尽周折在天山板房沟找到了一位王族后裔,以牧羊为生的沙木胡索特。原来,这个沙木胡索特是七世回王伯锡尔时期王府塔依尔台吉之子,为避战乱,幼时被父母隐匿在天山深处,由一位牧羊老人将其抚养长大。光绪八年(1882),清廷最终批准由沙木胡索特承袭札萨克和硕亲王王位。

沙木胡索特就这样摇身一变成为哈密第九世回王。执政初期,他就以精明过人使迈里巴钮对其大为欣赏。八世回王默哈莫特时期还在靠救济度日的王府,仅在沙木胡索特两年的打理下,就使窘迫状况获得了极大改观,同时,还在短时间内积聚了大量财富,以至于有能力向清政府捐输银两。光绪帝看在眼里,大加赞赏,并赐其三眼花翎。

此外,沙木胡索特还斥资翻新扩建了哈密王府,规模之大不用赘述,仅看记载就可见一斑。斐景福在《河海昆仑录》中记载:"广百余亩,土上复以砖,有亭馆三、四区,结构雅洁,而古木连阴,百花齐放,红白炫烂,为中土园事所未有。"谢彬在《新疆游记》中也写道:"回王花园,亭榭数处,布置都宜。核桃、杨、榆诸树,拔地参天,并有芍药、桃、杏、红莲种种。"

九世回王沙木胡索特在位两年后,也就是光绪十年(1884年),新疆建省。此时,新疆各地伯克制度已经废除。令人称道的是,沙木胡索特对教育十分热衷,积极响应当时新疆省政府发展教育的主张,率先在王府大门外及老城西门外办义学两所。光绪十二年(1886年),他首次进京朝觐返回后,又在哈密老城开办了两所新义学,后来沙木胡索特将这两所学校合并创建了伊州书院。

伊州书院设在哈密老城,学生主要是王室和官员子弟,由汉族教师讲授《四书五经》《三字经》和《百家姓》等。光绪三十二年(1906),为顺应清政府"停科举办新学"和"学院改学堂"的新举措，沙木胡索特将伊州书院拆分为私立第一和第二小学堂，并扩大招收汉族和回族学生。伊州书院在哈密存续了20年，最多时有学生104名，教习4名，仅从每位教习年俸90两白银的待遇就可看出九世回王沙木胡索特对本地教育的重视程度。

热衷教育的沙木胡索特还热衷于朝觐，自继位以来进京多次，原因只有一个，想以此来表达对清政府忠心不二。此时的沙木胡索特已苦心经营哈密几十年，巨额财富的积累大多来自横征暴敛和增加徭役，使得哈密百姓苦不堪言。

"中华民国"成立后，曾发布一份声明承认"王公世爵，概仍其旧"，就是说回王对哈密的统治依然合法有效。紧接着，民国政府又公布了一张各地王公进京朝觐的名单，哈密九世回王沙木胡索特的名字位于名单前列。民国四年（1915），袁世凯为沙木胡索特颁发一等嘉禾章，特准双俸，并授沙木胡索特为翊卫使，还获得了"管理哈密地方蒙古镶红回旗世袭罔替头等札萨克双亲王"的头衔。

袁世凯与沙木胡索特的关系很多人都心知肚明，不过是不折不扣的相互利用，沙木胡索特想依附袁世凯继续哈密回王的统治，袁世凯则以为自己称帝后又多了一个有实力的帮手。结果，却都是竹篮打水，贻笑大方。

民国十九年（1930），沙木胡索特突患脑中风，导致半身瘫痪。同年6月6日，执政哈密48年之久的九世回王沙木胡索特不治身亡。

沙木胡索特的死，标志着哈密回王家族统治哈密233年的历史就此终结。

三十年前哈密的五天五夜

每个人心里都有一座城市，无论是源于那座城市的景或人，物或事，总之都能说出喜欢的理由。而我心里的那座城却是我居住几十年的哈密，或许会有人说我矫情，但我想说的是，这就如同恋人间的吸引，喜欢来自了解，了解才会深爱！

生活在哈密，如果当初没有改行写作，如果没有那次亲身经历，那么对这座城市的认知或许只是停留在哈密这个称谓上。这毫不夸张，至少在20多年前，我对哈密几乎是一无所知。后来，在一次与好友的聊天中，才得知我人生中经历的一件事竟然参与了这座城市的历史。之后，我才开始迫切地想去了解哈密，了解发生在这座城中的一切过往。

1987年，那一年的我应该是在上初二，因父母工作忙，每天中午放学我都会去学校围墙外的外婆家吃午饭。同年7月的一天，刚进外婆家的院门，就听到外婆在急切催促我快些放下书包去帮忙。走到屋内，看到桌上白色纱巾里裹着20多张焦黄的葱油饼，地上还有一桶热气腾腾的绿豆稀饭，还未来得及问缘由，手里便被塞了一根木棒，与老人家一人一头抬着稀饭铁桶就出门了。走到大街上才发现，平日熟悉的左邻右舍也是拎着自家做好的各种食物，匆匆赶往三公里外的火车站方向。就是这三公里，我和年迈的外婆，抬着沉沉的铁桶，抱着大饼，走得很是艰难。那时没有手表，也不知走了多久才走到火车站广场。

当时的那一幕让我至今记忆犹新，"人山人海"这一成语也是第一次真实出现在眼前。才得知，已有大批旅客因兰州铁路达坂城到吐鲁番段突遭特大洪水袭击而被滞留在了哈密火车站，也知道了铁路部门和部队已在一线抢险，但因冲毁线路过长，短时间内无法恢复通车。这就意味着近几天还会有更多的外地旅客来到哈密，而当时的哈密火车站，只是一个仅能容纳不到三百名旅客的二等过路小站。

在哈密站前小广场上，挤满了焦躁不安的滞留旅客，抱怨声此起彼伏，因为不知道自己会在这里待多久，心理上毫无准备，也没有随身携带足够的食品。更糟糕的是，铁路部门无法给出一个准确的通车时刻。

人群中，我看到外婆有些面带难色，一大铁桶绿豆稀饭可以分给很多人，但二十几张葱油饼就是杯水车薪了。这时，老人家将纱巾里的饼每一张都均匀地撕成了两块，确保能多一个人吃到。在我的记忆中，葱油饼和绿豆稀饭经过了三公里路程，竟然都还是热乎的。

然而后面发生的事更令人意外，外婆递出去的饼和舀起的粥竟然无人敢接，一圈下来，周围旅客都是如此，尽管外婆一再说明是免费的，可他们依然对这种行为面露疑惑。原来，旅客们担心吃了这些食物是要收取高价钱的，免费有可能只是一个幌子。后来，外婆从一个半大孩子手中拿过了他的铝制饭盒，并盛了两勺稀饭，又将一块饼递到孩子手中，说："孩子，吃吧，奶奶不是坏人，就是给你们送饭来了，不收一分钱！"在外婆的再三解释下，旅客们才慢慢相信了这一切竟然是真的。有一位旅客说自己走过了那么多地方，这样被滞留也不是一次了，但第一次在离家乡如此遥远的地方得到这样真实的关怀和温暖，如果不是亲身经历，真不敢相信这是真的。

哈密维吾尔族传统节日中的木卡姆表演

第二天，也就是7月28日，哈密站滞留旅客的数量达到了四千余人，这个季节的哈密是炎热难耐的。此时，哈密地委、行署和铁路分局也开始周密计划这几天的救援行动，所属各部门组成了多个服务队和医疗队赶赴火车站。那一天的哈密，几乎动员了整个城区的市民，他们为滞留旅客送去了各种可口食物和水果。

这一天中午，外婆做了半水桶芹菜炒肉和几十个雪白的馒头，依旧是我们两个抬着去了火车站。这一天，我在站前广场还看到了一些熟悉的面孔加入了这场大救助之中。

60后、70后的哈密人想必都知道津味饭馆，那时这家饭馆的小笼包应该是哈密人非常喜爱的，我也常去吃，所以认得饭馆女老板，她叫王秋爱。在得知了哈密站滞留旅客的消息后，王秋爱立刻叫上厨师，把后堂的锅灶搬到了车站广场，她还在广场上竖起了一块牌子，牌子上写着："个体户王秋爱,为老弱妇女儿童免费提供饭菜。"在广场的另一端,朋友的妈妈也把自家饭店的炉灶搬了过来,免费为旅客提供小炒,我依稀记得他家的饭店名字叫作满江红。现在,虽然津味饭馆和满江红饭馆早已从哈密的街边消失了,但我还是能从记忆里回想起当时他们参与救助旅客的感人场景。

第三天的哈密车站,已接纳了九趟旅客列车,涌入哈密的滞留旅客总数达到了1.2万人,这个数字对于当时的哈密来说是不可想象的,毕竟那时哈密的城区人口不足10万人,市区内各家旅社和宾馆的床位还不到2000张。一方有难,八方支援,如果不是亲历这样的场景,谁也不能体会到这句话的内涵和感动。从城区四面八方赶来的哈密人源源不断地将饭菜、茶水、药品、被褥、帐篷等物品送到了车站。在将部分旅客安置到旅店和宾馆后,还有一部分带病的旅客被哈密百姓带到了自己的家中,管吃管住。

我清晰地记着这样一件事儿,一个维吾尔族老汉赶着毛驴车进了车站广场,将满满一车的西瓜卸在地上,招呼着滞留旅客前来解渴。而在我送饭来的路上,这个老汉正在附近的一个十字路口吆喝着卖瓜。这一幕幕感人的画面让我毕生难忘,当时我虽然还只是个孩子,但我已在为自己是个哈密人而自豪了。

在后来的两天里,我又跟随外婆去车站送了几次饭。每次去,都能看到很多这座城市带给外地旅客的温暖瞬间。整整五天五夜,在哈密这座小城究竟发生了多少令人记忆铭刻的事儿,没有人能将这些故事完整统计出来,因为每个参与救助的哈密人都在用自己的方式奉献着无私的大爱。

8月1日,兰新铁路终于恢复通车了,这些在哈密滞留了五天五夜的外地旅客就要踏上起程的列车。为了表达对哈密这座城市的感谢,为了表达对哈密人的敬意,他们从附近商店买来了毛笔和纸张,于是,第一列出发的列车车体上就出现了很多张条幅,上面书写着:"哈密精神万岁""哈密人民万岁""感谢哈密"。

有这样一组数据：这五天五夜，没有一名旅客挨饿和中暑，没有发生一起刑事治安案件，在哈密区区10万的城区人口中为旅客奔忙的就有6万人次，无偿赠送的食物多达2万公斤。仅哈密铁路分局居委会的家属就送了1000多桶稀饭和面条，7000多个馒头和包子，而免费送的甜瓜、西瓜和各类饮料不计其数。另外，为解决一些旅客的困难，哈密各族群众还捐出了6500多元钱。今天再来看这组数据似乎有些失真，因为还有那些自发前来救助的哈密市民为滞留旅客所付出的，远远不是这些个数字所能包含的。

小城大爱，哈密人用真诚和善良为这座城市赢得了美誉，赢得了尊重，赢得了"哈密精神"这四个字的深刻内涵。感动源于真实，素不相识却友善无私。这五天五夜，是源自30年前来自小城哈密的感动，30年后，"哈密精神"仍在薪火相传。

触动灵魂的乐舞

每个民族都有自己的文化特色，蒙古族人有规模宏大的英雄史诗《江格尔》，藏族人亦有《格萨尔》，而对于新疆的维吾尔族人来说，《十二木卡姆》是他们的骄傲，因为它更深地渗透进了这个民族的根系当中。"木卡姆"不是一个特定的名词，它所蕴含的不仅仅是一种歌、舞、乐的艺术表现形式。重要的是木卡姆代表了一个民族、代表了一种优秀文化、代表了维吾尔族人的一种对理想的追求。

木卡姆的形成及流传绝非偶然。单从所处的地理位置来讲，新疆在欧亚大陆的枢纽位置，又是古"丝绸之路"的交通要道。多种文化在这里交融，多种文明在这里碰撞，多种语系在这里交汇，从而奠定了木卡姆文化多样性的基础。加之维吾尔族人对音乐所具有的独特悟性及天赋，使得木卡姆在新疆流传了几个世纪。

木卡姆是阿拉伯语中"调式"的意思，在伊斯兰教传入喀什之前，木卡姆这个名字并没有登上新疆音乐艺术的舞台。早在唐朝的时候，龟兹（库车）乐、高昌（吐鲁番）乐、疏勒（喀什）乐、于阗（和田）乐、伊州（哈密）乐和悦般乐就已弥漫到了整个西域，其中龟兹乐与伊州乐更是为后来木卡姆的形成产生了深远的影响。

维吾尔族木卡姆有《喀什木卡姆》《刀朗木卡姆》《吐鲁番木卡姆》和《哈密木卡姆》，而《哈密木卡姆》更以它的特色和地域性有别于其他地区的传唱方式。

哈密，古称"伊州"，以盛产哈密瓜闻名，是个名副其实的歌舞之乡。哈密的音乐文化更是源远流长，从古伊州乐的发展就可见一斑。公元421年，唐契、李宝就来到这里学习伊州乐，在经过了长达21年的潜心研究后，李宝调敦煌任太守，他走时带走了哈密的10部音乐、3部舞蹈、11件乐器和几十名本地艺人。后来伊州乐从敦煌逐渐传入了长安，成了风靡宫廷的主导音乐。所以说哈密木卡姆就是因为有了伊州乐的深厚底蕴才发展壮大起来的。

因为伊斯兰教传入哈密较晚，所以木卡姆这个音乐术语直到15世纪才替代了伊州乐。哈密木卡姆不仅体现了本民族的音乐特色，它还糅入了其他民族的音乐成分，使哈密木卡姆内容更丰富，结构更完善。与其他地区的木卡姆相比，哈密木卡姆无论是在唱腔、歌词和结构上都有很大的不同，我想，这就是哈密木卡姆所具备的独特地方特色吧。

走在哈密这块神奇而富饶的土地上，当你徜徉在乡间的青苗土垄中，如果你的耳中突然充满了一种洪亮、清脆的乐声，那么这一定是哈密艾捷克这一古老乐器发出的声音，这奏响的旋律也一定是豪放且伤感的哈密木卡姆了。

说起哈密艾捷克，可以说是本地维吾尔人的骄傲，这种俗称"胡胡子"的乐器是哈密维吾尔族独有的一种弓弦乐器，共有9根弦，就算别的地区也有艾捷克的话，充其量也是两弦艾捷克。哈密艾捷克除了两根主弦外还增加了7根共鸣弦，它发出的声音很有震撼力，很容易把人的思绪带到一个久远的年代，那悠扬的清脆声中还似带有一丝哀伤。

哈密的木卡姆就是由哈密艾捷克贯穿于其中的，这与喀什木卡姆又有了不同之处,仅是一件乐器就能把哈密木卡姆表现得淋漓尽致,这在新疆的歌舞历史中也是很罕见的,由此可见哈密艾捷克的魅力所在。后来在哈密木卡姆的发展过程中又加入了哈密热瓦甫和达甫鼓,最后又有了扬琴、弹布尔和都塔尔。到了现在,哈密木卡姆形成了一种气鸣乐器、弹拨乐器、打击乐器和体鸣乐器的交织渗透,演奏起来浑然一体。

哈密木卡姆共有12乐章、24分章、258首歌曲。与喀什木卡姆相比,哈密木卡姆在曲调上以传统的民间音乐为主,而喀什木卡姆只有一部分民间音乐,改编和后期创作的成分相比而言多一些。

在内容上,哈密木卡姆分为序曲(散板)、叙事性歌曲和歌舞三大部分,与喀什木卡姆的又一区别就是它没有较完善的间奏曲和器乐曲,而且每套木卡姆的名称多用哈密方言来称谓。如喀什木卡姆中的"拉克木卡姆"对应着哈密的就是"穹都尔木卡姆",也就是哈密方言称谓"我走遍天下"。哈密木卡姆基本上每一部都有哈密方言的称谓,如"医治你心病的良药""唱吧,我的夜莺"等等。

哈密木卡姆的旋律相当有节奏感,第一分章的歌曲以7/8、5/8或4/4、2/4的旋律出现,之后再慢慢提到中速,然后加快节奏进入高潮阶段。

哈密维吾尔族的民间歌谣是在本民族发展过程中形成的,最终汇入了哈密木卡姆的唱词中。哈密木卡姆的唱词乡土感情深厚、形式多样,反映出了在当时特定的历史环境下,百姓们的凄苦生活和对自由的渴望之情。

在哈密木卡姆的唱词中还融进了很多的汉语词汇,更为称奇的是其中有一段的歌词书写的是维吾尔语,可读出来却是汉语的音译。"哪里来的骆驼客?吐鲁番来的骆驼客。骆驼跟前驮的啥?花椒胡椒姜皮子。花椒胡椒啥价钱?二两二钱二分半。有钱的老爷炕上坐,没钱的老爷地上坐。"如果你没有亲耳听到这些歌词或者不了解哈密木卡姆,你会认为他们唱出的就是汉语,但是这段明明白白的维文书写为什么能念出汉语的读音,无从考证。但可以说明一点,在历史上的哈密,多民族文化的相互交流、和睦相处是毋庸置疑的。

比对喀什木卡姆,哈密木卡姆的每首曲调都有唱词,这是与喀什木卡姆相比的又一大不同点。哈密木卡姆的唱词中不但有汉语掺杂在其中,还有回鹘语、突厥语及阿拉伯语和波斯语。

观看哈密木卡姆的表演只会产生一种感觉,就是震撼。它的乐章深沉优雅,它的曲调时而豪放激昂,时而悲伤凄凉。在演出到高潮的时候,手鼓的节奏就会逐渐加快,所有歌手及乐手都会情不自禁地站起来,似是已把自己融入了这木卡姆的欢乐海洋中。

当年伊州乐传入长安时引起了很大的震动,能成为宫廷乐曲也是大家认可并喜爱上了伊州乐的曲调和风格。后来,哈密木卡姆的曲调比起古伊州乐有了很大的变化,原来的伊州乐曲调是一种和谐、豪放的类型,但后来在回王对百姓的残酷压迫下,曲调在原来的乐观积极中转入了悲愤的旋律,虽然略带伤感,但却没有任何消极在其中。

如一首歌谣里所唱:"亚勒吾孜托云是一座大山,高高的山峰连着云天,它多么雄伟而又谦和,把一片片甘霖撒向人寰。英雄吾麦尔是一条好汉,可他已经离开了人间,多少不可一世的男儿,曾被他整治得俯首帖耳。"从歌中不难看出这是在叙述一段历史,对于当时的维吾尔族人来说,他们渴望着有个英雄出现,将他们解救出水深火热之中。

如果说歌是哈密木卡姆的灵,那么舞就是整个木卡姆的魂了。在哈密的民间,麦西来甫这一文娱形式是最受欢迎的一种,麦西来甫,维吾尔语"文娱晚会"的意思。这种晚会的内容不是单一的,而是集歌、舞、对诗、朗诵于一身,中间还穿插有猜谜和讲笑话等环节,可以说哈密的麦西来甫是本地民间艺术的综合和代表,其中最著名的就是柯克麦西来甫。

柯克麦西来甫俗称"青苗麦西来甫",这种活动一般都在秋收之后进行,因为那时正好是处于农闲时间。主办者将麦种装在葫芦里,浇水培育一段时间后，麦苗就长出来了，这时就可以举办青苗麦西来甫了。主人用红绳将麦苗轻轻绑住，再用红纸剪公鸡、母鸡各一只，然后面对面插在麦苗上，之后主人再准备九盘干果。为什么是九盘这也不得而知，但单数是维吾尔人象征吉利的数字，这与汉族人视双数为吉利的习俗正好是相反的。

一切准备就绪后，到了晚上，村里的人都穿上最漂亮的服装来到主人家。晚会开始了，先是由哈密艾捷克奏起木卡姆的散板序曲，领唱的三人开始亮出了自己的嗓音，紧接着手鼓、笛子、热瓦甫也加入了，众人齐声高唱。

主人这时托着装有青苗和干果的盘子出场了，他唱着："隆冬时我播下一粒麦种，愿大家用甘露把它滋润。我把青苗送给尊贵的客人，这礼物比世上的一切都贵重。把寺里的唱诗者请来做歌手，把美丽的姑娘请来做舞星。请准备好九只肥羊、三十只鹅，再备好待客的美酒与果品，下次的麦西来甫就在你家举行。"随后主人将托盘送给他选中的人，那人就成了下次青苗麦西来甫的主办人了。紧接着大家都加入到狂欢的气氛中，翩翩起舞。就这样，整个冬天青苗在各家被传递着，直到来年春暖花开。

在哈密，除了青苗麦西来甫之外，还有很多这样的文娱形式，如米丽斯麦西来甫、卡尔麦西来甫、春天麦西来甫和桑葚麦西来甫等等。

流行于五堡一带的鸡舞更是具有特色，与哈密鸡舞同样出名的还有吐鲁番的鸭舞，这种以模拟动物姿态的舞蹈无不透出诙谐。在五堡经常能看到这样的鸡舞表演，一个扮公鸡，一人扮母鸡，相互追逐着。再佐以音乐鼓点的节奏，表演得惟妙惟肖，十分富有感染力。观看鸡舞定会令现场的观众捧腹，大家在轻松的氛围下惬意地享受着生活。

除了哈密木卡姆以外，在伊吾县还流传着另外一部大曲，就是伊吾木卡姆。关于伊吾木卡姆，更是具有与众不同的特色，单从演奏木卡姆的乐手就可以看出，因为乐队成员全部是由女性担纲的。

伊吾木卡姆的形成源于一个真实的故事。有一年哈密王进京面圣，一走就是一年，回王走后，王妃十分的寂寞，于是下人们就请来了民间的艺人为王妃演奏哈密木卡姆。艺人中间有一个叫库尔班的，他的歌声十分动听，王妃十分喜欢他，就把他留在了王府。回王回来后疑心王妃与库尔班有染，就将库尔班发配到了淖毛湖。库尔班在淖毛湖过得十分清苦，但他没有放弃歌唱，经过几十年的揣摩，他发展并改进了哈密木卡姆，从而形成了一套新的大曲，并流传了几代人，这就是伊吾木卡姆。

伊吾木卡姆与哈密木卡姆有很大的不同，主要是在歌曲演唱上，节奏偏慢。伊吾木卡姆也有12乐章、142首歌曲。伊吾木卡姆是在哈密族木卡姆的基础上发展起来的，很自然的也就成了哈密木卡姆中的一个重要组成部分。

哈密木卡姆和伊吾木卡姆是哈密绿洲人的骄傲，也是哈密维吾尔人历史的见证。对于哈密木卡姆，我们不能简单地认为这只是一种艺术形式，应该更深层次地理解为这是哈密维吾尔人对世界感知和认知的一种表现方式。

2005年11月28日，联合国教科文组织宣布"中国新疆维吾尔木卡姆"和"蒙古长调"为第三批"人类口头和非物质遗产代表作"。这的确是一件可喜可贺的事，但在高兴之余还是有一些担心在里面，就是传承问题，如今这个问题正现实地摆在了大家面前。目前已经确认的新疆维吾尔木卡姆传承人仅有42人，大都年过六旬，很令人担忧。但值得庆幸的是，新疆已有了几家木卡姆学校，哈密也修建了木卡姆传承中心，并且此次的申遗成功给新疆的木卡姆提供了一个契机，只要能很好地借助这股东风，我相信木卡姆这朵西域雪莲，会在全世界的各个角落开得更红、更艳！

哈密木卡姆是一部可以触动灵魂的音乐，当每一次艾捷克的琴声出现，当每一声手鼓的响起，当每一个舞者的身姿在转动，都会使心灵飘然升腾而起，并升华到巍峨耸立的东天山雪峰之上！

哈密古枣的前世今生

来到哈密，尤其是金秋时节，便会被浓浓的甜蜜气息所包围，无论是哈密的贡瓜，还是哈密的古枣，都已成为代表哈密的文化元素和特殊符号，正是这些傲人的本地物产，使哈密的原产地价值得到了前所未有的提升。

哈密古枣在这块神奇的土地上发芽，在历史变幻中生长，在文化熏陶下开花，在和谐氛围中结果，在枣农的欢笑声中成熟。这一轮回不是只用了短短的四季时光，而是长达1300年之久的跨步穿越。当一棵棵古枣树呈现在世人面前，不但是在讲述着这千年沧桑的种植历史，也是在演绎着哈密这个"瓜果之乡"的云烟过往。

在哈密，有无数关乎哈密古枣的历史故事，有无数关于哈密古枣的民间传说，也有无数关于哈密古枣的句句诗行。在历史书卷的点点墨香中，哈密古枣无不透露出"骄傲"二字。当我们把这种骄傲与自豪延伸到今天的新世纪，抬头再看时，古枣树依旧茁壮，依旧枝繁叶茂，树上的古枣依旧甜如蜜糖。

哈密这座甜蜜之城中，有历史赋予的使命，有文化传承的精彩，有大自然留下的遗产，有民族团结的璀璨，更有集八方精华于一身的"中国第一大枣"，尤其是"密作"品牌的树立，更将哈密贡瓜、哈密古枣和哈密传统刺绣立于了传承发展的风口浪尖。在这个新机遇下，哈密古枣将会以另一种姿态舒展地生长在这片土地上，让哈密更甜蜜，让哈密人民的生活更红火。

（一）史书中的哈密大枣

翻开历史，哈密这地儿始终处于西域历史的重要章节中，无论是哈密贡瓜、哈密传统刺绣，还是哈密大枣，均在发黄的书卷中清晰可见。丝绸之路的历史创造了这片土地的文化，文化衬托了历史。就在历史与文化的交融间，使得那些哈密本地物产显得尤为耀眼，不只是食物和饰物勾勒出了哈密几千年的风情，还有这些文字所赋予它们的一种高尚和荣光。

哈密与远去的唐朝有着很深的历史渊源，有几座始自大唐的古城就伫立在这片土地上，虽长安与哈密有数千里之遥，但却无法割舍联系，那种影响是潜移默化的，更是深刻恒久的。于是，大唐的辉煌中有了哈密的参与，哈密的悠久中有了大唐的影子。尤其是哈密大枣成为这一时期的皇家贡品，是大唐自接纳伊州乐以来，与哈密进行的又一次深具历史意义的两地交流。

那么从大唐到清代这跨度一千多年的历史长河中，哈密大枣到底饰演了一个怎样的角色？"举足轻重"不敢说，但有了哈密大枣的历史，却是精彩纷呈的，至少让各朝代的高官与百姓了解了哈密，品尝到了产自这个地域的奇甜异香。所以，我们将哈密大枣誉为"交流使者"，这一点也不为过。历史会告诉未来，史书中浓重的一撇属于哈密大枣。

我们先将视线转到盛世大唐，那时的哈密，有一个很好听的名字，叫作伊州。唐贞观六年（632）时，伊州归附于唐朝，却遭到了高昌国和西突厥的联手围攻。情急之下，唐太宗派遣侯君集、薛万钧率军讨伐高昌，二人马不停蹄，昼夜兼程，十万天兵深入高昌境内，高昌国王麴文泰得到探报，竟然惊惧成疾，一命呜呼。唐军势如破竹平定高昌，伊州城上下欢欣鼓舞，国王为表答谢之情，特设御宴款待大唐将士，席上进献大枣，红艳悦目，鲜润饱满，枣香扑鼻，让人垂涎欲滴，将士们大快朵颐，赞不绝口。

这段真实的历史表面看是一场战争，但在其中，却无意中揭晓了一个让史学家都曾经棘手的一个谜团，就是哈密大枣的种植历史究竟有多长？贞观六年即公元632年，那么可以依此为据来推算，哈密种植大枣的历史距今至少已有1300年之久。这是一个意外收获，也给了哈密大枣一个准确的历史和时间定位。

哈密大枣自大唐时期崭露头角后，从此便一发不可收拾，随着各个朝代的更迭，始终上演着仅属于它的传奇，那么还有别的史料能够再次证明哈密大枣就是唐代贡枣吗？哈密贡枣起于唐代，这已无可辩驳，我们可以再来看看这些史书的记载。据《新唐书·地理志》记载，"伊州伊吾郡……纳郡，下。本西伊州，贞观六年更名。土贡：香枣，胡桐律，阴牙角"。此处的香枣，即哈密红枣。《中国经营西域史》（曾问吾著）也有同样记载。该书第三章唐朝之经营西域，第四节唐朝统治西域之政策记载："伊州前1282年（贞观四年）处置西伊州，后二年更名伊州。本州土贡：香枣、阴牙角、胡桐律……"以上史书证明哈密贡枣最早是在贞观四年时出现，距今约1390年，若以开元盛世之719年（开元七年）来算，至少亦距今约1300年，虽然前后相差80多年，但哈密大枣系唐代贡枣已确凿无疑。

此外，《大明统一志》哈密卫中还记载，土产一节中记有香枣。清光绪年间，京师矿务铁路局主事张荫垣谪戍新疆，抵达哈密。哈密王用当地盛产的瓜枣予以款待。张荫桓在《二月朔日哈密王席上三十韵》诗中说：

"……枣大疑仙种，瓜藏佐午餐……"哈密大枣以其个大、肉厚、核小、含糖量高，营养丰富等独特的特点，自唐朝以来被当地统治者作为贡品，进献中央王朝，或作为珍品招待贵宾。《哈密县志》第四篇农业，第四章林业记载："……红枣质量向来居哈密之冠，历代哈密王都作为贡品。"

以上史料都已说明从唐至清，哈密大枣经过了一千多年的种植演变，仍是果品中的佳品，以至于有了"枣大疑仙种"的文字描述。

哈密作为名副其实的瓜果之乡，不仅有历史赋予这些物产的真实定位，还形成了自身独特的物产文化。更为重要的是，哈密的瓜果仍保持着千年之前的味道，无论历经了多少次沧海桑田的转换，仍甜蜜如初。

（二）哈密大枣引出的一段往事

有关哈密大枣的故事有很多，无论正史还是野史，抑或是民间传说，都成了哈密大枣千年种植历史的佐证。但有一个似是而非的故事，虽无法找到它的历史记载，但还是深深吸引到了很多本地人。现在，我们把思路切回到那个遥远的西汉时期，进入到这个故事当中，去寻找那个关于哈密大枣留给历史的一段翩翩背影。

汉明帝即位后，为了彻底根除匈奴祸患，公元73年（东汉永平十六年），明帝派一万一千骑攻占伊吾卢(今哈密)，设置宜禾都尉，留官吏士兵屯田伊吾卢城。为永久控制伊吾卢城，保障丝绸之路的畅通，汉明帝在窦固攻占伊吾卢后，立即下诏，令各郡国、京城死罪囚犯减死罪一等，到军营报到，随军前往朔方、敦煌、伊吾卢等地屯田戍边，妻子自愿随行，父母欲从者听便。就这样伊吾卢城在短短几年后就成为农桑阡陌、果树成荫的边塞绿城，加之窦固不断施行修固城墙、加强治安、严明军纪、开放商旅等积极措施，伊吾卢城从此奠定了"西域襟喉、中华拱卫"的历史地位。

窦固屯田伊吾卢城，积极组织屯田士兵开荒种地，遍栽桑果。屯田士兵家属大多都应朝廷指示，带上家乡的各种粮食、蔬菜、果树的种子。窦固实施划分田园、开荒奖励等政策，伊吾卢城内外很快变成繁荣的边疆绿城。

随窦固征战的将士，大多是其家乡子弟兵，屯垦戍边，多有思乡之情，如何安慰戍边军民情绪，稳定戍边成果，窦固十分苦恼。窦固的夫人涅阳公主十分了解丈夫的苦心，说服明帝准许随劳军使节到伊吾卢城看望丈夫，劳军慰问。涅阳公主亲自安排，待窦固家乡红枣收获时节，准备了十斛干红枣作为劳军慰问礼物。

劳军使团到达伊吾卢城，家乡的红枣给士兵带来了惊喜，士气大振。涅阳公主体恤边民的这一举动，使戍边将士更加爱戴窦固，团结斗志。窦固因此受到启发，想方设法从家乡引来红枣的种子和枣苗，遍地种植。红枣收获的时候，人们发现，到了西域的土壤上，红枣变得又大又甜，和家乡的红枣完全不同，这让来自家乡的将士意外惊奇。窦固见此情形，立刻大赞伊吾卢城，感谢大汉皇朝，我军得到一方宝地。天佑农桑，红枣竟然疑似天种，将士闻听此言，甚为信服。从此军民淡忘了思乡之情，逐渐安居乐业。涅阳公主大枣慰问劳军也成为一段历史佳话。

屯边军民为西域带来了内地先进的农业技术和文化，促进了内地农业文明向西域的传播，为丝绸之路的畅通做出了卓越贡献。现在的哈密五堡大枣，据说就是当年窦固屯田所留下的宝贵资产。直到唐朝，哈密大枣成为西域珍贵贡品，而载入历史史册。

（三）百年老枣树的传承滋味

在每个似火的八月，整个五堡只会看到两种色彩和一个表情，一种是繁茂枝叶中呈现出的翠绿，一种则是在这翠绿间点缀着的大红。当然，还有五堡种枣人脸上洋溢着收获的笑容。在这个季节，家家户户房前屋后百年枣树上，宛若红玛瑙般的大枣挂满了枝头，当微风拂面，当枣香阵阵，你会知道，又是到了一年丰收的时节，任甜蜜四溢。

认识玉素甫·托合提老人很偶然，只是无意中推开了他的家门，谁知，就是这样随手地一推，竟推开了一个老人的世界。阿克吐尔村就是这位老人居住的地方，他今年60岁。他家的后院在他来说就是一块宝地，当然，也是他全部的世界，后院并不大，但却让人惊叹，因为在这仅有一亩大小的土地上，竟生长着15棵300余年的古枣树。望着这些老枣树，看着这位维吾尔族老人，不由得将时空拉伸到了遥远的过去和那个早已随几代青春逝去的年代。

"这片枣园是我祖爷爷留给爷爷的，爷爷又留给了我的父亲，父亲又给了我。"站在一棵树径约2米的古枣树前，玉素甫·托合提的表情是兴奋的，他自豪于自己祖宗留下的这笔财富，还有数也数不清的记忆碎片。这些百年枣树倾注了他太多的情感，也见证着一家几代人的幸福生活。

关于这十几棵老枣树，还隐藏着一个令老人骄傲的小故事，这个故事玉素甫·托合提是从爷爷那里听到的。在200多年前，回王统治着哈密区域内所有的土地。在一次哈密回王来到五堡视察时，无意间品尝了他家树上结出的大枣，便赞不绝口，于是立刻下旨，将这片园子里的大枣指定为向清廷皇帝进献的贡枣。从此，他家的大枣就被封为了百姓不可近身的御果。玉素甫老人每当和别人讲起这个故事都显得非常自豪，作为一个家族种枣人，他相信这是一种至高无上的荣耀。

玉素甫·托合提的爷爷活了118岁，不用说是在几十年前，就是现在的老人，想活到如此长寿也是非常困难的事儿。说也奇怪，像这样岁数的长寿老人在五堡竟然不是个别现象。如果究其原因，可能所有五堡人都会告诉你，吃百年老枣树上的大枣就是他们延年益寿的法宝，更是善良淳朴的民风给他们带来了好福气。

从小生活在枣树下的玉素甫·托合提一家对古枣树有着很深的情感，他们没有使用现代种植工艺，也没有对这些老树进行过改良，至今依然沿用当地千百年来传下的传统种植技艺精心呵护着这些古枣树。其实，这也是百年老枣树为何能保持味道甜美的最大秘诀。

所谓千百年来传统种植技艺的传承沿用，就是用最原始的方法保证了百年枣树的哈密大枣品质不变。枣农施肥时，总是把农家肥深埋在根部2米以外，保证枣树能够充分吸收土壤的营养。同时，老枣树枝繁叶茂，为了能让枣树充分吸收太阳照射，枣农每年都会对老枣树的枯枝进行修剪，以保证枣树的通风、透气和采光。修剪过的老枣树每年还会发出嫩绿的新枝，因为吸收了充足的养料和享受了天地日月之精华，所以老枣树上结出的大枣果肉密实、香气醇厚，营养价值和药用价值都非常高。

五堡百年老枣树之所以依旧果实累累，营养和药用价值保持如初，还有一个秘密需要揭开，而这个秘密就藏在这片土地之上。来看看这里的周边地理环境，哈密地处北纬40度至45度之间，这里阳光明媚，日照充足，是世界公认的水果优生区域，也是国家农业部确认的国家级绿色食品基地。太阳辐射总量全年为5000—6490兆焦耳/平方米，夏至日照时间长达14—16小时，太阳总辐射量和日照时数居同纬度地区之首，昼夜20多度的温差。这些为哈密大枣提供了更充分的光合作用，储蓄了更多的营养成分，尤其有利于枣果可溶固形物和糖分的积累，这也是造就哈密大枣品质极优的根本原因。还有全年长达220余天的无霜期，使哈密大枣的成熟期更长。同时，无污染碱性沙质土壤和富含氧离子的天山冰川雪水的灌溉，使哈密大枣的矿物质营养更加丰富。

得天独厚的水土条件给哈密大枣创造了一个良好的环境，并孕育出了独一无二的大枣文化，使得老枣树始终能够保持最佳生长状态，继而能够生长出品质优良的哈密大枣。这也是占了天时和地利的优势，而这种优势在其他地方，根本很少能寻到。所以说五堡是幸运的，五堡人也是幸运的，哈密大枣更是幸运的！

有意思的是，在五堡，几乎家家户户的枣园里都有一张板床。枣农们不仅喜欢吃枣，还以枣为原料，做成美味的大枣馅饼、大枣馍馍和大枣花卷，甚至在喜爱的馕饼里也添加了大枣。每到午饭时刻，祖热木汗·阿吉在枣园板床的长桌上摆上这些大枣美食，还有特制的大枣茶，热情招呼左邻右舍前来品尝。卡热·吾休尔老人就是他们家的常客之一，卡热·吾休尔今年已105岁高龄，依然耳聪目明，行动稳健。问及长寿秘诀，老人说："身边的很多亲戚年纪都很大了，但我们的身体都很好，每天都吃大枣，还到枣园子照料枣树，到现在血脂、血压都很正常。"老人还用当地人常说的俗话风趣地答道："一日食三枣，郎中不用找；门前一颗枣，红颜直到老。"

据统计，哈密市现存30年以上古枣树两万余株，主要分布在伊州区五堡镇、二堡镇、花园乡、回城乡和陶家宫镇。五堡镇的古枣树数量居哈密各乡镇之首，是哈密大枣的发源地。

枣乡哈密，枣农们锲而不舍地传承着哈密大枣的深厚文化，创新并演绎着特产变品牌的历史蝶变，用"工匠精神"铸就"密作"品牌，"密作"古枣，是长寿之果，更是惠及健康的臻品。

（四）五堡的老枣树时空交错

每次走进五堡，都能感受到一种别样风情扑面而来，如同走入了另一种陌生。无论来过多少次，就像是第一次来过那样的新鲜，虽然景物未变，虽然枣林依旧，虽然木卡姆的音调还萦绕在耳边，但时间却未如昨天，一切全新的开始都只是今天对五堡视觉与味觉的初次相见。

儿时吃枣并未有过那么多的挑剔,有时能记起当时的场景,却忆不起那些枣儿到底是甜还是更甜。现在,竟然变得有些矫情,开始更多地注重口感和肉质,甚至连哪一棵树结出的枣儿口味好都能清晰分辨出来。原来,我们当初并非是在品枣,而是在品味过去的生活。而如今,当心无旁骛,将自己渐渐融入五堡的每一片枣林,才发现,我们期待中的甜蜜早已碎步而来。

从前吃枣只是吃枣,好像从未关心过一棵枣树的生长历程,更不会关心它的树龄究竟有多长,因为总觉得只要是枣树,所结出果实的味道就基本不会有太大差异。然而在这个深秋,在这个香枣挂满枝头的五堡,视野中却有了一种与众不同的感受,那些三百年老枣树的出现,使人有些恍惚,仿佛是穿越在时间与空间交错的蜜甜中。

第一次看到五堡的老枣树,感觉上看起来好像并没有三百年那么久。因为枣树的生长周期慢,与其他树种相比,同样是三百年的树龄,主干直径根本就不在一个层面上,与之前想象中的几人环抱真是差之千里,但在树干上钉着的长方形白铁皮上,权威部门已认定此树的树龄确为三百年。更为惊叹的是,仅在五堡这个镇的周边,就有百年生的枣树1645棵,二百年生的枣树113棵,三百年以上的枣树36棵。其实,"三百年"这个数字并非五堡种植香枣的一个顶格历史年份,据说在几十年前,这里几乎每家每户都有好几棵这样的老枣树,有的甚至年代更为久远,只不过当时被砍伐转种了其他经济作物。否则,今天我们会看到更多的老枣树,而不会仅仅在乎它的香甜。

老枣树上所结的大枣不及如今改良品种的个头儿,形状上看起来也基本无异,但摘一颗老枣树上红透的大枣送入口中,唇齿间却是无法形容的一种满足感。枣皮竟然可以如此之薄,薄到似乎感受不到皮的存在;果肉竟然可以如此之丰满,丰满到用两指无法捏动它的厚实;味道竟然可以如此之香甜,香甜到咽下枣肉后回味依旧如初。想想三百年前的大清王朝和哈密王朝，想必这棵枣树上的香枣就曾作为贡品出现在王公贵族的餐桌上，那么如今我们在吃着当时只有皇家才能品尝的奇果时，有没有一种"旧时王谢堂前燕，飞入寻常百姓家"的感慨？

阿不列里木是一个纯正的五堡当地人，今年已经70岁高龄了，在老人的印象里，自家后院这棵三百年的枣树似乎就从未生长过。在他小时候，这棵枣树就是这么粗，如今70年过去了，还是这般粗细，基本没有发生过肉眼能观察到的改变，就连味道也和老人小时候吃的一模一样。这棵老枣树每年可以打500公斤果子，从枣儿成熟开始，他没事儿就摘上几颗吃，冬天就用这棵树产下的干枣泡茶喝，以至于这么多年以来，老人的身体基本没有出现过不好的状况。联想起哈密当地人称五堡为"长寿之乡"，是否也与经常食用大枣有关？答案是肯定的，专业人士将哈密大枣的营养成分经过科学分析后，得出了相关结论，印证了大枣与长寿之间的辩证关系。

哈密真是一个被上天眷顾的人杰地灵之地，这里的特产有南湖的哈密瓜和葡萄，有五堡的百年香枣和百年桑葚。今天，这些古枣树已被林业部门保护起来，当地人也意识到了这些老枣树将会给自己的生活带来更多的益处，便开始盘算起将这些树结下的香枣包装成一个品牌了。

来五堡有时也是为了一种情怀，这情怀中包含有家乡的味道，有故人的寒暄，有时间的蹉跎，也有追忆时的蹒跚。来五堡更是为了一种回忆，这回忆中，有一颗颗饱满的香甜大枣，还有这些大枣曾经作为贡枣时的无上荣光。

（五）哈密大枣的淡淡药香

中国人都知道，传统中药入口后偏苦，很多人都不喜欢这个味道，但在熬制中药时，空气中飘散着的丝缕药香却又让太多人欲罢不能。于是，想起了一句话："何处药香不医人？"也想起了《红楼梦》中贾宝玉说："药气比一切的花香、果子香都雅……这屋里我正想各色都齐了，就只少药香，如今恰好全了。"

药香究竟是怎样的一种香气？问一百个人可能会得到一百个不同的答案，如果让我来说，那么只有宁静和心安的解释了。当然，感受一定是与生活经历有关，或许有人还能从药香中体味到妈妈的关怀。

大枣也是一味中药，这众所周知，即便如此，也无法从大多数品种的大枣中品出或嗅出药香来，若有天你真的吃到了这样的大枣，咀嚼时齿间会带有一丝细微的苦，同时舌尖上会漾出一股淡淡的药香，那么根本不用去考虑和猜测是何品种，定是产自哈密的大枣了。

哈密大枣之所以被称为珍品，个大皮薄肉厚味甘这四个特点都已不算是衡量品质优劣的深层标准了，若是没有这枣中药香的沁人心脾，恐怕就算不得是至臻佳品，更无法将此物纳入独一无二的品质范畴了。

哈密自古以来就是贡枣之乡，当时被选为贡枣也不仅仅是因为它的味道甜美，如果没有自身独有的味道特色，又怎会入得了皇帝的法眼？那深信长寿道法的唐太宗可能正是品尝到了哈密大枣中的这股异香，才会觉得与众不同，才会对哈密大枣的延年益寿功效深信不疑。所以舍近求远，在西域之地将此果艰难跋涉运抵长安，这在当时已属不易，就是拿它来做长生不老仙丹的药引也不是没有可能。

那么哈密大枣中的这份微苦与药香究竟是从何而来？时至今日，依然众说纷纭，所有看法基本都与中医理论有关，虽仍无一个准确的科学结论得出，但有一点是确切无疑的，哈密大枣营养成分之所以如此之高，正是因为有了这丝微苦与药香的存在，不但增加了哈密大枣的浓郁气息，并且结合到哈密大枣的众多维生素、众多微量元素、众多化合物和各种稀缺的营养保健物质当中，对健康有非常大的益处已是必然，延年益寿当然也就不会只是一个传说了。

哈密大枣初夏开花，九月果熟，树上宛如挂满红灯笼。光彩夺目，芳香四溢，出肉率为枣中之最，自然晾晒，极少腐烂、发霉，非常适合长期储藏。因甜度高，甜分大，营养成分得以极大保留，因此晾干后不会变形。这是哈密大枣作为精品存在的价值，也是天与地的自然融合，人文与历史的厚重积淀，给予哈密这片热土奇妙的"工艺"。其中，原生品质、文化特色和健康元素，正是每一颗哈密大枣所具备的精华内涵。

枣乡哈密，哈密枣香。千年的风雨造就着千年精彩的文化，千年的滋润保持着千年不变的异香，千年的传承延续着千年如一的味道，千年的历史演绎着千年厚重的传奇。这就是哈密大枣，一种选尽其他而无法替代的味道。

（六）哈密大枣的三个民间传说

(1)

如果说一则民间故事发生在三千多年前，可能很多人都不会相信，毕竟那时中国的甲骨文才刚刚出现。在西域之地，能寻到一块甲骨实属难事，更别说去翔实记录一件事儿了。但在哈密，确实有一个有关大枣的古老故事就发生在那个时候，而且真实性非常大，也许有人会问，没有记载如何传世？其实，民间大部分故事都来源于口口相传，就是说，有人的地方，就会有故事在讲述。

三千多年前的哈密，没有人居住于此，虽然环境怡人似世外桃源，却人迹罕至。当有一群人不远万里翻越高加索山脉来到西域时，没有人知道他们是为何而来，又会去往何处。但可以肯定的是，这群居无定所的流浪人群来到西域只是为了寻找到一个适合生存的地方。他们有可能是吐火罗人，也有可能是欧罗巴人，在哈密五堡出土的那具三千多年前的干尸——"金发女郎"可以佐证这一切。

他们一路走来，为何会来到哈密？为何又会选择在五堡定居？环顾哈密五堡的自然环境，就会有一个合乎逻辑的推断。首先，曾经浪遏滔天的白杨河就流经此地；其次，当时周边环境下野生兽禽繁多；最后，也是最为关键的，就是当时的五堡，野果成林，而且水草丰美，非常适合生存。所以当这群人找到这里时，正好是深秋时节，便定居下来，自此，哈密开始有了人类居住的历史，他们也成了哈密的第一批先民。

最初他们是依靠采集野果来度日的，偶尔也会出去打猎，五堡当时最多的就是野生红枣树。他们将采到的野枣集中起来，由部落首领给大家分配这些之前从未见到过的美味果实，吃不完的就晾晒成干枣，以备冬季食物匮乏时充饥。

来到五堡，他们不仅结束了颠沛流离的生活，还解决了食物来源的大问题，那时他们感到非常满足，也非常幸福。

几年后的一天，部落里突然发生了一场类似瘟疫的群体性疾病，最后几乎蔓延到了每一个家族，症状为上吐下泻，浑身无力，有人因此而死去。因为那时连最原始的医疗条件都没有，所以部落里大部分人都处于一种恐惧和绝望的边缘。首领看到这一切后非常焦急，便召集年长的老人商量对策，然而却无计可施。但有个细心的老人却发现了一个很奇怪的现象，部落中有一个家族中竟然没有一个人患这种病。

于是，这位细心的老人便来到他们家，想找到这家人抵御恶疾的法宝。一进门，老人就闻到了一股浓浓的枣香，细看，屋内火堆上的陶罐里竟然煮着用干红枣熬制成的香汤。问其原因，原来这家人只是将枣汤作为食物，并无其他举措。难道这就是可以治愈这场疾病的方法吗？老人盛了一小碗，送入口中，便觉味道奇异，甚是好喝。他思量了许久后，便起身告退了。

回去后，老人将此事报告给了部落首领，首领将信将疑，但还是抱着试一试的态度想证明这法子到底灵不灵。于是，便差人收集了部落中所有的干枣，熬制了几十个大陶罐的枣汤，让每个人都喝上一大碗。没想到连续喝了五天后，奇迹发生了，部落里所有病人都神奇地痊愈了。自那以后，整个部落都将五堡的野枣奉为神物，身体有些小病，他们都会喝上一碗红枣汤，虽说对有些病并无效果，但还是能减缓些痛苦，至少在心理上对自己是一种慰藉。

在五堡定居得久了，部落中人的生活也越来越好，他们开始为实现更高的生活要求而寻求一种变化，有人将野枣树挖回来种到自家院中，浇水施肥，精心照料。待到来年收获季节，发现这些树结出的枣远比野枣个头儿要大，味道更甜。于是，部落中所有人都行动起来，积极仿效。后来，他们逐步进入到了种植和农耕时代，从此，五堡大枣的改良时代具有了雏形。

如今我们再来看这些哈密大枣，已经到了近乎完美的程度，无论是个头的大小，含糖量的高低，营养价值的优劣及药用效果的强弱，哈密大枣基本达到了一种极致的状态。所以我们要感谢哈密先民们的智慧，当然，还有一个观点无须过多论证，就是先民还没有在哈密定居之前，哈密大枣就早已存在于这片土地了。

(2)

穆天子何许人也？穆天子就是周穆王，姓姬名满，公元前10世纪时曾乘八骏神车巡游西方，使中原和西域的联系日益密切。据说当时穆天子让造父替他驾了八匹骏马拉的车子，伯夭做向导，带领大帮的随从，选了个好日子，从镐京起程动身前去西域。那么西王母又是何方神圣？本是一个原始部落氏族领袖的她，经过几千年的传说，被神化为了王母娘娘，还成了道教的领军性人物。她会过周穆王和汉武帝，在《东周列国志》中就记载了周穆王赴瑶池会西王母的故事。

让居于昆仑之地的西王母怎么都没有想到自己与远在万里之遥的穆天子会有一段旷世情缘，爱情这东西非常奇怪，毫无预料，说来就来了。

此时的穆天子正驾着他的八骏马车向着大地的西极疾驰而来，目的地就是昆仑。他知道，西王母正在盼着他的到来，而在穆天子心里，更是对西王母日思夜想。因为西王母已占据了他每天夜里全部的梦，思念加上倾慕之情，让穆天子不顾路途遥远，风雨兼程，只是为了能早一点见到他朝思暮想的西王母。终于，在离开镐京的一年后，八骏马车也奔驰了一万两千多公里，那天清晨，穆天子的脚踏上了昆仑的土地。

史书记载："穆王十三年，西征昆仑丘，见西王母。"周穆王西巡来到昆仑，盛赞西王母居处是仙山王阙，绮景瑰观，"遂宾于西王母，觞于瑶池之上。西王母为王谣，王之和。"甲子这一天，周穆王在西王母之邦瑶池做客，西王母以礼宾之仪相待，拿出了从未示人的香枣款待他。穆天子也回馈给了玄圭白璧和彩色丝带。

第二天是乙丑，在瑶池的碧波岸边，香枣美酒，西王母与穆天子把酒叙情。西王母为天子谣曰："白云在天，丘陵自出。道里悠远，山川相间。将子无死，尚能复来？"西王母这是在问穆王，迢迢西路，相隔万里，何时还能再相见呢？穆天子回答："予归东土，和治诸夏。万民平均，吾顾见汝。比及三年，将复而野。"意思是："我回到东方的国土，定把诸夏好好地治理。等到万民都平均了，我又可以再来见你。要不了三年的时光，又将回到你的郊野。"

待西王母带着穆天子游历完领地的全部美景后，穆天子惜惜离别，西王母随即弹琴作歌曰："巍巍瑶池兮鼓乐鸣，鼓乐鸣兮侍嘉宾。侍嘉宾兮歌声浓，歌声依兮上九重。上九重兮上九重。上九重兮君长寿，君长寿兮何日来？"临走时，西王母将几大袋香枣放到八骏马车上，并叮嘱穆天子记住所言的三年之约，如果想念时就吃上一颗香枣。

就在穆天子驾着他的八骏马车返回镐京的途中，途经今天的哈密五堡一带，发现这里正遭遇了一场前所未有的大旱，当地农作物基本颗粒无收，百姓食不果腹。看到这个场景，穆天子便决定将西王母所赠的香枣分给这些受难的当地人，并嘱托"吃完枣后一定要将枣核种在地里，不要丢弃"。穆天子离开后，当地人将吃剩的枣核依照穆天子所说种到了自己家的田里，就在穆天子走后的第二年，那些枣核发芽了，几年后，一棵棵挂满香枣的树就遍布在了五堡的每一个角落，并且结出的那些香枣个大味甘，十分喜人。

当地人十分感谢周穆王，其实老人们并不知穆天子正是从西王母那里归来，但都认为只要是奇花异果必定来自王母娘娘的后花园，于是凭想象认定这些香枣并非凡物，一定是王母娘娘后花园的仙果。就是这些枣树，使当地人度过了最难熬的饥荒，也让他们将这些枣树视为上天所赐。从此，五堡人开始精心照顾这些香枣树，直到几千年后的今天，种植枣树已然成了当地人的代代相传的习惯，在全国，也只有五堡的大枣才能品出仙果的滋味。

回想起穆天子对西王母承诺的"三年时光"，应是他对西王母的一份感情慰藉，然而穆天子却没有做到。本可以成就一段佳话，却遗憾地成了一段历史往事。

(3)

在很久很久以前，据说当时的五堡还是一个很小的村庄，这里土地肥沃，河水欢腾，一片祥和安宁的景象，善良的村民们就在这片土地上世代劳作，幸福地生活。

村里有一个帅气的小伙子，勤劳勇敢，且乐于助人，只要是左邻右舍谁家有了困难，他都会热心相助，从不要什么回报，村里无论老人还是孩子，都十分喜欢他。只是小伙子的父母早早就撒手西去，只留给他了一间漏雨的草房，还有收成并不是太好的几分薄田。小伙子在父母离世的那一刻起，就发誓要让自己和乡亲们过上更好的日子，但他心里也明白，靠天吃饭仅能解决温饱,想有大的改变好比登天。

有一天小伙子正在田里做农活儿,突然听到天空中有一阵阵哀鸣声,他抬头一看,一只凶悍的老鹰正在将利爪伸向一只白天鹅。就在被抓到的那一瞬间,小伙子从腰间拿出弓,对准老鹰就发出了一箭,中箭后的鹰随即抛开白天鹅迅速飞离了,那只受了惊吓的天鹅从空中掉落,正好被小伙子接在了怀里。

在确定白天鹅已无法再飞翔后,小伙子把它抱回了家并为它简单处理了伤口,还拿来了食物和清水。就这样,白天鹅在小伙子的精心照料下慢慢恢复了体力。在一个晴朗的清晨,它张开翅膀向东飞去了。那以后,小伙子的生活依旧如初,不久他已将救治白天鹅这事儿忘了。

又过了一段时间,小伙子大清早突然被屋后一串串银铃般的笑声惊醒了,顺着窗户向外望去。他看到有七个身着七色纱裙的翩翩美少女在他家的那块田里忙碌着什么。小伙子赶忙穿上衣服想去看个究竟,没想到却惊动了那些女孩,她们便化作七色羽毛的天鹅飞上了天空。最后那个白衣姑娘回头望了他一眼,也化作天鹅飞走了。顿时,小伙子全明白了,就在那一刻的四目相视后,他就爱上了那个化身白天鹅的白衣姑娘。

第二天,小伙子一起床又惊呆了,原来他家的田里凭空长出了七棵枝繁叶茂的大树,绿叶间点缀着红玛瑙般的果子。村里人也都跑来看热闹,但谁也不敢摘那些红果子吃,因为他们从没有见过这样的果树,当然不敢贸然品尝。

原来,这几个七彩少女正是天庭的七位公主,身着白衣的是其中年龄最小的一个。在小伙子为她疗伤时,她已深深喜欢上了这个善良的小伙子。为了报小伙子的救命之恩,她与六个姐姐将天宫后花园中的仙枣种子偷了出来,种在了小伙子家的农田里。

私自将天庭仙物带入凡间是触犯天条的重罪,七位公主自以为天衣无缝的事情还是被太上老君戳破并报告了玉帝。太上老君又是如何发现的?

原来，天宫那片仙枣林是千年一开花，再千年一结果，数量本就稀少得可怜，一下少了七颗，自然会被发现。况且这些仙枣本就不是招待各路神仙所用，而是太上老君炼制仙丹的药引，十分珍贵。

玉帝知道此事后甚为震怒，立刻要求公主们将七颗仙枣种子还回天庭，否则将会按律加重责罚。公主们知道那些种子已在凡间开花结果，但玉帝不依不饶，声称种子既然无法带回，就必须将那个小伙子处死。因为他知晓了公主们的身份和仙枣的秘密，一旦外传，必定会有损天庭声誉。无奈之下，白衣小公主又偷偷返回了凡间。

此时的小伙子每天也在朝思暮想着那只美丽的白天鹅，这种爱情在神话故事中已属俗套，但又没法不落俗套。无论人与人还是人与仙，一见钟情是很正常的情感表达。

小公主到了凡间见到了小伙子，二人相拥在一起。在得知了玉帝降罪后，小伙子也无计可施。但他担心自己会牵连到同村的百姓，便苦劝小公主回到天庭，回到自己的父母身边。就在这时，大难临头了。

小公主再一次的私自下凡让玉帝恼羞成怒，便差天兵天将来问罪。二人无处可逃，慌乱中跑进了那七棵枣树当中，一条火龙见状，喷出一股火舌，瞬间将枣林包围，这场大火足足烧了一整天。待天庭退兵后，村里的人发现小伙子和小公主已与那七棵仙枣树一起化为了灰烬，大家痛哭不已。

第二年春天，就在那片灰烬里，大家惊奇地发现那里又神奇地长出了九棵枣树，每个人心里都明白，那多出来的两棵就是小伙子和小公主变的。从此，为了纪念这一对恋人，每家每户都在自家田里插上了枣树枝，没想到全部都生根发芽了，而且还结出了满树的红果。从此以后，生活在这里的人们因为有了枣林而后顾无忧。每当村民们去摘枣时，都会习惯性轻轻摇晃几下树枝，以表示全村人对他们的感谢和祭奠。

哈密城市记忆

一个人对某个城市存在着深刻记忆，无非三种情况。一是他或她曾经深爱过的那个人在这座城市；二是他或她曾经在这座城市为梦想而努力奋斗过；三是他或她就在这座城市出生、成长，直至老去。

人总是会有太多记忆，无论处于成长的哪个阶段，都会有与之相关的镜像相呼应，尤其是当某段回忆偶然与某个场景发生贴合，那么触动心底的种种酸甜苦辣就会迅速涌上心头，之后或开心，或流泪，或喜极而泣，或五味杂陈。相信人与城市都是有记忆的，如果说一座城市曾保留在你的记忆中，那么有可能，你也是这座城市中那段不能忘却的记忆。

当一个个记忆碎片随流年逝去而渐渐清晰，慢慢拼凑出了一幅完整的影像时，你一定会意识到，原来，这座城市竟是你生活的全部，而你，只是这座城的似锦繁花中，那个数年走过同一街角的熟悉背影。

来哈密也是如此，喜欢上这里也需要一个理由，或是扑面而来的美景，或是淳朴百姓的热情，抑或是精致小城的静谧，再或是阵阵瓜香的甜蜜。这世上本就没有无缘无故的爱，任何形式上的喜欢都是有缘由的。无须穿越，仅是翻开历史，就能看到史书墨香中哈密这座城的清晰脉络。

七千年的历史讲述着这片绿洲的过往，三千年的文明演绎着这片土地的曾经。无论它从前的名字是昆莫还是伊吾卢，无论伊州和哈密力这两个称呼相隔有多么遥远，今天，这座城的名字就叫哈密。

历史总在不经意间留下印迹，在某个地方或是某段时间，这印迹宛如胎记，不是想磨灭就能消逝，不相同却又有几分相似。这是一个特殊的标识，仅代表一个特定的篇幅，它的存在有时是几百年，有时会是几千年。在扑朔迷离的历史烟尘中，哈密被书写上了浓浓的一笔，成为了历史长河中沧桑厚重的一瞥。

"金发女郎"在五堡重见天日，似是在做着一个三千多年前无人打扰的清梦，梦在艾斯克霞尔古堡被发现时才被人们惊讶的目光所惊醒。从此，这个被称为"金发女郎"的惊艳女人举世闻名。

周穆王来了，驾着他的八骏马车，带来了西周的赏赐和威严，西王母与之瑶池相会后，又依依送别在了西膜。这个西膜，也是哈密。

班超来了，他投笔从戎，寻着西汉张骞的方向，也一脚踏入西域。班超在烽燧狼烟中建功立业，大败匈奴之后，白杨河畔从此就多了一座美丽的城池。

玄奘来了，一路风尘，怀着对佛的执着和虔诚，庙儿沟佛寺的住持喜得连鞋都未及穿就跑出来迎接。玄奘未曾想，西域之地竟也四面佛光。白杨沟大佛寺的宏大气势也让玄奘惊叹不已，并留下了他挥汗讲经时的身影。

额贝杜拉创建了辉煌的哈密王朝，恢宏的王府历经近三百年风雨飘摇，已成为一个复刻的经典。如今，九世回王们已安静沉睡在了那座雄伟的大墓中，除了院落中古树的陪伴，还有艾提尕尔清真寺前木卡姆的悠扬乐声。

"明月出天山，苍茫云海间"，丝绸古道与玉石之路的光芒笼罩了这座曾被称为"西域襟喉"的古镇哈密几千年。从汉唐到宋元，再到明清，站在西域文化与内地文化发生交融碰撞的东天山脚下，用历史的角度去品味哈密，是否能感受到李白那首《关山月》中所表达的意境呢？

身处一种风情之中，尤其是体味一种不曾接触过的异域文化，无疑是兴奋的。当你来到这个拥有 28 个民族的城市，那么在缤纷文化的迥异中，会瞬间增加你的好奇和想象。而来到哈密，你所能领略到的除了文化的不同，还有汇聚在这片土地的万种风情。

在这里，你会沉醉在维吾尔族木卡姆的节奏中；在这里，你会陶醉在哈萨克族黑走马的炫舞中；在这里，你会迷醉在金秋胡杨的奇幻意境中；在这里，你会心醉在诸多民族的别类风情中；在这里，各民族的风味美食更会让你醉在其中，并感叹着那目不暇接的神奇。

不知从何时起，候鸟们南飞的羽翼上就沾满了瓜香，尾随着徐徐暖风，将小城的甜蜜传播到了千里之外。于是，许多人闻香而来，并将这座城市冠于了"甜蜜"二字，之后，便有了一次次浪漫的甜蜜之旅。

在这甜香交织的小城，若能在瓜果成熟的深秋清楚分明地辨出哈密瓜的香气，一定要先读懂康熙帝初次品尝哈密瓜时的龙颜大悦，也一定要体会到快马千里送瓜到京城的艰辛过程。这瓜，已不仅仅是以一种骄人的瓜果形态存在着，而是作为一个亲历历史的见证，至今仍在延续着它的蜜甜。

哈密，就这样被甜蜜围拢着。远方，有美妙的歌声缓缓传来："远方的客人快下马，请你尝块哈密瓜，这里的人们最好客，引你走进这绿色的家，哎——哎——，提来山泉洗风尘，吃块甜瓜好解乏……"

如果给你一扇开启的窗，你希望它面朝哪个方向？若你肯让脚步随心而动，那么就一路走向西北，在东天山脚下的甜美哈密驻足仰望，你会发现，这里就是你曾经梦中勾画的模样。

这个城市总在发生着变化，以至于每天醒来，就会有一个崭新的陌生出现在宽阔的视野。那唯一不变的，是远处巍峨耸立的喀尔里克雪峰，是哈密人民的好客与热情，还有城市周边散落的，那一个个见证历史的遗存。

去一座城市，如果感觉上仅有繁华与喧嚣，那么很容易产生逃离的念头。都市的主体不只是繁华，还有人文、休闲与精神的存在。否则，寻求不着心的宁静，找寻不到舒缓心情的节拍，也算是一种缺憾。

如果想为喜欢这个城市找一个理由，那么就到哈密瓜节去看看，在盛大瓜节的载歌载舞中，在甜蜜之都的旅途中，在瓜香沁人的空气里，一定能体会到哈密这个城市的内涵与文化，也一定能找到那个喜欢这座城市的充足理由。

哈密，只是一座城市吗？不，它对于我来说是一个温暖的家。哈密，只是一座城市吗？不，它对于本地人来说，是一个有着深厚历史沉淀的骄傲。哈密，只是一座城市吗？不，它对于外乡人来说，是一块散发着浓郁气息的甜瓜。哈密，只是一座城市吗？不，它对于漂泊在外的游子来说，却是妈妈召唤下的牵挂。

90年代的哈密

人的记忆有时也是具有选择性的。能深刻记住的一定是两个极端，大喜或是大悲，就像学校里的老师只会记住两种学生，一种是学习特别好的，另一种是淘气到让老师切齿的，而剩下的那些孩子，基本会被慢慢遗忘。城市也一样，能被人们记住，也是和生活在这座城市里的每一个人的成长经历相关，或在这里一起度过的一段艰难时光，或与家人和朋友在一起走过的那些幸福岁月。

90年代初的哈密，年轻人大胆追求着时尚。那时，港台流行风刚刚席卷了这座新疆小城，无论音乐还是服饰，就连发型也比过去的80年代有了更为开放的个性风格。哈密小伙子们在闲暇时穿上洗得发白的牛仔套装，唱着张雨生的《我的未来不是梦》，骑着自行车游荡在大街上，还不时向着那些身着开衫连衣裙的姑娘们吹个口哨，全然不顾招来的是嫣然一笑，还是怒目而视。当时的哈密，正处于凤凰涅槃的前夜，当时的哈密人，也刚刚品尝到改革开放给他们生活带来的前所未有的幸福感。

今天哈密的时代广场那时叫作街心公园，今天哈密最繁华的商圈那时叫作北沙窝，今天的小十字那时叫作香港街，今天的健身广场那时叫作西河坝，只不过那时的大十字今天还叫大十字，那时的北关今天还叫北关，那时的花果山今天还叫花果山，那时的老城今天还叫老城，那时的阿牙桥今天仍叫阿牙桥。

经历过90年代初的哈密人可能还会清晰记得，哈密曾经最高的楼房是火车站旁的二商场，最爱吃的是千家汇农贸市场里一毛钱一串的烤羊肉，逛街买衣服必去的地方是东新市场，带着恋人看电影就去市里的文化宫，年轻人最爱去的就是群星舞厅和旱冰场，孩子们最爱吃的是大十字的冰淇淋，父亲最爱喝的酒，是三毛六分钱一升的散装本地啤酒，打长途电话只能去邮局，无聊了就在街边打上几盘台球或去录像厅看一场小马哥的枪战片。最让哈密人为之疯狂的事儿就是上街去抽奖了，运气好的在抽中一辆夏利车后会放上一万响的鞭炮，运气差的则抱着一摞脸盆悻悻而归。

那时哈密的马路并不宽，但从来不会堵车，满街跑的不是架着彩色毛毯的马的士，就是永久牌二八大加重。摩托车在那个年代非常罕见，偶尔也能看到寥寥几辆叫作波罗乃兹的出租车在哈密街头扫客。条件好的家庭如果能有一辆凤凰大链盒，左邻右舍定会羡慕不已。那个年代，如果你在马路上看到迎亲车队，一定能体会到当时意义上的高端大气上档次，一水儿的自行车霸气地行进在马路上，中间会有人提着多个喇叭的磁带录音机，放着流行歌曲并拧大音量，一身大红装束的新娘坐在新郎的自行车后座上。那笑容，是将真实的幸福写在了脸上。

现在过春节虽说物质生活极大丰富，但总感觉年味儿越来越淡了。那

哈密广东路一瞥

时过个年，孩子们穿着新衣挨家挨户去拜年，说句吉利话就能讨到红包，钱不多，但快乐很多。每家每户都把平时舍不得买的食物集中在春节采购，在通红的炉火上烹制出一道道美味菜肴，之后一家人其乐融融地围坐在满是大鱼大肉的餐桌旁，享受着过年带来的团聚喜悦。更为记忆犹新的是那时的鞭炮声，从除夕一直到正月十五，炸响声不绝于耳，那才真叫一个痛快。

到了90年代中后期，几乎每一个哈密人都能深刻体会到两个字：变化。短短的几年间，城区的平房越来越少，楼房越来越多，也越来越高，摩托车开始正式进入大部分的家庭，成了主要的代步工具。让很多哈密人没有想到的是曾经只有单位才有的程控电话，也高调出现在了普通市民家中的桌子上。从此天涯不再遥远，从此亲人朋友间的沟通和联络就系在了那一根细细的电话线上。再后来，每个人的腰里都有了一个叫作"BP"

机的小玩意儿，从单纯的数字到汉字显示，价格随着功能和型号的升级而愈加昂贵，正是它的出现，瞬间加速了哈密人的生活节奏。

那时的哈密，第一次向外地人展示出了一座城市该有的全新风貌。街道渐渐在拓宽，路边有了草坪和盆花的修饰，竟然还出现了普通人无法企及的私家车，街上行人的衣着也变得更加潮流时尚。与此同时，霓虹灯开始闪烁在这座年轻城市的星空下，将夜色装点得更加迷离。人们拥有了更多的休闲娱乐方式，几大夜市粗具规模，迪吧成了年轻人张扬个性的首选，孩子们则放下了手中的任天堂游戏机，第一次以新奇的目光拥抱了互联网。随后，当"投资理念"这个新词儿深入到哈密的普通人家中时，股票亦成了市民茶余饭后最热门的话题。

时代在变，理念在变，综合素质在改变，90年代的哈密就是一个在变化中寻求飞跃的起点。同时，这个年代也成了哈密人回忆中永远无法忘却的记忆。那时的父母如今已然老去，那时的孩子如今已成为今天哈密社会发展的中坚力量。今天，这些曾经的孩子们正用热情和执着努力打拼着，只为实现自己20多年前，亲手放飞的那个建设美好哈密的梦想。

21世纪初的哈密

"60后"和"70后"的哈密人想必都还记得，在上学时的课本和作业本封面上有几个让人热血沸腾的楷书字体：奔向2000年！对于这个梦幻般的年代，那时每一个人的脑海里都充满着憧憬，虽然当时看似遥不可及，但对于实现四个现代化这个目标还是颇有信心的。

时间如白驹过隙，再回想起学生时代那个不寻常的2000年，不知不觉间发现它早已被我们远远甩在了身后，四个现代化的目标也早已实现。而我们，也从一个孩子到了为人父母的年纪。英国历史哲学家汤恩比博士在20世纪70年代初曾表达过这样的感慨："能够拯救21世纪人类社会的只有中国，所以21世纪将会是中国的世纪。"而如今21世纪初的中国已初现强国的姿态。在这段时间里，中国的每一个城市及每一个领域，都充满着来自新世纪的挑战，当然，新疆小城哈密也在这个行列中。

当90年代的电话拨号上网过渡到后来的ISDN，哈密这座城市距离互联网又拉近了一大步。当ISDN还未被人们完全认可的同时，ADSL宽带在哈密已闪亮登场了。在宽带网络普及每一个寻常百姓家后，一场由互联网引发的思维和产业革命悄然出现了。小城人第一次如此之快地获取到了电视和报纸之外的庞大信息量，大小规模的网吧盛极一时，使得市民们的视野变得开阔，生活变得便捷，与外界的沟通也更加顺畅了。宽带的发展带动了哈密区域内计算机硬件行业的竞争，结果是令人欣喜的，竞争将原本奢侈的电脑变成了每个家庭的标配。

一个承上启下的年代，必然会有阵痛，也会有欢愉，尤其是高校扩招后，打破了高考是就业唯一出路的陈旧观念，使哈密年轻人第一次有了危机感和紧迫感。于是，就业思维的转变体现在了街边的商铺林立，分类行业初步形成了自己新的商圈，本地创业大军催生并繁荣了哈密的个体经济。在这样的商业环境下，外地人也意识到哈密这个新疆东大门的优势和前景，纷纷涌入这座城市。自此，哈密经济进入到了高速发展的起跑前夜。

在这个年代，哈密人的腰包鼓了，综合素质提升了，随之而来的是哈密房地产行业引擎的强势启动，当第一栋高层住宅拔地而起，竟成了一时间哈密的地标和样板。没有一家房地产商会放弃这个前所未有的商机。于是，楼房越来越多，也越盖越有特色。那时，住电梯房成了哈密市民买房的一个愿望。

领先商场二期的完工使得哈密购物商圈的建立愈加成熟，哈密市民的消费观念再一次升级。穿着上不再局限于合身大方，而是更加在意品牌的选择和做工的精细。请客吃饭不再是在家里炒几个小菜，而是前往外面的餐厅和饭店。虽然家庭平均收入赶不上大中城市，但相比于90年代，已有了一个质的飞跃。

20世纪初，走在哈密的马路上，终于有了身处城市的感觉，笔直宽敞的马路昭示着摩托车时代的彻底终结。此时，各品牌汽车厂家纷纷抢滩登陆哈密市场，4S店出现在了哈密人的视野中，刺激着本地人的购买欲望。但大多数市民仍处于观望阶段，毕竟每个家庭还没有做好拥有一辆私家车的准备。后来，驾校的繁荣为哈密汽车销售市场浇了一瓢沸腾的油，想考取驾照的人开始蠢蠢欲动了。

手机在那个年代已不再是生意人身份的象征。仿佛一夜间，每个哈密人的腰里都别上了一部还不是智能的摩托罗拉或是诺基亚，虽然这两个品牌如今已是明日黄花，但在当时，却受到了哈密人的热捧。直板机翻盖机，手机样式层出不穷，已没有人认为花掉一个月工资去买一部手机是非常奢侈的事儿。很多小商人开始转行进入到手机销售领域，不长的时间，便赚得盆满钵满。

当哈密人的物质生活得到极大改善的同时，一场长达百日的文化演出出现在了市民的视野当中。哈密区域内各家单位将精心挑选出的节目编排成晚会形式，每晚在时代广场大舞台义务巡演，让在广场纳凉的人们感受到浓重的文化氛围，也让人们看到了文化哈密建设的雏形。随后，广东援建项目南粤文化中心落成并投入使用，博物馆与图书馆也迁至南粤。期间还举办了多次大型书画展览，也让哈密人在南粤文化中心第一次欣赏到了数码电影作品。

"非典"的肆虐也让哈密人民经受住了一次疾病防控的考验，哈密地委行署面对当时严峻的形势，进行了积极缜密的部署，出色完成了"非典"狙击战役这个史无前例的任务。所投入的人力和财力均创下了哈密有疾病防疫史以来的最高纪录，也为后期的疾控防治工作打下了良好的基础，并积累了更多宝贵的经验。

可以说 21 世纪初的哈密正处于一个起飞后空中加油的阶段，所有行业都在期待一个契机，所有哈密人也都在期待着一场世纪的欢歌。在这个时代，除了充满挑战，还有一个个梦想等待我们去实现。

今天的幸福之城哈密

如果让哈密本地人来回忆自己曾经历过的幸福时代，那么绝大多数人会从 2008 年开始讲起，为什么？因为从这个时间段开始的生活里，百姓真正体会到了什么是快乐，什么是富足，什么是幸福。

哈密实体经济经过前十年的积累，自 2000 年开始粗具规模，然后保持稳定增长，之后便步入到了高速发展的轨道。这期间，在公有制经济进一步发展的同时，私营和个体经济也有了较快发展，直接带动了本地经济的快速增长。无论是商业、地产还是高科技产业，均得到了迅猛提升，作为衡量百姓生活品质的本地经济呈现出的强劲势头，为哈密家庭的幸福指数提供了有力的保障和支撑。

无论与过去的哪一个时代相比，哈密早已今非昔比，若你离开哈密数载，再回时定寻不到原来那些个熟悉的影像。当集休闲锻炼于一身的全民健身广场华丽登场，当老城以一种全新姿态呈现于眼前，当街区由土黄的平房转身为高楼大厦，当人与人的交流不只局限于现实层面的沟通，当历史与文化不再以简单的文字形式出现，你一定会惊叹于哈密魔法般的沧海变幻。有时，并非是眼神无法跟上发展的跨步，而是猝不及防的变化未能让目光及时捕捉。哪怕你是土生土长的哈密人，就算你从没离开过这里，也未必能勾勒出这座丝路古城未来又将会是怎样的模样。

在这座城市随意走走，会看到满城高楼鳞次栉比，四处充满了浓重的现代气息，房地产行业近几年得到了空前发展。房价虽屡创新高，但百姓的购买欲望却丝毫未减，热情依旧。从平房到板楼，从多层到高层，建筑群落所发生的改变正成为这座城市崭新面貌的一个侧影。房子越住越大，装修越来越讲究，家用电器已不再是买不起的大件奢侈品，每家每户一应俱全。烧水做饭从燃煤的炉子到笨重的煤气罐，再到天然气进入到每一个家庭，让市民感受到的不仅是物质生活的极大改善，还有更加趋于便捷的生活方式。

"下馆子"这个词在90年代是个非常令人向往的事儿，现在，它已基本过时。哈密人的爱吃会吃在全疆是出了名的。只要是有新餐厅开张，就算路途再远也必然会被赶着来尝鲜的哈密人挤爆，等座那是再平常不过的事儿了。在哈密，马路两侧最多的恐怕就是大大小小的饭店和餐厅了。这座包容的城市在饮食方面是海纳百川，湘菜川菜，粤菜徽菜，鲁菜新疆菜……各大菜系在哈密发扬光大并迎合着哈密人挑剔的口味，包括那些知名餐饮大品牌，也都来到哈密抢占市场。近几年，竟慢慢形成了几个鼎鼎大名儿的餐饮圈。餐饮行业在哈密没有淡季旺季之分，想在哈密的餐厅吃饭，要先做好包厢爆满无法预订到的心理准备。

行走在大街上，能明显看出哈密人的衣着较之从前的变化。现在的哈密已不再是从前那个紧跟大城市潮流趋势的时代了，流行，就意味着风格和款式的雷同，而哈密人也已意识到并开始注重个人品位和个性的张扬了，从只买贵的服饰回归到了理性消费，看重品牌，但不迷信品牌，看重款式，但不盲目跟从。于是，各种衣着格调在马路上刮起了不同的风潮，有时尚风，有简约风，有运动风，有复古风，更有年轻人的新人类风，只要是自己喜欢的，就全然不顾路人的看法，只管大胆穿出去，去彰显自己个性的存在。

交通的快捷是哈密高速发展的一个最大亮点。机场的复航扩建吸引着世人的眼球，航线目前已能到达多个大中城市，高铁的开通让哈密人体会到了速度带给他们的便利，从前去首府夕发朝至，现在只要短短的三个小时。当然，也有让人烦恼的事儿。哈密的马路居然开始堵车了，这是本地人十年前根本无法预料到的，那时谁也不会想到，私家车车牌从"1"字开始的缓慢增长，突然提速到已登记光了整个十万以内的数字，之后又到了字母插花的车牌时代。从前开车出门仅需留出很短的时间，到如今要先算出堵车的时间才能出门，这个惊人的跨度，从私家车兴起到现在，哈密人仅仅用了不到八年时间。

富裕了的哈密人在消费观念上有了很大的转变，在提高了衣食住行的品位之外，他们开始慢慢注重起了文化消费。尤其是哈密市文化演艺行业协会的成立，更是给哈密人带来了一场场文化盛宴，也带来了另一层面意义上的视觉冲击。无论是演唱会还是音乐节，无论是儿童剧还是各种选秀节目，都直观地呈现在了哈密人面前。对于文化产业来说，这是一个质的飞跃和提升。当然，有了钱的哈密人还将目光投向了旅游市场，疆内游和国内游已无法满足哈密人想出去走走的心，如今，办护照已成为了百姓新宠和新的时尚。

有人会问，到底什么才算是幸福？让我来告诉你，生活在哈密这座小城，幸福其实就是：团结稳定的社会环境，温馨有爱的家庭小屋，听风沐雨的幽静闲致和亲人朋友的平安健康。仅此而已，生活在哈密，幸福就是如此简单。

图书在版编目（CIP）数据

哈密传：西出阳关第一城 / 简单著. —— 北京：新星出版社，2019.1
（丝路百城传）
ISBN 978-7-5133-3400-6

Ⅰ. ①哈… Ⅱ. ①简… Ⅲ. ①文化史－研究－哈密市 Ⅳ. ① K294.53

中国版本图书馆 CIP 数据核字（2018）第 275524 号

出版指导：陆彩荣
出版策划：彭明哲　简以宁

哈密传：西出阳关第一城

简　单　著

责任编辑：简以宁
特约编辑：曹　煜
责任校对：刘　义
责任印制：李珊珊
装帧设计：冷暖儿

出版发行：新星出版社
出 版 人：马汝军
社　　址：北京市西城区车公庄大街丙3号楼　　100044
网　　址：www.newstarpress.com
电　　话：010-88310888
传　　真：010-65270449
法律顾问：北京市岳成律师事务所

读者服务：010-88310811　　service@newstarpress.com
邮购地址：北京市西城区车公庄大街丙3号楼　　100044

印　　刷：天津图文方嘉印刷有限公司
开　　本：660mm×970mm　　1/16
印　　张：29.25
字　　数：310千字
版　　次：2019年1月第一版　　2019年1月第一次印刷
书　　号：ISBN 978-7-5133-3400-6
定　　价：89.00元

版权专有，侵权必究；如有质量问题，请与印刷厂联系调换。